사회학총서 2

21세기 종교사회학

김성건 · 박승길 · 최현종 · 유광석 · 정태식
전명수 · 박수호 · 송재룡 · 장형철 · 김철수

다산출판사

인사말

정진성(서울대/한국사회학회장)

사회학은 언론, 행정, 사법, 기업, 복지, 시민사회 분야 전반에 골고루 필요한 지식을 교육하여 취업 분야가 넓을 뿐만 아니라 사회과학 여러 분과학문에 가장 유용한 이론의 공급원이기도 합니다. 최근 법학전문대학원을 비롯하여 여러 새로운 형태의 대학원이 설립되면서, 학부 교육과정에서 사회학이 갖고 있는 종합성과 논리성, 이론적 강점이 새롭게 주목받기 시작했습니다. 더욱이 엄청난 속도의 과학기술 발전과 글로벌리제이션의 진전으로 사회가 더 이상 하나의 분과학문으로 설명할 수 없는 복합적 양상으로 변화하는 상황에서, 사회학의 종합성과 유연성이 학문 간의 융복합을 추동하는 역할을 할 수 있다는 점도 새롭게 조명되기 시작했습니다. 다만 실용적이고 전문화되어 가는 세태에서 '사회'라는 개념이 추상적이고 모호하게 인식되고 있기 때문에, 사회학을 공부하는 학생들에게, 그리고 일반인들에게도 사회학의 개념과 위상을 명확히 정립하여 인식하도록 할 필요가 있다는 것이 사회학총서 기획의 기본 취지입니다.

2011년 6월 사회학회 총회에서 2013년 회장이 선출되고, 곧바로 구성된 새로운 회장단은 사회학총서를 만들자는 데 뜻을 모았습니다. 2011년 회장단에서 '21세기 사회학혁신 특별위원회'를 만들어서 사회학의 영역과 커리큘럼을 조사했으며, 2012년 회장단은 일본에서 사회학총서가 두 차례에 걸쳐 발간되었고 최근 중국사회학회도 총서 발간에 관심을 기울이고 있는 것을 확인하고 한국사회학회에서도 총서작업을 시도하면 좋겠다는 의지를 보인 바 있습니다.

총서 기획은 사회학회 내에서 활동하고 있는 20여 개의 분과학회를 기반으로 이루어졌습니다. 1990년대 후반부터 사회학의 규모가 늘어나면서 여러 분과학회가 속속 만들어졌는데, 이 분과학회들이 전·후기 사회학대회의 발표 세션 구성의 주체가 되고 있습니다. 대부분의 분과학회들은 그 분야의 전반적인 내용을 체계적으로 보여주는 저술의 필요성을 인지하고 있었으며, 사회학회 차원에서 각 분야를 아우르는 총서를 기획하는 데에 매우 적극적인 의사를 표명했습니다. 이미 개설서를 출판한 문화사회학회, 비판사회학회 등을 제외한 16개 분과학회가 2012년 11월에 1차 기획회의를 가지고 총서의 기본적인 가이드라인을 결정했습니다. 총서는 각 사회학 영역의 내용과 방법론 등을 포괄하며 사회학 학부 고학년과 대학원 신입생 수준의 학생들이 그 분야 사회학에 대해 전문지식을 습득할 수 있는 수준과 방식으로 집필하는 것으로 의견을 모았습니다.

총서작업 과정에서 사회학회는 전 분과학회가 참여하는 학술회의를 열었습니다. 모든 분과학회가 발표와 토론에 참여하여 총서 추진과정에서 실제로 집필의 한 부분이 이루어지고 집필의 추진력도 받을 수 있도록 한 것입니다. 4월에 '복지'를 주제로 하여 8개의 학회가 참여하는 심포지엄을 개최했고, 5월에는 '경제민주화' 대토론회를 7개 학회의 참여로 진행했습니다. 각 분과학회들은 매우 성실하고 진지하게 발표원고를 준비하여, 복지와 경제민주화와 같은 사회 전체에 큰 영향을 미치는 문제에 대해서 기존의 좁은 학문의 울타리를 넘어 융복합의 분석을 주도할 수 있는 사회학의 강점을 최대한으로 발휘했습니다.

사회학총서는 사회학의 학문적 특성과 내용을 확실히 할 뿐만 아니라, 각 분과학회가 총서작업을 통해 학문적 수준과 결속력을 높일 것으로 기대합니다. 나아가 분과학회 상호 간의 학문적 교류와 신뢰를 강화하여 한국

사회학회 전체의 정체성과 참여도를 높이고 결과적으로 한국사회학 전체의 수준을 높일 것이라고 믿습니다. 특히 서구의 학문적 업적에 기대온 과거의 관행에서 크게 벗어나 한국사회의 맥락에서 학자들의 문제의식과 시각, 문제해결의 방식을 정립할 수 있는 효과적인 계기가 될 것으로 생각됩니다.

그간에 각 학회장들의 회합이 계속 이어졌고, 6월 전기사회학대회에서는 총서 집필 현황을 서로 점검하는 공동 세션이 열렸으며, 이제 12월 사회학대회에서는 출판기념회를 계획하고 있습니다. 현재, 함께 시작한 16개 학회(몇 개는 개인들의 집필로 이루어지고 있음) 전체가 실제로 12월 사회학회에서 출판된 책을 가질 수 있기를 기대합니다만, 혹시 미처 끝내지 못한 학회는 다음 해를 기약하면 될 것입니다. 또 여러 다른 분과학회나 개인 학자들이 속속 총서 작업에 합류하여 사회학총서가 점점 더 완성된 모습을 갖추게 되기를 기원합니다.

집필에 참여하신 사회학회 여러분들께 감사드리며, 총서의 기획으로부터 실무에 이르는 전체 과정을 책임져 주신 강정한 교수와 총서의 출판을 선뜻 맡아주신 다산출판사 분들께 진심으로 고마움을 전합니다.

아무쪼록 수준 높은 책들이 출판되어, 한국사회학의 발전에 큰 기여를 하게 되기를 기대합니다.

발간사

송호근(사회학총서 발간위원장)

한국사회학회에서 처음 시도하는 총서 발간을 진심으로 환영하고 축하한다. 그동안 학회 차원에서, 그리고 뜻있는 사회학자들 간에 총서 발간의 필요성이 심심치 않게 제기된 바 있고, 영역별로 총서 형태의 연구서를 이미 발행한 분과학회가 더러 있지만, 사회학회 차원에서 총서 발간이라는 대사업을 시작한 것은 처음 있는 일이다. 그런 의미에서 조금 늦은 감이 없지 않지만, 20세기 한국사회의 발전상을 바탕으로 21세기 세계화와 더불어 진행되는 한국사회의 변화상을 각 분과별로 정리, 조망해 보는 일은 그야말로 한국사회학의 토대를 다지는 기초 작업이다. 21세기 한국사회는 더 이상 일국경계에 한정된 사회가 아니라 전 지구적 차원의 변화와 맞물린 다국적 · 혼합적 변동의 중심에 놓여 있으며, 그에 따라 20세기 사회학 패러다임으로는 포착되지 않는 신종의 변동 요인들이 대거 집중되거나 자체 생산되고 있다고 봐도 과언이 아니다. 신종 요인들의 유입과 동화과정, 자체 생산되는 신요인들의 본질을 파악하려면 새로운 이론과 분석방법이 필요하다. 고전사회학의 기본 원리와 20세기 사회학 패러다임을 기초로 하되 구본신참, 신구절충의 정신으로 글로벌화의 와중에 있는 한국사회의 변동원리를 포착하고 정립하는 것이 절실한 과제이다. 총서 발간의 가장 중요한 의미는 바로 여기에 있다.

돌이켜보건대, 한국사회학은 사회변동의 척후역할을 담당하던 '호황의 시대'를 지나 사회적 수요가 현격히 줄어든 '위축의 시대'를 맞고 있다. 누구나 사회학적 지혜를 필요로 했던 '격동의 시대'에 오늘날의 수요위기를 예측하고 적절한 대비책을 준비해야 했다는 뒤늦은 반성이 총서를 발간하게 된 주요한 계기일 것이다. 사회학은 수요 위기와 함께 정체성 위기라는 이중적 위기에 당면하고 있다. 인접학문으로 주제와 쟁점이 이관되는 자연스런 학문분화, 산업화와 민주화가 어느 정도 정착함에 따라 변동론적 비전이 상대적으로 설득력을 잃는 현상, 그리고 무엇보다 사회학 내부에서 진행된 과잉전문화로 연구자와 대중이 분리되는 현상 등이 대중독자와 지지기반을 약화시킨 요인들로 보인다. 이는 사회과학 전반에서 목격되는 일반적 모습인데 사회학에서 그 중첩효과가 극대화되었다. 아카데미아에서 사회학의 위상을 회복하는 일, 대중독자들로부터 사랑과 신뢰를 회복하는 일이 무엇보다 절실한 요즘, '풍요한 사회'의 내부 역학을 파헤치고 시민과 시민사회, 그리고 국가권력의 양지와 음지를 날카로운 분석기제와 생생한 언어로 조명하는 것은 사회학의 정체성을 살려내고자 하는 이 시대 사회학자들의 가장 중대한 과제라고 생각한다.

총서발간이 바로 그 작업의 기초를 마련할 것으로 기대한다. 21세기 한국사회의 변동역학과 인과법칙, 그리고 시민생활을 관할하는 객관적 법칙을 밝혀내는 작업이야말로 미시적 지식생산에 함몰된 아카데미아의 근시안적 연구경향을 극복하고 시민사회를 이끌 집단적 지혜와 교양을 증진하는 지름길이기 때문이다. 21세기 사회학이 바로 그 일을 담당해야 한다. 이는 정체성 위기에 처한 사회과학 일반의 지식저변을 넓혀 그 기초를 다지는 공동체적 과업의 첫걸음이라 할 수 있다. 이런 의미에서 총서 발간에 참여하는 집필진들은 사회과학의 공익함양과 공공성 증대라는 시대적 요구를 실천하는 사회학 전사라 해도 과언이 아니다.

총서 발간을 통해 사회학이 새로 태어나고 현재와 미래의 연구과제와 원리를 새롭게 갱신할 수 있기를 기대한다. 21세기 한국사회는 사회학과 더불어 숨 쉬고 사회학과 더불어 진화해 나갈 것을 희망한다. 사회학은 언제나 시민들이 발 딛고 있는 삶의 현장에서 시작해서 새로운 기획을 들고 다시 현장으로 돌아오는 실천적 학문이다. 시민들의 생생한 삶을 생동력 있는 이론과 신선한 언어로 퍼 올리는 것이야말로 21세기 사회학의 정체성을 구축하는 기본 원리다. 집필진들의 열정과 헌신을 기대한다.

기획의 글

김성건(서원대/한국종교사회학회 회장)

근대 유럽에서 사회학의 출발기에는 종교(religion) 연구가 중심적 자리를 차지했다. 당시 고전 사회학자들(마르크스, 베버, 뒤르켐)은 두 가지 폭넓은 쟁점에 관심을 나타냈다. 그 하나는 "종교가 사회 질서의 유지에 어떻게 기여했는가?"이며 다른 하나는 "종교와 자본주의 사이의 관계는 무엇이었나?"이다. 그런데 근대화(modernization)가 초래한 종교의 몰락 곧, 세속화(secularization)를 예측한 이 고전 사회학자들의 영향 아래 종교사회학은 아이러니하게도 이후 사회학의 주류(主流)에 속하지 못하고 점차 '주변화' 되었다. 그러던 중 1979년 이란혁명을 필두로 지구촌에서 연속적으로 출현한 '종교의 부흥' 으로 인해서 세계 종교사회학계에 새로운 활력이 나타나서 오늘에 이르고 있다.

한편, 부르주아적(강단) 사회학보다는 급진적(마르크스주의적) 사회학이 줄곧 지배한 한국 사회학계에서도 지난 1980년대까지만 하여도 종교사회학은 완전히 비주류에 속했다. 그렇지만 1980년대 말 1990년대 초 독일의 통일과 옛 소련의 몰락이 초래한 탈냉전의 시대를 배경으로 이데올로기, 계급, 구조, 집단보다 문화, 종교와 종족, 개인 등에 관심이 증가하면서 자연스럽게 종교사회학의 존재 역시 긍정적으로 재평가, 재조명되고 있다고 말할 수 있다.

종교사회학(the Sociology of Religion)은 사회학의 한 분야로서 기본적으로 종교와 사회의 관계에 주목한다. 이번에 한국사회학회의 총서 중 하나로 분과학회인 한국종교사회학회가 기획하여 출판되는 『21세기 종교사회학』은 총 10장으로서 크게 두 부분—'이론'(제1부)과 '주요 연구주제'(제2부)—으로 나누어진다. 우선 제1부는 네 부분(현대 종교사회학의 전개와 새로운 패러다임, 고전 다시 읽기, 세속화, 합리적 선택이론)으로 구성되어 있다.

제1장은 『21세기 종교사회학』의 사실상 총론으로서 먼저 사회학 일반과 종교사회학 사이에 긴장이 존재하는 배경과 이유를 간략히 살펴보고 있다. 그다음 고전 사회학자 3인(마르크스, 베버, 뒤르켐)의 종교 이론의 핵심과 중요 개념을 파악하고, 이들이 현대 종교사회학의 전개에 미친 영향을 검토한다. 현재 세계 종교사회학계 내에 세속화(제3장)와 합리적 선택이론(제4장)이 양강(兩强) 구도를 형성하고 있는 것에 주목하는 이 장에서는 최근 세계화의 문화적 영향 아래 유럽이나 미국에 경도된 기존 이론들(낡은 패러다임)을 탈피하여 글로벌한 관점 속에서 종교를 바라보려는 입장에 주목하고 있다. 이 입장은 21세기 초 지구촌에서 목도되는 세속화와 종교적 부흥은 상반되는 모순적 현상이 아니라 사실상 동전의 양면이라고 주장한다. 이 장에서는 이 같은 새로운 패러다임의 주장점과 그리고 이와 연관된 다양한 연구 주제 및 동향을 종합적으로 밝히고 있다.

제2장은 고전 사회학의 세 거장인 마르크스, 베버, 뒤르켐의 원저작들 중 특히 종교와 관련되는 중요한 부분들을 깊이 있게 다시 차분히 정독하는 작업을 한 것이다. 물론 마르크스, 베버, 뒤르켐 3인의 학자 사이에는 종교를 바라보는 관점에서 일정한 차이가 존재한 것이 사실이다. 그렇지만 이 3인 모두는 인간의 행위에서 종교가 중요한 자리를 차지하고 있다는 데 인식을 같이 하였다고 볼 수 있다. 이로부터 이 장에서 주로 초점을 모으고 있는 측면은 이들 고전 사회학자들이 오늘날의 현대 종교사회학의 이론과 개념이 발전하는 데 남긴 지적 유산과 문제의식 및 공헌 등을 21세기 현

시점에서 재조명, 재인식하고 재평가하는 데 있다.

제3장은 유럽의 계몽주의적 종교관과 과학주의적 세계관의 산물인 세속화의 역사와 개념, 세속화의 과정과 기제(mechanisms), 그리고 세속화를 둘러싼 다양한 찬반 논의들을 역사적 관점 속에서 종합적으로 면밀히 살핀 것이다. 최근까지 세계 종교사회학계에서 사실상 지배적 패러다임의 자리를 차지한 '세속화 이론' 에 대한 전문적 논의는 종교사회학에 대한 이해는 물론, 현대 사회학의 일반적 성격에 접근하는 데도 매우 유익한 것이 될 것이라 말할 수 있다.

제4장은 근대화가 될수록 종교가 소멸할 것이라는 세속화 명제를 낳았던 기존의 계몽주의적 종교관을 타파하고 인간 사회에서 종교가 탄생, 성장, 발전, 쇠퇴하는 일련의 변화 과정을 인간 사고의 '경제적 합리성' 에 근거하여 설명하고자 하는 새로운 시도인 '합리적 선택이론' 을 취급한 것이다. 국내 학계에서는 아직 잘 알려지지 않은 비교적 새로운 이론인 이 '합리적 선택이론' 은 1980년대 이후 세계 종교사회학계에 신선한 자극을 제공한 것도 사실이지만 동시에 많은 논란과 논쟁을 일으키고 있다. 이런 측면에서 최신의 방대한 자료를 토대로 합리적 선택이론의 강점과 약점에 대한 균형 잡힌 논의를 하고 있는 본 장의 가치가 있다고 본다.

다음으로 제2부는 이상의 기본적인 다양한 이론들을 바탕으로 현재 국내외 종교사회학계에서 중요한 연구주제로 공통적으로 거론되고 있는 쟁점들 중 대표적인 여섯 가지(종교와 정치, 종교와 대중문화, 인터넷과 종교, 영성사회학, 종교와 세계화, 한국의 종교지형)에 초점을 모아 각각 논의한 것이다.

제5장은 종교사회학의 전통적인 대표적 연구주제로서 21세기 오늘날에도 여전히 중요한 자리를 차지하는 '종교와 정치' 에 관한 것이다. 이 장에서는 역사사회학적 측면에서 종교와 정치의 '긴장' 과 '타협' 의 관계에 주목한다. 긴장과 타협의 역사적 실재에서 추출한 정치와 종교 관계의 대

표적 이념형으로 정치공동체가 우선한 '공동체종교(community cult)' 와 기본적으로 정치적 색채와 무관함을 지향하는 '종교공동체(religious community)' 를 구분할 수 있다. 전자의 사례는 유럽의 종교개혁에서 나타난 정치와 종교의 관계이며, 후자의 사례는 근현대 미국의 정치와 종교 그리고 조선과 중국에서의 천주교 박해과정에서 나타난 정치와 종교의 관계이다. 지난 2001년 9·11 테러 사건 이후 21세기 지구촌의 긴박한 상황을 배경으로 종교사회학은 '종교와 정치' 란 주제가 그동안 대부분의 중요한 연구의 출발점이 되었다는 사실을 재인식할 필요가 있다고 본다. 특히 현 한국사회처럼 '정치' 가 모든 것 위에 군림하는 이른바 '정치주의' 가 판을 치는 상황에서 '종교와 정치' 의 복합적 관계를 이념형적 분류를 토대로 깊숙이 천착한 제5장은 실로 값진 것이라 말할 수 있다.

제6장은 종교사회학의 새로운 주제로서 '종교와 대중문화' (뉴에이지, 스포츠 등)에 관한 것이다. 우리의 현실과 욕망과 가치관을 반영하는 대중문화와 종교 양자의 관계는 매우 긴밀하다고 볼 수 있다. 그럼에도 불구하고 종교와 대중문화와의 관계가 대중문화의 왕국이라는 미국에서 학자들의 본격적 관심을 끈 것은 최근인 2000년 이후에 들어와서다. 그래서 종교와 대중문화의 분야별 관계 연구 성과, 예컨대 종교와 연극 · 영화 · TV · 문학 · 음악 · 스포츠 · 레크리에이션 관계를 다룬 저서들의 출간이 2004년 이후 점차 증가되고 있다. 한편 미국에서 1965년 이래 서부 캘리포니아를 중심으로 형성된 이른바 '뉴에이지(New Age)' 운동은 자신의 본 모습을 대중문화 속에 숨겨 놓고 있다는 점에서 '대중문화로서의 종교' 유형으로 볼 수 있다. 뉴에이지 운동은 전통적인 서구 문화에 대한 대안적인 접근에 의해 특징지어진 광범위한 종교(대체종교) 또는 운동으로 규정할 수 있다. 제6장은 지금까지 발표된 이론과 함께 좀 더 실제적인 자료에 근거하여 종교와 대중문화와의 관계를 심층적으로 살펴보고 있다. 대중문화의 중요성이 점증하고 있는 오늘의 21세기 상황에서 종교가 대중문화에 기여하는

요인들을 찾아보고자 시도한 본 장은 종교사회학의 이론적 지평을 새롭게 넓히는 중요한 역할을 할 것이라고 본다.

제7장은 최근 도래한 정보화로 표상되는 급속한 사회변동을 배경으로 새롭게 부각되고 있는 흥미로운 주제로서 '인터넷과 종교'에 관한 것이다. 인터넷으로 대표되는 가상세계를 가능케 한 최근의 커뮤니케이션 방식이 현재의 종교 양태에 상당한 영향을 주고, 종교문화와 신앙양태를 변화시키는 압력으로 작용한 것은 분명해 보인다. 일반적으로, 온갖 정보의 공개를 자아내는 정보화는 지금까지 종교적 지식을 거의 독점했던 종교 엘리트의 권위를 상대적으로 약화시키는 경향이 있다고 말할 수 있다. 이런 측면에서 제7장은 인터넷이 개인의 신앙을 강화하는 도구로, 종교 기관의 홍보 및 교세 확장의 수단으로, 혹은 종교 공동체 내부의 커뮤니케이션을 강화하는 기제 등으로 활용됨으로써 새로운 형태의 개인적 종교생활 공간으로 등장하였으며, 그 결과 다양한 종교 체험이 가능해진 것에 주목한다. 정보화로 인한 종교성이나 종교 영역의 변화에 대한 명확한 이론이 제대로 정립되어 있지 않고, 또한 경험적 연구도 많지 않은 현 상황에서 본 장은 미래의 종교와 영성의 모습을 가늠하는 데 중요한 통찰력을 제공하고 동시에 의미 있는 길잡이가 될 것이라 본다.

제8장은 최근 포스트모던 문화를 배경으로 대두된 이른바 '영성사회학(the sociology of spirituality)'에 관한 것이다. 역사적으로 보아, 1960년대의 히피문화로 대표되는 저항문화 운동을 배경으로 지난 1980년대에 출현한 탈근대, 다원주의, 감성 등으로 표상되는 포스트모던의 시대적 흐름 아래 '주관적 전환'의 물결이 일어나고 세계종교들 중에서는 이른바 '영성'에 대한 관심이 증가하고 있다. 또한 세계화와 정보화의 영향으로 모든 측면, 특히 문화와 의식(意識) 측면에서 집단주의는 감퇴되고 대신 개인주의가 점점 증대되고 있다. 그 결과로서 집합적 차원이 아닌 개인적 차원에서 정체성(identity)을 찾거나 각종 문제를 해결하고자 하는 사람들이 늘어나

고 있다. 이렇듯 크게 보아 '종교'로부터 '영성' 쪽으로 일대 변화가 일고 있는 세계 종교계에서 약 10여 년 전부터 '제도 종교'와 구별되는 '주관적 경험'에 바탕을 둔 '영성'에 대한 관심이 갑작스럽게 고조되어 현재에 이르고 있다. 21세기의 이 같은 '문화적 전환'의 사회학적 의미를 심층적이면서도 체계적으로 규명하는 '영성사회학'은 현 시점에서 종교 지형의 미래를 전망하는 데 빠뜨릴 수 없는 중요한 지적 영역이라고 말할 수 있다.

제9장은 '종교와 세계화' 곧, 세계화(globalization)의 '종교적' 차원이라는 비교적 새롭고도 중요한 주제를 주로 '문화적' 관점 속에서 접근한 것이다. 글로벌 사회 속에서 종교와 같은 특수한 정체성은 '상대화'되기 쉽고, 사회적 의사소통의 양식으로서 정치, 경제 등과 달리 종교는 점점 '주변화'되고 있다고 말할 수 있다. 이런 맥락에서 제9장은 우선 '세계화'란 무엇인지 이해한 바탕 위에서 이 세계화가 민족이나 지역사회의 종교를 포함한 문화들마저 서구문화로 통합시키는가 아니면 세계화의 압력에도 불구하고 여전히 그 민족과 지역사회의 정체성은 유지되고 있는가라는 질문에 답하고 있다. 이로부터 제9장은 종교와 세계화는 어떤 연관 관계에 있는지 심층적으로 알아보고 세계화로 인해 종교에 일어나는 현상들을 주로 문화에 초점을 모아 다각적으로 이해하는 작업을 하고 있다. 최근 탈냉전 이후 사회학계 일각에서 대두된 이른바 '신(新)냉전'에 대한 경고를 염두에 두면서 세계화의 종교적 차원에 주목할 경우, 지구촌 속에서 다양한 종교적 전통이 앞으로 '대혼란'을 일으키거나 아니면 '공동체'를 증진시킬 수 있다고 볼 수 있다. 이런 측면에서 새로운 주제로서 '종교와 세계화'의 복합적 관계를 논구하는 제9장은 오늘의 21세기 시점에서 현대 종교의 '구조적' 위기를 이해하고 그로부터 가능한 출구를 모색하는 데 긴요한 부분이라고 생각된다.

제10장은 본 총서의 마지막 부분으로서 '한국의 종교지형' 곧, 한국의 독특한 종교 지형과 문화에 나타난 특성과 쟁점을 종합적으로 분석한 것이

다. 구체적으로, 제10장은 우선 한국사회의 다종교 상황을 재조명한 다음 종교단체와 종교인구의 최근 변동에 주목하고 있다. 그 다음 한국의 3대 종교(불교, 개신교, 가톨릭)와 여타 종교(유교, 신종교, 이슬람, 점복신앙 등)의 발전과 현황을 간단히 개관한 것을 바탕으로, 미래 한국의 종교 인구를 대표할 청소년들의 종교 특성을 간략히 밝히고 있다. 그리고 한국종교의 사회활동에 관해 정리한 다음 앞으로의 과제와 전망을 제시하고 있다. 이로써 어떤 의미에서는 본 총서의 마지막인 10장이 전체적 결론에 해당한다고 볼 수도 있다. 구체적으로 제10장에는 본 총서의 연구주제 부분에서 이미 앞에서 차례로 검토한 '종교와 정치', '종교와 대중문화', '종교와 인터넷', '종교와 영성', '종교와 세계화' 같은 다양한 쟁점과 직접 혹은 간접으로 연관하여 논의할 측면들이 다수 존재한다고 본다. 특히 '한국 종교'가 세계의 일반 종교들과 공통점을 보이는 측면(곧, 보편성)과 차이점을 보이는 측면(곧, 특수성)을 균형 잡힌 관점 속에서 심층적으로 이해하는 과제는 한국 사회과학의 '토착화'와 '세계화'라는 두 마리 토끼를 동시에 잡을 수 있는 기회를 제공한다는 측면에서 중요하다고 할 것이다.

차 례

제1부 이 론

제 1 장 현대 종교사회학의 전개와 새로운 패러다임 / 김성건
1. 들어가는 말 4
2. 사회학과 종교연구 5
3. 초기 사회학자들(마르크스, 베버, 뒤르켐)의 종교이론 7
1) 칼 마르크스(Karl Marx, 1818~1883) 7
2) 막스 베버(Max Weber, 1864~1920) 11
3) 에밀 뒤르켐(Émile Durkheim, 1858~1917) 16
4. 현대 종교사회학의 전개와 연구경향 21
1) 전개 21
2) 쟁점 22
3) 현재의 딜레마 27
4) 실질적 제안들 29
5. 새로운 패러다임의 출현과 전개 30
1) 종교사회학의 패러다임 위기와 스티븐 워너(Stephen Warner)의 1993년 논문 30
2) 합리적 선택이론의 주창자 로드니 스탁의 견해를 통해 본 새로운 패러다임 31
3) 종교사회학에서 새롭게 출현하고 있는 '스트롱 프로그램' 33
4) 방법론적 무신론에서 방법론적 불가지론 쪽으로 전환 35
5) '다중적(중층) 근대성' 테제의 등장 37
6. 글로벌한 관점 속에서 종교연구의 필요성 : 결론을 대신하여 38

제 2 장 고전 다시 읽기 : 마르크스, 뒤르켐, 베버 / 박승길
1. 마르크스의 종교사회학적 유산 47
1) 마르크스의 생애와 독일현실 비판 47
2) 비종교적 비판으로서의 종교비판과 종교소멸론 48
2. 종교사회학의 기초자로서 뒤르켐 51
1) 뒤르켐의 종교적 여정과 사회학적 관점 51
2) 종교이해의 관점 54
3) 종교생활의 원초적 형태 57
3. 베버의 서구 합리주의의 해명과 종교사회학 62
1) 베버의 생애와 종교적 영향 62
2) 사회학자로서 베버의 문제의식 64
3) 종교사회학의 주제로서 종교적 합리화와 서구 합리주의의 문화적 의의 66
4. 고전읽기를 맺으며 78

제 3 장 세속화 / 최현종
1. 들어가는 말 86
2. 서구(유럽)사회에 있어서의 세속화의 기원과 진행 86
3. 세속화의 다양한 측면들 89
4. 세속화를 야기하는 사회적 변화는 무엇인가? 92
5. 정통 세속화론자들의 입장 95
6. 국가별 유형의 차이 : 마틴(D. Martin) 97
7. 종교의 변형 Ⅰ : 개인적 종교 100
8. 세속화 일반이론에 대한 반론 Ⅰ : 시장이론 102
9. 세속화 일반이론에 대한 반론 Ⅱ : 공적 종교 106
10. 종교의 변형 Ⅱ : 시민종교 108
11. 논의를 마치며 110

제 4 장 합리적 선택이론 / 유광석
1. 들어가는 말 116
2. 합리성 118
3. 주요한 미시적 개념들 124
4. 종교적 수요와 공급 128
5. 비판과 재비판 135
6. 맺는 말 139

제 2 부 주요 연구주제

제 5 장 종교와 정치 / 정태식
1. 들어가는 말 146
2. 종교개혁에서 나타난 정치와 종교의 관계 148
1) 루터의 정치권력 승인과 종교의 정치에의 예속 148
2) 재침례파의 정치와의 결별과 대립 150
3) 칼뱅의 배타적 신정정치 151
4) 영국 청교도혁명과 구원귀족 153
3. 미국의 정치와 종교 157
1) 국가건설과 정교분리의 제도화 157
2) 근본주의의 등장과 애국주의와의 결합 161
3) 신기독교우익과 정치우익의 동맹 162
4) 9·11과 미국 패권주의의 신성화 164
4. 조선과 중국의 천주교 박해과정과 근대 한국사회에서의 정치와 종교 167
1) 조선과 중국에서의 천주교 박해와 정치-종교 관계 167
2) 근대 한국사회에서 나타난 정치와 종교와의 관계 170
5. 나가는 말 176

제 6 장 종교와 대중문화 / 전명수
1. 종교와 대중문화의 관계 유형과 이론 182
1) 종교와 대중문화의 관계 개관 182
2) 종교와 대중문화의 관계 유형과 내용 183
3) 종교 속의 대중문화 184
4) 종교와 대중문화의 갈등 186
2. 대중문화 속의 종교 : 영화와 서적 188
1) 종교영화 188
2) 종교서적 193
3. 대중문화로서의 종교 : 뉴에이지 운동 197
1) 뉴에이지의 개념 197
2) 뉴에이지, 대중문화로서의 (대체)종교 200
4. 종교로서의 대중문화 : 스포츠종교 204
1) 대중문화에서 종교찾기 204
2) 스포츠종교(sport religion) 205
5. 맺음말 210

제 7 장 인터넷과 종교 / 박수호
1. 들어가는 말 216
2. 정보사회와 종교 218
1) 사이버공간의 종교성 탐구 219
2) 종교조직의 인터넷 활용 221
3) 정보사회, 인터넷과 종교변화의 전망 225
3. 인터넷 종교생활의 실제 231
4. 인터넷 종교생활과 사회갈등 234
5. 인터넷 종교생활의 함의 235

제 8 장 영성사회학 / 송재룡

1. 머리말 242
2. 탈근대사회의 실존과 '영성적 전환' 247
3. 영성의 개념 : 종교와의 비교 253
4. '영성사회학' 테제–쟁점과 가능성 및 한계 260
    1) 영성의 '사회적 참여성' 또는 '참여적 영성' 개념과 관련해 262
    2) 영성의 종교 대체 또는 변용 가능성과 관련해 265
    3) 한계 또는 문제점 267
5. 맺음말 270

제 9 장 종교와 세계화 : 문화적 측면 / 장형철

1. 세계화 정의하기 274
2. 세계화의 두 뿌리 276
3. 종교와 세계화 : 동질화, 이질화 그리고 다양성 283
4. 세계화로 인한 문화적 혼성화와 종교 292
5. 나오는 말 302

제10장 한국의 종교지형 / 김철수

1. 한국사회의 다종교 상황 306
2. 한국사회 종교지형의 역사적 변화와 그 특성 312
    1) 해방 이후 제1공화국까지 종교지형 314
    2) 박정희와 제3, 4공화국의 종교지형 317
    3) 제5공화국과 군사정권 시기의 종교지형 320
    4) 문민정부 이후 1990년대의 종교지형 322
3. 21세기 한국종교와 종교지형의 특성 325
4. 과제와 전망 332

참고문헌 339

찾아보기 379

제 1 부

이 론

제 1 장 현대 종교사회학의 전개와 새로운 패러다임

제 2 장 고전 다시 읽기 : 마르크스, 뒤르켐, 베버

제 3 장 세속화

제 4 장 합리적 선택이론

제 1 장

현대 종교사회학의 전개와 새로운 패러다임

| 김성건(서원대) |

1. 들어가는 말

유럽에서 양대 혁명 뒤 출현한 사회학의 출발기에는 '종교' 연구가 중심적 자리를 차지했다. 그런데 종교의 몰락, 곧 '세속화(secularization)'를 예측한 고전 사회학자들(마르크스, 베버, 뒤르켐)의 영향 아래 종교사회학은 아이러니하게도 이후 사회학의 주류(主流)에 속하지 못하고 점차 '주변화' 되었다. 그러던 중 1979년 이란혁명을 필두로 지구촌에서 연속적으로 출현한 갑작스런 '종교의 부흥'이 종교사회학계의 지배적 패러다임으로서 유럽적 기반을 갖는 세속화이론의 타당성을 다시 논의하도록 만들었다. 이후 1990년대에 와서 미국의 로드니 스탁(Rodney Stark)을 위시하여 일부 학자들이 중심이 되어 종교의 '합리적 선택(rational choice)'을 강조하는 새로운 이론을 제시하였다. 태생적으로 미국적 기반을 갖는 이 합리적 선택이론은 유럽의 학자들로부터 종교를 경제에 환원시킨다는 비판을 받았고 지금도 논쟁의 중심에 서 있다. 그럼에도 현재 세계 종교사회학계 내에 존재하는 다양한 이론적 접근들 중 대체로 세속화이론(본서 제3장)과 합리적 선택이론(본서 제4장)이 양강 구도를 형성하고 있다고 말할 수 있다(Davie, 2003: 62).

상황이 이런 가운데 최근 세계화(globalization)의 문화적 영향 아래 유럽이나 미국에 경도된 기존 이론들(낡은 패러다임)을 탈피하여 '글로벌한 관점' 속에서 종교를 바라보려는 노력이 이른바 '새로운 패러다임'의 한 예로서 설득력을 얻으면서 점점 확산되고 있다. 종교를 글로벌한 관점 속에서 인식하려는 이 입장(대표적 예: Riesebrodt, 2003)은 종교의 사회적 영향력 약화를 강조하는 세속화이론과 종교적 활력에 주목하는 합리적 선택이론 양자의 한계를 동시에 주목한다. 그로부터 이 입장은 20세기 후반과 21세기 초 지구촌에서 목도되는 '세속화'와 '종교적 부흥'은 상반되는 모순적 현상이 아니라 사실상 '동전의 양면'이라고 주장한다. 전 세계에서 종교적 신앙, 의례, 제도의 보편성을 중시하는 이 입장은 종교가 문화적 위기 예방과 처리의 자원으로서 집합적·개인적 욕구에 부응한다고 본다(이 입장에 대해서는 결론 부분에서 조금 더 설명할 것임).

『21세기 종교사회학』의 사실상 총론에 해당하는 본 장에서는 우선 18세기 유럽의 합리주의 운동(the Enlightenment)의 산물로서 출현한 사회학과 이것의 분과학문으로서 종교를 사회학적으로 연구하는 종교사회학 사이에 '긴장'이 존재하는 것처럼 인식되는 배경과 그 이유를 간단히 살펴보고자 한다. 그 다음 고전 사회학자 3인(마르크스, 베버, 뒤르켐)의 종교 이론의 핵심과 중요 개념들을 파악한 바탕 위에서 이들의 상이한 관점이 현대 종교사회학의 전개에 각기 어떻게 영향을 미쳤는지를 검토하고자 한다. 이로부터 본 장의 핵심으로서 그동안의 오랜 침체를 벗어나 최근 활력을 되찾고 있는 종교사회학계의 일각에서 주창되고 있는 중요한 '새로운 패러다임(이론적 접근)'과 이것과 연관된 다양한 연구 주제 및 동향(Davie, 1998, 2003, 2007; Riesebrodt and Konieczny, 2005; Smith, 2008; Woodhead, 2009; Turner, 2010)을 종합적으로 밝히는 작업을 하고자 한다.

2. 사회학과 종교연구

오늘날 일반대중은 종교연구와 사회학이란 학문 사이에 조화보다는 오히려 빈번히 '긴장'이 존재하는 것처럼 인식하는 경향이 있다. 이 긴장은 사실 생각보다 그리 심각한 것은 아니다. 다만 이 같은 긴장은 대체로 주로 이론과 규범적 관점에 대한 오해로부터 비롯된다고 볼 수 있다(Wuthnow, 2003: 21-27).

첫째, 사회학의 특징 중 하나로 종종 거론되는 '이론(theory)'이 인간행동의 모든 국면을 체계적으로 설명하기 위해서 엄격하게 구축한 한 세트의 연역적 원리를 찾는 것으로 오해될 경우, 종교를 연구하고 그것을 사회학적으로 만들고자 하는 학자로서는 불편감을 갖기 쉬울 것이다. 그러나 만일 연구자에게 이론이 연구대상을 민감하게 만들어주는 한 세트의 개념으로 이해된다면, 이런 개념들은 종교연구를 풍부하게 만들어줄 수 있는 '도구'가 될 것이다.

둘째, 종교와 사회학 사이의 관계 속에서 늘 출현하는 또 다른 문제가 바로 '규범적(normative)'인 쟁점에 관한 것 곧, 달리 말해서 '객관성(objectivity)'의 문제이다. 사회학의 다양한 분야들 중 특히 종교사회학에서 객관성 문제는 중요한데, 이는 종교라는 연구주제 그 자체와 관련되어 있다(Hunt, 2002: 9). 이 문제는 종교사회학자가 특정 연구주제를 선택할 때 '가치중립적' 관점보다는 아무래도 종종 자신의 경험으로부터 갖게 된 특별한 관심, 곧 '규범적' 관심을 갖게 되는 경향을 말한다. 그래서 일반 사회학자들은 종교사회학자들이 가치중립적이기보다는 특수한 '종교적 지향과 참여'를 갖고서 연구를 수행할 것이라고 의심한다. 그런데 고전사회학의 세 거장(마르크스, 베버, 뒤르켐)의 연구저작은 오늘날에도 여전히 현대 종교사회학자들의 관심을 끌고 있다. 그 이유는 이 고전학자들이 주목하지 않았던 검증이 가능한 특정한 가설이 많아서라기보다는 이들을 관통하는 '도덕적' 담론(moral discourse) 때문이다(Wuthnow, 2003: 26-27). 간단히 말해서, 사회학의 고전 저작들은 연구자들이 '규범적 관심'을 갖도록 이끌어준다.

3. 초기 사회학자들(마르크스, 베버, 뒤르켐)의 종교이론

사회학의 선조들인 마르크스, 베버 그리고 뒤르켐 모두는 19세기 후반과 20세기 초반에 일어난 경제적이고 사회적인 격변에 반응하였다. 당시 급격한 산업화가 이 세 고전 사회학자들을 포함한 일반대중들에게 파괴적 결과를 가져다주었다. 이런 가운데 사회현상들 중 '종교'에 관한 연구를 빠뜨릴 수 없었다. 왜냐하면 그들은 사회를 통합시키는 부분으로서 인식된 종교가 당시에 상상을 뛰어넘을 정도로 변화한다고 보았기 때문이다. 그런데 마르크스, 베버, 뒤르켐 이 3인의 학자들은 종교의 역할과 기능 문제에 각기 다른 관점을 갖고서 접근했다(Budd, 1973; O'Toole 1984; Davie, 2003).

1) 칼 마르크스(Karl Marx, 1818~1883)

마르크스는 베버와 뒤르켐 같은 인물들보다 적어도 한 세대 앞에 존재했다. 종교에 대한 마르크스의 관점에는 두 가지 중요한 요소 — 설명적(descriptive)인 것과 평가적(evaluative)인 것 — 가 있다고 볼 수 있다. 첫째, 종교에 대한 '설명적' 관점으로서, 마르크스는 우선 종교를 독립변수가 아닌 종속변수로 설명했다. 마르크스는 종교적 형식과 성격이 사회적 관계(특히 경제적 관계)에 의존한다고 보았다. 그런데 이 같은 인식은 사회사상가로서 마르크스가 자신의 저작 전반에서 인간의 의식(意識, consciousness)이 존재를 결정하는 것이 아니라 사회적 존재가 의식을 결정한다는 이른바 '의식의 존재결정론'을 주장한 것과 궤를 같이한다고 볼 수 있다. 오늘날 마르크스는 칼 만하임(Karl Mannheim)과 함께 인간의 (종교를 비롯한) 모든 믿음 혹은 지식은 사회적으로 결정된다는 지식사회학(the sociology of knowledge)의 선구자로 일컬어진다(Abercrombie *et al.*, 2006: 372). 마르크스에 따르면, 종교를 포함하여 어떤 것도 경제적 질서로부터 분리하여 이해될 수 없다. 마르크스의 종교에 대한 관점을 한 마디로 요약하면, 종교는 초경험적인 것과 부합되는 것이 아닌 인간이 만든 것이다. 이것이 마르크스의 종교에 관한 사회학적 사고의 중요한 차원이다.

이로부터 둘째, 종교에 대한 마르크스의 '평가적' 관점이 나타난다. 마르크스에 의하면, 종교란 사람을 억압하고 비인간화시키는 사회 속에서 인간의 '소외(疎外, alienation)'를 드러내는 것이다. 따라서 이 소외는 무계급 사회의 출현과 함께 사라지게 될 사회적 기형의 증후(symptom)이다. 그런데 종교의 소멸을 예상한 마르크스의 유물론적인 공산주의 철학에는 흥미롭게도 그가 당시 가장 비판했던 대상인 기독교와 상응하는 일종의 종교적 비전이 내재한다고도 볼 수 있다(Flax, 2011). 구체적으로, 기독교의 직선적 시간관(종말론적 역사관)과 마르크스의 사회주의 혁명 역사관 양자는 서로 비슷한 '구조'를 갖고 있다고 말할 수 있다. 곧, 기독교의 원초적인 '에덴동산'은 마르크스의 유물론적 역사관 속에서 원시 '공산사회'와 대응된다. 그리고 기독교에서 인간의 타락이 낳은 '원죄(原罪, original sin)' 문제가 '메시아(구세주)' 예수를 통해 극적으로 해결되는 것은 마르크스의 변증법적 유물론에서는 모든 악의 근원인 '사유재산(private property)'의 문제를 없애기 위한 '프롤레타리아 혁명'과 비유될 수 있다. 이로써, 마르크스가 산업화 초기 도시 노동자들의 처참한 상황을 거의 외면했던 기독교회를 날카롭게 비판한 것이 사실이지만, 그의 사회주의 혁명의 천년왕국론에는 아이러니하게도 기독교적인 직선적 시간관과 종말론적 역사관의 영향이 나타난다고 볼 수도 있다.

마르크스는 "종교적 고통은 진짜 고통의 <u>표현</u>(expression)이며 동시에 진짜 고통에 반발하는 <u>저항</u>(protest)이다. 종교란 억눌린 피조물의 탄식, 무정한 세상의 가슴, 영혼이 없는 상황에서 영혼이다. 종교는 민중의 아편이다"(Marx, 1977: 64)라고 주장하였다. 이 인용문에서 마르크스는 '표현, 저항, 아편'에 밑줄을 그었는데, 이것은 '아편'이 표현과 저항 사이의 '모순'을 드러낸다는 것을 보여준다(*McKinnon*, 2010a: 38). 아편은 부정과 보존(긍정)이 한데 결합한 "*Aufheben*"[1]의 계기(Marx, 2002: 87)이다. 종교를 '민중의 아편'으로만 읽어낸 '전통적' 독서는 이 맥락과 정반합(正反合)의 변증법적 계기를 무시한 것이다. 마르크스가 종교를 '민중의 아편'이란 은유를 사용하여 정의한 것은 종교 · 아편을 변증법적으로, 곧 고통의 '표현'과 동시에 고통에 대한 '저항'으로서 바라보도록 만들어준다. 그런데도 종교가 실재(reality)에 대한 '거짓 그림(허위의식, false consciousness)'을 제공한다고 본 마르크스로부터 영향을 받은 급진적 전통은 줄곧 종교의 역할을 (민중의) 고통의 표현보다는 (지배계급의) 이익의 표현으로만 일방적으로 강조하는 경향을 보여 오고 있다(McKinnon, 2010a: 39). 이로부터 마르크스적 전통은 종교가 (지배계급의) 이익의 '표현'의 연장으로서 사회적 통제를 하는 역할을 강조하는 반면, 사회적 저항에서 종교의 역할을 극소화하는 경향을 보이고 있다.

그럼에도 신종교운동의 기원에 대한 마르크스주의의 영향은 많은 결실을 가져다주었다. 엥겔스는 독일에서 농민전쟁 때 나타났던 천년왕국운동 같은 새로운 종교들이 당시 기성 종교적 제도가 통제하고 정당화했던 사회질서를 공격함으로써 혁명적인 사회변동의 선봉 역할을 한 것에 주목하였다(Marx and Engels, 1957). 이후 이 주제에 대한 연구가 잇달아 나타났다.

---

1) 헤겔 철학의 키워드로서 번역하기가 대단히 어려운 '*Aufhebung*(혹은 *Aufheben*)'은 우선 한글로는 지양(止揚), 영어로는 sublation으로 번역되고 있다. '*Aufhebung*'은 한편으로는 걷어내고 한편으로는 끌어올리는 것으로서 매우 상반 · 모순되는 것을 동시에 의미한다고 볼 수 있다. 엥겔스는 이 '*Aufhebung*'을 '극복과 보존'을 의미한다고 보면서, 형식에 관해서 극복하고 진짜 내용은 보존하는 것이라고 주장하였다(Engels, 1969: 166; McKinnon, 2010a: 37). 이로써, 일반적으로 말해서 '*Aufhebung*'은 혁신과 계승, 파괴와 건설을 의미하며 正反合의 변증법적 과정의 '동력'이라고 볼 수 있다.('Aufheben', Wikipedia)

예컨대, 아메리카 인디언들의 유령춤(ghost-dance)과 멜라네시아와 남아메리카의 '화물' 숭배(cargo cults)처럼 압제자에 대항하는 반란이 종교적 형식을 띤 것에 대해서 연구(예: Worsley, 1957; Lanternari, 1963 등)가 이루어졌다.

마르크스는 이렇듯 급진적 사회학의 발전과 종교사회학의 특정 측면에 상당한 영향을 미쳤다. 종교가 사회적 위계의 맨 아래에 가까이 있는 사람들의 욕구를 충족시키며 이들이 종교 속에서 대안적 목표를 추구하는 것에 의해서 보상을 받는다는 마르크스의 생각은 '박탈(deprivation)' 이론으로 종종 불린다. 박탈이론은 노동자 계급의 종교연구(Halévy, 1949; Thompson, 1965)와 종교운동의 분석(Davis, 1948-49; Glock and Stark, 1965; Wilson, 1967, 1970)에 커다란 영향을 미쳤다. 이에 더하여 마르크스로부터의 영향은 피터 버거(Peter L. Berger), 토마스 루크만(Thomas Luckmann) 및 브라이언 터너(Bryan S. Turner)의 종교사회학에 관한 저작에서는 물론 위르겐 하버마스(Jürgen Habermas), 피에르 부르디외(Pierre Bourdieu), 미셸 푸코(Michel Foucault)의 저작에서도 나타난다. 마르크스의 이론은 집단들이 그들 자신의 이익을 정당화하기 위해서 어떻게 종교를 사용하는지, 그리고 특정 집단을 지지하기 위한 권력으로서의 종교를 분석하는 데 적용될 수 있다.

다음으로, 베버의 종교사회학에 대한 공헌을 밝히기 전에 마르크스, 베버, 뒤르켐 3인을 몇 가지 측면에서 약간 비교하는 것이 필요하다고 생각된다. 우선 일종의 무신론자였던 뒤르켐은 종교를 '객관적'으로 인식했다. 반면에, 마르크스는 뚜렷이 무신론자였고 베버는 일종의 불가지론자였지만 이 두 사람은 종교를 '주관적'으로 인식했다는 점에서 동일하다(Budd, 1973: 53). 곧, 마르크스와 베버는 각 사회에서 개인들이 종교를 어떻게 인식하는지에 주목하였다. 그로부터 마르크스와 베버는 종교와 사회 속에서 신앙(belief)과 의미(meaning)의 중심적 역할에 대해 강조하였다. 그런데 비관주의적 자유주의자인 베버는 마르크스와는 근본적으로 달리 종교가 인간의 중요한 '의미'의 문제에 대해서 해답을 주는 것으로 인식했다. 베버는 인간의 사회적 행위가 개별 행위자의 관점으로부터만 이해될 수 있다고 주장했다. 베버에 따르면, 인간의 생로병사 같은 실존문제에 대해서 사회제도들 중 종교만이 대답을 제공한다. 마르크스의 견해에 따르면, 지금보다 나아진 사회에서 그 같은 실존문제는 상당부분 감소될 것이어서 인간은 결국에는 답을 찾지 않게 될 것이다. 이런 점에서 베버는 마르크스보다 한층 덜 낙관적이다. 베버는 '아편(종교)'에 대한 우리의 태도는 우리가 고통을 참을 만한 것 혹은 치료가 가능한 것으로 사고하는지 여부에 반드시 달리게 된다고 보았다. 한편, 마르크스와 베버 모두 미래 산업사회는 점점 '비종교적'이 될 것이라고 생각했다. 또한 뒤르켐은 종교의 일반적인 사회적 역할에 관심을 보였던 반면, 마르크스와 베버는 역사적 종교들에 관심을 표명하면서 이런 종교들이 복합사회 속에서 서로 다른 집단들과 맺는 관계에 주목하였다.

2) 막스 베버(Max Weber, 1864~1920)

베버의 종교사회학에 대한 공헌은 단순히 마르크스를 반박한 것이 아니었음을 재인식할 필요가 있다(Davie, 2003: 63). 베버의 이론화는 마르크스 사후 등장한 마르크스주의자들이 마르크스의 종교이론을 '통속화' 시킨 것과는 반대로 오히려 마르크스 자신이 종교에 대해서 제안한 것의 상당부분을 지지한다. 베버는 마르크스와 비슷하게 어떤 이데올로기(ideology)의 내용과 이것의 전달자로 기능하는 집단의 사회적 위치 사이에 '관계'(일종의 '선택적 친화성'으로서 이 개념은 뒤에서 상론할 것임)가 존재한다고 주장하였다. 그러나 베버는 이 관계가 결정론적인 것은 아니라고 보았다. 마르크스와 달리, 베버는 어떤 이데올로기가 특정의 한 사회계층의 구성원들에게만 국한되지 않는다고 인식하였다. 또한 베버는 한 사회계층에 속한 모든 구성원들이 동일한 종교를 신봉하지도 않는다고 주장하였다. 이로써, 베버는 사회현상들 중에서도 특히 종교의 '다(多)인과성(multicausality)'을 강조하였다고 볼 수 있다. 이렇게 함으로써 베버는 사회적 삶의 '종교적' 차원이 단순히 물질을 반영한다는 이른바 '반사적 유물론(reflective materialism)'의 관점을 반박한다(Giddens, 1971: 211).

베버가 물질적 이해관심(material interests)과 종교적 이해관심(religious interests) 혹은 특정한 종교운동과 사회적 세력 사이에 이른바 '선택적 친화성(*Wahlverwandschaft*, elective affinities)'[2)]의 출현에 주목한 것은 마르크스의 이데올로기에 관한 이해와 전적으로 모순되지 않는다(Davie, 2003: 63). 베버는 이 '선택적 친화성'이란 개념을 괴테(J.W. von Goethe)의 『선택적 친화성』(*Elective Affinities*, [1807] 1994)이라는 소설에서 빌려 왔다(McKinnon, 2010a: 43). 인간들의 복잡한 애정관계를 주제로 취급한 이 소설에서 괴테는 '선택적 친화성'을 갖는 물질들은 서로 간에 매우 강렬한 매력을 가지며 양자의 상호작용 속에서 서로가 변화되고 결국 새로운 물질을 만든다고 보았다. 괴테는 이 소설에서 친밀한 관계와 서로 다른 집단 간의 상호작용에 적용되는 사회적 관계의 '화학(chemistry)'을 발전시켰다. 이런 '선택적 친화성'의 가장 잘 알려진 예는 바로 베버가 『프로테스탄트 윤리와 자본주의 정신』(1904~05)에서 프로테스탄트 윤리가 자본주의적 성취에서 중요한 것으로 수용되는 금욕주의, 근면 그리고 개인주의를 강조하였다고 주장한 것이다. 프로테스탄티즘(개신교)과 자본주의를 떠받쳐 준 사고체계들은 가톨릭 국가들과 비교할 때 프로테스탄트 국가들 속에서 자본주의가 확립되는 데 공헌한 일종의 '선택적 친화성'을 가졌다.

한편, 베버의 종교에 대한 이해에서 중심적인 것은 마르크스와는 달리

2) 두 개의 사고체계가 서로 겹쳐지거나 아니면 비슷한 이념을 포함하고 있거나 아니면 서로 공명(共鳴)할 때, 이것들은 '선택적 친화성'을 갖는다고 일컬어진다.

종교란 사회(혹은 '이 세상')가 아닌 그 어떤 것 혹은 사회('이 세상')와 분리되는 어떤 것으로 구성될 수 있다는 신념이다. 이로부터 베버의 종교이해에서 세 가지 점을 제시할 수 있다(Beckford, 1989: 32). 첫째, 종교와 '이 세상'의 관계는 우연적이며 가변적이다. 한 특수한 종교가 주변의 환경과 어떻게 관련되는지는 시대에 걸쳐서 그리고 서로 다른 장소 속에서 달라진다. 둘째, 종교와 이 세상의 관계는 역사적·문화적 특수성 속에서만 탐구될 수 있다. 종교와 이 세상 사이의 관계를 세밀하게 기록하는 것이야말로 종교사회학의 중심적 과제이다. 셋째, 종교와 이 세상 사이의 관계는 특정한 방향으로 발전하는 경향이 있다. 곧, 종교와 사회 두 영역 사이의 거리가 현대사회에서는 점차적으로 '부식'된다. 사회 속에서 종교적 요인이 더 이상 효과적 세력이 되지 못하는 수준으로까지 해체되는 것은 '세속화'로 알려진 과정의 핵심에 자리한다. 이 과정을 통해서 세계는 점진적으로 마법(魔法)에서 깨어난다. 이 세 가지 가정이 베버의 종교사회학 분야의 걸작 전반에 깔려 있다. 이런 전제 아래 베버는 주요한 세계 종교(중국의 종교, 인도의 종교, 고대 유대교 등)를 비교 연구했고, 세계의 주요한 종교들이 세계 도처에서 사람들의 일상행위에 미친 영향을 파고들었다.

그런데 이 같은 역사비교의 연구과정에서 베버는 줄곧 인간이 그들 자신의 역사를 만들지만 그것을 통제할 수 없다는 마르크스의 통찰에 동의하였다(Riesebrodt and Konieczny, 2005: 128). 그래서 베버의 사회학은 의미있는 사회적 행위와 상호작용이 종종 '의도하지 않은' 역설적인 역사적 결과를 보여주는 사례들로 가득하다. 인간행위의 의도하지 않은 효과를 중시할 때 종교적 결정이 자아내는 정확한 효과는 '선험적' 가정이 아닌 '경험적' 조사를 필요로 하는 문제이다. 왜냐하면 종교는 기존 질서를 '정당화'하거나 아니면 '도전'하기 때문이다.

이른바 '방법론적 개체주의(methodological individualism)'[3]에 입각하

3) 이것은 모든 사회학적 설명은 개인들의 특성(성격)으로 환원된다는 학설로서 본래 뒤르켐

여 사회적 행위자의 주관적 동기와 의미에 관한 해석적 이해를 중시한 베버는 종교적 행위를 사회적 행위의 특수한 한 유형으로 보았다. 베버에 따르면, 사람들의 종교적 행위는 평범한 목표에 의미 있게 지향되어 있다. 이에 더해서, 종교적으로 동기화된 행위는 상대적으로 '합리적' 이다(Weber, 1964: 1). 베버는 자신의 행위이론에서 두 가지 서로 다른 '합리성(rationality)' 을 구별하였다. 즉 계산 가능한 성격을 띠는 '목적 합리성' 에 의해 동기화된 행위와 그 자체로서 의미 있는 '가치 합리성' 에 의해서 동기화된 행위이다. 주관적 관점으로부터 행위자의 동기를 이해함으로써 종교적 행위를 해석하고자 노력했던 베버는 인간은 삶에서 '의미' 를 기본적으로 추구한다고 전제했고, '의미의 문제' 를 논했다. 베버는 근대성(modernity)의 발전을 신정론(神正論, theodicy) — 인간의 고통에 직면하여 신의 존재를 정당화하는 것 — 과 연관시킨 것으로 보인다(Mizman, 1971: 220). 베버는 역사적으로 보아 인간이 고통의 문제에 대해서 신학적 해답을 찾은 것이 바로 철학과 합리적 사고의 시작이었다고 믿었다(Weber, 1964: 138). 종교와 주술(magic)을 완전히 다른 현상으로 구분한 뒤르켐과 달리, 베버는 양자 사이에 뚜렷한 구별을 하지 않았다(McKinnon, 2010a: 45). 이로부터 근대 서구에서 일어난 '세계의 주술로부터의 해방(a disenchantment of the world)' , 곧 '종교의 합리화' 에 주목했던 베버에 따르면, 원시적 세계는 모든 것이 주술로 통일된 세계였다. 그러나 역사가 전개되면서 어느 시점에 와서 세계와 주술 간의 일치는 깨졌고, 한편으로는 '합리적' 인식으로, 다른 한편으로는 '신비적' 경험으로 분리되었다. 이 과정에서 오늘날 기독교로 대표되는 세계의 유일신적 종교들은 합리적인

같은 사회학자들의 연구저작에 대항하여 형성되었다. 뒤르켐 등은 이른바 '방법론적 전체주의(methodological wholism)' 에 입각하여 사회학적 설명에서 개인들의 특성은 무시되어도 무방하다고 주장하였다. 방법론적 전체주의자들을 대표해서 뒤르켐은 '사회적 사실(social facts)' (예: 종교)은 그 자체로 존재하며 이것들이 개인들의 행위를 결정하기 때문에 개인들과 독립하여 연구될 수 있다고 보았다. 참고로 종교사회학 내 합리적 선택 이론가들은 '방법론적 개체주의' 를 수용하고 있다고 볼 수 있다.

세계관의 기초를 창조하였다.

베버 사회학의 인기는 그동안 사회학자들의 다양한 집단 속에서 부침을 거듭했다. 베버는 마르크스와 뒤르켐과 달리 사회학 내에서 한 학파를 형성하지 못했다. 그러나 베버의 공헌은 오히려 사회학 밖의 다른 분야들(예로서 경제학, 정치학, 종교학 등)에서 드러났다. 그러던 중 탈코트 파슨스(Talcott Parsons)가 그동안 영어권에는 거의 알려지지 않은 학자였던 베버의 『프로테스탄트 윤리와 자본주의 정신』(1904~05)을 처음으로 영어로 번역하였다. 이것이 계기가 되어 1930년대에 미국 사회학자들은 베버가 논의한 토픽들에 초점을 모으게 되었다. 그 뒤 특히 종교의 부흥이 일어난 1980년대 이래 베버에 대한 관심은 세계 사회학계 내에서 계속 증가하고 있다. 이는 특히 종교사회학을 비롯하여 역사사회학과 사회이론 영역에서 그렇다고 말할 수 있다. 한편, 베버의 종교사회학은 20세기의 위대한 사상가로서 오늘날 미국의 종교사회학자들 중 가장 널리 알려진 인물인 오스트리아 출신 피터 버거의 저작들에 특별히 커다란 영향을 주었다. 버거는 자신의 지적 모험담인 최근 저서(『어쩌다 사회학자가 되어』, 2011)를 통해 베버의 종교사회학에서 가장 중요한 것으로 종종 거론되는 범주들은 '선택적 친화성' 을 비롯하여 '카리스마(charisma)' 와 그것의 '통상화(일상화, routinization)', 교회(church)와 종파(sect)의 사회적 구조, '프로테스탄트 윤리' 와 근대 자본주의의 기원 사이의 관계 등이라고 주장하였다(Berger, 2011: 24). 최근 영국 애버딘 대학의 사회학자 앤드류 맥키논(Andrew McKinnon, 2010b)에 따르면, 베버의 저작을 미국에서 초기에 영어로 번역하는 작업을 수행했던 한스 거쓰(Hans Gerth)와 밀스(C.W. Mills) 및 이들을 따랐던 학자들은 '선택적 친화성' 이 주로 '이념(ideas)' 과 '물질적 이해관심(material interests)' 의 상호 매력을 뜻하는 것으로만 인식했다. 이 점을 비판적으로 평가하면서 맥키논은 베버의 저작 속에서 이념들 간에 그리고 심지어 구조들(structures) 간에도 '선택적 친화성' 이 존재하였음을 알 수 있다는 새로운 주장을 펼쳤다. 결국 맥키논에 따르면, 베버의 초기 저작은 물론 후기 저작 속에서도 '선택적 친화성'은 단순한 하나의 연관 이상의 것으로서 두 개의 세력이 결합하여 그것의 부분의 총합 이상의 것을 산출한 것이다.

3) 에밀 뒤르켐(Émile Durkheim, 1858~1917)

뒤르켐은 베버와 정확히 동시대인이었지만 뒤르켐은 베버와는 매우 다른 입장으로부터 출발했다. 뒤르켐은 호주의 원주민들 가운데 토템 종교를 연구한 것으로부터 무엇보다도 종교의 '결속적' 속성을 확신하게 되었다. "종교는 사람들이 사회를 만들 수 있다는 사실을 세상에 알리고, 그리고 그렇게 공표하는 것을 통해서 이 사실을 강화한다"(Beckford, 1989: 25). '기능적' 관점을 가졌던 뒤르켐은 무엇보다도 '종교가 무엇을 하는지'에 관심이 있었다. 뒤르켐에 따르면, 종교는 사람들을 한데 묶어준다. 그렇다면 옛날부터 내려오는 전통을 지닌 사회라고 일컬어지는 형태가 너무 급속도로 변하기 시작하여 종교의 전통적 유형이 필연적으로 붕괴한다면 과연 무슨 일이 일어날 것인가? 이런 상황에서 종교의 가장 중요한 기능은 어떻게 성취될 것인가? 이것이 바로 당시 20세기 초반 프랑스에서 뒤르켐이 직면한 상황이었다(Lukes, 1973; Pickering, 1975). 이 같은 질문에 대해 뒤르켐은 다음과 같이 반응하였다. "사회의 종교적 측면은 그 이외의 모든 것과 나란히 진화하도록 허용되어야 한다. 그럴 적에 비로소 새롭게 발전하는 사회적 질서(이 경우 초기 산업사회)에 적합한 결속의 상징이 출현할 수 있다."

초창기 사회학자들 중 뒤르켐만이 종교에 대해서 자신의 정의를 제시했다.

> "종교란 성스러운 사물(즉 말하자면 분리되어 금지되는 것들)에 연관된 신앙(beliefs)과 의식(practices)의 통합된 체계로서 교회(church)라고 불리는 단일의 도덕적 공동체 속으로 이런 신앙과 의식을 따르는 사람들을 한데 통합시킨다."—Durkheim, [1912], 1976: 47

뒤르켐의 종교 정의에는 '성스러운 것(분리된 것, the sacred)'과 '속된 것(나머지 모든 것, the profane)' 사이에 유명한 구별이 존재한다. 이 점에서 '본질적' 정의(substantive definition)의 요소가 있다. 뒤르켐의 경우 그의 종교연구의 절정이자 마지막 저서인 『종교생활의 원초적 형식』(1912)에서 성스러운 것(聖)과 속된 것(俗)의 이분법을 토대로 한 본질적 정의로 시작했지만, 이 책의 마지막에 가서는 종교의 일반적인 사회적 기능, 곧 사회통합의 측면에서 종교를 정의했다(Berger, 1967: 176). 성스러운 것은 속된 것이 소유하지 못하는 '기능적(functional)' 속성을 소유한다. 성스러운 것은 그 자체의 속성에 의해서 통합(결속)시키는 능력을 갖고 있다. 왜냐하면 성스러운 것은 어떤 성스러운 대상에 초점을 모으는 한 세트의 신앙과 의식 속에 한 집합체를 통합시키기 때문이다. 뒤르켐은 베버와는 달리 당시 종교학계의 경향에 도전하며 나아갔다. 당시 종교학계는 종교를 이런저런 방식으로 '본질적'으로 정의하려고 노력하였다. 이런 점에서 종교에 대한 뒤르켐의 접근이 베버의 경우보다 한층 더 '사회학적'이라고 말할 수 있다.

『종교적 생활의 원초적 형식』에서 뒤르켐은 인류학자들이 19세기 호주 중부의 한 부족에 대한 현지연구를 수행한 것에 기초하여 성스러운 현상에 대한 종교적 신앙은 사실상 그 사회 혹은 전체로서의 사회집단의 '집합적 표상(collective representations)'이라고 주장하였다. 이 같은 집합적 표상은 집합적 의식의 수행에 의해서 주기적으로 확증된다. 그 결과 해당 사회에 대한 강한 감정적 결속을 가져다주는데, 이것을 뒤르켐은 '집합적 흥분(collective effervescence)'이라고 불렀다. 이 '집합적 흥분'이란 개념은 사회의 구성원들이 주기적인 의식에서 한데 모일 때 그 속에서 생성되는 일종의 전기(electricity)와 같은 짜릿한 무아경(ecstasy)에 가까운 감정을 일컫는다. 이로써, 뒤르켐은 인간의 감정(sentiment)을 종교와 사회의 산물로 이해하였다고 볼 수 있다(Riis and Woodhead, 2010: 61). 이런 맥락에서 뒤르켐의 종교이론 중 '성과 속'의 이분법 외에 가장 많이 논란의 대상이 되는 개념이 바로 '집합적 흥분'이다. 이로써, 뒤르켐은 인간의 느낌(feelings)이란 것이 '집합적'으로 확증될 때만 실재적인 것이 된다고 보았다고 말할 수 있다. 따라서 뒤르켐의 종교이론에서는 일찍이 미국의 심리학자 윌리엄 제임스(William James)가 『종교적 경험의 다양성』(*The Varieties of the Religious Experience*, 1902)에서 말한 '개인의 종교적 감정의 힘'에 대한 인식은 존재하지 않는다. 그리고 뒤르켐은 종교적 상징들이 독자적으로 갖는 중요성에 대해서도 거의 주목하지 않았다.

'집합적 표상'과 '집합적 흥분'에 더해서 뒤르켐의 사회학에서 중요한 자리를 차지하고 있는 또 다른 개념이 바로 '집합적 양심(conscience collective)'이다. '양심(conscience, 良心)'이란 개념은 전형적으로 개인의 도덕적 태도를 일컫는 것이지만, 뒤르켐에게 있어서 '집합적 양심'이란 본질적으로 사회적인 것이고 개인에게 외적인 것이다. '집합적 양심'은 외적인 규범적(도덕적) 질서 혹은 한 집단의 구성원들을 특정의 방식으로 행동하고 사고하도록 강제하는 일종의 '사회적 사실'이다. 뒤르켐에 따르면, 노동의 분업이 증가함에 따라 개인주의는 발전하는 반면 '집합적 양심'은 쇠퇴한다.

그런데 뒤르켐의 사고에서 이렇듯 의심할 수 없이 나타나는 '사회적 측면'은 장점과 약점 모두를 갖고 있다. 뒤르켐의 '사회적인 것'에 대한 초점은 심리(학)적인 것과 뚜렷이 구별되는 것으로서 이것은 장점이다. 반면에 사회를 '독자적 실재'로 반복적으로 강조하는 것은 또 다른 종류의 환원주의의 위험에 처하게 함으로써 단점이다. 이 같은 환원주의는 종교가 단지 사회적 경험의 상징적 표현에 불과하다는 논리적 결론에 이르게 한다. 이런 결론이 뒤르켐 당시 많은 동시대인들을 혼란스럽게 했다. 뒤르켐은 개인의 종교적 체험을 무시한다는 것이 뒤르켐 당시에도 그랬고 지금까지도 계속 제기되고 있는 비판이다(Bellah, 2003a).

이에 더하여, 뒤르켐의 종교이론에서 제기되는 보다 중요한 근본적 쟁점은 바로 그가 '성스러운 것'과 '속된 것' 양자를 강하게 구별한 것이라고 볼 수 있다. 뒤르켐은 이 같은 구별이 모든 종교 속에서 존재하며 두 영역은 구별되는 것이어서 두 영역 사이에서 움직임은 정교한 의식을 필요로 한다고 보았다. 그런데 '성과 속'의 강한 구별은 인류학의 민족지(ethnography) 속에서 잘 지지되지 않는다(Kunin, 2003: 22). 즉, 일부 사회들(대표적 예: 기독교권)은 '성과 속'에 대해서 뚜렷하고도 분리되는 구별을 하고 있지만, 여타 사회들(대표적 예: 일본 및 남태평양 군도의 일부 사회들)은 두 범주 — 성스러운 것과 속된 것 — 를 언제나 구별하는 것은 아니다. 그리고 이런 사회에서는 심지어 그 같은 구별이 만들어졌더라도 '성과 속' 두 범주 사이에서 이동이 상대적으로 쉽게 일어난다.

끝으로, 뒤르켐과 베버의 종교이론을 비교할 때 빠뜨릴 수 없는 문제가 바로 종교의 '정의(definition)'를 둘러싼 쟁점이다. 종교가 사회에 대해서 갖는 관계의 측면에서 볼 때, 종교를 정의하는 데는 두 가지 방식 — 본질적 정의와 기능적 정의 — 이 있다(Davie, 2007: 19-21). 본질적 정의는 모든 종교들 속의 공통적인 내용에 주목하는 반면, 기능적 정의는 종교가 개인 및 사회에 미치는 영향에 주목한다. 사회학의 초기 시대부터 지금까지 이 두 가지 유형의 정의 사이에서 줄곧 긴장이 일어나고 있다. 간단히 말해서, 베버의 저작에서는 본질적 관점이 지배적인 반면, 뒤르켐의 저작에서는 기능주의적 관점이 지배적이다. 두 관점은 모두 각기 강점과 약점을 지니고 있다. 오늘날 본질적 정의의 지지자들은 대체로 서구 사회에서 종교의 영향력이 감퇴되고 있다는 견해를 수용하는 사람들이다(Hunt, 2002: 7). 사회학계의 일각에서는 '본질적' 정의에 불만족하여 '기능적' 정의를 선호하고 있다. 그런데 종교에 대해서 기능적 정의를 취할 경우 신앙에 대한 강조는 과도한 반면 정작 종교가 무엇을 하는지에 대해서는 제대로 강조하지 않는다는 비판을 받는다.

오늘날 뒤르켐의 종교사회학은 사회학과 인류학에서 가장 지배적인 이론적 영향력을 행사하고 있다(Riesebrodt and Konieczny, 2005: 128). 초기 기능주의 학파에 속했던 뒤르켐의 체계(system)의 관점은 종교의 기원과 수용에 관한 그의 견해에 영향을 주었다. 지배적 종교가 사회적 투쟁의 결과라고 해석한 마르크스와 달리, 뒤르켐은 종교를 선험적 의미 혹은 사회적 기능을 갖는 것으로 인식했다. 이로부터 뒤르켐의 중심적 이념 중 많은 것들이 종교사회학은 물론 일반 사회학에도 상당한 영향을 미쳐오고 있다. 종교의 사회적 차원에 대한 뒤르켐의 주장은 종교에 관한 사회학적 · 인류학적 성찰에 지속적으로 영감을 더해 주고 있다. 이는 토마스 루크만(Thomas Luckmann, 1967)과 메리 더글라스(Mary Douglas, 1973, 1978) 등의 연구저작에서 잘 나타난다.

소결로서, 종교사회학의 발전은 마르크스, 베버, 뒤르켐 같은 초창기 선조들과 그들의 영향에 대한 다방면에 걸친 해박한 지식이 없다면 제대로 이해될 수 없을 것이다(O'Toole, 1984, 2000). 그런데 위에서 살펴본 대로, 고전 사회학의 거장 마르크스, 베버, 뒤르켐 사이에 종교를 바라보는 관점에서 일부 공통점도 존재했지만 사실상 차이가 더 많이 뚜렷이 존재했다. 이 3인 모두는 개인적으로 그다지 '종교적'이지는 않았지만 당시만 해도 인간의 행위에서 종교가 중요한 자리를 차지하고 있다고 인식한 것만은 거의 분명해 보인다. 종교사회학의 출발은 이렇듯 훌륭했으나, 이후 그것을 유지하는 것은 어려웠다. 그 이유는 무엇보다도 인간의 이성을 앞세우는 계몽주의의 영향을 받은 이 3인 모두 종교의 '부흥'보다는 '세속화'를 예견한 데 있다고 생각된다. 그래서 이들의 지적 유산을 이어받은 사회학이란 학문의 울타리 안에서 종교를 사회학적으로 연구하는 분과학문인 종교

사회학은 아무래도 '주변화' 될 수밖에 없었다.

4. 현대 종교사회학의 전개와 연구경향

1) 전개

유럽에서 종교의 세속화를 예측한 고전 사회학자들의 연구(종교사회학의 '제1의 물결')가 있고 나서 약 반세기가 지나서야 종교에 관한 사회과학적 연구의 '제2의 물결'이 일어났다. 1950년대와 60년대에 이르게 되면 미국 사회학의 주요한 초점이 파슨스의 규범적 기능주의에 있었는데, 파슨스는 종교가 통합적 역할을 하는 모든 것을 강조했다. 파슨스에 의하면, 종교란 사회가 작동하는 데 필수적인 기능적 요건의 하나로서 사회체계와 사회적 행위의 복합적 모델에 중심적인 것이다(Parsons, 1951). 파슨스의 영향력은 종교사회학계에서 지속적으로 나타나서 이후 로버트 벨라(Robert Bellah) 같은 미국의 학자들이 계속 나오게 되었다. 파슨스의 기능주의는 사회학의 선조들의 관심을 불러일으킨 유럽과는 전적으로 다른 사회질서로부터 출현하였다. 제2차 세계대전 이후 미국은 합의(consensus)가 바람직한 것은 물론 가능한 것으로 여겨진 산업주의가 정착된 시대를 상징했다.

그런데 이 같은 낙관주의가 계속 지속되지는 않았다. 1960년대 이후 70년대라는 한층 장래가 불확실하게 보였던 시대가 등장함에 따라, 종교사회학은 한번 더 전환되었다('제3의 물결'). 이번에는 버거와 루크만의 연구저작(Berger and Luckmann, 1966)이 대표한 것, 곧 의미체계의 '사회적' 구축이 제안되었다. 이로부터 파슨스의 모델은 뒤집어졌다. 이후 1970년대 후반의 시대는 이 세상의 합의보다는 갈등 — 종교적 갈등을 포함 — 이 종교사회학의 연구의제를 지배하였다(Beckford, 1989: 8-13). 이로부터 종교는 예전보다 한층 더 논쟁적인 것으로 변모하였다.

2) 쟁점

한편, 현재 종교사회학계에는 다양한 쟁점들이 존재하고 있어서 이 학문의 내부에서 지배적인 쟁점들을 간추리는 것은 어려운 일이다. 아래에서 제시되는 것은 종교사회학의 쟁점을 모두 망라한 것이 아니라 어디까지나 대표적인 것들에 불과하다.

(1) 정의

종교의 정의(definitions)는 중요하고 또한 대단히 문제적이다. 이 질문에는 두 가지 측면이 있다. 첫째, 종교라는 것에 의해서 우리는 무엇을 의미하는가? 그리고 둘째, 어떻게 우리가 종교사회학을 공통적으로 동의하는 어젠다(agenda)에 접근하는 어떤 것으로 한정시킬 수 있을까?

이 논쟁은 앞부분에서 이미 살펴본 사회학의 시조들에게 거슬러 올라간다. 즉, 본질적 정의(종교란 무엇인가)에 대한 대체적으로 베버적 강조 대(對) 종교가 무엇을 하는가라는 대체로 뒤르켐적 기능주의가 대립한다. 이 논쟁은 오늘날까지도 지속되고 있다. 이 논쟁을 놓고 깊이 파고 든 최근의 시도(Danièle Hervieu-Léger, 1993)는 '종교적 기억(religious memory)' 이란 개념을 통해서 위의 두 입장이 강조한 것 중에서 가장 좋은 것만을 통합시키는 노력을 하였다. 종교의 독특성은 '믿는 것(신앙, believing)' 의 특수한 양식에 존재한다. 그런데 이 믿는 것의 특수한 양식 속에서 '기억의 사슬(the chain of memory)' 이 중요하다.

(2) 세속화

종교에 대한 정의와 세속화에 관한 지속적인 논쟁 간에 연관이 존재하는 것이 분명하다. 종교를 '본질적' 측면에서 바라보는 사람들은 서구 사회가 점점 세속화되고 있다고 주장하는 경향성을 보인다. 스티브 브루스(Steve Bruce, 1995a)가 이 같은 입장을 대표한다. 한편, 종교를 '기능적' 용어로 바라보는 사람들은 서구사회의 세속화에 대해서 덜 납득하고 있다. 왜냐하면 이들은 종교의 정의 속에 '성스러운 것' 에 관한 뒤르켐적 기술과 최소한이라도 일치하는 일련의 현상들을 포함시키고자 할 것이기 때문이다. 서구 학자들이 자신들의 사회에 관해서 논쟁하는 것으로 볼 수 있는 '세속화 논쟁' 에서 빈번하게 나타나는 가정은 오늘날 서구(특별히 유럽)사회를 특징짓는 경향성이 내일의 여타 세계 지역에서도 필연적으로 일어날 것이라는 것이다. 그런데 이 같은 관점은 점점 크게 도전받고 있다. 이런 관점이 갖는 더 큰 한계는 '지리적' 인 것이기보다는 '역사적' 인 것이다. 세속화는 거의 항상 19세기와 20세기 초 급속도의 산업화 및 도시화와 관련하여 탐구되어 왔다. 그런 이유로 인해서 사회학의 선조들의 관심이 바로 이 세속화에 있었다. 이로써, 선진(발전된) 산업사회에 대한 논쟁은 이제 막 시작되었다고 보아야 할 것이다.

(3) 종교성의 차원

세속화 논쟁과 관련된 논의는 카렐 도블레어(Karel Dobblelaere, 1981)와 호세 카사노바(Jose Casanova, 1994)의 연구저작에서 잘 나타나듯이 종교성(religiosity)의 다른 차원들에 관한 것이다. 세속화의 이념은 종교적 삶의 일부 측면은 쇠퇴한 반면 그것의 여타 측면은 번성하는 사실에 의해서 필연적으로 복합적인 것이다. 세속화의 지표들이 반드시 동일한 방향으로 움직이지는 않는다. 이런 점에서 유럽과 미국 간의 비교는 중요하다. 미국에서 종교적 행위는 거의 모든 유럽사회들보다 한층 더 뚜렷하다. 이것이 얼마나 자명한지는 아직도 논쟁이 되고 있지만, 미국과 유럽 사이의 대조는 어떤 형태로든 분명히 현존한다.

유럽에서 종교성의 차원과 관련되는 토론은 미국의 그것과는 다른 양상을 띤다. 20세기 후반의 중요한 측면은 종교적 삶의 딱딱한 지표들(예: 종교적 정통성, 의례 참여, 그리고 제도에 대한 애착)이 부인할 수 없게 그리고 때로는 극적으로 쇠퇴하는 가운데 다른 한편으로는 종교적 삶의 한층 부드러운 지표들(예: 느낌, 체험, 그리고 한층 신비한 종교적 신앙)은 여전히 존속되는 것처럼 보인다(Barker *et al*., 1993).

(4) 시민종교

시민종교(civil religion)에 관한 논쟁은 무엇보다도 벨라(Robert Bellah)와 연관된다. 그의 1967년 논문("미국에서의 시민종교")은 많은 미국인들의 신앙체계를 특징짓는 초월적 종교와 국가적 자부심의 독특한 혼합에 초점을 모은 것이다. 이것과 상응하는 영국의 사례는 왕실가족을 둘러싼 성스러움 속에 대표되는데, 이 성스러움은 왕실의 젊은 세대에 의해서 최근 손상되었지만 아직도 여전히 건재하고 있다. 프랑스의 사례는 좀 다르게 진화하였다. 초월적인 것을 대체한 'laïcité(프랑스의 세속주의)'의 개념이 시민종교의 근간을 이루고 있는 프랑스에서는 정부의 의식(government affairs) 속에 종교적 참여를 없앰으로써 대통령 이취임식은 엄격하게 보아 신(神)이 부재한 의례(ceremony)이다.

시민종교의 사고가 흥미롭게 발달한 것을 유럽의 정체성(identity)의 진화 속에서 찾아볼 수 있다. 만일 유럽이 하나의 단위로서 효과적으로 기능하고자 한다면, 유럽은 그 자체의 국기(國旗), 국가(國歌) 그리고 신앙체계를 가진 시민종교를 요구한다. 유럽대륙은 그것의 역사적 신앙을 실천하는 것을 크게 보아 중단했다. 그런데 유럽이 최근 그것의 경계(boundary)를 정의하는 데 다시 한번 이 같은 종교적 유산에 호소하는 것은 역설적이다.

(5) 신종교운동과 뉴에이지

현재 종교사회학계 내부에는 많은 인구집단 내부에 존재하는 대표적 종교들의 신앙(beliefs)과 의식(practices)에 관한 것보다 신종교운동에 대한 사회학적 연구가 한층 더 많다. 종교사회학 분야에서 가장 뛰어난 이름을 갖는다고 알려진 학자들(예: Barker, Beckford, Dobbelaere, Richardson, Wallis와 Wilson 등)이 수행한 종파, 컬트 및 신종교운동에 관한 중요한 연구물이 계속 증가하고 있다. 이 분야에서 일본 학자들(예: Shimazono, 2004)의 공헌 역시 주목할 필요가 있다. 이 같은 현상은 신종교운동에 참여하는 사람들이 상대적으로 그 수가 적다는 것을 감안할 때 놀라운 일이다. 그런데 신종교들의 존재가 제기하는 쟁점들 중 특히 종교적 관용의 문제에 초점을 모을 경우 이 같은 현상은 어쩌면 당연하다고도 말할 수 있다. 무엇이 '진짜(real)' 종교를 구성하는 것인지를 놓고 벌어지는 논쟁은 사회학적 논쟁에서와 마찬가지로 최근 법정에서도 벌어지고 있는 처리하기 힘든 사안이다.

그리고 동양과 서양 전통, 이 둘로부터 나온 철학과 실천적 수행의식(practices)을 풍부하게 혼합한 새로운 종교생활의 한 형태는 최근 '뉴에이지(the New Age)' (Heelas, 1996)라는 이름을 획득했다. 이 뉴에이지 종교의 중요성은 오늘의 현대사회 속에서 전통적(인습적) 형태와는 크게 다른 방식으로 성스러움을 긍정하는 데 존재한다.

(6) 근본주의

1970년대 이슬람의 부흥을 필두로 1980년대 와서는 개신교 성령운동

(Pentecostalism)의 확산이 가져다준 종교부흥으로 인해서 전 세계적인 근본주의(fundamentalisms)의 출현은 사회학적 초점을 불러모았다. 당시 근본주의에 대한 관심은 상당해서 시카고 대학에서 거대한 재정을 지원받은 근본주의 프로젝트(Fundamentalism Project)가 수행된 결과 총 6권의 책이 나오게 되었다. 이 프로젝트는 매우 다양한 근본주의 운동들 속에서 '공통적' 측면을 찾는 것이었다(Marty and Appleby, 1993: 2). 그리고 근본주의에 대한 설명은 매우 빈번하게 세계화에 관한 논의와 후기 자본주의의 성격 속에서 찾아졌다. 세계화에 관한 보다 폭넓은 선도적 논의는 롤랑 로버트슨(Roland Robertson, 1992)과 피터 바이어(Peter Beyer, 1994)의 저작 속에서 찾아볼 수 있다.

(7) 종교와 일상생활 그리고 젠더

종교사회학의 한층 대안적이며 최신의 초점은 사회학적 사고의 다른 흐름으로부터 나왔다. 곧, 이것은 일상생활 속에서 종교의 중요성에 관심을 보인다(예: Ammerman, 2007). 이 관점은 제23차 세계종교사회학회(SISR, 캐나다 퀘벡)에서 활발히 논의된 이래, 종교가 인간 실존의 기본적인 것에 미치는 영향과 인간성이 환경에 대해서 갖는 관계를 밝히고 있다. 이 관점에 따르면, 모든 종교는 인간의 신체와 자연, 다이어트, 성(sex), 섹슈얼리티(sexuality), 건강, 치유, 죽음 그리고 심지어 순교 등에 대해서 무언가 말할 것을 갖고 있다. 위에서 제시한 것들은 종교적 통제와 종교적 가르침의 범위 안에 존재한다.

한편, 일상생활에서 종교의 중요성이 다시 새롭게 강조된 것은 젠더와 종교에 관한 연구(예: Trzebiatowska and Bruce, 2012)에서도 찾아볼 수 있다(Juschka, 2005). 보기로서, 중요한 질문은 여성들이 남성들보다 한층 종교적인 이유가 여성들이 본래 그런 것 때문인가 아니면 여성들이 하는 일 때문인가를 둘러싸고 전개된다.

3) 현재의 딜레마

(1) 불균형

종교사회학 내부에 불균형들이 커지고 있다. 이 불균형들 중 하나는 종교적 삶의 '중심부'에 대한 정보는 결여된 반면 가장 재미있을 가능성이 있는 종교적 삶의 '주변부'에 관해서는 관심이 증폭되고 있는 것이다. 서구 사회에서 종교적 삶의 특정 측면이 뚜렷이 쇠퇴하고 있는 것은 분명한 사실이지만, 이 같은 현상이 왜 생기고 있는지를 규명해야 한다. 그러나 종교적 삶의 다른 측면은 쇠퇴하지 않고 있는데, 이런 점에 대해서도 그 이유를 밝히는 것이 똑같이 중요하다. 게다가 한국을 포함한 비서구 사회들은 서구 사회와는 뚜렷이 다른 종교적 진화를 보여주고 있다.

이 불균형은 다음과 같은 두 가지 방식으로 취급되어야 할 것이다. 한편으로 웨이드 클락 루프(Wade Clarke Roof, 1993)와 루프 및 윌리엄 맥키니(Roof and McKinney, 1987)의 연구의 예가 보여주듯이 서구의 종교적 삶의 '중심부'에 대해서 다시 초점을 모을 필요가 있다. 동시에 종교사회학은 이제 서구가 반드시 세계의 종교적 진화의 길을 선도한다는 가정으로부터 벗어나야 한다.

(2) 주류 사회학으로부터 격리 및 고립

벡포드(Beckford, 1989)는 종교사회학이 그 모체가 되는 사회학으로부터 격리되고 고립된 것에 대해서 개관하였다. 종교사회학은 사회학 내에서 이론적 발전의 자극을 상실하였다. 주류 사회학자들은 종교는 현대사회에서 주변적 관심을 차지할 뿐이라고 계속 가정하고 있다. 이 같은 딜레마로부터 벗어나는 것이 가능할까? 다음은 이 질문에 대한 몇 가지 시험적 제안이다.

(3) 이론적 가능성들

종교사회학은 대체로 보아 산업 이전 사회로부터 산업사회로의 전환에 관심을 갖는 토론에 매몰되어 왔다. 따라서 이제는 이 토론이 좀 더 앞으로 나아가야 한다. 근대성의 성격과 유형에 관한 최고의 공헌(예: Giddens, Beck, Baumann 등)에 기초하여 현대 세계 속에서 종교의 역할을 주변화시키는 것이 아니라 통합시키는 대안적 분석을 제시할 필요가 있다(Beckford, 1996). 한 연구(Hervieu-Léger, 1993)는 20세기가 21세기로 전환되는 시점에서 종교의 성격과 형식이 근대성 그 자체의 성격에 의존한다는 것을 인식하여 이 방향으로 중요한 출발을 하였다. 이 연구에 따르면, 오늘날의 종교는 근대성에 대한 '반응'이 아니라 근대성의 '산물'이다.

두 번째 가능성은 벡포드가 이미 제안한 아이디어를 추구하는 것이다. 벡포드는 종교가 '사회제도'로서가 아니라 '문화적 자원'으로서 인식되어야 한다는 제안을 하였다. 종교의 탈규제는 종교적 영역 그 자체 및 종교를 연구하는 사람들에게 새로운 기회를 제공한다.

세 번째로 완전히 다른 방향은 '합리적 선택이론'의 탐구 속에 자리한다. 로드니 스탁과 윌리엄 심스 베인브리지(William Sims Bainbridge), 로렌스 야나콘(Lawrence R. Iannaccone) 등이 종교의 '공급' 측면의 모델을 제시하였다. 합리적 선택이론은 만일 유럽의 종교가 미국에서처럼 자유시장 속에서 운용되도록 한다면 번성할 것이라고 본다. 그런데 이 같은 주장에 대해서 이 모델 밖에 있는 브루스(Bruce, 1995b)를 비롯한 여타 학자들은 '시장(market) 모델'이라고 강하게 비판하고 있다.

네 번째 가능성은 종교적 생활 속의 변화를 설명할 때 사회적 변동을 주목하는 것이다. 세속적 사회의 발달과 똑같이 관계되는 것이 '종교적 신앙'과 '종교적 소속' 양자 간의 분리이다(Davie, 1994). 최근 "소속되지 않는 믿음(Believing without Belonging)"(Davie, 1990)이란 말이 유행하듯이, 현재 종교적 신앙과 종교적 소속 간의 불일치가 사회생활의 여러 측면에서 뚜렷하다. 이와 비슷한 것이 요즘 대규모 정당의 쇠퇴, 노동조합의 쇠락, 그리고 레저(여가)행위의 변화 속에서 예시된다. 따라서 종교적 생활 속의 변화가 이 같은 배경 아래 읽혀져야 한다.

4) 실질적 제안들

종교사회학의 일련의 가능성은 사회학에서 현재 진화하고 있는 주제 속에서 발견될 수 있다. 아래에서 세 가지 예를 제시하고자 한다.

첫째, 종교사회학에서 건강사회학(the sociology of health)에 대해서 급속도로 관심이 발전하고 있다(예: 김성건, 2010). 기술이 발전한 현대사회 속에서 의료적 돌봄(care)이 종교의 영향으로부터 점점 더 분리되고 있다. 그런데 포스트모던적 강조는 의료적 돌봄과 종교 이 둘을 재통합하려 한다. 구체적으로, 포스트모던적 강조는 신체(body), 마음(mind), 정신(soul) 사이의 경계를 최소화한다. 왜냐하면 건강은 신체 · 마음 · 정신의 분열(fragmentation)이 아닌 총체(wholeness)의 반영이기 때문이다.

둘째, 점증하는 다원사회 속에서 종교적 소수자들이 자신들의 법적 권리를 주장하기 시작함에 따라 종교사회학에서 법사회학(the sociology of law)에 대한 관심이 제고되고 있다. 다원사회와 종교적 소수자들의 법적 권리 간의 상호관계에 대한 상황의 영향을 밝히는 데는 '비교분석'이 필수적이다. 예로서, 종교적 '관용'의 사례를 맨 처음에 어떤 법원이 맡아 심의하는가? 어떤 기초 위에서 이 사례가 다루어지나? 누구에 의해서? 어떤 법원이 최종 심판을 만드는가? 이 분야에서 뛰어난 출발을 한 것이 바로 제임스 리처드슨(James T. Richardson)의 법과 사회학 양쪽에 관련되는 연구(예: Edelman and Richardson, 2003)이다.

셋째, 최근 종교사회학에서 정치학에 대한 관심이 증가하고 있다. 정치와 종교 간 전통적 신의(信義)의 패턴이 특히 유럽에서 쇠퇴한 것이 사실이다. 그러나 종교가 더 이상 정치적 쟁점이 아닌 것은 사실이 아니다. 실제로 종교의 잠재력은 최근 탈레반과 알카에다(Al-Qaeda) 같은 극단적 이슬람주의자들의 테러 등에서 예시되듯 전 지구적 규모로 스스로를 주장하고 있다(정태식 · 이철우, 2008). 정치적 분열이 종교적 이데올로기에 의해 강화될 때 위험한 대립으로 치닫게 될 수 있다. 이 모든 것을 보다 잘 이해하기 위해서는 다양한 학문분야에 있는 학자들 간의 협동이 요구된다.

5. 새로운 패러다임의 출현과 전개

1) 종교사회학의 패러다임 위기와 스티븐 워너(Stephen Warner)의 1993년 논문

이 논문은 미국의 종교제도에 대한 최근의 문헌을 '패러다임의 위기'란 측면에서 검토하고 종교사회학 분야에서 이제 새로운 패러다임이 출현하고 있다고 주장하였다. 그 주장의 핵심은 미국의 경우 개방된 시장체계 속에서 조직화된 종교가 번창하고 있다는 것인데, 이 같은 관찰은 낡은 패러다임(곧, 세속화이론)의 독점 개념에 비추어볼 때 이상한 것이다. 이 논문에 따르면, 종교사회학 분야에서 새로운 패러다임이 출현한 것은 1990년 이후이다. 낡은 패러다임이 유럽적인 것인 반면, 새로운 패러다임은 미국 종교를 이해하기 위한 개념 틀이다. 이 새로운 패러다임은 합리적 선택이론, 설득력(plausibility)이론 및 제의(ritual)이론을 포함한다. 워너는 이제 일부 학자들은 새로운 패러다임을 중국 및 인도 종교연구에 적용하기 시작했고 이 새로운 패러다임이 일반적인 이론적 모델이 되고 있다고 결론을 맺었다.

이 유명한 기념비적 논문을 통해서 워너는 종교사회학의 새로운 패러다임은 종교를 어떤 무언가로부터 파생된 것으로 보지 않는다는 것을 강조했다. 기능주의와 세속화이론을 포함하여 이것의 많은 변종들은 종교를 어떤 무언가로부터 파생된 것으로 본다. 또한 워너에 의하면, 종교사회학의 새로운 패러다임은 종교를 실재로서(as real) 혹은 독립변수로 보는 운동이다. 종교를 독립변수로 본다는 것은 베버의 관점처럼 종교를 인간행동 경향의 한 부분으로서 그리고 행위의 어떤 다른 체계로서 보는 것을 의미한다.

2) 합리적 선택이론의 주창자 로드니 스탁의 견해를 통해 본 새로운 패러다임

종교에 대한 사회과학적 연구 속에서 최근 중요한 지적 전환이 일어났다. 곧, 이것은 종교사회학의 창시자들로부터 내려온 것으로서 그동안 가장 오래도록 이론적 자리를 차지했던 세속화이론이 마침내 전복된 것이다. 이 변화는 매우 극적이고 그 미치는 범위가 광대해서 앞에서 언급한 워너가 사회학의 초창기 이래 "그동안 계속 진행된 패러다임 전환이 이제는 뚜렷이 성취되었다"(Warner, 1993: 1044)는 평가를 내렸다.

새로운 패러다임의 출현은 경험적 · 이론적 기초 양면에 기반을 두고 있다. 지난 30년 이상 동안에 걸쳐 종교사회학계에서 종교적 토픽에 대한 연구가 폭발하였고 그로부터 상당수의 새로운 사실이 축적되었다. 그런데 이 같은 발견의 상당부분이 낡은 패러다임과는 불일치하는 것으로 드러났다. 사실과 전통적 이론 간에 모순이 증대한 것에 대한 반응으로서 경험적 자료를 해석하기 위한 새로운 이론이 구축되었다.

현재 낡은 패러다임과 새로운 패러다임 사이에 여러 가지 논점을 두고 논쟁이 제기되고 있는데, 그중 가장 중요한 것으로 볼 수 있는 것이 "종교는 나쁜 것이다"라는 주장을 둘러싼 것이라 할 수 있다. 그동안 거의 3세기 동안 사회과학자들은 종교가 개인과 사회에게 해로운 것이라고 비난하였다. 그들은 종교가 합리적 사고를 저해하며 독재자들을 추앙하게 만든다고 보았다. 종교가 비합리적이고 심리적으로 해롭다는 명제는 사회과학자들(예: Freud, 1989 [1927]: 88)이 신앙(faith)에 대해서 공개적으로 표현한 경멸과 반감에서 두드러지게 나타났다.

그러나 새로운 패러다임의 주창자들은 종교가 비합리성에 뿌리를 갖고 있다는 주장에 대해 반대한다. 이들은 종교가 정신적 건강과 심지어는 육체적 건강에도 한층 도움이 된다는 것을 보여주는 문헌이 증대하고 있는 것에 주목한다. 이 문헌들은 종교적 참여가 연령, 성(sex), 인종, 종족 또는 국적에 상관없이 긍정적 건강효과가 있음을 지적하고 있다(김성건, 2010: 64-69). 최근에 레빈(J.S. Levin, 1996: 850)은 '종교성이 긍정적 면역효과'가 있다는 것을 발견하였다.

종교가 정신 · 육체 건강에 관련된 것뿐만 아니라, 현재 종교에 대한 모든 이론화는 그것의 첫 번째 공리로서 합리적 선택원리를 수용한다(Stark and Bainbridge, 1987; Stark and Finke, 2000). 그런데 이 학자들의 대부분은 경제학에서 현재 사용되는 합리적 선택의 '얇은' 버전이 아닌 '두터운' 버전을 사용하고 있다. 합리적 선택의 '두터운' 버전은 베버(Weber, [1922] 1964:1)가 다음과 같이 언급한 것과 궤를 같이한다.

> "종교적으로 또는 주술적으로 동기화된 행동은 상대적으로 합리적 행동이다… 그것은 경험의 원칙을 따라간다. 그래서 종교적이며 주술적인 행동이나 사고 역시 일상의 목적 추구적 행위의 범위로부터 벗어나는 것으로 간주되어서는 안 된다."

그렇다면 종교가 권력자들을 정당화하고 착취를 당하는 사람들과 천민들에게 허위의식을 제공하는 등 해로운 사회적 효과를 자아내는 것을 어떻게 볼 것인가? 엥겔스는 초기 기독교는 "우선 노예와 해방된 노예, 모든 권리를 박탈당한 가난한 사람, 로마에 복속되어 서로 헤어진 민중들의 종교로서 출현하였다"(Marx and Engels, 1957: 316)라고 주장하였다. 이렇듯 낡은 패러다임은 종교를 '민중의 아편'과 동일시하는 반면, 새로운 패러다임은 종교가 또한 종종 '암페타민(Amphetamine, 중추신경을 자극하는 각성제)'으로서 많은 중세의 농노와 장인들의 반란을 추동하였다고 본다. 최근에는 종교가 동유럽에서 독재에 대항하여 사람들을 동원하는 중요한 센터로서 기능하였다. 이로써 종교가 주로 박탈당하고 가난한 사람들을 보상하는 역할을 한다는 이념은 지지될 수 없는 것이 되었다. 1940년대 초반 이래 많은 연구자들이 종교성과 사회적 계급 양자를 연관시키려는 시도를 하였으나 그들의 발견점은 그 관계가 약했고 관계가 있다손 치더라도 불일치하는 것으로 나타나고 있다(Stark and Finke, 2000: 208).

3) 종교사회학에서 새롭게 출현하고 있는 '스트롱 프로그램'

최근 미국에서 출현한 종교에 대한 '합리적 선택'을 강조하는 접근은 '새로운 패러다임'과 동일한 것이 아닌 것으로서 점차 비판을 많이 받고 있다. 합리적 선택이론의 학자들은 종교적 다원주의가 종교적 참여를 저해하지 않고 촉진한다면서 세속화이론을 맹공하였다. 그러나 이 같은 주장을 뚜렷이 지지하는 데이터가 거의 존재하지 않는 것이 사실이다(Chaves and Gorski, 2001). 그리고 여타 학자들은 합리적 선택이론의 종교적 행동에 관한 미시 사회적 묘사가 보여주듯이 적나라한 수단-목적 합리성에 지나치게 의존하는 것은 우리로 하여금 중요한 경험적 현상을 놓치도록 한다(Smilde, 2007)고 비판한다. 크리스천 스미스(Christian Smith, 2003)는 사람들이 종교를 통해 어떻게 목표를 성취하는가에 초점을 모으는 것은 인간의 동기에 관한 설득력 있는 설명이 결여되어 결국 종교가 도대체 왜 존재하는지를 설명할 수 없다고 주장한다.

새로운 패러다임 속에서 이제 학자들은 종교의 주된 기능을 모종의 힘(권능감, empowerment)을 주는 것으로 바라보면서 종교적 다원주의를 유일한 규범으로 간주하고 있다(Smilde and May, 2010: 1). 예전의 종교사회학자들과 달리 새로운 패러다임 내에 있는 연구자들은 종교가 그것을 믿는 신자들에게 무엇을 해 주는지에 초점을 모은다. 다시 말해서, 종교적 참여를 행위의 한 '전략' 으로 본다. 이들에 따르면, 한 예로서 여성들은 제멋대로 행동하는 배우자들의 헌신을 확보하고자 보수적 종교에 참여하게 된다. 그리고 한 사회에서 종족적으로 소수자들은 특정 종교에 참여함으로써 종족적 정체성을 유지하고 자조적 네트워크를 만든다.

이런 맥락에서 데이비드 스마일드(David Smilde)와 매튜 메이(Matthew May)가 미국의 사회과학연구회(SSRC)의 의뢰를 받아 경험적 조사를 수행하여 "종교사회학에서 출현하고 있는 스트롱 프로그램"(2010)이라는 제목의 보고서를 발표하였다. 이들은 약 30년간(1978~2007)의 시기 중에 출판된 대표적 사회학 저널 3종(*American Journal of Sociology, American Sociological Review, Social Forces*)과 대표적 종교사회학 저널 2종(*Sociology of Religion, the Journal for the Scientific Study of Religion*) 도합 5종에서 종교에 대한 논문 총 587편의 표본을 수집하여 종교적 전통, 국가적 상황, 인과적 모델, 사회 가치적 발견점 및 재정적 후원을 코드화하였다.

스마일드와 메이는 연구결과 본래 과학사회학의 개념인 이른바 '스트롱 프로그램(the strong program, 영향력이 강한 프로그램)' 이 종교사회학계에서도 출현한 것에 대한 뚜렷한 증거를 찾아냈다. '스트롱 프로그램' 은 종교를 무언가 다른 것에 의해서 기인하는 '종속변수' 로서 드러내는 연구의 꾸준한 감소와 나란히 종교를 인과적 영향을 갖는 '독립변수' 로 드러내는 연구의 꾸준한 증가를 의미한다. 또한 스마일드와 메이는 이 같은 새로운 경향은 종교적 실천(의례)이 인간의 복지(안녕)를 촉진한다는 이념, 곧 사회학적 측면에서 '종교성의 이로운 점'이 점차 확산된 것과 연관된다는 것을 발견했다.

4) 방법론적 무신론에서 방법론적 불가지론 쪽으로 전환

한편, 근대 시대를 거쳐 오늘의 탈(脫)근대 시대까지도 종교체험은 소멸되지 않고 지속되어서 21세기가 된 지금도 많은 수의 사람들이 종교적 경험을 하고 있다고 고백하고 있다. 2004년 미국의 『일반사회조사(General Social Survey)』에서는 62%의 미국인이 신의 현존을 거의 매일 느낀다고 대답했고, 35%의 미국인은 영적 체험을 통해 자신의 삶이 변화되었다고 고백했다(정종현 · 김성건, 2009: 118). 가장 최근에는 미국 하버드 대학의 신경외과 의사인 이븐 알렉산더(Eben Alexander)가 『나는 천국을 보았다』(2013)를 통해서 자신이 7일 만에 뇌사(腦死)에서 살아온 '죽음 이후 세상'을 증명한 바 있다.

그동안 고전사회학자들 이래로 종교체험에 대한 연구는 개인적이고 사적인 것이라는 인식에 근거하여 사회학계에서는 잘 연구되지 않았던 주제이다(Poloma, 1995: 162). 특히 20세기의 사회과학을 지배했던 실증주의적이고 행태주의적 방법론은 종교체험을 사적이고 주관적인 것으로 치부해버림으로써 사회과학적 연구의 대상이 될 수 없다는 인식을 부각시켰다. 그런데 종교체험에 대한 연구가 주로 심리학계에 국한되어 일어난 것이 사실이지만, 그동안 사회학계에서도 종교체험에 대한 연구가 소수이지만 계속 진행되고 있었다(Berger, 1979: 43; Neitz and Spickard, 1990: 15). 여기서 주목할 측면은 이 연구들의 공통적 초점이 종교적 체험을 가능케 하는 '사회적' 기반에 맞춰져 있다는 점이다. 그래서 종교적 체험은 그것을 경험한 개인이 속한 사회의 영향권 아래에 있고, 심지어 사람들이 속한 사회적 계층이 그들의 종교적 체험을 결정한다는 점이 강조되어 왔다(정종현 · 김성건, 2009).

또한 사회과학계에서 그동안 종교체험을 연구하는 지배적 방법론은 이른바 '방법론적 무신론(methodological atheism)' 이었다. 이 방법론은 본래 버거(Berger, 1967: 100)에 의해 주창된 이래 오랫동안 사회과학계를 지배해 왔다. 이것은 학문적 중립성을 지킨다는 명목 아래 사람들의 종교적 체험의 실재성을 부인하고, 그들이 경험했다고 고백하는 '신의 존재' 를 부정한다. 그리하여 방법론적 무신론은 종교경험을 생물학적 · 심리학적 · 사회학적 요인으로 환원시켜 설명하는 노선을 걷는다(Lee and Poloma, 2009: 9).

하지만 최근 사회과학계 일각에서는 이 같은 방법론적 무신론의 한계를 지적하면서 새로운 접근법을 주장하는 목소리들이 나타났다. 메리 나이츠(Mary Neitz)와 짐 스피커드(Jim Spicard)는 사회과학자들이 종교적 체험을 사회적 산물로 환원시킴으로써 일반인들이 신을 '의미 있는 타자(significant others)' 로서 진지하게 경험하는 것을 이해할 수 없다고 지적했다(Neitz and Spicard, 1990: 17). 스탄 게이드(Stan Gaede)는 버거의 무신론을 비판하면서, 만약 초월적인 경험이 존재한다는 것을 인정한다면 환원주의적 접근법은 그것을 이해하는 해석 틀이 될 수 없다고 주장했다(Gaede, 1981: 185). 종교사회학계에서 최근 새롭게 출현한 입장이 이른바 '방법론적 불가지론(methodological agnosticism)' 으로서 더글러스 포포라(Douglas Porpora)에 의해서 처음으로 제기된 이 방법론은 기본적으로 비(非)환원론적 입장이다(Porpora, 2006: 57). 이 입장은 사람들이 경험했다고 고백하는 '초자연적' 존재를 인정하면서도 그것을 과장되게 찬성하거나 반대하지도 않는 '중립적' 인 태도를 유지한다.

이런 맥락에서 최근 전 세계의 오순절 교회의 사회봉사에 대한 연구로 주목을 받은 도날드 밀러(Donald Miller)는 미국의 종교연구회(SSSR) 2006

년도 회장 취임 연설에서 이와 비슷한 입장을 펼친 바 있다. 그는 종교적 체험을 연구할 때 환원주의적 접근이 적합하지 않음을 지적하였다. 밀러는 오순절 교회를 연구할 때 이른바 '성령(聖靈) 요인(S factor or Holy Spirit)'에 주목해야 한다고 주장했다(밀러와 야마모리, 2008: 268). 왜냐하면 세계의 많은 오순절 교인들은 거의 모두 '성령' 이라는 신적 존재가 그들의 사회봉사에 동기를 부여했다고 고백하였기 때문이다.

5) '다중적(중층) 근대성' 테제의 등장

마지막으로, 지난 수십 년 동안 세계 사회과학계(특히 종교사회학계)의 연구를 사실상 지배한 중요한 이론적 개념 중 하나가 근대 이전(pre-modern)/근대(modern)의 개념적 구분의 기초가 된 '근대성(modernity)' 이다. 일반적으로 말해서, 근대성은 근대사회의 특수한 속성을 기술하는 용어이다. 근대사회는 전형적으로 산업 자본주의 경제, 민주적인 정치 조직, 그리고 사회계급으로 분화된 것에 기초한 사회구조를 갖는다. 그렇지만 근대사회의 '문화적' 측면에 대해서는 의견이 불일치하고 있다. 이런 가운데 근대사회의 문화적 측면으로서 경험의 파편화, 삶의 모든 측면의 상업화와 합리화, 그리고 일상 삶의 속도가 점점 빨라지는 것 등이 거론된다. 사회학 내에서 마르크스, 퇴니스, 베버, 뒤르켐, 짐멜, 파슨스와 여타 학자들은 근대화를 이론화하는 과정에서 경제성장, 분화(分化), 합리화, 개별화, 도시화 등에 주목하여 그 중심적 동력을 밝혀내는 작업을 하였다. 역사적으로 보아, 제2차 세계대전 이후 근대성과 근대화(modernization)가 대체로 보편적이며 통일된 것이고 예측 가능한 것으로서 세계를 변혁시킨다는 '발전이론' 이 등장하게 되었다(예: Parsons, 1951; Rostow, 1960 등). 지구상의 많은 비서구 국가가 서구의 근대화 경험을 쫓아가는 발전을 이룩할 것이며, 이 과정에서 통일성 · 보편성 · 표준화 등이 일어날 것이라고 가정하는 이 발전이론 속에는 근대화의 결과로서 종교가 점점 몰락한다는 '세속화' 테제도 포함되어 있었다.

그러나 1980년대 서구 밖에서는 처음으로 일본이 이룩한 세계적인 경이로운 경제발전에 주목한 일본 전문가 벨라(Bellah, 2003b)를 위시하여 시무엘 아이젠슈타트(Shmuel N. Eisenstadt, 2000), 찰스 테일러(Charles Taylor, 2000) 등이 한목소리로 이른바 '다중적(중층) 근대성(multiple modernities)' (Smith, 2008: 1569-1575)을 주장하기 시작하였다. 이 '다중적 근대성' 테제의 뒤에 존재하는 중요한 이념은 바로 근대성과 근대성의 제반 측면과 세력이 세계의 여러 다른 곳에서 각기 다르게 수용되고 발전되며 표현될 수 있다는 것이다(Smith *et al.*, 1998). 그래서 다중적 근대성 테제는 근대성에 대한 '문화적' 접근을 강조한다. 지난 2000년을 전후로 해서 사회과학계에서 새롭게 등장한 '다중적 근대성 테제'는 종교가 문화의 핵심적 기초가 된다는 의미에서 현재 종교사회학계의 새로운 패러다임의 중요한 한 축을 이루게 되었다고 볼 수 있다.

6. 글로벌한 관점 속에서 종교연구의 필요성 : 결론을 대신하여

앞에서 언급한 독일 출신 미국의 종교사회학자 마틴 리제브로트(Martin Riesebrodt)는 마크 윌겐스마이어(Mark Juergensmeyer)가 편집한 『글로벌 종교(*Global Religions*)』(2003)에서 "글로벌한 관점 속에서의 종교"란 글을 발표하였다. 이 글에서 리제브로트는 세속화와 최근 지구촌에서 이슬람의 근본주의와 개신교의 펜테코스탈리즘(Pentecostalism, 성령운동)이 주도하고 있는 종교의 부흥 양자가 서로 다른 것이 아니라 '동전의 양면'이라는 새로운 주장을 하였다. 이로부터 그는 종교사회학이 종래의 세속화이론에 경도되었던 것을 뛰어넘어 세속화와 종교적 부흥의 두 가지 현상을 동시에 모두 잘 설명할 수 있는 이론(패러다임)이 필요하다고 보았다. 리제브로트는 종교적 신앙, 의례, 제도의 '보편성'을 주목하면서 이것은 인간이 극도의 불확실(uncertainty)을 취급하는 데 '제한된' 능력을 갖고 있음을 보여주는 것이라고 본다. 그는 문화적 위기 예방과 처리의 자원으로서 종교는 집합적 · 개인적 욕구에 부응한다고 생각한다. 종교를 '주관적'으로 바라본 베버의 관점을 수용하는 리제브로트에 따르면, 행위자의 관점에서 볼 때 결국 종교란 상대적으로 '자율적'이며 '고유한' 사회적 영역이다. 다시 말해서 종교란 '인간 이상의 힘'(superhuman powers)과 소통하고 교환하는 상대적으로 자율적인 영역이다.

이렇듯 다양한 사회제도들 중에서 종교라는 영역의 '보편성', '고유성' 및 '자율성'을 특히 강조하는 리제브로트의 관점은 현재 미국의 종교사회학계에서 가장 생산적인 연구자로 손꼽히는 크리스천 스미스(Christian Smith)가 최근 종교의 고유한 특징과 종교적 신앙의 중요성에 관해서 강조한 것과 상통한다고 할 것이다.

> "종교사회학이 (다른 학문과) 구별되는 연구의 영역으로 남을 만한 가치가 있기 위해서는 종교적 신앙의 특수한 내용에 관한 어떤 것이 (문화, 조직 및 관습과 관련되는 것으로서) 자아, 정체성, 공동체, 조직과 운동 등을 구성하는 데 매우 중요한 것이 되어야만 한다. 종교적 신앙의 종교적 내용이 중요하지 않다면, 종교는 즉각적으로 사회생활의 보다 포괄적인 측면들로 환원될 수 있다. 이럴 경우 종교에 관한 연구는 이 포괄적인 측면들을 연구하는 분야 속으로 가라앉게 되기 쉽다." — Smith, 2008: 1564

끝으로, 종교사회학계에서 기존의 세속화이론과 합리적 선택이론 양자를 뛰어넘어 최근 점점 영향력이 증대하고 있는 '새로운 패러다임'의 핵심적 주장을 크게 몇 가지로 정리해 보고자 한다.

첫째, 세속화이론은 '유럽(서구) 중심적 사고'의 문제 외에 최근 지구촌에서 출현한 '종교의 부흥'과 '다중적 근대성' 현상 등을 제대로 설명하지 못하는 '낡은' 패러다임이다. 한편, 세속화이론을 비판하며 최근에 등장한 합리적 선택이론은 현대사회에서 종교의 부흥을 설명하는 데는 상대적으로 강점이 있으나 너무 '시장'(market)의 패러다임에 갇혀 있다.이로써, 종교사회학이 지방주의(parochialism), 곧 '방법론적 민족주의(methodological nationalism)'(Woodhead, 2009: 103)를 벗어나 보다 '글로벌한' 관점을 수용한 바탕 위에서 학제 간에 한층 긴밀한 협력을 통해 '교차 국가적 비교'를 하는 쪽으로 변화가 요구된다.

둘째, 세계 종교들 중 주로 이슬람교와 개신교를 중심으로 일어나고 있는 최근 종교의 부흥이 예시하듯이 인간사회 속에서 종교의 꾸준한 영향력을 설명하기 위해서는 이제는 벡포드를 따라 종교를 사회제도가 아닌 '문화적' 자원의 측면에서 재정의하는 것이 필요하다. 또한 리제브로트의 '글로벌한 관점'을 적극적으로 수용하여 종교를 '인간 이상의 힘'과 소통하고 교환하는 상대적으로 자율적인 영역으로 정의하는 것이 요구된다. 그리고 그동안 종교사회학계에서 경시하거나 제대로 연구하지 못한 것, 곧 '종교적 신앙'의 중요성에 대한 재인식(Smith, 2008: 1564-1565)이 필요하다. 그런데 이때 종교는 워너를 따라 종속변수가 아니라 그 자체가 자율적인 고유한 영역으로서 실재 혹은 독립변수로 취급되어야 한다.

셋째, 최근 대중적 인기를 얻고 있는 '행복의 과학(the science of happiness)'이라고 일컬어지는 긍정심리학(positive psychology)과 사회학 내에서 건강사회학의 연구의 증가 등이 잘 증명하듯, 종교가 본질적으로 해로운 측면보다 인간의 복지(안녕)에 이바지하는 긍정적 측면이 한층 더 많다는 것에 새삼 주목해야 한다. 이로부터 방법론적 측면에서 기존의 종교사회학을 지배한 '방법론적 무신론' 대신 최근 포포라가 제창한 '방법론적 불가지론'의 수용이 요구된다.

넷째, 현재까지 종교사회학 연구의 대상이 보여주는 불균형 문제와 관련하여, 인간의 종교적 삶의 '주변부'에 해당하는 신종교운동보다 이제는 일반대중의 종교적 삶의 '중심부' 곧, 주류 종교의 제반 상황과 변화에 대한 심도 있는 체계적 연구가 한층 더 필요하다.

다섯째, 연구의 새롭고도 생산적인 다양한 주제들(예: 종교와 공공성, 종교적 신앙의 중요성, 종교와 젠더, 제3세계의 종교, 종교와 법, 세계화와 종교, 종교와 발전, 종교와 빈곤, 다문화주의와 이민 및 종교, 종교와 과학, 종교에서 음악의 기능, 종교의 정의(定義) 문제, 인터넷과 종교, 종교와 대중문화, 종교와 유전학의 관계, 종교의 교차 국가적 비교, 공산주의 및 탈공산주의 사회 속의 종교 등)의 발굴이 중요하고 그로부터 창의적이고 혁신적인 연구가 적극 시도되고 장려되어야 한다.

핵심어

세속화, 종교의 부흥, 합리적 선택이론, 새로운 패러다임, 스트롱 프로그램, 방법론적 불가지론, 방법론적 민족주의, 다중적(중층) 근대성, 글로벌 종교, 종교의 정의 문제

추천도서

김성건. 2002. "세계화와 현대종교의 구조적 위기." 『한국사회학』 36권 4호. pp.157-192.

______. 2010. "종교, 영성 그리고 건강." 『종교문화연구』 제15호. pp.45-79.

______. 2013. "종교와 발전에 관한 이론적 검토: 종교사회학을 중심으로." 『담론201』 제16권 3호. pp.95-117.

김종서. 2005. 『종교사회학』. 서울: 서울대출판부.

니버, 라인홀트, 1991. 『맑스, 엥겔스의 종교론』. 김승국 역. 서울: 아침.

유광석. 2013. "합리적 선택이론에서 종교적 수요의 안정성 논쟁." 『담론201』 제

16권 2호. pp.49-73.

이원규. 2006. 『인간과 종교』. 서울: 나남출판.

정종현 · 김성건. 2009. "종교체험의 사회적 영향력." 『담론201』 12권 3호. pp.117-136.

Beckford, James A. 1989. *Religion and Advanced Industrial Society*. London: Unwin-Hyman.

O' Toole, Roger. 2000. "Classics in the Sociology of Religion: An Ambiguous Legacy." In Richard Fenn. 9ed. *The Blackwell Companion to the Sociology of Religion*. Oxford: Blackwell, pp.133-160.

Riesebrodt, Martin. 2003. "Religion in Global Perspective." Mark Jurgensmeyer(ed.). *Global Religions: An introduction*. Oxford University Press.

Smilde, David and Matthew May. 2010. "The Emerging Strong Program in the Sociology of Religion." *SSRC Working Papers*.

Smith, Christian. 2008. "Future Directions in the Sociology of Religion." *Social Forces*. 86(4): 1561-1589.

Stark, Rodney and Roger Finke. 2000. *Acts of Faith: Explaining the Human Side of Religion*. Berkeley: University of California Press.

Warner, Stephen. 1993. "Work in Progress Toward a New Paradigm for the Sociological Study of Religion in the United States." *American Journal of Sociology*. 98(5): 1044-1093.

Woodhead, Linda. 2009. "Old, New, and Emerging Paradigms in the Sociology of Religion." *Nordic Journal of Religion and Society*. 22(2): 103-121.

생각해 볼 문제

1. 세속화이론에 대한 비판으로 제기된 합리적 선택이론의 강점과 약점을 설명해 보시오.
2. 종교의 본질적 정의와 기능적 정의를 비교 설명한 다음, 종교란 '인간 이상의 힘'과 소통하고 교환하는 상대적으로 자율적인 영역이라는 리제브로트(M. Riesebrodt)의 종교 정의를 평가해 보시오.
3. 종교사회학의 '새로운 패러다임'의 핵심적 주장 중 하나인 '방법론적 불가지론'은 무엇이며, 또한 이 같은 '방법론적 불가지론'을 수용할 경우 어떤 연구를 할 수 있을지 생각해 보시오.
4. 현 한국의 상황에서 세속화와 종교의 부흥은 서로 모순되는 것이 아니라 동전의 양면이라는 주장을 지지하는 논거를 구체적 사례를 통해 제시해 보시오.

제 2 장

고전 다시 읽기 : 마르크스, 뒤르켐, 베버

| 박승길(대구가톨릭대) |

종교에 대한 학문적 연구나 비평이 나타난 것은, 서구에서 절대주의 왕권을 비호해 오던 중세교회의 권위가 쇠퇴하는 과정과 같은 맥을 걷는다. 30년 종교전쟁이 끝나며 맺은 베스트팔렌 조약에서 등장하는 세속화라는 용어도 지금까지 국가와 사제임명권이나 세금징수권 기사단 운영 등에서 경쟁하던 교회가 그 권한의 상당을 국가에 양도함을 의미하였듯이, 교회는 절대주의 국가를 거쳐 시민혁명과 국민국가의 등장과정에서 항상 비판과 재평가의 과정을 거친다. 그런 과정에서 영국의 자연종교와 이신론, 프랑스의 계몽주의 종교비판, 독일의 다양한 신학논쟁, 미국의 종교자유논쟁 등을 거치며 종교의 사회적 함의에 대한 인식들이 종교학적 관점, 종교기능론적 관점, 교회사회학적 관점 등으로 전개되기 시작한다. 종교사회학이라 이름하는 학문이 등장한 것은 19세기 말이었다. 당시는 19세기 초를 풍미하던 장밋빛 시민사회 건설의 꿈이 산업사회의 자기모순이 계급갈등으로 구체화되는 19세기 중반을 거치며 퇴색하고 국가 간 · 계급 간 갈등이 보다 조직화되고 있었다. 시민사회의 새로운 질서와 법칙이 지배하리라고 믿었던 사회가 갈등과 투쟁의 장으로 바뀌면서 사회 자체에 대한 인식에도 근본적 변화가 일어나고 있었다. 당시 이런 인식의 변화를 그 시대에 나타난 위대한 두 명의 고전 사회학자, 곧 에밀 뒤르켐과 막스 베버를 통해 잘 볼 수 있다.

이들에 앞서 근본적인 사회구조의 변화를 기대했던 칼 마르크스는 프랑스 계몽주의 전통에 서서 주체로서의 인간이 주인이 아닌 사회구조의 객이 되게 만드는 주객이 전도된 의식을 심어주는 종교의 소멸에서 인간해방을 꿈꾸었다. 종교사회학의 학문적 정체성과 연구관점의 올바른 이해를 위해서는 고전 사회학자 마르크스와 뒤르켐, 베버 3인의 종교사회학 연구의 성과들을 살펴보는 것이 긴요하다고 본다.

1. 마르크스의 종교사회학적 유산

1) 마르크스의 생애와 독일현실 비판

칼 마르크스는 1818년 5월 5일, 룩셈부르크와 프랑스의 국경 가까이 모젤강을 따라 로마시대부터 형성된 독일에서도 가장 오래된 요새형 도시인 트리에(Trier)에서 태어났다. 이 도시는 1807년에 프랑스 혁명군에 점령되면서 프랑스혁명의 진보적 이념이 일찍 퍼져나간 곳이었다. 마르크스의 부모가계는 여러 세대에 걸쳐 랍비를 배출한 유대인 가계였다. 아버지 마르크스(Hiershel Marx)는 1815년 프러시아 정부가 나폴레옹이 제공했던 유대인 시민권 허용 조치 중 상당 부분을 박탈함에 따라, 변호사직을 수행하기 위해 하인리히로 이름을 바꾸고 온 가족이 루터교로 개종하여 세례를 받고 그는 트리에 변호사협회 회장이 되었다.

비교적 넉넉한 후원자였던 아버지 덕에 여유로운 학창시절을 보냈던 마르크스는 17세 때 프리드리히 빌헬름 김나지움 졸업 논문으로 "직업 선택에 관한 한 젊은이의 성찰"을 발표하였다. 여기서 그는 '노예 같은 도구로서의 노동' 이 아닌 '자기 영역에서 독립하여 인류에 봉사할 수 있는 일'을 강조하면서 그것을 마음대로 선택할 수 없는 사회구조를 비판했다. 그의 이러한 노동관은 이후 『자본론』을 집필하는 데도 그대로 반영된다. 마르크스는 베를린 대학에서 법률과 역사, 철학을 공부하였고, 1841년 예나대학에서 "데모크리토스와 에피쿠로스 자연철학 비교연구"로 박사학위를 받았다. 마르크스는 1842년 1월 새로 창간된 급진적 반정부신문인 《라인신문》에 기고를 시작하여 그해 10월에 신문편집장이 되었으나, 여러 현실문제를 취급하는 과정에서 경제학 연구의 필요성을 느껴, 독일을 떠나 사상적으로 보다 자유로운 파리로 가서 그곳에서 영국의 경제학을 연구하는 한편 프랑스의 사회주의를 배웠다. 이 과정에서 그는 프랑스 계몽주의의 전통을 이어받으며 전형적인 종교폐지론자가 된다. 마르크스의 종교비판의 관점은 시민혁명은 혁명은커녕 오히려 시대착오적인 복고적 정치형태를 지키려는 프러시아의 현실에 대한 분노에서 형성되었다. 특히, 1844년에 발표한 『헤겔 법철학 비판서설』에서는 헤겔의 법철학에서 나타나는 절대이성의 구현체가 국가라고 하는 생각이야말로 철학적 사변에 머물러 오히려 역사적 실천을 방해하고 있는 것이라 통박한다.

그는 프랑스는 사회주의 혁명을 시도한 만큼, 사회적 자유를 종교나 철학적 관념의 역할에 기대하는 것이 아니라 '인간 실존의 모든 조건들을 사회적 자유를 전제로 조직하는 계급' 인 사회주의 활동가들에게 기대하는 까닭에 그 가능성이 열려 있지만, 헤겔류의 관념적 철학에 빠진 독일에서는 그 가능성이 전무하다고 보았다. 그러면 독일사회에서 그런 가능성은 영영 없는 것일까? 그의 대답은 융커나 관료가 아닌 프롤레타리아트에서 그 해결책을 찾을 수 있다는 것이다. 결론적으로 그는 "독일인의 해방은 인간해방이다. 이 해방의 머리는 철학이고, 그 심장은 프롤레타리아이다. 프롤레타리아의 지양(die Aufhebung) 없이는 철학은 실현되지 않으며 철학의 완성적 실현(die Verwirklichung der Philosophie) 없이 프롤레타리아도 스스로를 지양할 수 없다(MEW I, 391)"고 주장하였다.

2) 비종교적 비판으로서의 종교비판과 종교소멸론

마르크스에 따르면, 철학의 완성적 실현은 유적 본질을 확증시켜주기는커녕 오히려 사회관계를 도구적 관계로 전락시킨 사적 소유관계를 실제적으로 지양하는 것이다. 따라서 그는 인간이 종교 · 가족 · 국가 등으로부터 벗어나서 자신의 진정한 인간적 현존재로서의 사회적 존재로 복귀하는 일을 중시하였다. 이렇듯 독일인의 인간해방으로서 사회적 자유 실현을 프롤레타리아트의 현존재적 상황의 전면적 지양에서 찾은 그는 지금까지 프롤레타리아를 철저한 자기 상실상태로 몰아넣은 주범은 바로 사적 소유를 조장한 자본가들이라고 보았다. 그런데 이들이 저지른 소외된 노동의 강요라는 범죄를 도와준 것은 바로 소외된 노동으로 겪는 고통을 참고 견디도록 해 준 종교이다. 인간을 사회관계와 역사의 총체로 보는 마르크스는 포이에르바흐가 종교의 본질을 인간의 종교적 감정에서 찾는 것을 비판하였다. 마르크스에 따르면, 종교의 본질을 인간의 자연적인 종교적 감정으로 볼 수 있도록 한 것은 인간의 자기소외가 성스러운 가면을 쓰고 있는 데 불과하다. 그래서 그는 그런 가면을 벗겨내고 사회 전체의 모든 모순을 지양하는 것이 진정한 프롤레타리아에 의한 해방이라고 믿었다. 이런 맥락에서 마르크스는 유명한 다음과 같은 말을 남긴다.

> "독일에 있어서 종교의 비판은 모든 비판의 전제로서 본질적으로 종결되었다. 제단과 화로 앞에서의 기도가 거부된 후에 그 오류의 세속적 실태가 논란이 되고 있다. 천국의 환상을 현실화하여 초인적 존재를 찾았으나 단지 그 자신의 반영만을 발견했던 인간은 그의 참된 실체를 찾고 또 찾아야만 할 곳에서 고작 자신의 닮은 꼴, 곧 비인간적 존재만을 찾게 될 뿐이다. 비종교적 비판의 기저는, 곧 인간이 종교를 만들지, 종교가 인간을 만드는 것은 아니라는 사실이다. 게다가 종교는, 자기 자신을 아직 찾지 못했거나 혹은 이미 자신을 다시 상실해 버린 인간의 자의식이며 자기감정이다. 그러나 인간, 그는 결코 세계 바깥에 웅크리고 있는 추상적 존재가 아니다. 인간이야말로 인간과 국가, 사회성(Sozietät)으로 이뤄진 세계이다. 이 국가와 사회성은 전도된 세계인 만큼, 전도된 세계의 의식인 종교를 생산한다. 종교는 이 세계의 일반 이론이자 백과사전적 개요이며, 통속적 형태로 된 이 세계의 논리요, 영성적 명예의 문제이며, 이 세계의 열광이요, 도덕적 재가이며, 장엄한 보충이요, 일반적 위안 근거이자 정당화 근거이다. 종교는, 인간적 본질이 아무런 진정한 현실성도 갖지 못하기 때문에 그 인간적 본질의 환상적 현실화인 것이다. 따라서 종교에 대한 투쟁은 간접적으로, 그 정신적 향기가 종교인 저 세계에 대한 투쟁이다.

종교적 불행은 동시에 현실적 불행의 표현이자 항의이다. 종교는 곤궁한 피조물의 한숨이며, 무정한 세계의 감정이고, 또 혼이 없는 상태의 정신이다. 종교는 인민의 아편이다. 인민의 환상적 행복인 종교의 지양은 인민의 현실적 행복의 요구이다. 그들의 상태에 대한 환상을 포기하라는 요구는 그 환상을 필요로 하는 상태를 포기하라는 요구이다. …… 종교의 비판은 인간을 미몽에서 깨워 일으키는데, 이는 인간이 각성된, 분별 있는 인간으로서 사고하고 행동하고 자신의 현실을 형성하도록 하기 위해서이고, 인간이 자기 자신을 중심으로 그리고 그의 현실적 태양을 중심으로 움직이도록 하기 위해서이다. 인간이 자기 자신을 중심으로 움직이지 않는 한, 종교는 단지 인간을 중심으로 움직이는 환상적 태양일 뿐이다. 그러므로 진리의 저 세상이 사라진 뒤에, 이 세상의 진리를 확립하는 것은 역사의 임무이다. 인간의 자기소외인 신성한 가면을 벗겨낸 뒤, 다시 속된 것들 속의 자기소외의 가면을 벗겨내는 것이야말로 무엇보다도 역사에 봉사하는 철학의 임무이다. 이리하여 천상의 비판은 지상의 비판으로, 종교의 비판은 법의 비판으로, 신학의 비판은 정치의 비판으로 전환된다." — MEW I, 378-379

이같이 마르크스는 독일에서도 구체제로 복귀하려는 사회체제에 대한 비판은 종교비판에서 비롯될 수 있지만, 더 근본적으로는 그런 종교를 필요로 하는 사회체제에 대한 근본적 지양을 과제로 생각해서 종교비판은 이미 종결된 것에 다름 아니라고 생각하였다. 자본론에서도 같은 맥락에서 '인간과 인간, 그리고 인간과 자연 간의 관계에서도 마찬가지로 철저히 지적이고 합리적인 관계의 모습을 취할 때' 그리고 '노동자들이 의식적이고 의도적으로 생산관계를 지배하게 될 때' 종교적 잔영은 자연스럽게 사라지게 될 것으로 보고, 굳이 종교비판의 목소리를 더 이상 높이지 않고 있다. 그렇기에 종교사회학적 전통에서 마르크스의 유산은 사회가 인간해방의 역사를 발전시키면 절로 종교는 소멸될 것이라는 결론을 받아들이게 한다. 어찌 보면, 일반적 세속화론이 종교가 점차 그 위세를 잃고 사라지게 될 것이라는 논리를 정당화하고 있다는 점에서 마르크스의 '종교 소멸론'

은 세속화론의 연속으로 볼 수도 있다.

이런 마르크스의 관점은 종교가 지배이데올로기로서 동원되는 측면만을 너무 부각시킴으로써, 종교가 사회변동의 기능을 수행하는 또 다른 측면의 문제를 간과하였다고 비판받기도 한다. 그러면서도 인간이 만든 종교와 그런 종교를 필요로 하는 사회가 바로 지양되어야 할 사회임을 말한 마르크스의 종교 소멸론은 이후 종교권력에 대한 사회학적 비판의 관점을 형성하는 데 일조하게 된다.

2. 종교사회학의 기초자로서 뒤르켐

1) 뒤르켐의 종교적 여정과 사회학적 관점

에밀 뒤르켐은 그가 1898년 편집을 맡았던 『사회학연보』(1898) 서문에서 종교사회학(sociologie religieuse)이라는 용어를 처음 사용하였다는 사실만으로도 종교사회학에서 중요하게 기록되어야 할 학자이다. 그의 본격적인 종교사회학 연구는 『종교생활의 원초적 형태』(1912)[1]로 출간되나, 그 이전에 나온 『사회분업론』(1892) · 『사회학적 방법의 규칙들』(1895) · 『자살론』(1897) 등에서 이미 종교현상의 정의, 종전의 학설에 대한 비판, 자기 이론의 정립의 방향으로 개진되어 가고 있었다. 랍비의 아들로 태어난 뒤르켐은 그 출생 환경부터가 종교적이었다. 그가 태어난 곳은 과거 유대 난민들의 거주지로 인구분포도 유대인이 다수를 차지하는 지역이었다. 그곳은 프랑스 혁명기까지만 하여도 이디시어와 히브리어를 사용하고 있었으며

1) 이 책의 국내번역판은 노치준 · 민혜숙 옮김,『종교생활의 원초적 형태』, 서울: 민영사, 1990. 이 글에서는 이 책을 인용한다.

자기들만의 유대법정과 통치체제를 가지고 있었다. 혁명 이후 그들은 프랑스시민권을 부여받게 되었으며 코저가 아슈케나지 유대인(Ashkenazi Jew)으로 불렀던[2] 그의 가계는 엄격한 유대정통주의 신앙을 지켰지만, 그 전통 속에서 자라났으면서도 그는 유럽사회에 적응하는 과정에서 몇 단계의 종교적 편력의 변화를 겪는다.

뒤르켐은 에피날 주립학교(랍비학교)를 다니던 시절 유대 성인식을 마쳤을 무렵, 가톨릭 신자였던 여선생의 영향을 받아 가톨릭과 영적 신비주의에 깊은 관심을 가지며 영적 갈등기를 거쳤다. 당시 유럽사회는 프랑스 혁명과 함께 유럽사회에 상존해 왔던 유대인 거주지역인 게토의 사회적 장벽이 무너지고 유대인 해방이 본격화되면서 유대인 스스로 서구의 근대 합리주의 운동에 동참하려는 분위기가 지배하고 있었다. 유대인에게 당시 '서구인이 되라' 는 모토는, 진리를 서구적 합리성 차원에서 파악하여야 한다는 가르침과 같은 것이었다. 이런 사회적 분위기는 많은 유대인들이 그들의 종교적 전통을 포기하고 가톨릭이나 개신교, 더 많은 경우는 합리주의나 불가지론, 심지어는 무신론으로 빠져들게 하고 있었다. 짐멜과 마르크스가 이런 경우였으며, 뒤르켐도 예외는 아니었다. 그도 유일신론에 회의를 품기 시작했으며, 두 번의 실패 끝에 1879년 고등사범학교에 들어간 뒤 곧장 유대교 신앙을 완전히 버렸다.

뒤르켐이 고등사범학교를 졸업할 즈음에는 이미 유대-기독교적 신은 존재하지 않으며 적어도 그런 신관은 양심적 지성을 지닌 사람이면 누구도 받아들일 수 없을 것이라고 생각했다. 과학정신과 일상의 경험에 의해 규정될 수 있는 세계 밖에는 그 어떤 실재도 존재할 수 없다고 믿게 된 것이

---

2) Lewis A. Coser, *Masters of Sociological Thought. Ideas in Historical and Social Context*, New York: Harcourt, 1971, p.162. 아슈케나지 유대인은 중동부 유럽에 살던 유대인들로 이들은 이디시 방식(Yiddishkeit), 곧 가장 정통 유대방식의 생활관습을 지켜왔으나 근대화과정에서 이방인과의 결혼이나 관습을 받아들이면서도 유대인으로서의 자부심은 여전했던 집단이다.

다(Pickering, 1984: 9). 더욱이 선교사나 인류학자들이 제공하는 유럽 이외의 사회에 대한 지식은, 사회마다 나름의 신성이 존재하며 절대자로서의 신성의 존재는 보편적 진리일 수 없다는 믿음을 키웠다. 당시의 지적 조류인 자민족중심주의에 대한 부정은 절대적 가치나 신앙을 부정하며 개인 각자의 종교적 · 도덕적 신념을 정당화할 수 있는 사회로서의 개방사회에 대한 기대를 키우고 있었다. 이런 맥락에서 뒤르켐은 자신의 사회학적 과제로, 개인의 믿음이나 행동의 옳고 그름을 절대적 가치나 사회적 기준에 의해 재단하여 배제하지 않고 개인 스스로 정당화하며 살아가는 사회를 만드는 일에 바치려 했다. 그는 동시에 종교나 사회의 도덕체계가 진리를 주장할 수 없다면, 사회적 권위가 심각하게 약화되면서 체제의 능력도 떨어지게 된다는 사실도 잘 알고 있었다. 그래서 그는 그 권위를 대신할 수 있는 사회건설에 그 자신의 시대적 책무를 가졌던 것이다.

그런 중에 1894년에 터진 드레퓌스 사건[3]은 프랑스사회를 좌우익, 가톨릭 대 개신교로, 심지어는 가톨릭이나 사회주의, 가족들 간에도 개인의 인권과 애국심을 둘러싼 논쟁으로 갈라놓고 있었다. 그 사건 초기에 유대인을 죽이라고 외치던 군중들의 행동은 유대인 박해로 치달았으며 정부나 군에서는 유대인뿐 아니라 프로테스탄트들과 공화주의자들, 프리메이슨 등을 내쫓기 시작했다. 애국심이 떨어진다고 생각하는 사람들에 대한 공격도 자행되었다. 뒤르켐도 유대인으로서 욕을 먹어야 했다. 뒤르켐은 곧장 드레퓌스 편에 서서 인권옹호단을 만들고 간사를 맡았다. 이 사건은 프랑스사회에 성직의 권위를 부정하는 사회적 분위기를 형성시켰으며 그와 더

3) 유대인 후손으로 프랑스군 장교로 근무했던 드레퓌스(Alfred Dreyfus)가 1894년 간첩혐의로 유죄판결을 받았다. 드레퓌스는 잘못된 증거자료에 기초를 둔 유죄판결을 받았으나 그는 사실 무죄였다. 고급장교들은 그들의 실수를 덮으려고 반유대주의를 선동함으로써 사실을 은폐하려 했다. 작가 에밀 졸라는 1898년 1월 13일 문학잡지 *L'Aurore*(여명)에 〈나는 고발한다!〉(J'accuse!)라는 제목으로 대통령 페릭스 포레에게 보내는 유명한 공개편지를 기고함으로써 일반사회에 그 사건을 폭로한다. 1906년 그가 석방될 때까지 프랑스 정계에는 반유대주의가 지배하였다.

불어 신자들에게는 종교적 열정을 고조시켰다(Pickering, 1984: 16). 뒤르켐도 1898년부터 "개인주의와 지식인"이라는 논문을 발표하고 프랑스사회의 통일을 이룰 수 있도록 누구나 수긍할 수 있는 과학적 토대 위에 도덕성을 구축하고자 했다. 그 가능성을 그는 유럽식 합리주의 전통을 구현한 제3공화정의 자유주의적 정치체제에서 찾으려 했다. 당시 제3공화정은 개인적 자유보장, 출판, 공공집회, 노조설립 규제 완화, 파업에도 덜 탄압적 정책, 반교권적 정책, 세속교육제로서 무상의 의무초등교육 수립, 종교교육과정 제거 등의 정책노선을 걷고 있었기에 뒤르켐도 이를 지지하고 있었다. 그만큼 그는 프랑스가 종국에는 제3공화정의 정책적 지향점에서 만나는 개인주의적 자유주의를 실현하려는 도덕적 길을 걷게 하고 싶었으며 그런 희망과 열정이 1902년 소로본 대학에서 교수로 활동하면서 도덕교육에 큰 관심을 가지게 된 계기일 수도 있었다. 그의 생애를 통해 뒤르켐은, 자기 선조들의 신앙이었던 유대신앙을 저버린 죄의식 속에 사는 유대인으로서보다는 계몽된 지적인 자유주의 유럽인으로 자신을 정당화하려고 하였다. 그가 원래 이름인 David Émile Durkeim에서 David를 버리고 Émile로 남은 것도 "프랑스의 지성적이고 헌신적인 아들이기를 원했으며 특히 제3공화정의 열렬한 지지자이기를 원했기(Pickering 1984: 18)" 때문이었다.

2) 종교이해의 관점

뒤르켐은 종교사회학이란 학문 자체가 "인간의 제도는 오류와 거짓에 근거하고 있지 않다고 전제하는 것"에서부터 성립 가능하다는 입장을 갖는다. 이런 입장은 마르크스가 종교를 지배계급에 의해 전도된 세계관으로 치부하는 것과는 상반된다. 동시에 뒤르켐은 인류학자들인 타일러(E. Tylor)나 뮐러(Max Müller)가 종교의 기원을 꿈이나 죽음, 자연현상들에 대한 원시인들의 잘못된 관념이나 오류로부터 나온 것이기에 실체와 연결되어 있지 않고 실체를 표현해 주지도 못한다고 인식한 입장에 대해서도 강력히 비판하였다. 오히려 그 반대로, "가장 원시적인 그리고 가장 이상한 종교의식들과 가장 기이한 신화들도 인간의 어떤 필요를 대변해 주고 개인적 · 사회적인 삶의 어떤 면을 보여준다. 신자가 자신들을 정당화하기 위해서 스스로에게 부여하는 이유들은, 종종 그랬듯이, 잘못된 것일 수도 있다. 하지만 진정한 이유들은 여전히 존재하고 있는데 그것들이 무엇인지를 밝혀내는 것이 바로 학문의 의무인 것이다. 결국 그릇된 종교란 없다. 모든 종교들은 나름대로 진실하다. 그 방법들은 서로 다르다 할지라도 모든 종교는 인간존재의 주어진 여건들과 부합된다(『형태』, 23)"고 주장하였다.

이런 관점에서 뒤르켐이 종교사회학에 특별히 관심을 갖게 된 것을 자신의 술회를 바탕으로 하면 1895년부터라고 볼 수 있다. "1895년까지 나는 종교가 사회생활에 미치는 본질적 역할에 대해서 명확한 견해를 갖지 못하고 있었다. 그해 처음으로 나는 종교를 사회학적으로 연구할 수 있는 방법을 찾아냈다. 그것은 나에게 하나의 계시였다. 1895년은 나의 사상의 발전단계에 있어서 지금까지의 나의 연구를 새로운 시각에서 재조명해야 할 하나의 분기점이 되었다. 이것은 특히 스미스(W. Roberson Smith)와 그의 학파의 연구업적을 읽을 수 있었기 때문이었다."[4] 뒤르켐이 스미스의 견해를 곧장 수용한 부분은 종교와 주술을 구분하는 것이었다. 스미스의 견해를 받아들여, 뒤르켐도 종교는 현저히 집합적 사실(『형태』, 81)인 것과 달리, 주술은 '같은 신앙을 가진 모든 신자들에 의해 구성된 도덕적 공동체' 로서의 교회가 존재하지 않는다고 지적하였다(『형태』, 79). 종교는 교회라는 도덕적 공동체 개념과 분리하여 생각할 수 없는 집합적 실체이기 때문에 더 이상 종교를 초자연적 관념이나, 신성과의 관련을 통해 이해해서는 안 된다고 주장하였다. 그로부터 그는 결국 개인의 종교적 신행은 개인의 종교적 특성이나 본성에 기인하는 것이 아니라, 개인들이 태어나기 이

4) Steven Lukes, *Emile Durkeim*, New York: Penguin Book Ltd., 1977, p.237.

전부터 있었던 것이기에 그들 외부에서 강제적으로 부과되는 사회적 사실이라고 인식하였다. 여기에 그의 사회학주의(sociologism)의 특성이 있다.

이런 방법론적 입장에서 그는 『분업론』에서 사회생활에서 종교는 신과 인간과의 소통관계를 뛰어넘는 것으로, 오히려 분명한 사실은, 동일한 공동체에 사는 사람들이 강렬한 신념을 공유하는 경우에는 불가피하게 종교적 특성을 띠게 된다(*Division*, 169)고 보았다. 특히 공통의 의식과 신념이 존재하고 동질성을 지닌 원시사회에서는 종교가 모든 것을 포괄하고 있었다. 사회적인 것은 곧 종교적인 것이었고 종교와 사회는 동의어였다(*Division*, 178-179). 그러나 인구가 증가하여 분업화가 진전됨에 따라 유기적 연대의 사회로 나아가게 되면 점차 기계적이고 억압적인 인간관계를 대신하여 계약적이며 보상적인 인간관계가 성숙하면서 이성의 영역과 개인의 창의적 영역이 확장되어 사회생활에서 종교영역이 점차 줄어드는 '인간생활의 자주화'가 무르익는다. 그리하여 정치, 경제, 교육 등의 각 영역이 종교적 기능으로부터 해방되어 독립적 실체로 되어 가면서 종교의 영향력이 줄어드는 세속화가 진전된다. 이어, 『자살론』에서 뒤르켐은 종교에 따른 자살률의 차이를 지적하면서, 프로테스탄트가 가장 높고, 다음에 가톨릭, 유대교 순으로 자살률에 차이가 나는 것에 주목하였다. 그런 차이는 특히 유대교를 보면, 사회적 편견의 대상이었기에 자기 자신들에게 의존하는 경향이 강할 수밖에 없어서 다른 종교보다 강력한 자의식과 통합력을 지닌 작고도 응집력이 강한 공동체의 존재가 필수적이었던 만큼, 자살률은 떨어진다고 보았다(*Sucide*, 159-162). 그는 가톨릭과 프로테스탄트를 비교하면서도 종교가 개인적 판단에 더 많은 관용을 보일수록 개인생활에 대한 지배력이 약하고 그 결집력과 존속력도 약하기 때문에 프로테스탄트의 자살률이 가톨릭보다도 높다고 해석했다. 여기서 그는 종교의 사회적 결속력과 존속의 기능에 주목한다. 물론 그런 기능은 항상 같은 것이 아니라 사회가 변함에 따라 변한다는 사실도 지적한다. 곧, "종교사회학에서 가장 중요시해야 할 사항은 종교가 다른 시대에서 행했던 역할과 동일한 역할을 현재도 행해야 한다는 생각으로서 이는 아주 잘못된 것이다. 어떤 의미에서 그 반대가 오히려 더 건전한 생각일 것이다. 정확하게 말해서 종교는 근원적 현상이기 때문에 종교를 발생시킨 새로운 사회적 형태 그 자체에 구속되어 있다(Pickering, 1984: 453. 재인용).” 그리고 『사회학연보』 2권에서 뒤르켐은 종교와 도덕을 구분하면서 종교적 신념이나 의례가 갖는 사회적 구속성에 주목하고, 그런 구속성으로 인해 ‘성과 속’을 분류하는 특징이 있고 그런 특징을 보면, 종교가 초자연적인 것과 관련된 것이기보다는 사회적 기원을 갖는 것으로 보아야 한다고 주장하였다.

3) 종교생활의 원초적 형태

이런 예비적 논의를 거쳐 뒤르켐은 1912년 본격적인 종교사회학 저서인 『종교생활의 원초적 형태』를 발표하였다. 여기서 그는 자신의 주장의 핵심인 ‘가장 원시적이고 단순한’ 호주의 아룬타(Arunta)족의 토템을 통해 가장 원초적인 신성의 원형을 분석하였다. 그가 아룬타족의 토템에 대해 주목한 것은, 가장 단순한 유형의 사회에 있는 종교가 종교의 본질을 관찰할 수 있도록 해 주는 가장 기본적인 형태의 종교로 보았기 때문이다. 이런 믿음에는 다음과 같은 확신이 전제해 있었다. 곧, “모든 숭배와 믿음체계의 근저에서 반드시 어떤 기본적인 상징들과 의례적 태도들을 찾아볼 수 있다. 그것들은 서로 다른 종교들이 보여주는 다양한 형태에도 불구하고 어디서나 똑같은 객관적인 의미를 가지며 어디서나 똑같은 기능을 한다. …… 그것들은 사람들이 일반적으로 종교라고 말할 때 의미하는 관념의 객관적인 모든 내용이다(『형태』, 26).” 종교의 컨텐츠를 구성하는 가장 기본적인 것은 상징과 관련된 믿음과 의례로서 이는 사회의 발전 정도와는 상관없이 모든 종교에 가장 근본적인 내용이라는 것이다. 그래서 “모든 알려진 종교적 신앙들은 그것이 단순하거나 복잡하거나 간에, 똑같은 공통적인 특성을 보여준다. 이러한 신앙들은 실제적이거나 이상적이거나, 인간이 생각하는 모든 사물들을 분류하는 것을 전제한다. 즉 '속된 것'과 '거룩한 것'이라는 말로써 잘 표현할 수 있는 두 가지 분명한 용어에 의해서 일반적으로 지칭되는 두 부류, 혹은 서로 반대되는 두 장르로 분류하는 것을 전제로 하고 있다. 세상을 두 영역, 즉 하나는 성스러운 것 다른 하나는 속된 것을 지닌 것으로 분류하는 것이 종교적 사고의 변별적 특성(『형태』, 67)"이라고 정리하였다. 특히 이런 '성과 속'의 분류는 그것이 "공통점이라고는 하나도 없는 분리된 두 세계라도 되는 듯이 생각(『형태』, 70)"하게 하는 전혀 다른 이질성을 지니기 때문에, 절대적인 분류이다. 그는 신비적 금욕주의나 종교적 자살은 세속과의 결별이라는 극단적 사례의 결과라고 보았다. 이런 '성과 속'의 배타적 분류로부터 종교적 신앙체계, 곧 "성스러운 것들의 본질을 표현하고 성스러운 것들이 서로서로 맺는 관계 혹은 속된 것들과 맺는 관계를 표현하는 표상들"이 만들어지고, "인간이 성스러운 사물들에 대해 어떻게 처신해야 하는가를 규정해 놓은 행동규범"인 의례도 나타나게 된다(『형태』, 72-73). 이것으로 종교의 본질적 내용에 충분히 접근한 것은 아니다. 뒤르켐은 나아가 인간이 '성과 속'이라는 두 이질적이고도 서로 상반되는 세계를 볼 수 있도록 해 주는 것이 무엇인가를 답해야 한다고 생각했다.

주술과 종교를 구별짓는 잣대로서 같은 신앙을 가진 모든 신자들에 의해 구성된 도덕적 공동체의 유무에 주목했던 뒤르켐은, 잠정적으로 "종교란 성스러운 사물들, 즉 구분되고 금지된 사물들과 관련된 믿음들과 의례들이 결합된 체계이다. 이러한 믿음과 의례들은 교회라 부르는 하나의 도덕적 공동체 안으로 그것을 신봉하는 모든 사람들을 통합시킨다(『형태』, 81)"고 규정하였다. 이런 종교에 대한 개념적 정의를 바탕으로 종교진화론자들의 애니미즘과 자연숭배론을 비판하였다. 애니미즘은 종교를 환각체계에 불과한 것으로 환원시켰으며, 자연숭배론은 '성과 속'의 구분을 설명하지 않기 때문에 잘못된 논리라는 것이다. 이어 그는 "인간이나 자연은 그 자체로서는 어떤 성스러운 특성을 지니고 있지 않기 때문에, 다른 기원에서 성스러운 특성을 찾을 수밖에 없다"는 결론을 얻고, "사람들이 자연숭배와 애니미즘이라 부르는 숭배를 넘어선 좀 더 근본적이고 원시적인 다른 숭배(『형태』, 136)"로부터 그런 것들이 파생됨을 논증하려 했다. 그가 찾은 개인과 물리적 세계 밖의 또 다른 '성과 속'을 구분해 주는 실재는 토테미즘이었다. 뒤르켐은 기존의 많은 토템 연구가들이 토템에 대한 서술적 연구에 그쳤지만, 특히 스미스(R. Smith)는 "토템신앙의 문자적 의미를 넘어서서 그것이 의존하고 있는 근원적 원리들"을 밝히려 한 것으로 평가하면서, 자신도 "토테미즘을 연구함으로써 종교가 무엇인가를 우리에게 더 잘 이해시켜 줄 자연관의 관계를 발견하기를 희망(『형태』, 146)"했다. 이를 위해서는 뒤르켐은 수많은 관련 자료가 필요한 것이 아니라, "단 하나의 사실일지라도 규칙을 밝혀줄 수 있는," "가장 도움이 되리라고 보장되는 자료들을 구분"할 수 있는 학자적 능력이 필요하다고 보았다. 이런 능력을 소유했다고 자부한 뒤르켐은 자신의 연구에 가장 필요한 조건들을 만족시켜 주는 대상으로 호주의 아룬타족을 포함한 호주 중앙의 원주민 부족사회와 그 사회의 토테미즘에 주목하였다. 그것은 가장 원시적이고 단순한 종교인 토템신앙에 대한 가장 완벽한 자료[5]를 가지고 있으며, 또 완벽하게 동질적이며 그 변이가 있다 해도 그것들 역시 공통적 유형에 속하는 사회이기 때문이라고 주장하였다. 그리고 보다 진화된 북미 인디언들의 토템신앙과 비교하면서 종교 일반의 역사적 발전과정에서 그것이 차지하는 위치를 결정하고자 했다.

---

5) 그의 연구대상이 되는 토템의 정보를 제공한 것은, 스펜서(M.M. Baldiwin Spencer)와 길렌(F.J. Gillen)으로 그들이 쓴 중앙 오스트리아 원주민 부족들과 중앙 오스트리아 북쪽 부족들에 대한 연구였다(『형태』, 140-141).

아룬타족의 츄링가(churinga)[6]라는 타원형이나 계란형의 나무조각이나 돌멩이 조각들은 너무나 성스러워서 이방인에게는 가르쳐주는 것조차 금지되어 있는, 성스러운 것의 원형이다. 토템은 세대를 이어가며 그것을 숭배하는 집단들에게 생기를 불어넣는 힘의 원천으로서의 비인격적 신이다. 게다가 토템은 "씨족의 도덕생활의 근원"으로 그 "본체는 물리적인 힘인 동시에 도덕적 힘(『형태』, 274)"이다. 그러나 이 비인격적이며 모호하기까지 한 종교적 힘의 관념을 가졌던 토템의 본체는 점차 신적 존재로 변화된다. 따라서 종교적 사고의 기원과 바탕에는 "그 스스로가 성스러운 특성을 지니고 있는 특정한 변별적인 사물들이나 존재들이" 있는 것이 아니라, "사회에 따라 다소간에 차이가 나는 익명적 힘들이" 있다(『형태』, 287). 이로써 신의 존재가 종교의 출발점일 수는 없으며, 그 본질적 내용도 아니다. 오히려 그런 힘들이 의례를 통해 자기 목소리를 만들어 내기 시작할 때 신은 창조된다. 뒤르켐은 "힘의 개념은 종교적 기원에 속하는 것(『형태』, 293)"이라고 단정하였다. 결국, 인간이 '성과 속'이라는 두 이질적이고도 서로 상반되는 세계를 볼 수 있도록 해 주는 것이야말로 바로 그 익명적 힘인 셈이다. 그러면 그런 힘은 어디에서 나오는 것일까?

뒤르켐은 그 답을 호주 원주민들이 행하는 잔치인 코로보리(corrobbori)에서 찾았다. 원주민들이 경제활동을 할 때는 개인들이 소집단으로 분산되고 위계화되어 살아가면서 삶은 단조롭고 지루하기 짝이 없다. 그러나 코로보리 행사 때는 모든 것이 달라진다. 그들은 쉽게 자제력을 잃고 격렬한 흥분 속에 빠져들면서 특별한 힘들과의 관계를 맺지 않으면 들어갈 수 없는 세계를 체험한다. 이들에게서 전자는 속된 세계이고 후자는 성스러운 세계이다. 이같이 사회는 종교적 힘들이 자신의 영역 안에 있는 모든 대상

6) 성스러움을 의미하는 명사인 동시에 형용사라고 뒤르켐은 적는다. 그리고 그것은 개인에게만 유용한 것이 아니라 전 씨족집단의 운명이 달려 있는 것으로 그것을 잃는다는 것은 곧 집단에게는 재난을 의미했다(『형태』, 178, 181).

들을 그것이 무엇이든 상관없이 사로잡아 하나의 익명적 힘으로 연결하여 상이한 사물들에 생명을 불어넣는 과정을 통해 동일한 집단으로 자신들을 분류하도록 한다. 결국 종교는 "인간 속에 있으면서 동시에 사물들의 생명의 본체"인 힘이다. 그래서 "종교는 현실의 모든 것, 즉 정신적 세계뿐 아니라 물리적 세계까지도 포함할 수 있도록 만들어져 있기 때문에, 정신을 움직이는 힘과 마찬가지로 육체를 움직이는 힘들도 종교적 형태로 인식" 되었다(『형태』, 318). 뒤르켐은 그래서 인류문명의 모든 맹아들이 태어난 모태가 종교라는 사실을 분명히 한다. 그리고 이 힘은 사실 실재하는 사회이다. 그런데 이 사회라는 용어는 뒤르켐에게서는 벨라(R. Bellah)가 지적하듯이, 사회는 "단순히 어떤 특수한 사회집단을 지칭"하기도 하지만, "무엇보다도 개인에게 구현되는 관념, 믿음, 온갖 감정의 복합"이며, 때로는 "도덕, 인성, 인간적 생명 자체의 원천"으로 단순히 외재적인 사물 이상의 것이기도 하다.[7] "만일 우리가 사회의 명령에 복종한다면 그것은 단순히 사회가 우리의 저항을 이겨낼 만큼 강하기 때문만은 아니다. 그것은 무엇보다도 사회가 진정한 존경의 대상이기 때문이다(『형태』, 297)." 뒤르켐은 진정으로 개인들의 사회에 대한 존경심, 곧 그의 표현대로 "내적이고 완전히 정신적인 압력이 우리 안에서 작용하는 것에 대한 느낌"을 가지도록 하는 사회를 진정한 사회의 형태로 보는 까닭에 종교적인 것과 사회적인 것은 동일시된다고 주장한다.

그런데 뒤르켐이 종교의 본질을 깊숙이 탐구한 동기에는 개인들이 존경심을 갖고 도덕적 · 종교적 양심에 따라 복종할 수 있는 규범공동체로서 사회의 토대를 재건축하려는 의도가 있다고 볼 수 있다. 아마도 뒤르켐이 말하는 그런 개인의 보다 높은 인격과 능력을 학습시키고 고양시키는 학교와도 같은 장은 사회, 곧 그가 그토록 교육자로서 헌신하고자 했던 프랑스

7) Rober N. Bellah(ed.), *Emile Durkeim on Morality and Society*, Chicago: Univ. of Chicago Press, 1973, p.ix.

제3공화정 사회였는지도 모른다. 어쩌면 이런 논리는 가장 정통적이면서도 오랜 전통 속에서 지켜온 자신과 자기 가문의 종교인 유대교를 버리고 유대사회라는 울타리를 벗어나 자유주의적 유럽 지성으로 다시 태어나고자 했던 뒤르켐의 종교적 · 지적 전환에 대한 자기변명일 것이다.

3. 베버의 서구 합리주의의 해명과 종교사회학

1) 베버의 생애[8]와 종교적 영향

막스 베버는 1864년 4월 21일 독일 튀빙겐주의 주도인 에어푸르트 투른지아에서 법률가이자 시청 공무원이었던 아버지와 어머니 헬레네 사이에서 8남매 중 장남으로 태어났다. 선대의 부를 받아 다소 향락적이고 현실적이었던 활달한 성격의 아버지와 깊은 신앙심으로 청교도적 경건성을 생활신조로 삼고 있었던 어머니는 가정생활에서도 성격차로 인한 갈등을 자주 빚기도 했다. 이런 가족적 배경은 베버로 하여금 종교적 경건과 세속적인 권력에의 의지가 어떻게 현실세계에서 서로 배타적이 아닌 상보적 관계로 의미 있는 사회적 행위를 연출하는가 하는 문제에 관심을 갖게 했는지도 모른다.

가부장적 권위를 가졌던 자유주의 부르주아 정치가로 현실주의자였던 아버지의 눈에는 아내가 경건성에 따라 사회봉사에 열중하는 모습은 오히려 위선으로 비쳐지기도 했던 것이다. 베버는 하이델베르크 대학에서 법

8) 여기서는 주로 Hans N. Fuegen, *Max Weber*, RoRoRo, 1985. 그리고 전성우, "제1장 베버 생애 약전," 『막스 베버 역사사회학연구: 서양의 도시시민계층발전사를 중심으로』, pp.21-45 참조.

학, 후기고대사와 상법, 공법을 주전공으로 공부하면서, 경제학, 역사학, 철학, 그리고 신학과목을 수강하였다. 그의 부모 간에 상이한 성격과 종교적 · 정치적 지향은 베버로 하여금, 욕구가 절제된 금욕과 현실에서의 지배라는 욕구달성 사이에 전혀 상반되고 모순된 태도가 현실에서 연출해 내는 사회적 행위에 관심을 갖도록 한 계기가 되기에 충분했다. 자신과 다퉜던 아버지가 객사한 뒤 수년 동안 신경쇠약으로 어려움을 겪다가 1902년부터 겨우 건강을 회복한 베버는 수도원의 역사에 대한 독서를 통해 경제적 행위의 합리성 문제에 대해 관심을 갖기 시작한다. 1904년에 이르러서야 그의 활동력은 완전히 회복되어 『사회과학 및 사회정책 논총(Archiv für Sozialwissenschaft und Sozialpolitik)』의 편집을 맡아보고, "사회과학적 및 사회정책적 인식의 객관성"(1904), "프로테스탄티즘의 윤리와 자본주의의 정신"(1904~1905) 등의 논문을 집필하였다. 1904년 4개월간의 미국방문 결과는 "프로테스탄트 섹트와 자본주의 정신"으로 정리된다. 여기서 그는 교파주의가 미국의 신용사회 형성과정에 미친 영향을 자신의 미국체류 경험을 바탕으로 담담하게 분석하였다.

1906년에서 1910년까지 하이델베르그에 머무는 동안, 베버는 사회과학의 끊임없는 새로운 지식의 지평을 열어가면서 1909년 1월 3일, 독일사회학회를 창립한 한 사람으로 이름을 올린다.[9] 1차 세계대전이 일어났을 때 베버는 50세의 나이에도 불구하고 참전하기를 원할 정도로 독일 국민국가의 영광을 꿈꾸었던 민족주의자이기도 했다. 하지만 그는 학문세계에서 그런 가치가 관련되는 것 자체에는 격렬히 반대했다. 이후 그는 종교사회학적 연구에 몰두하면서 "세계종교와 경제윤리" 1부를 발표한다. 이어 1916년에는 힌두교와 불교에 관한 논문, 1917년에는 고대 유대교 연구 등을 잇달아 발표한다. 전쟁이 베버의 진단처럼 미국이 강대국이 되는 길

---

9) 당시 회장은 Ferdinand Tönnies, 간사는 Georg Simmel과 Heinrich Herkner(나중에 Werner Sombart로 대치), 회계에 베버가 이름을 올린다. 전성우, 앞의 책, p.36.

을 연 참전으로 끝나면서, 그는 1918년부터 비엔나 대학의 경제학 교수직을 시험적으로 맡으면서 다시 대학으로 돌아갈 계획을 세우고, 1919년 독일의 패전을 처리할 대표단으로 참여하여 승전국이 제시하는 전쟁책임 각서에 대한 답변서를 작성하기도 한다. 그해 6월부터 뮌헨 대학에서 '사회과학의 일반적인 범주들' 에 대한 강의를 시작한다. 이 기간에 『종교사회학 논총』에 대한 작업을 계속하던 중에, 1920년 6월 14일 폐렴으로 숨을 거둔다.

2) 사회학자로서 베버의 문제의식

독일 국민으로서 베버의 학자적 관심사는, 독일이라는 나라가 왜 다른 나라에 비해 국민국가 형성에 뒤지고 있으며 국민국가 건설 현실은 어떠한가에 집중되고 있었다. 현실적으로 신생 독일제국은 국제관계 속에서의 독일 민족국가의 힘을 확인시키는 작업이 요구되고 있었다. 베버가 느끼는 독일의 정치상황은, 영국과 프랑스를 비롯한 서유럽으로부터 밀려오는 제국주의 열강들의 위세와 동쪽으로부터 활기에 찬 높은 인구 증가율을 가진 폴란드에 의해 독일의 권력기반이 잠식당하고 있었다. 그럼에도 불구하고 그는 이미 그 역사적 변혁 주체로서의 능력을 상실했다고 판단되는 융커와 관료 장교집단이 여전히 독일을 지배하는데 불만을 가졌다. 이런 그의 입장과 의지는 30세에 프라이브르그 대학 교수로 취임하면서 행한 연설인 "민족국가와 대중경제정책"에서도 잘 드러난다.

> "우리들이 우리의 자손들에게 물려줄 것은 평화와 인간의 행복이 아니라, 우리의 국민적 특질을 유지하고 발전시키기 위한 영원한 투쟁입니다. …… 우리가 역사에 대한 책임으로 후손들에게 물려줄 것은, 그저 어떤 종류의 경제조직이 아니라 지구상에서 상당한 정도의 힘을 지닌 지배력이어야 합니다. …… 국민국가란 …… 국가의 세계적인 권력조직이며, 이 국민

국가야말로 우리에게는 궁극적 가치판단의 기준이며 국가이성을 경제적으로 관철시킨 것입니다." — GPS, 14

그가 사회학을 "사회적 행위를 해석적으로 이해하고 그 이해를 통해 사회적 행위의 경과와 결과를 인과적으로 설명하려는 학문"이라고 규정한 데는 '타인을 지향하는 유의미한 행위(sinnvolle Verhandelung)' 로서의 사회적 행위에 대한 이해와 그 인과적 설명으로 타인의 사회적 행위를 숙달하여 그것을 지배하려는 동기가 내재하였다. 그만큼 베버에게서 지배는 그의 중심적 연구테마이다. 그의 연구주제가 독일에서는 여전히 미성숙 상태였던, "오늘날의 생활에 가장 운명적인 힘으로 등장한 자본주의(GAzR I, 4)"를 관통하는, "16C와 17C 이후 부르주아 생활의 합리화라는 독특한 방식으로 구분되는 현상으로서 서양을 지배하기 시작한 유럽의 합리주의(GAzR I, 265)"의 문화적 의의에 대한 해명작업이었던 것도 그런 맥락에서 파악될 수 있다. 그는 이것을 구체적으로 1903년, 『사회과학과 사회정책 논총』 편집위원으로 활동하던 시절, 그가 기초한 새로운 시리즈의 제1분책 서문에서 이렇게 쓴다. "잡지는 종래의 문제권 — 곧 근대 자본주의에 의해 생겨난 학문적 방법론과 입법과정에 대한 비판적 고찰 — 을 확대하여 자본주의 발전의 일반적 문화의의의 역사적 이론적 인식을 잡지의 또 다른 문제의식으로 삼을 것이며 이를 위해 인접한 여러 학문들 곧 일반국가학, 법철학, 사회윤리학, 사회심리학적 연구 및 보통 사회학이라는 이름 아래 통칭되는 연구와 밀접한 관련을 갖게 될 것이다"라고 밝힌다.

이런 맥락에서 그의 유명한 "프로테스탄트 윤리" 논문도, "일견 자본주의 정신의 발달은 아주 단순하게는 총괄적인 합리주의 발전의 부분현상으로 이해될 수 있다.…… 프로테스탄티즘도 그것이 순수하게 설익은 합리주의적 인생관으로서 역할을 수행한 점에서만 역사적으로 고찰될 수 있는 것"(GAzR I, 61)이란 관점에서 작성된다. 일상의 사회적 행위 가운데서도 특히 종교적으로 동기화된, 혹은 순수하게 종교적 체험에서 유래한 행위는 때로는 타인이 보기에는 이해하기 어려운 경우도 있으나 행위자에게는 오히려 절대적 의미를 구성하는 행위이다. 그래서 특별히 알 만한 가치가 있는 사회적 행위를 인과적으로 설명하려 할 때는 그 행위의 심층적 의미구조를 형성하는 종교적 동기나 혹은 특별한 종교적 체험과의 관련에 주목하게 된다. 베버는 그런 종교적 체험이 사회적 행위에 미치는 영향에 대해 이렇게 설명한다. "종교적 체험은 다른 체험들과는 달리 당연히 비합리적이다. 종교적 체험의 가장 높은 단계는 신비적 형태를 띠는 체험이며, …… 타인과의 절대적인 소통 불능성을 특징으로 한다. 그래서 그것은 우리의 언어나 개념적 도구와 같은 수단으로는 적절히 재생될 수 없는 특수한 성격을 지니는 깨달음의 형태로 등장한다. 따라서 모든 종교적 체험은 합리적인 형태로 구성하려 하면 할수록 더욱 그 본질을 잃게 마련이다(GAzR I, 112)." 그래서 그는 굳이 종교를 정의하지 않았다.

3) 종교사회학의 주제로서 종교적 합리화와 서구 합리주의의 문화적 의의

독일 민족국가의 세계적 위상 증진을 꿈꾸던 베버는, 학자로서 왜 독일은 근대 자본주의의 선진국이 되지 못했는가를 자문하면서 근대 자본주의의 핵심을 근대 서구 합리주의의 발전이라는 관점에서 파고들려 했다. 그런 연구의 결실이 서구 근대 합리주의의 문화적 의의에 대한 해명과 세계종교의 합리화 유형과 그 비교연구로 결실을 맺는 그의 종교사회학적 연구성과물이다. 이런 연구과정에서 그는 결코 종교가 무엇인가 하는 종교의 본질에 관한 의문은 제기하지 않는다. 오히려 "종교가 무엇인가라는 정의 문제는 처음부터 가능한 문제가 아니고 후속 연구의 결론에서 그나마 가능할 수도 있을지 모르는 사항이다. 우리는 무엇보다도 종교의 본질이 아닌,

특정한 방식의 공동체적 행위(Gemeinschaftshandelung)의 조건과 영향을 연구하는 것을 임무로 삼는데, 이는 너무 다양하게 표출되는 종교적 행위를 이해하려면 개개인의 주관적 경험이나 생각, 목적 등 행위자가 생각하고 있는 의미의 관점에서만 파악이 가능한 것이기 때문이다(WuG, 245)." 고 주장한다. 그러면서도 종교적 행위를 이해하는 관점을, "종교적으로나 주술적으로나 동기화된 가장 원초적인 행위는 "오늘 내가 네게 명하는 여호와의 규례와 명령을 지키라. 너와 네 후손이 복을 받아 네 하나님 여호와께서 네게 주시는 땅에서 한없이 오래 살리라(신명기 4: 40)"는 데서 나타나듯이 이 세상을 향한 것(WuG, 245)"임을 주목한다. 베버는 종교적 행위는 주술적 행위를 포함하여 항상 현세를 지향하는 합리적으로 계산된 행위라는 관점을 견지한다. 그런 만큼 종교나 주술적 행위를 일상의 의도적 행동과 별개의 것으로 따로 떼어내 생각할 수 없을 뿐 아니라 오히려 가장 의도화된 경제적인 행위의 하나로 본다.

그러면서도 그는 주술의 핵심인 원초적으로 합리적 계산에 따른 경제적 선택행위로부터 벗어날 때 비로소 종교는 합리화되어 신학에 이르는 신앙의 체계화를 구축할 수 있을 것으로 기대한다. 베버가 주목하는 것은 신앙의 체계화는 인간의 선행에 따른 인과적 보상에 대한 계산적 행위를 뛰어넘어 절대적 신의 은총에만 복종할 수밖에 없는 신앙적 행위이다. 여기에는 소박한 원초적인 실천적 계산을 추구하는 합리주의가 극복되고 있다. 베버는 주술과 전통으로부터의 탈피 정도가 종교적 합리화의 가장 중요한 척도로 본다. 이런 종교적 합리화가 진척되는 정도에 따라 종교적 행위는 경제적 행위와 구분된다. 베버는 이것을 이렇게 설명한다. "한편으로는, 신개념과 인간과 신성과의 가능한 관계에 대한 관점의 지속적인 합리적 체계화과정이 있어야 하며, 동시에 원초적이고도 실천적인 계산적 합리주의가 독특한 방식으로 사라져야 한다. 그런 원초적 합리주의가 사라지면, 뚜렷이 종교적인 행위가 지니는 의미는 일상의 경제적 성공이라는 순전히 외적인 이익을 통해서는 점점 더 발견하기 어렵게 된다. 그리하여 종교적 행위의 목적은 성공적으로 비합리화되어 저 세상을 향하는 비경제적 목적이 명확히 종교적 행위로 구분되어 드러날 수 있게 된다. 그러나 바로 이런 이유로 …… 경제 외적인 목적의 발전에는 특별히 그것을 담당할 만한 계층의 존재가 필수불가결한 요건 중 하나로 요구된다(WuG, 259).” 이런 종교적 합리화과정에는 ‘원초적이고도 실천적인 계산적 합리주의’가 더 이상 힘을 쓰지 못할 정도로 무력화되는 경험을 해야 한다. 이런 경험은, 오히려 현실에서 자신들의 의지를 항상 꺾는 강력한 힘을 체험하고 그것에 맞설 수 없다는 무력감을 느끼는 계층에서 주로 발견된다. 이런 무력감을 경험한 계층들은 자신들의 현실세계의 평화를 침해한 자에 대한 같은 정도의 정당한 보복을 당연하게 생각하며 동시에 그들과 평화롭게 살아온 가까운 이웃에 대해서는 동포애를 느끼며 어려움을 도우려는 구난의 심정이 자라나면서 새로운 윤리가 자라게 된다고 본다. 이 윤리는 침해자가 ‘벌을 받는 것이 마땅’하듯, 그리고 그 벌의 집행이 사람들의 노여움을 덜어주듯, 도움이 되는 이웃은 ‘구난을 받아 마땅’하다는 이웃사랑의 윤리로 자란다. 그래서 그런 ‘마땅한 행동’에 대한 기대는 자신들을 도울 강력한 유력자에 대한 기대로 자라나 그런 유력자는 신적 위치로 의인화된다. “의인화과정은, 신에게 강력한 세속의 권력자에게서 볼 수 있는 인간 행동 양식과 같은 속성을 부여하는 형태를 취할 수도 있다. 세속 권력자들의 특별한 배려를 받기 위해서는 간청이나, 선물, 서비스, 공물, 감언이설과 뇌물을 동원하듯이 신의 은총을 받기 위해서도 마찬가지라고 생각하게 된다. 또 다른 한편으로 신의 은총은, 헌신자 자신의 신실함과 신의 의지에 부합되는 선행의 결과로 얻어질 수도 있다고 생각한다. 이와 같이, 신들은 세속의 통치자를 유추함으로써 그 존재를 인식하게 되며, 절대적 존재자는 오직 처음에는 그 힘의 정도에서만 다르다고 생각한다. 이런 형식의 신의 개념들이 발전함에 따라, 신성에 대한 예배가 필수적인 것으로 간주되게 된다(WuG, 258).”

이렇듯이, 강력한 유력자의 자비를 당연한 윤리적 덕목으로 이해하고 기대하는 것이 심정윤리로 체계화되면 될수록, 생활태도 전체를 종교적 구제 자체에다 모든 의미를 부여하게 된다. 이로써 일상에서의 잡다한 주술적 금기나 덕목으로서의 윤리성을 뛰어넘어 그것 자체를 무의미하게 만들어 버림으로써, 신에 대한 예배가 주술에의 의존이나 금기와 덕목의 실천과 같은 행위로부터 벗어나게 한다. 그 결과, 종교적 구원에 대한 기대와 그 기대를 확인시켜 주는 종교윤리가 체계화되어 심정적으로 강화된다. 이같이 절대자의 자비나 은총에의 당연한 기대로서의 종교적 윤리 덕목이 발생하면 그럴수록 현실세계는 오히려 더욱더 문제시되어 현실적 가치로부터 자유로워 오히려 현실 자체를 임의적으로 숙달하여 지배하게 된다. 그리하여 종교적인 현세 거부의 태도가 현실에의 적극적 숙달 태도로 바뀌게 된다.

종교적 합리화의 절정에 선 것으로 평가되는 칼뱅주의의 핵심을 이루는 예정론은 그 자체가 현세 내 도덕의 이율배반성을 당연한 사실로 인정하고 있다. 그러나 그런 현실에서의 절대적 고립감 때문에 오히려 그런 현실의 운명은 깨뜨려질 수 있는, 곧 현실 자체가 어떤 가치를 가졌다고 보지 않는 가치자유의 에토스가 작동될 수 있는 대상으로 파악되어 적극적인 현실개입의 생활태도를 낳는다. 베버의 설명을 빌리자면, 종교적 구원재(구제재)와 깊은 유의미적 관계를 가지고 있는 개개인들의 심정윤리는 그 자체가 생활세계의 일상성을 어떤 식으로 제재하고 심지어는 혁명적으로 깨뜨려 나갈 수 있을 정도로의 변화된 생활태도를 제공하는 것이다. 그런데 이런 생활태도의 방향은 결국, 심정윤리로서 구제목표와 어떤 면으로 의미관계를 구성하는가에 따라 달라진다. 이것을 베버는 이렇게 설명한다.

> "종교적 윤리가 사회 질서의 영역에서 관여하는 정도는 경우에 따라 다르다. 그 결정 인자는 주술과 의례와의 결합 정도나 종교성의 차이가 아니라, 무엇보다도 세계에 대해 종교 윤리가 원칙적으로 어떤 위치를 차지

하고 있는가 하는 것이다. 세계가 종교적 관점을 따라 하나의 우주적 질서로 보다 체계적 · 합리적으로 형성되면 될수록, 세속 내적 질서에 대해 느끼는 종교 윤리의 긴장은 보다 원칙적인 것으로 작용하게 되고, 더욱이 세계 질서 자체가 고유의 법칙성에 따라 체계화되면 될수록 더욱더 원칙적으로 종교 윤리와의 긴장은 발생하게 된다." — WuG, 349

곧, 종교적으로 동기화된 심정윤리는 생활세계와의 긴장관계를 극대화하면서 구원목표에 비추어볼 때 그 세계 자체의 신비스러운 의미를 무력화시키게 된다. 이것은 세계에 대한 탈신비화 내지는 탈주술화 과정을 통해 세계의 주지주의화 내지는 합리화를 낳게 된다.

베버가 본 세계의 주지주의적 합리화는 바로 이런 독특하게 종교적으로 동기화된 심정윤리의 역사적 산물이다. 물론 오늘날처럼 과학주의로 치닫는 생활세계의 탈주술화는 이제 그 형식 합리주의로 인해 종교 자체를 무가치한 것으로 보게도 한다. 그러면 그럴수록 종교는 그런 세계를 무가치한 것으로 간주하도록 한다. 이런 세계와 종교적 윤리와의 긴장은 원칙상 종교의 합리화과정이 빚어낸 결과로서 그 긴장은 생활태도상에서, 현세 내적 · 외적 금욕주의, 신비주의, 명상 등의 유형으로 나타나기도 한다. 그러나 어떠한 유형도 그 자체가 역사적으로 존재해 왔던 특정 종교의 현실적 형태를 완전히 설명해 줄 수 있는 것은 물론 아니다.

"종교적 힘과 경제적 이해관계 상호 간의 '적응' 방식이나 여러 가지 전개 과정을 낳는 구성 요소를 밝혀주는 내용적 힘의 상대적 관계를 보편적인 공식으로 파악할 수는 없다." — GAzR I, 349

따라서 특정의 종교적 관념과 특정의 경제활동의 상호관계를 해명하려는 시도는 어떻게 보면 베버식의 종교사회학적 분석관점과는 거리가 먼 것이다. 오히려 베버는 종교적 합리화의 달성 정도에 따라 나타나는 생활태도의 방향과 그 영향에 대해 유형적 분석을 시도하고자 한다. 그렇다고 해서, 모든 위대한 세계 종교들도 "전부가 역사적인 개체로서 매우 복합적으로 이뤄진 것이며, 이것들을 하나로 모은다 해도 전적으로 무수한 하나하나의 인자들로부터 유추해 낼 수 있는 방식을 따라 만든 역사적 개체들의 가능한 결합의 일부에 지나지 않는다(GAzR I, 265)."

위의 사실을 염두에 둘 때, 그런 유형론에 집착할 필요는 물론 없다. 다만 의미있는 사회적 행위를 촉발시킨 "종교적 신행(수행)을 통해 만들어진 심리적 추진력, 곧 생활양식에 일정한 방향을 제시하고 개인을 그것에 구속시키는 그런 동인을 발견해 내는 것(GAzR I, 86)"이 더 중요한 종교사회학의 과제이다.

칼뱅주의는 그 신행방식이 "생활양식에 일정한 방향을 제시하고 개인을 그것에 구속시키는 그런 동인"이 독특한, 신의 예정교리를 강조한다. 예정론에 따르면, "오로지 초월적 목표 곧 영혼의 구원만을 추구"하려는 신자 개개인들에게는 "전대미문의 내적 고립감"을 부여하는데, 그것은 자신의 구원을 위해서는 자기 자신은 물론 심지어는 어떤 신적 도움에 대한 청원도 소용없는, "인간은 영원에서부터 그에게 예정된 숙명을 향해 그 길을 갈 뿐인" 몸서리쳐지는 고립감을 견뎌야 한다(GAzR I, 92-93). 이런 내적 고립감은 오히려 그런 신앙을 가진 이들에게는 현실세계의 어떤 가치로부터도 자유로울 수 있는 태도를 갖도록 한다. 직업조차도 그 귀천에 상관없이 신이 구원의 장으로 부른 것이며 그런 까닭에 그 부름에 최선을 다할 뿐이다. 루터(M. Luther)도 직업을 신의 소명으로 이해했지만, 그는 신과의 신비적 일치를 추구한 만큼 그것을 신의 구원의지를 실현하는 도구로 해석하지는 않았다는 것이 베버의 판단이었다. 신자들이 자신의 구원을 확인하는 방법은, "자신을 신적 권능의 그릇으로 생각하든지 아니면 도구로 느끼는 두 가지 방법이다. 전자의 경우에 사람들의 종교생활은 신비적 정서를 중시하는 문화로 기울고, 후자는 금욕적 행위에 치중하는 경향이 나타난다. 루터는 전자의 유형에 가깝고 칼뱅주의는 후자의 유형에 속한다(GAzR I, 106)." 루터가 종교개혁을 통해 탈세속주의를 지향하는 수도원적 금욕주의를 배격하고 만인사제주의를 주창하여 교회개혁을 이끌었다면, 칼뱅주의는 "세속적 직업생활을 통해 믿음의 확증이 필수적"이라는 보다 적극적인 현세 내적 개혁주의 신앙을 심었다는 것이다. 이것이 그가 이해한 서구 기독교의 종교적 합리화가 도달한 정점이었다. 그리고 이런 모든 삶의 기독교화의 관철에 대한 철저한 요구가 만들어 낸 태도가 "근대 기업가들에게 놀랄 만큼 선량한 양심을 부여하였을 뿐 아니라, 특히 노동을 원하는 노동자들에게는 직업에의 금욕적 헌신과 그들이 자본주의에 의해 무모하게 이용당하는 것을 받아들이는 보상으로 영원한 은총을 기대할 수 있도록 하였다(GAzR I, 313)"는 것이다.

이같이 베버는 칼뱅주의의 구원론이 의도하지 않은 결과로서 자본주의 정신의 발생과 그 경제적 합리주의에 미친 영향을 분석했다. 그리고 칼뱅주의 구원론이 지니는 문화적 의의는, 거기에 함축된 금욕정신이 "근대 자본주의 정신뿐 아니라, 근대문화의 구성성분 중 하나인 직업관념을 기반으로 한 합리적 생활양식을 탄생(GAzR I, 202)"시켰다는 것이다. 특히 칼뱅주의의 금욕의 특징은, "소유를 거리낌 없이 즐기는 것에 대해 힘써 반대하고, 소비 특히 사치스런 소비를 억제하면서 재화획득에 대한 전통적 윤리의 장애로부터 심리적 부담감을 떨쳐버려 더 이상 이윤추구를 죄악시하지 않고 도리어 그것을 곧 신의 의도라고 합법화시켰다는 점이다(GAzR I, 190)." 동시에 베버는 그런 생활태도로 말미암은 세계의 탈주술화로서의 주지주의화와 합리화가 도리어 바로 그 생활태도를 낳은 금욕적 기독교와 같은 종교의 구원론적 가치조차도 희생시켜 버려 '화석화된 기계문명'에 빠져버리게 할 수 있음도 지적한다. 물론 이러한 그의 분석은, 칼뱅주의와 근대 자본주의의 맹아로서 인과적 맥락을 설명하는 것이 아니라, 칼뱅주의의 경제윤리는 서구에서 발생한 근대의 경제적 합리주의의 '역사적 개념구성'으로, "그것은 방법적 목적에서는, 역사적 현실을 추상적 유개념으로 파악하려는 것이 아니라, 그보다는 항상 역사적으로 불가피하게 독특하고 개별적인 색채를 지닌 구체적인 발생적 맥락을 통해 파악하려는 것이다 (GAzR I, 31)."

베버는 나아가 6대 세계종교들을 비교함으로써, 종교적 합리화의 일반 논리를 추구한다. 그 종교적 합리화의 측정척도로서, "주술을 탈피한 정도와, 신과 세계와의 관계와 그 관계로부터 세계에 대한 독특한 윤리적 관련이 조직적으로 통일된 정도"(GAzR I, 512)를 든다. 이 척도에서 볼 때, 합리화가 가장 달성된 종교가 칼뱅주의 개신교인데, 이 칼뱅주의의 핵심교리인 예정론과 구원확신에의 믿음을 일찍이 키워 온 묘판은 고대 유대교, 특히 유대교 예언자들의 신앙태도라는 것이다. 베버는 유대교의 종교적 합리화과정에서의 역사적 의미를 "헬레니즘의 정신문화, 서구에서의 로마법과 로마의 관직 개념에 바탕한 로마 가톨릭 교회, 그 후의 중세 신분제, 결국에는 그 신분제를 무너뜨렸던 프로테스탄티즘의 발달과 그 궤를 같이한다 (GAzR I, 122)"고 평가한다. 『고대유대교』[10]에서, 유대교 발생의 자연적 · 문화적 배경에서 시작하여, 유대교의 율법과 회중, 성직자와 의례, 윤리 등을 분석한다. 특히 그는 유대인의 불가촉천민(Pariavolk)으로서의 속성과 그것이 갖는 특성과 한계를 근대서구 자본주의의 발전이라는 그의 연구주제에 맞춰 분석한다.

베버에 따르면, 유대교의 경제사적 의의는 유대 예언자들의 활동이 가져다준 종교적 합리화, 곧 주술의 정원으로부터의 탈출이다. "종교적 교리나 신의 계명을 선포하는 것을 자신의 사명으로 삼는 순수히 개인적인 카리스마의 담당자(WG, 260)"인 예언자들은 그들이 선포하는 예언의 실질적 내용과 방식에 따라 '합리적' 예언과 '모범적' 예언으로 유형화될 수 있다 (WG, 272). 이 구분에 따르면, 합리적 예언자로서 유대 예언자는, "신으로부터 사명을 받아 교설을 행함으로써, 사람들에게 윤리적 의무로서 복종을

10) 『야훼의 사람들 : 고대 유대교』, 진영석 역, 서울 : 백산출판사, 1989.

요구하는 예언"이란 점에서 윤리적 예언자이기도 하다. 반면에 모범적 예언은, "불교의 경우에서처럼, 타인들에게 인간적 모범을 보임으로써 종교적 구원에 이르는 길을 제시하는 예언(WG, 308)"이다. 이런 구분의 가장 중요한 기준은 초월적인 인격적 신 개념의 유무이다. 합리적 예언의 경우, "예언자는 구체적인 계명과 추상적인 규범을 지닌 신의 뜻을 전하는 신의 도구(WG, 308)"이다. 유대 사회에서 예언자 자신은 독자적으로 종교적 권능을 지닌 인물로 숭배되지는 않는다. 그것은 "어떤 예언자들도 스스로 무엇인가 고유한 구원재에 대한 독자적 판단을 갖고 있다는 생각은 없었으며, 그들은 다만 신적 명령의 전달 매개체라는 수단에 불과한 존재로 인식하였고, 예언자는 필요할 경우만 신의 위임을 받은 종이며 도구로 쓰여진다고 여겼기(GAzR III, 313)" 때문이다. 유대 예언자가 신의 부름에 부응한다는 점에서 베버는 그들을 소명적 예언으로 명명하기도(GAzR III, 313) 한다. 이런 신 개념은 이슬람교[11]와 유대교에서 전형적으로 찾아볼 수 있다. 이와 달리, 모범적 예언의 경우는, 오직 인간 스스로의 고행과 수행을 통해서 해탈에 이른 것이기에 그럴 만한 능력이 없는 종교적 음치들은 모범적 예언자들을 추앙하고 또 그들로부터 내세에 대한 구원의 보장을 받기를 원하여 성자 예배(숭배)로 나타날 가능성이 있다. 그리고 계율이 있을지라도 그것은 승려계급에만 강제력을 갖고 세속인들에게는 하나의 권고로 제시되며 신에 대한 개념도 비인격적 최고 존재로서 명상적 상태로만 접근이 가능하다는 것이다(WG, 309).

종교적 합리화에 결정적 고리를 이어주는 유대교의 기여는, 바로 종교적 열정에 불타는 정서를 지닌 유대 예언자의 소명적 예언활동의 지속이었다. 이를 통해 창조주로서 절대적 신관을 유지시킬 수 있었으며, 그 결과

---

11) 베버는 이슬람교의 경우에는 성도숭배 사상이 침투함으로써 일신교적인 신관이 약화되었다고 본다. 그 경우는 가톨릭의 경우에도 마찬가지이다. 그만큼 결국 이슬람교와 가톨릭에는 종교적 합리화의 장애가 존재한다는 해석이다.

"주술을 타파하고 신자들의 생활에서의 합리화를 달성(WG, 308)"할 수 있었다는 것이다. 유대교 예언자들의 예언이 윤리성을 띠는 것은, 예언자들이 "이스라엘과 야훼와의 종교적 관련은 전적으로 이스라엘이 스스로 야훼와 맺은 언약이라는 계약서(GAzR III, 129)"에 기초하여 그 계약의 준수를 윤리적 요구의 근거로 삼기 때문이다. 베버는 이스라엘의 지정학적 특성과 출애굽, 가나안 땅에서의 왕국건설을 예언자들의 활동을 통해 야훼의 선택은총과 결부시킴으로써 그런 계약사상이 발전된 것으로 설명한다(GAzR III, 76-81). 베버는 예언자 엘리야가 갈멜산에서 농경신인 바알 신과의 극적인 대립을 통해 야훼파가 바알파의 풍산(豐産)의 주술을 철저히 무력화시키고 오히려 그런 주술을 파멸을 불러오는 음행과 죄악의 근원으로 간주해 버림으로써, 주술의 정원으로부터 탈피라는 의미에서 종교적 합리화를 달성한 중요한 계기로 해석하기도 한다(GAzR III, 165-173). 유대 예언자들이 주술에 대한 적대감을 확고하게 유대사회에 심어줌으로써, 서구의 경제사에서도 반(反)주술성이라는 의미 있는 결과를 가져다준 것으로 평가한다. 그러나 그럼에도 불구하고 유대교는 서구의 경제적 합리주의의 발전에는 제한적 기여에 머물 수밖에 없었다.

그 이유는 사회적 천민인 유대인의 특성 때문에 생겨난 대내도덕과 대외도덕의 이중구조 때문이다. 여기서 "천민이란 인도의 카스트제도에서 빌린 개념[12]으로서 사회적 환경에서 의례적으로나 형식적으로 혹은 사실적으로 주변적 존재로 분류된 객민"이란 의미인데, 이들은 오래전부터 유럽사회에서 게토지역에 강제적으로 격리된 채로 살면서 대내-대외 도덕의 이중구조를 갖고 살았다(GAzR III, 3-5). 그들이 주변사회로부터 격리된 채로 살아갈 수 있었던 것은, 야훼 신을 이스라엘을 택한 구원약속의 신으로

12) 유대인이 인도의 불촉천민과 다른 점은, 유대인은 카스트제도가 없었던 세계에서 주변부에 격리된 채로 살아온 존재이며 동시에 그들 나름의 구원의 약속 때문에 합리적 종교를 지향하면서도 의례적 특수화의 과정에 묶여 스스로 격리를 자발적으로 받아들였다는 사실이다(GAzR III, 6).

생각하는 선민의식과 계약적 내세관이 있었기 때문이었다. 특히 토라의 준수를 요구하는 율법사들은 이방인과의 결혼을 금지하고 농업에의 종사에 부정적이었기 때문에 화폐거래에 치중할 수밖에 없었다. 기독교의 성립 이후 기독교는 고리대를 금지하고 있었기에 유대인은 그런 교회의 가르침에 복종하지 않음으로써 오히려 천민으로서의 지위는 강화되고 더욱더 그들만의 종교에 치중하게 되었다는 것이 베버의 분석이다. 그리고 유대인들은 사업활동에서의 성공을 신의 계명을 잘 지킨 결과로 해석하면서, 자신들의 윤리적 장점을 선민의식과 결부된 이원적 도덕률로 강화함으로써, 천민자본주의라는 무제한적 영리본능을 따른 이윤추구의 경제행위로 나아가게 했다. 그리고 나아가 민족과 친족, 가족에 대한 순종관계라는 내적 전통에 구속되어 합리적 경제윤리의 탄생을 오히려 방해하는 '특수한 전통주의(WG, 308)' 를 낳았다고 본다. 경제적 합리주의가 역사적으로 빛을 발하려면, "한편에서는 계산 가능성이 전통의 몸체 내부로 들어가 순종관계를 부수면서 …… 대내 경제활동에서의 영리원칙을 이용하여 무제한적 이윤추구 행위를 조절할 수 있어야 한다(WG, 303)." 이 경우, 비로소 대내외를 막론하고 경제활동에서 차별 없이 영리추구활동 자체가 금욕적으로 조절되는, 서구에서만 나타났던 '통제된 경제' 가 등장할 수 있다는 것이다. 그런데 이스라엘 사회는 야훼와의 계약에 의해 선택된 일종의 형제적 서약단체이자 정치적 공동체로서 그들만의 대내도덕과 대외도덕의 이중구조로 인해 특수한 전통주의에 묶여, 경제적 합리주의의 역사적 역할을 초기 예수운동에서 나타났던 유대교의 종교개혁운동에 맡겨야 했다.

예수를 중심으로 한 초기 기독교운동은 유대교적 전통으로부터 많은 것을 수용하면서도, 특히 유대의 선민의식에 따른 자민족중심주의의 내적 윤리와 외적 윤리의 이중적 구조를 무너뜨려, '진정한 이스라엘' 로 자처하는 초기 기독교 공동체를 탄생시켰다. 초기에는 유대교와 초기 기독교 공동체가 이른바 '이방출신의 형제' 로서 비할례자들도 동일한 전통적인 유대공동체에 포함되는 것으로 인식하여 공존하였다(GAzR III, 439). 하지만 성령의 은총과 그로 인한 표적은 비할례 개종자들에게는 유대교의 율법 준수에 버금가는 하나님의 선택받은 백성으로서의 척도가 됨으로써, 역동적으로 할례자와 비할례자라는 이원적 구조를 깨뜨려갔다. 그리고 영지주의자와의 투쟁과정에서 초대교회운동은 지식계급인 귀족이 교회의 지배권을 장악하려는 시도를 분쇄함으로써, 민중 속에서 주술이 자취를 감추고 기독교가 민중종교로 남아 있을 수 있었다는 것이다. 이후 로마가톨릭 교회의 성립과 경전종교로 발전하면서 지식계급이 주도하는 종교로 변질된다. 그래서 다시 유대교에서 비롯된 탈주술화가 탈전통주의의 나래를 달고 칼뱅주의의 종교적 합리화로 이어지기까지는 그런 이념을 담당할 역사적 주체로 특정 신분의 지식계급이 아닌 새로운 신분집단의 출현을 다시 기다려야 했다.

베버는 이같이 유대교의 예언자로부터 이어지는 종교적 합리화의 긴 여정이 칼뱅주의 개신교의 등장에서 어느 정도 매듭지어지는 역사적 현상에 주목했다. 물론 그런 여정이 역사적 개화의 기회는 루터의 종교개혁, 그리스의 합리적 철학사조에서 기인한 논리적 합리주의의 전통과 로마법의 형식합리성의 전통을 이은 서구의 도시, 장원제의 붕괴로 도시로 몰려든 새로운 시민계급의 성장 등이 시의적합하게 맞아 떨어져야만 했다. 고대유대교로부터 초기 기독교운동을 거쳐 칼뱅주의로 이어지는 종교적 합리화과정을 역사적으로 분석한 베버는 이를 다시 불교와 이슬람교, 도교, 힌두교와 비교하면서 비교 사회적 연구를 진행한다. 베버는 이렇듯 종교사회학에서 중요한 비교 역사적 · 사회적 방법의 전형을 우리에게 가르쳐 주고 있다.

그는 이러한 방대한 종교사회학의 연구를 통해 당대의 숙명처럼 등장한 가치갈등 현실을 직시하면서도 종교적 동기로부터 창조된 심정윤리가 "본질적으로 첨예화되고 '내면화된' 문제설정을 희생"할 수 있도록 하는 방향으로 생활태도를 확립하여, 근본적으로 첨예한 대립을 보이는 가치들로 엉켜 있는 현실문제를 오로지 자신 속에서 자기를 조정하고 있는 자신의 수호신의 명령에 따라 처리하려는 그런 인간상을 그려낸다. 심정윤리에 따른 자기 결단의 연속이야말로 이 근대성이 지배하는 시대를 살아가야 하는 인간들의 숙명이라 보았기 때문이다. 베버는 결국, 근대 합리주의가 쇠우리처럼 개인을 둘러싸고 있는 이른바 '화석화된 기계문명'의 전개에 전율을 느끼며 그것을 깨부술 수 있는 새로운 카리스마적 부흥을 이룬 인격에서 독일 사회의 미래를 담당할 인물을 찾았는지도 모른다.

4. 고전읽기를 맺으며

마르크스는 일찍이 비코(G. Vico)가 파헤쳤던 신의 섭리를 대신하여 역사의 재구성을 통해 발견된 섭리가 함축된 진리를 깨달아 그것으로 새로운 역사를 만들어가는 인간의 시대를 실천하고자 했었다. 그런 맥락에서 마르크스는 프랑스 계몽주의자들이 열어갔던 구체제 극복을 위한 혁명의 불길이 헤겔식의 절대이성의 구현체로서의 국가통일을 꿈꾸는 프러시아에도 번져나가길 원했었다. 그러나 그가 볼 때 프러시아는 유적 본질이라는 인류애적 가치가 실현되는 공동체와는 오히려 점점 멀어지고 있었다. 그런 위험을 부채질하는 것은 일찍이 볼테르를 비롯한 계몽주의자들이 간파했던 종교의 역할이었다. 그가 이해한 종교는 고통스러운 노동이 사라지는 인류애적 공동체 실현의 주체적이고 역사적인 실천은커녕, 오히려 현실의 고통을 그냥 참고 견디도록 만드는 '아편' 처럼 작용할 뿐이었다. 그런 아편을 필요로 하는 계급은 노동을 상품화하여 소외시킨 자본가계급으로서 이 계급의 역사적 청산은 곧 더 이상 민중의 아편인 종교를 필요로 하지 않도록 만드는 것이었다. 마르크스는 이같이 종교를 '구원의 약속'을 믿고 순종하는 행위로 이해하여, 인간이 스스로 인류애적 공동체 실현에 가담하는 실천적 행동을 가로막는 계급이익에 빠진 자들이 만들어 낸 인공적 산물로 보고 있었다. 그 점에서 종교의 소멸은 인류의 역사적 발전의 필연적 결론일 수밖에 없는 것이기도 했다. 그럼에도 여전히 마르크스가 남긴 종교사회학적 유산은, 종교가 사회권력의 수단으로 동원되는 곳에서는 언제나 그 비판의 날을 더 날카롭게 세우도록 하고 있다.[13]

마르크스가 프러시아로부터 인류사에 기여할 수 있는 혁명을 꿈꾸었다면, 뒤르켐은 개개인의 사사로운 이익에 따라 행동하면서 사회가 무규범상태에 쉽게 빠지는 그런 사회가 아닌, 개인적 신념이나 가치가 도덕적 합의로 승화되어 움직여가는 도덕적 개인주의가 꽃피는 사회를 꿈꾸고 있었다. 그가 이해한 종교는 집합적 행위를 통해 형성된 독특한 사회적 사실이었다. 사회적 사실은 이미 우리가 태어나기 전부터 우리의 의식세계와 상관없이 존재하여 온 까닭에 외재성을 띠고 또 개인적 의지와 상관없이 우리를 그렇게 행동하도록 하는 강제성을 띤다. 이런 사회적 사실은 개인적 행위가 아닌 집합적 행위를 통해 형성되는 집합적 황홀감(collective effervescence)이 도덕적 밀도를 높여줌으로써 그것이 집합적 양심(collective consciousness)[14]을 형성하여 규범 등으로 표상화되는 집합표상(collective representative)이 사회적 사실(social fact)로 굳어지게 된다. 이런 과정을 가장 적나라하게 보여주는 것이 단순한 원시사회라고 그는 생각했다. 이런 원시사회에서 토템은 사회적 사실의 원초적 표상이다. 그의 가장 중요한

---

13) 이런 맥락에서 강인철의 일련의 연구들은 주목할 만하다. 강인철, 『종교정치의 새로운 쟁점들』, 서울: 한신대학교 출판부, 2012. 이 책을 비롯한 『한국 기독교회와 국가, 시민사회: 1945~1960』(1996), 『전쟁과 종교』(2003), 『한국 천주교의 역사사회학: 1930~1940년대의 한국 천주교회』(2006), 『한국의 개신교와 반공주의: 보수적 개신교의 정치적 행동주의 탐구』(2007), 『한국 천주교회의 쇄신을 위한 사회학적 성찰』(2007), 『종교권력과 한국 천주교회』(2008년), 『민주화와 종교: 상충하는 경향들』(2012) 등은 지배사회학으로서 종교사회학 연구의 결과물로서 좋은 읽을거리를 제공하고 있다.

14) conscience는 불어에서 의식, 자각, 인식, 양심, 의무감, 책임감 등의 좋은 의미를 갖는다. 따라서 집합의식보다는 集合良識으로 옮겨 쓴다.

연구인『종교생활의 원초적 형태』는 이런 사회적 사실의 발생과 그 의미를 추적 · 탐구하는 것이었다. 그래서 그가 내린 결론은 인간은 사회를 통해서 비로소 인류로서 가치와 규범을 느끼고 살아가는 한 단계 성숙한 인간이 될 수 있다는 것이었다. 그가 해석한 사회는 구성원들에게 응집력과 통합력을 행사하여 그 구성원으로부터 경외심과 헌신을 불러일으키는 성스러운 존재였다. 여기서 종교는 의례를 통해 집합적 양심을 형성해 주는 사회적 사실 형성에 가장 주요한 근간이 되는 제도이다. 그렇다고 해서 종교가 항상 어느 사회에서나 같은 기능을 한다는 것은 아니다. 사회와 시대에 따라 종교의 기능은 변한다는 뒤르켐의 사고는 종교생활에서 의례와 같은 집합행위가 만들어 내는 사회적 규범이나 가치의 강화를 통한 사회통합적 기능에 주목하도록 한다. 오늘날 구조기능주의적 사회이론에서 가장 기본적 종교이해의 골격을 제공하는 뒤르켐의 사고는 때로는 벨라의 시민종교[15]와 같은 새로운 종교생활의 지평을 확대하는 개념형성에도 이바지하고 있다.

뒤르켐이 집합적 의례를 통해 현실에서 새로운 가치나 신념이 도덕률로 자리 잡아 사회통합을 달성시킬 수 있다고 믿었던 것과는 달리, 베버는 사회과학의 객관성과 방법론을 다룬 글에서 사회과학에서 집합 개념의 오류를 지적하면서 은근히 뒤르켐의 사회학주의를 비판한다. 그러면서도 뒤르켐이 당시 시대조류를 개인숭배(cult of individual)라고 불렀던 현상을 베버는 인정하면서도 신들이 되어 버린 개인들은 이제 신들의 싸움을 견뎌내지 않으면 안 되는 현실이라는 점을 직시한다. 특히 베버는 자신의 부모를 통해 겪었던 청교도적 금욕과 지배욕구 사이의 가치갈등과 현실이 내포한

15) 벨라(Robert Bellah)는 시민종교를 "모든 사람들의 삶에서 발견되는 종교적 측면"이라고 보면서, 종교가 세속화나 분화를 통해 더 이상 사회통합의 기초를 제공하지 못할 때, "구성원으로부터 경외심과 헌신을 불러일으키는 성스러운 존재"이기도 한 사회 자체가 스스로 이상적 이미지를 표상하는 집합표상과 행위로 사회통합력을 행사하여 체제존속을 꾀하려는 기능적 반응으로 나타난다고 본다. 권규식, "美國의 市民宗敎論 : R. Bellah의 所論을 中心으로,"『현대와 종교』 8, 현대종교문제연구소, 1985, pp.81-100 참조.

이율배반성을 통합적으로 해결해 줄 수 있는 그 무엇도 현실에서는 존재하지 않음을 견뎌야 하는 인간의 운명에 주목한다. 그가 줄기차게 추적하고 추구한 서구 합리주의의 문화적 의의와 한계에 대한 방대한 종교사회학적 비교연구에는, 칼뱅주의 청교도들이 그랬던 것처럼, 스스로 자신의 운명을 직시하고 현실에서 자신이 세운 생의 목표를 향해 자신의 심정윤리에 따라 자신을 지배하는 데몬의 명령대로 현실에서의 이율배반성을 견디면서 스스로 선택한 가치에 따라 생의 목표를 세우고 거기에 진력할 뿐인 인간상이 그려져 있다. 베버가 보기에 아무리 잘 조정된 사회라 할지라도 또 아무리 뛰어난 정치가나 종교적 지도자, 학자라 할지라도, 우리를 현실의 이율배반성과 가치갈등의 현장으로부터 구원해 주지 않는다. 오직 스스로의 생의 목표를 바라보고 진지하게 그 목표를 달성하기 위해 숙고하는 심정윤리에 투철한 자신만이 비록 수많은 시행착오가 있을지라도 자신의 삶의 구원자인 셈이다. 그 점에서 뒤르켐의 종교사회학적 연구를 통해 밝혀낸 사회관이 '낙관적' 세계관을 담고 있다면, 베버는 그 반대로 철저히 '비관적' 이면서도 자기 결정과 책임의 운명론적 인간관을 보여주고 있다. 베버는 결국, 코뮤니즘이라는 시민사회의 완성적 형태를 통해 프롤레타리아와 자본가와의 계급투쟁의 종식을 믿었던 마르크스나 구성원으로부터 경외심과 헌신을 불러일으키는 성스러운 존재로 제대로 기능하는 사회건설을 추구했던 뒤르켐과는 달리, 시민사회 자체가 어떤 식으로 구조화되든지 결단코 개인이나 집단 간의 가치투쟁이나 가치갈등을 종식시킬 수 있는 그런 시민사회의 형식은 존재하지 않는다고 믿었다. 그로부터 베버는 오히려 그런 갈등과 투쟁의 현실을 '일상적' 인 것으로 받아들여야만 하는 운명을 지닌 것이 근대 합리주의 이후의 문명세계라는 인식을 가졌던 것이다. 그러면서도 그의 '프로테스탄트 윤리와 자본주의 정신' 은 이후 서구 중심주의의 논리라는 비판과 함께 다양한 지역에서 자본주의에 관한 발생론적 담론[16]을 만

16) 벨라(R. Bellah)의 『도쿠가와 종교』, 박영신 역, 서울: 현상과 인식, 1994도 그런 담론을

들어 내기도 했다.

오늘날 지식사회학으로서의 종교사회학자들이나, 교회적 생활에 대한 사회조사 연구와 같은 교회사회학 분야의 연구자들이 인식의 지평을 확대하는 데 고전 사회학자 마르크스, 베버, 뒤르켐 3인이 종교사회학 분야에 남긴 연구의 발자취가 새로운 깨달음과 자극을 주는 근원이 되고 있다.

핵심어

자연종교와 이신론, 유적 노동, 종교소멸론, 도덕적 개인주의, 성과 속, 사회적 강제성의 원천, 주술과 종교, 종교합리화, 카리스마

추천도서

김종서. 1995. “사회적 맥락에서 본 종교.”『종교와 문화』1. 서울대학교 종교문제연구소.

민문홍. 2001.『에밀 뒤르케임의 사회학』. 서울: 아카넷.

안상헌. 2005. “마르크스의 종교 비판 1:『헤겔법철학비판』.”『인문학지』. 제31집. 충북대학교 인문학연구소.

전성우. 2008.『막스 베버 종교사회학 선집』. 서울: 나남.

______. 2013.『막스 베버 사회학: 연구논문집』. 서울: 나남.

팰스, 대니얼, 2013.『종교에 대한 여덟 가지 이론들』. 조병련 · 전중현 역. 서울: 한국기독교연구소.

프롬, 에릭, 2013.『너희도 신처럼 되리라: 급진적 휴머니스트의 혁명적 구약 읽기』. 이종훈 역. 서울: 휴.

제공한 저작 중 하나이다.

생각해 볼 문제

1. 종교학과 종교사회학의 연구관점상의 차이는 무엇일까?
2. 종교는 인간의식의 오류나 환상일까 아니면 실질적인 사회적 사실일까?
3. 종교적 체험과 의례가 개인의 사회적 행위에 미치는 영향은 무엇일까?
4. 과학의 발전은 종교의 미래에 어떤 영향을 줄까? 나아가 종교와 과학 간의 상관관계는?

제 3 장

세속화

| 최현종(서울신학대) |

1. 들어가는 말

우리는 이 총서를 통하여 종교라는 공통적인 주제를 다루고 있다. 지금까지 현대 종교사회학의 전개와 새로운 패러다임의 필요성, 그리고 고전적 사회학자(마르크스, 베버, 뒤르켐 등)들이 종교를 어떻게 다루었는지를 새로운 시각에서 살펴보았다면, 이번 장에서는 현대사회에서 종교가 처한 입장을 '세속화' 라는 주제를 통하여 살펴보고자 한다. 세속화란 무엇일까? 우리는 가끔 우리 각자의 생활에서 '종교가 얼마나 중요하게 작용하고 있는지?' 질문하는 경우를 보게 된다. 갤럽에서 10년 정도의 간격을 두고 실시하는 종교인의 의식조사 결과에 의하면, 종교가 개인의 삶에 있어 차지하는 위치에 대해 중요하다고 대답한 사람들의 비율은 1984년 41.2%에서 2004년 33.7%로 줄어드는 경향을 보이고 있다(한국갤럽, 2004: 23). 이러한 결과 또한 세속화를 나타내는 지표로 얘기될 수 있다. 하지만, '세속화' 는 이와 같이 단순하게 정의될 수 있는 것도 아니고, 또한 세속화의 주장이 현대사회에 보편적으로 적용될 수 있는 이론인지에 대하여도 많은 논의가 이루어지고 있다. 우리는 이번 장을 통하여, 세속화의 역사와 개념, 그리고 세속화의 과정과 기제, 그리고 세속화를 둘러싼 다양한 논의들을 살펴볼 것이다. 이러한 세속화에 대한 논의는 종교사회학에 대한 이해는 물론, 현대사회의 일반적 성격에 대한 이해에도 대단히 유익할 것이다.

2. 서구(유럽)사회에 있어서의 세속화의 기원과 진행

'세속화(독, Säkularisation/Säkularisierung; 영, secularization)' 란 용어는

본래 30년 전쟁의 혼란 상황에 이은 베스트팔렌 평화조약의 협상과정에서 토지와 재산이 교회의 통제로부터 벗어남을 나타내는 용어였다(Reicke, 1986). 하지만 이는 점차로, 특히 19세기 이후 전체적인 근대사회로의 변화과정, 특히 종교적 변천과 이와 관련된 전통적 가치들의 변화를 일컫는 용어로 발전되었다.

많은 학자들(특히, 브루스)이 서구의 세속화가 시작된 시점이 종교개혁이라고 주장한다. 종교개혁과 함께 유일한 공교회의 권위는 무너지고, 종교적 '거룩함'의 수용은 개인의 종교적 판단에 맡겨지게 되었다. 이러한 역사적 과정은 다양한 연결고리를 통하여 세속화의 진행과 관련을 맺게 된다. 먼저 지적할 수 있는 부분은 종교가 선택할 수 있는 것이 되었다는 점이다. 물론 종교가 실제로 개인의 자유로운 선택사항이 되기까지는 오랜 시간이 경과해야 했지만, 그럼에도 불구하고 종교가 주어진 것이 아니라, 선택의 대상이 되었다는 것은 놀라운 의미를 갖는다. 즉, '선택된 종교'는 신이 아니라, 자신이 선택한 것을 알기 때문에, '운명의 종교'보다 그 영향력이 약화될 수밖에 없다(Bruce, 1992: 170). 그에 따라 과거에 그 자체로 힘을 지녔던 대상들이 이제는 해석되어야 할 상징으로 변화되었고, 권위 또한 해석되어야 할 객관적인 것으로부터 해석하는 주체의 주관적인 것으로 이전되었다. 점차로 신 혹은 초월적 존재가 서 있던 자리에 주체가 들어서게 되고, 주체의 '신격화'가 이루어짐과 동시에 초월적 존재는 그 권위를 상실하게 된다. 이러한 맥락에서 버거와 루크만은 현대의 의미적 세계의 변화에 있어 보다 중요한 요소는 세속화가 아닌 오히려 다원화라고 지적하기도 한다(Berger and Luckmann, 1995: 41).

이러한 과정 속에서 권위와 연결되었던 믿음의 기반 또한 약화된다. 베버(M. Weber)에 따르면 모든 지배적 권위(Herrschaft)의 기반은 하나의 믿음이다(Weber, 1976: 153f). 그리고 이러한 믿음은 삶 속에 파고들어, 자체의 전통으로 형성될 때 더 큰 힘을 지닌다. 그러나 '선택된 종교'는 더 이상 이러한 공고한 믿음의 기반을 형성하지 못한다. 권위의 기반이 되었던 믿음이 그 근원으로부터 이탈되고, 탈전통화될 때, 그것이 지니고 있던 절대적 힘은 사라질 수밖에 없다.[1)]

이에 더 나아가 종교개혁 이후 개신교는 '주관적 믿음' 을 교회가 대변하던 '교리' 와 구분하고, 이를 더 중요하게 여겼는데, 이와 같이 이루어진 '내적 종교' 의 발전은 '종교적 실재' 를 우주와 역사로부터 '개인적 의식' 안으로 밀어넣었다(Berger, 1973: 158). 이러한 변화는 '종교의 주관화' 를 더욱 심화시켰고, 이는 앞서의 '선택된 종교' 의 문제와 연결되어 더욱더 종교를 '개인' 의 문제로 만들고, 종교의 절대적 권위를 손상시켰다. 이와 같은 경향 속에서 점차 종교의 강조점은 '죄와 은총' 으로부터 '완전한 행복' 으로 전이되었고, 삶의 중심도 종교적인 것에서 인간적인 것으로 변화되었다(Luhmann, 1989: 187). 루만(N. Luhmann)에 따르면, 현대 사회에 있어서 종교의 '신' 이라는 중심 코드는 이전의 초월적 의미를 잃어버리고, '의미' 의 코드로 대체되는 경향을 지닌다.

물론 이러한 세속화는 모든 사람들에게 동일하게 나타나지는 않는다. 버거에 따르면 세속화는 여자보다 남자(성별), 어리거나 나이 든 사람보다는 청장년들(연령), 농촌보다는 도시(지역), 가톨릭 교도보다는 개신교나 유대교인들(종교), 그리고 전통적인 직업군보다는 근대사회의 노동환경과 직접적으로 연결된 계층에 강한 영향을 미친 것으로 보인다(Berger, 1973: 104). 버거는 이러한 사실에 근거하여 세속화를 근대적 산업생산과정과 이로부터 비롯된 생활양식과 밀접한 관련을 갖는 것으로 보기도 한다.

---

1) 시민사회의 도덕적 발달이 신의 은총에 근거한 권위로부터 공적인 의식과 상호 간의 사회적 통제에 근거한 주권으로의 이행과 더불어 이루어졌다는 입장(Mongardini, 1998: 59)은 종교적 권위의 상실이 어떻게 새로운 권위의 필요를 낳고, 그것이 어떻게 새로운 가치체계로 이어지는지를 잘 보여준다.

3. 세속화의 다양한 측면들

세속화는 보통 "종교가 사회생활의 다양한 영역에서 그 영향력을 상실해 가는 과정"이라고 정의된다(Giddens, 2011: 594). 하지만, 무엇이 '세속적'이고, 무엇이 '종교적'인가의 개념은 종교적 전통뿐 아니라, 상이한 사회적 조건들에 의존하며, 또한 종교적 생활에 있어서의 전환이나 변천은 세속적 변화와 연결하여 관찰할 때 제대로 이해될 수 있다. 쉬너(L. Shiner)는 세속화를 다음의 여섯 가지 특징을 갖는 것으로 제시한다(Shiner, 1967).

① 종교의 쇠퇴
② '이 세상'에의 동조
③ 종교로부터 사회의 이탈
④ 종교적 신념과 제도의 치환
⑤ 세상의 비신성화
⑥ '신성한' 사회로부터 '세속적' 사회로의 이동

사실 쉬너가 제시한 특징들은 개념적으로 명확하게 구분될 수 있는 것은 아니다. 이러한 특징들은 세속화와 맞물려 발생하는 다양한 차원의 현상들을 그저 기술한 것에 불과할 수 있다. 도블레어(K.Dobbelaere)는 세속화를 분화적 세속화(Laicization),[2] 종교적 관심(involvement)의 쇠퇴, 제도적 종교의 변화 등의 3가지 차원에서 논의하는데, 이는 쉬너의 구분보다는 보다 명확한 것으로 보인다. 쉬너의 특징과 연결해 본다면 서로 중첩되어 있기는 하지만, ①과 ②의 특징은 종교적 관심의 쇠퇴와, ③, ⑤, ⑥의 특징

2) 본래 'Laicization'은 프랑스에 있어서의 종교와 세속적 영역의 분리, 혹은 종교의 관할하에 있었던 제도적 영역들을 세속적 권위의 영역으로 이전하는 것을 의미하였다. 도블레어가 제시하는 'Laicization'의 개념은 일반 사회학자들이 논의하는 종교적 영역과 세속적 영역의 '분화(differentiation)' 개념과 유사하기에, 여기서는 분화적 세속화로 번역하였다. '분화'에 대하여는 이후에 보다 상세히 논의될 것이다.

은 분화적 세속화와, ④는 제도적 종교의 변화와 연결시킬 수 있다.

볼랍자르(M. Wohlrab-Sahr)는 버거의 전통에 서서 세속화과정의 3가지 측면을 구분한다. 그 첫 번째는 사회적-제도적 측면으로, 예전에 교회의 통제하에 놓여 있던 영역들, 즉 정치 · 경제 · 학문과 같은 제도들이 기능적으로 분화하는 것을 말한다. 이는 도블레어의 분화적 세속화의 측면과 어느 정도 일치한다. 종교는 과거에는 이들 영역들의 상위에 있어서 어느 정도의 통제를 행사하였지만, 이제 각 기능영역들은 자체의 규칙과 가치를 지니고, 자체적으로 기능영역화하였다. 과거의 종교가 담당하였던 각 제도에 정당성을 부여하는 규범적 기능은 이제 종교 이외의 다양한 제도들 자체의 규칙에 의존하게 된다. 이를 파슨스(T. Parsons) 식으로 말한다면, 가치의 범위(scope)는 분화된 사회에서는 점점 제한되고(Fenn, 1969: 117), 각각의 가치는 고유의 영역 내에서만 자율성 · 합리성을 지니게 된 것으로 말할 수 있다(Luckmann, 1963: 158). 각각의 제도적 영역은 그 범위 내에서 폐쇄적 · 제한적 총체성(Habermas: die geschlossene Totalität)만을 가지며(Raulet, 1987: 286 참조), 폐쇄적-자기지시 체계(Luhmann: geschlossen-selbstreferentielles System)가 된다(Luhmann, 1989: 188 참조). 그 결과 종교 이외의 영역이 종교로부터 분화할 뿐만 아니라, 종교도 다른 여러 제도 중의 하나로서 존재하게 된다. 종교적 행동과 상징은 세상으로부터 물러나, 그 영향력은 종교기관에만 제한되고, 보편적 시각을 포기하고, 특정 집단의 의미구조로서 하위사회 혹은 사적인 영역에서만 제한된 영향력을 지니게 된다(Fenn, 1972: 17). 현대사회에서 종교는 사회가 아닌, 사회의 하부체계로서 제시되는 것이다.

볼랍자르가 제시하는 세속화의 두 번째 측면은 문화적-상징적 측면이다. 이는 문화적(혹은 예술적) 영역에서의 종교적 내용의 사라짐과 함께, 사회의 주도적 세계관이 더 이상 종교적인 색채를 띠지 않고, 자율적이고, 혹은 세속적인 형태를 지니게 됨을 의미한다. 특히, 자연과학으로 대변되는 과학적 세계관, 혹은 경제적 가치가 사회의 많은 영역으로 침투함은 더 이상 종교적 세계관이 과거와 같은 지배적 위치를 차지하지 못하고 있음을 보여준다. 이러한 종교의 '문화적-상징적 측면'에서의 변화는 앞서 언급된 기능적 분화와 맞물려 소위 종교의 '사사화(privatization)'를 야기하기도 한다. 즉, 세속화와 함께 종교적 정당성은 광범위한 세속의 영역에서는 그 타당성을 상실하고, 단지 사적인 영역의 일부에서만 타당성을 유지하게 된다.

볼랍자르가 제시하는 세속화의 세 번째 측면은 주관적 측면이다. 이는 도블레어가 얘기한 종교적 관심의 쇠퇴와 일정부분 겹치며, 이 장의 맨 앞에서 예로 들은 갤럽조사의 내용과도 유사한 부분으로, 종교에 대한 의식 혹은 종교적 몰입에 있어서의 약화를 의미한다. 또한 세속화의 문화적-상징적 측면이 개인에 영향을 미쳐서, 종교적 규범이 일상생활의 형성에 있어, 또한 세상의 해석에 있어 그 구속력을 상실하는 측면을 지니기도 한다. 이러한 변화와 관련하여 많은 경우 종교는 종교인에게 있어서조차도 삶의 전체를 지배하기보다는, 한 부분적 요소로서 작용하게 된다. 즉, 종교인은 상황에 따라 종교적인 해석틀을 사용하기도 하지만, 세속적인 해석틀을 사용하기도 하고, 종교적 신앙의 내용도 그 필요에 따라 수용하거나 거부하기도 한다. 종교는 삶의 전체이기보다는, 개인 경력(Karriere; 영, career)을 이루는 부분이 되고, 전체 삶을 조립하는 요소들 중의 하나가 된다(Luhmann, 2000: 297). 이러한 경향을 지닌 종교를 버거와 루크만은 '사적 견해의 종교(opinion religion)'라고 부르기도 하는데, 이러한 종교를 가진 이들은 종교를 갖고 있지만, 거기에 구속되지는 않고(Berger and Luckmann, 1966: 81), 종교는 상황적 · 기회적인 성격을 지니며, 마치 개인의 장식품처럼 기능한다(Luhmann, 1972: 265). 따라서 많은 경우 종교인과 비종교인의 삶의 구분은 두드러지지 않으며, 때로 종교는 하나의 여가활동처럼 보이기도 한다. 한편, 잉글하트(Inglehart)는 이러한 종교의 주관적 측면의 세속화를 사회적 변화와 연결시키는데, 그에 따르면 경제적 생활수준이 상승하고, 존재론적 안정감이 증가하면 일반적으로 종교행사에 대한 참여와 신앙의 감소가 뒤따르는 것으로 나타난다(Inglehart, 1997).

4. 세속화를 야기하는 사회적 변화는 무엇인가?

앞서 우리는 종교개혁이 세속화를 초래한 측면을 잠깐 얘기하였다. 서구 사회, 특히 유럽에서의 세속화의 시작은 이와 같이 종교개혁으로부터 비롯되었다고 볼 수 있으나, 그 진행과정에 있어서는 보다 복잡한 사회적 변화들이 세속화에 영향을 미쳤고, 또 한편으로 세속화의 과정이 이러한 변화를 낳았다고도 할 수 있다. 즉, 변화와 영향의 방향은 일방적이라기보다는 쌍방적이고, 상호작용에 의한 상승효과가 있었다고 말할 수 있을 것이다. 학자에 따라 세속화를 야기한, 혹은 상호작용을 주고받은 중요한 사회적 변화들은 약간의 차이가 있다. 이와 같은 차이는 차넨(O. Tschannen)의 연구에 잘 요약되어 있는데, 그 내용은 〈표 1〉에서 볼 수 있다.

표에 나타난 과정을 학자별로 설명하는 것은 본 총서의 범위를 넘어서는 것이므로 차넨의 논문을 참조하기 바라며, 여기서는 이 중 윌슨(B. Wilson)과 그 뒤를 이은 브루스(S. Bruce)의 입장에 근거해서 세속화를 야기한 사회적 변화에 대해서 살펴보고자 한다. 브루스가 제시하는 세속화의 정통적인 모델에 따르면 세속화는 3가지 중요한 근대화의 특질, 즉 사회적 분화, 이익사회화(societalization), 합리화에 대한 반응이다(Bruce, 1992: 8-9). 이 중 사회적 분화에 대하여는 앞의 세속화의 다양한 측면들에서 살펴보았기에, 여기서는 나머지 두 가지 변화, 즉 이익사회화와 합리화를 중심으로 얘기하고자 한다.

〈표 1〉 주요 종교사회학자들의 세속화 패러다임

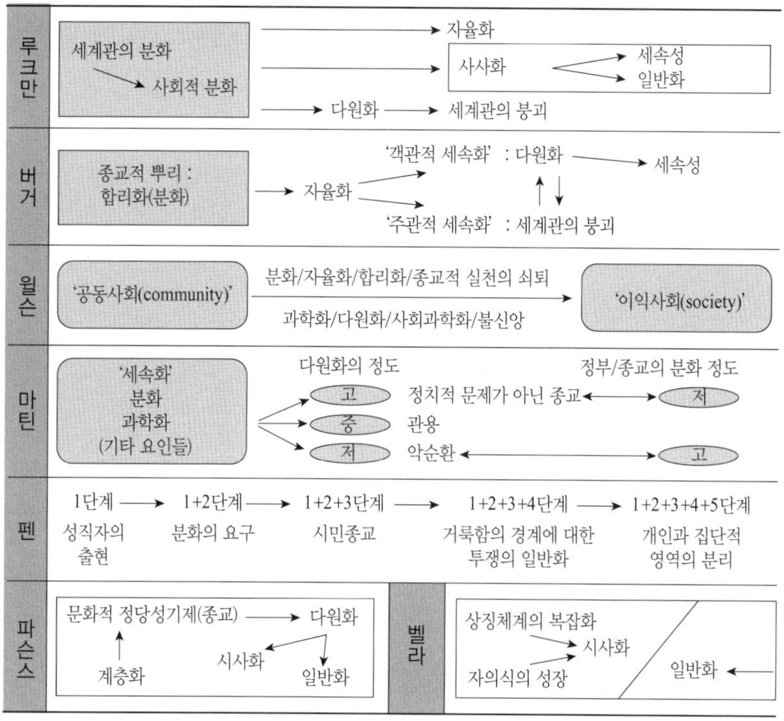

출처 : O. Tschannen, 1991 : 397.

브루스는 공동사회와 이익사회라는 퇴니스(F. Tönnis)의 개념을 직접적으로 사용하지는 않고, 대신 공동체(community)와 사회(society)로 구분한다.[3] 이익사회화가 세속화를 야기하였다는 주장은 경험적 연구를 통하여서도 확인된다. 머튼(R. Merton) 식의 지역주의(localism)-대도시주의(cosmopolitanism)의 도식을 이용한 루프와 호지(W.C. Roof and D.R. Hoge, 1980)의 연구에 의하면, 공동체적 애착관계의 상실은 교회출석과 사회적 지원의 쇠퇴에 있어 결정적 요인으로 작용하는 것으로 나타난다. 또한 도

3) 일반적인 사회/사회화의 개념과 구분하기 위하여 여기서는 퇴니스의 개념을 빌려와서 'society'를 이익사회로, 'societalization'을 이익사회화로 표현하였다.

시에 비해 촌락지역에서 개인의 사회적 지위나 부모의 종교성이 훨씬 강하게 영향을 미치는데, 이러한 과정은 윌슨과 브루스가 얘기하는 이익사회화의 과정이 세속화에 어떻게 영향을 미치는지를 보여주는 좋은 사례라고 할 수 있을 것이다. 대개 도시화는 개인화를 수반하고, 이러한 개인화는 신앙을 강화하는 힘을 가진 사회적 지원을 제거하고, 상대주의를 부추기며, 장기적으로는 신앙의 무관심, 혹은 신앙으로부터의 이탈을 촉진하는 것으로 보여진다.

합리화와 세속화의 관계는 베버의 고전적 개념인 '탈주술화(Entzauberung)'에서 이미 그 단초를 볼 수 있다. 베버에 의하면 이러한 탈주술화의 과정은 이미 서구의 개신교(특히, 칼뱅주의), 혹은 그 이전의 예언자적 유대교에서 그 발전의 이전 단계를 확인할 수 있는데, 개신교(혹은 예언자적 유대교)가 제시하는 초월적 단일신의 존재는 인간의 영향으로부터 멀리 떨어져 있으며, 이러한 신 개념은 비신화화한 우주와 윤리적 합리성을 특징으로 하는 종교를 낳게 된다. 즉, 인간의 영향과 불가분의 관계에 있는 주술적 요소로부터 분리된 신과 우주의 개념이 종교 자체로부터 발생하는 것이다. 이러한 주장은 서구 유럽에서 세속화가 보다 진전된 지역이 가톨릭보다는 개신교 지역이라는 데에서 설득력을 얻기도 한다. 어쨌든 합리화의 과정은 근대사회에서 더욱 확대되는데, 기술적으로 효율적인 기계나 생산절차는 삶 가운데 존재하는 불확실성을 감소시키고, 이는 결과적으로 신앙에 대한 의존을 감소시키는 결과를 낳게 된다. 이러한 합리화와 세속화의 관계는 루만(Luhmann, 1982)의 우연성(Kontingenz; 영, contingency) 개념과도 연결해서 생각할 수 있는데, 루만의 종교사회학에서 종교의 본질적인 기능인 우연성의 극복은 합리화에 의한 우연성 영역의 축소로 말미암아, 종교의 쇠퇴로 이어질 수도 있다.

5. 정통 세속화론자들의 입장

종교의 쇠퇴에 대한 논의는 이미 마르크스, 베버, 뒤르켐과 같은 고전적 종교사회학자들에게서도 나타난다. 하지만, 현대의 세속화에 대한 논의는 1960년대 이후 본격적으로 제기되었다고 할 수 있다. 그 대표적인 인물이 피터 버거이고, 브라이언 윌슨이나 스티브 브루스 같은 영국의 학자들이 그 명맥을 이어가고 있다고 볼 수 있다. 여기서는 피터 버거의 고전적 입장과 스티브 브루스의 주장을 좀 더 자세히 살펴봄으로써 정통 세속화론자들이 종교에 대해서 취하고 있는 입장을 확인해 보도록 하자.

피터 버거는 종교의 '쇠퇴론자' 라기보다는 '변형론자' 로 볼 수 있다는 주장도 제기되고, 근래에 있어서는 '세속화' 보다는, '탈세속화' 의 입장을 표명하고 있기에, 정통 세속화론의 맥락에서 그를 다룬다는 것은 문제가 될 수도 있다(이원규, 2006: 587-590 참조). 하지만 그의 저서 *The Sacred Canopy*(1967, 한국어 번역, 『종교와 사회』)는 현대의 세속화 논쟁의 전개에 결정적인 역할을 담당하고 있기에 현재의 단락에서 다룰 충분한 이유가 있는 것으로 여겨진다.

버거에 의하면, 과거의 종교는 '거룩한 덮개(sacred canopy)' 로서 그 신도들을 생의 의미나 목표를 상실할 위험으로부터 지켜주는 역할을 감당해 왔다. 이 시기의 종교는 경우에 따라 배후에 머물러 있기도 하지만, 삶의 위기에 있어 활성화되고, 사회의 기본적인 가치에 정서적 지지를 제공함으로써 개인과 그들이 속한 사회를 안정적으로 유지해 왔다. 즉, 종교는 객관적 질서로서의 거룩한 우주(cosmos)의 개념을 제시하고, 그에 따른 결과로서 구속력을 지닌 사회적 규범(nomos)을 제공한다는 것이다. 그러나 한 사회에 여러 '거룩한 덮개' 가 존재할 때, 즉 경쟁하는 다수의 가치체계가 존재할 때, 객관적 질서와 사회적 규범은 그 당연성(taken-for-grantedness)을 상실하고, 이로 인해 문제가 발생한다는 것이다. 다수의 종교는 다양한 경쟁적인 설득력 구조(structure of plausibility)를 낳고, 이로 인해 제시되는 질서와 규범의 성격은 탈객관화한다. 실재는 사적인 일이 되고, 외부의 세계에 기초한 것이 아닌 개인의 의식에 기초한 것이 된다. 즉, 종교적 다원성은 독점적 종교와 그 제도를 통하여 놓여졌던 설득력 구조를 전복시키고, 이로 인해 세속화가 발생, 혹은 진전된다는 것이 버거 주장의 핵심이다.

이러한 맥락에서 버거가 주장하는 세속화의 핵심은 다원화에 있다고 할 수 있다. 다원주의적 상황은 종교를 시장상황에 놓이도록 만들고, 이는 종교를 소비자 의지의 역동성에 의존하는 하나의 상품으로 만든다. 현대사회에서의 '정당성'은 더 이상 종교적 상징의 조작이 아닌, 대중의 소비적 수요의 충족에 의존하게 되는 것이다. 이로 인해 확신은 취향의 문제가 되고, 명령은 수많은 제안 중 하나가 되어 버린다.[4] 이는 종교의 변형을 얘기하기도 하지만, 이로 인해 종교의 생명력이 떨어지고, 그로 말미암아 세속화가 진전된다는 의미에서 버거의 입장은 종교의 쇠퇴를 얘기한다고도 볼 수 있다.

브루스는 앞서 얘기한 것처럼 세속화의 열쇠는 종교개혁에 있다고 본다. 종교개혁은 기존의 (종교적) 권위를 거부하도록 만들었고, 이는 개인주의와 합리성을 확산시키는 결과를 야기하였는데, 결국 개인주의는 종교적 신앙과 행위의 공동적인 기반을 무너뜨리고, 합리성은 종교적 설득력의 영역을 차지하고, 많은 종교적 설명들을 타당하지 않은 것으로 거부함으로써 세속화를 초래하였다는 것이다. 브루스에 의하면 세속화는 복잡하고 장기간의 과정인데, 세속화의 출발은 개신교로 볼 수 있지만, 종착점은 상대주의와 사사화로서, 이것이 종교를 쇠퇴시키는 중요한 요인으로서 작용한다.

---

4) 독일어 번역에서는 명령을 'Gebot'로, 제안을 'Angebot'로 번역하여, 이러한 변화를 매우 흥미 있게 제시하고 있다. 즉, 현대사회에서 종교는 절대적인 명령이 아닌, 많은 제안 혹은 제시 중의 하나에 불과한 것으로 전락되고 만다.

브루스에 의하면 개인주의화는 세속화의 중요한 요소이며, 다원화는 기본적으로 종교에 해가 된다.

한편, 브루스는 현대사회에서도 세속화가 나타나지 않고, 오히려 종교가 부흥하는 예외적인 경우에 대한 설명도 제시하고 있다. 그에 따르면 현대사회에서도 종교가 부흥하는 경우는 2가지가 있는데, 그 첫 번째는 '문화적 방어(cultural defense)' 로서, 자문화의 위협에 대한 반응으로 내셔널리즘과 종교가 결합하는 경우이다. 유럽의 경우, 폴란드나 아일랜드 등에서 나타나는 높은 종교성과 종교적 참여의 열기는 이와 같은 경우에 해당한다고 말할 수 있다. 브루스가 제시한 두 번째 경우는, '문화적 이행(cultural transition)' 으로, 주요한 문화적 이행과정에서 정체성이 위협받을 때, 종교는 (특히, 사회적 주변부문에서) 그와 같은 이행을 조정해 주는 자원 혹은 새로운 가치의식을 제공해 주고, 이는 종교의 부흥으로 이어질 수 있다는 설명이다. 실제로 많은 경우 산업화와 도시화는 종교적 부흥운동, 혹은 개혁, 나아가 새로운 종파나 교단의 형성을 야기한다. 문화적 이행의 사례는 영국의 산업혁명기의 감리교의 발전이나, 혹은 1960년대 경제개발 시기의 우리나라의 종교인의 증가, 특히 개신교의 성장을 예로 들 수 있다. 이민사회에서 종교가 중요한 역할을 감당하고, 전반적으로 종교의식에 대한 참여가 높은 것은 '문화적 방어' 와 '문화적 이행' 이 함께 작용하는 것으로도 볼 수 있다.

6. 국가별 유형의 차이 : 마틴(D. Martin)

세속화의 과정은 국가나 역사적 배경에 상관없이 동일하게, 보편적으로 진행될까? 이러한 문제에 대해 깊이 파고든 것이 마틴의 연구이다. 마틴은 1978년 출간된 *A General Theory of Secularization*이라는 책에서 서구 사회에서의 세속화의 유형을 구분한다. 마틴에 의하면 서구 사회의 세속화는 사회 · 경제적 요인, 정치적 요인, 문화적 · 민족적 요인에 따라 다르게 나타나는데, 각 요인에 있어 근대화의 정도, 종교와 정치의 관계구조, 해당 국가의 역사적 · 종교적 배경 등이 중요하게 작용하는 것으로 마틴은 설명한다. 특히 역사적 · 종교적 배경과 관련하여서는 종교의 성격(가톨릭, 개신교, 이슬람, 혼합형)과 다원성의 정도, 사회적 프레임이 내적 혹은 외적 억압세력에 대한 갈등을 통하여 이루어졌는지의 여부가 중요하게 작용한다. 또한 종교적 참여에 있어서의 다양성은 개인의 종교성보다는 그 사회 혹은 국가에 있어서의 종교적 신념의 성격과 맥락에서의 변화에 기인하는 것으로 보고 있다.

구체적인 유형에 있어서 먼저 전적인 독점구조를 보이는 가톨릭이나 정교회 국가들의 유형이 있다. 이 경우에는 대개 종교(예: 프랑스의 가톨릭)는 사회의 보수적 세력과 결합하고, 이는 공격적인(militant) 신앙과 공격적인 비신앙(혹은 독점에 참여하지 않는 개신교와 유대교를 포함하는)의 분열로서 나타나게 된다. 이러한 분열은 계급 혹은 지역적 분열과 결합하여 더 강력해질 수도 있다.

두 번째 유형으로 개신교 국가들이 있는데, 이 경우에는 ① 지배적인 국교회(예: 스웨덴)가 있느냐, 혹은 ② 종교적 다원사회(예: 미국)이냐에 따라 어느 정도 다른 모습을 보이게 된다. ①의 경우는 조직화된 종교에 대한 적대감보다는 사회적 변화과정에 따른 무관심(냉담함)에 의해 종교행사로부터 이탈하는 경향을 보이며, ②의 경우는 종교적 소속은 국가 정체성의 한 측면으로 나타나고, 이러한 정체성의 통일은 학교 시스템과 국가적 신화에 의해 유지된다(Bellah, 1970). 하지만, 종교적 표현은 사회의 세속적 가치와 결합하여 세속화하는 경향을 보이는데, 이러한 경우를 루크만(T. Luckmann)은 '내적 세속화(internal secularization)' 라고 부른다. 내적 세속화의 경우에 있어 구원의 수단은 종교적이나, 목적은 세속적인 모습을 띠는 경우가 많다.

세 번째는 독점(monopoly)이 아닌 양자점유(duopoly)가 나타나는 경우이다. 대표적인 경우가 네덜란드로, 이 경우에 가톨릭이나 개신교 — 혹은 세속주의도 포함하여 — 어느 쪽도 다수의 위치를 점하지 못하며, 각각의 분리된 영역(지역)에서 자신의 입장을 주도적으로 이끌어가게 된다. 사회학적으로 보통 이와 같은 경우를 '기둥(pillar)' 이라는 용어로 표현하고, 각각의 종교의 영역(혹은 세속주의 영역)이 '기둥화(pillarization)' 되어 있다고 말하기도 한다. 이러한 사회는 대부분 종교를 이슈화하지 않는 온건한 통합을 이루고 있으며, 독일이나 스위스 등도 여기에 포함된다고 할 수 있다.

네 번째는 가톨릭 유형의 예외들이다. 여기에 마틴은 내·외적인 압력이 존재하여 이와의 갈등을 통하여 사회적 프레임이 형성되는 경우를 들고 있다. ① 외적인 압력이 존재하는 경우로는, 아일랜드와 폴란드를 들 수 있는데, 이는 브루스가 얘기한 '문화적 방어' 의 경우와 일치한다. ② 내부적 압력이 존재하는 경우로는 벨기에의 플랑드르 지방을 들 수 있다. 플랑드르(Flandre) 지방은 왈로니아(Wallonia)와 비교하여 언어적 · 민족적으로 상반된 배경을 가지고 있고, 경제적으로도 낮은 수준에 처해 있다. 이와 같은 상황에서 가톨릭은 플랑드르의 정체성의 중요한 부분을 형성하며, 사회적으로 강력한 영향을 미친다.[5]

마지막으로 국가통제사회, 즉 독재국가의 경우를 들 수 있다. 마틴에 의하면 마지막 유형도 ① 우익독재와 ② 좌익독재로 나눌 수 있는데, ①의 경우로는 가톨릭에 의한 독점이 존재했던 스페인의 경우를, ②의 경우로는 세속적 독점의 경우로, 과거의 소련을 들 수 있다. 이와 같은 마틴의 세속화의 유형의 연구는 이후 라틴 아메리카, 아프리카, 아시아 등을 포함하는

---

5) 조금 상황은 다르지만, 미국의 경우 아프로-아메리칸들, 여성들, 이민집단에 있어서 종교가 집단 정체성의 필수적인 표현수단으로서 나타나는 것도 내부적 압력이 존재하는 경우로 볼 수 있다.

세계적 수준으로 발전되며, 나아가 보편적 근대성(modernity)의 한 범주로서의 '세속성'의 개념에 대해서 문제를 제기하기도 한다.

7. 종교의 변형 I : 개인적 종교

종교는 정말 쇠퇴하고 있는 것일까? 이러한 질문에 대하여 종교는 늘 존재하는 인류학적 상수이며, 단지 형식만이 변화하는 것이라고 답한 이가 바로 토마스 루크만(Thomas Luckmann)이다. 그의 대표적 저서의 제목이 *The Invisible Religion*(한국어 번역『보이지 않는 종교』)인데, 현대사회에서 보이는 종교, 즉 제도적 종교는 쇠퇴하고 있는 데 반해, 보이지 않는 종교, 즉 사사화된 개인의 종교는 여전히 의미를 지닌다는 것이 그의 핵심적인 주장이다.

루크만에 의하면 사회구조는 세속화되었으나, 개인은 아니다. 앞에서 우리가 언급했던 용어로 말한다면, 사회적-제도적 측면의 세속화는 이루어졌지만, 주관적 측면의 세속화는 나타나지 않는다는 것이다. 이러한 변화의 중심에는 종교의 사사화와 교회의 (의미) 해석의 독점의 상실이 자리잡고 있다. 거룩한 영역과 관련된 주제는 더 이상 제도적 종교의 독점사항이 아니고, 세속적 · 비종교적 의미체계와 경쟁하게 되었다. 즉, 사회의 기본적 가치체계는 더 이상 종교의 독점물이 아니며, 나아가 종교적 전문가들도 '거룩함'의 재화에 대하여 여타의 영역의 전문가들에게 조언을 구하기도 한다. 이와 같은 상황에서 개인은 선택을 하여야 하는데, 이러한 종교성은 더 이상 공적이지 않으며, 사적 · 개인적으로 정착하게 한다. 이러한 사적 신앙은 개인의 자율성을 존중하며, 공식적인 혹은 제도적인 종교의 모델과는 구분되는 양상을 지닌다.

사실 이러한 루크만의 주장은 몇 가지 기본적인 전제들을 지니고 있다.

먼저 그의 주장은 종교의 '본질적'인 정의보다는 '기능적'인 정의를 바탕으로 하며,[6] 종교의 기능을 주로 의미 추구와 관련하여 보고 있다. 또한 루크만은 대 · 중 · 소의 초월성을 구분하고 있는데, 전통적인 종교가 일상생활에서 접근할 수 없는 경험의 영역인 거대 초월성의 부분을 다루었다면, 직접적 경험이 제한적으로만 넘어설 수 있는 시간적 · 공간적으로 도달할 수 없는 부분들(작은 초월성), 타인의 신념과 같은 다양한 사회적 경험의 간접성(중간적 초월성) 등도 종교의 범위에 포함시키고 있다. 이러한 루크만의 입장은 영국의 종교상황을 '소속이 없는 믿음(believing without belonging)'이라고 표현한 데이비(G. Davie)의 주장이나, 현대사회의 '대안종교(alternative religion)'에 대한 논의에서도 잘 드러난다.

연구 및 저술을 함께하기도 했던 루크만과 버거의 입장에서 중요하게 겹치는 부분은 종교의 양극화(그리고 그로 인한 사사화)이다. 이들에 의하면, 현대사회에 있어 공적 영역, 특히 경제와 정치에 있어서는 세속화가 무척 빠르게 진행된다. 하지만, 다원화된 현대사회에서도 가족과 같은 영역은 여전히 종교와 강하게 결합되어 있고, 교육이나 복지 등의 영역은 그 중간에 위치한 것으로 생각된다. 즉, 버거와 루크만은 사회적 분화 및 사회구조의 세속화는 이루어지지만, 종교적 결정은 사사화된 채로 존속하며, 이는 여전히 가족과 같은 사적 영역에서는 강하게 영향을 미치고 있다는 것에 동의한다. 하지만, 이에 대해서 가족의 영역도 더 이상 종교에 의존하지 않고, 탈신성화되어 합리화의 길을 열어가고 있다는 주장도 제기된다. 예를 들면, 산아제한, 이혼, 낙태 등은 가족문제에 대한 보다 기능적으로 합리적인 접근이라고도 볼 수 있다.

루크만이 제기한 개인적(혹은 사사화된) 종교의 주장은 종교의 제도적

---

6) 종교의 '본질적' 정의는 '거룩함', '영적 존재' 등 종교가 가지고 있는 특질들을 통하여 종교를 정의하려는 시도를 말하며, 이에 반하여 '기능적' 정의는 '사회통합', '의미부여' 등 종교가 '무엇을 하는가'에 근거한 정의이다. 종교의 본질적 정의와 기능적 정의에 대하여는 이원규, 『종교사회학의 이해』, 파주: 나남출판, 2006, 2장 참조.

형태와 개인화된 종교형태 사이에는 상대적으로 강한 상관이 존재한다는 연구결과들(예: Pollack, 2003)에 의해 반박되기도 한다. 물론 루크만의 주장을 반박하는 연구들이 대체로 종교를 기능적으로 보기보다는 본질적으로 정의하는 경향이 있지만, 그럼에도 불구하고 많은 연구결과는 개인화와 종교적 성향 사이에 부정적 상관이 존재함을 보여준다(Pollack and Pickel, 1999: 481). 또한 전통적 종교를 대체하는 '신종교운동(New Religious Movement)' 과 같은 개인화된 형태의 종교의 부흥에 대해서 얘기하기도 하지만, 이러한 주장들은 일반적으로 과대평가된 것으로 볼 수 있는데, 대개 성장하는 종교적 흥미는 전통적 종교형태의 지위상실을 보충해 주기에는 부족한 위치에 있다. 폴락은 종교와 세계관의 다원화가 (자유로운) 일종의 종교적 시장을 형성할 것이라는 주장은 너무 과장되어 있다고 말한다. 종교적 소비자는 사회적으로 인정되고, 개인적 네트워크가 중요하게 작용하는 종교를 선택하는 경향이 있으며, 개인화와 다원화의 경향에도 불구하고 종교적 장에 있어서의 변화는 그렇게 크지 않은 것으로 보인다. 다만 종교의 영역은 많은 사람들에 있어 생활세계의 배후로 물러나 있고, 일상생활에서 부딪히는 문제의 극복방안 중 단지 후순위의 의미를 지닐 뿐이다.

8. 세속화 일반이론에 대한 반론 I : 시장이론

과연 현대는 과거에 비해 세속화된 사회일까? 세속화이론이 처음 제기되었을 때부터 여기에 대한 많은 반론이 제기되어 왔다. 그중 가장 많이 제기되는 문제는, 과연 과거의 시기가 세속화이론이 가정하는 만큼 신앙적 시기였는가 하는 문제이다. 보통 현대 이전의 시기, 특히 중세를 매우 종교적인 시기로 보는 입장을 '가톨릭 유토피아주의' 라고도 부르는데, '유토피아' 라는 말의 어원에서도 알 수 있듯이, 이는 과거의 '신앙의 시대' 의 주장이 허구일 뿐이라고 주장한다. 실제로 이 시기의 농촌생활은 교회에 의해 별 관심의 대상이 되지 못했고, 교회는 도시적 현상이었을 뿐이다. 그리하여 '가톨릭 유토피아주의'를 반박하는 사람들은, 중세의 시기는 '신앙의 시대'이기보다는 종교적으로 규정된 사회질서의 시대일 뿐이라고 말한다(Gorski, 2003: 112 참조).

과거가 더 종교적이지 않았을 뿐 아니라, 현대 또한 덜 종교적이지 않다는 주장들도 세속화에 대한 반론으로서 제기될 수 있다. 실제로 종교의 쇠퇴는 서구 유럽에 제한된 현상이며, 아시아, 아프리카, 라틴 아메리카 등 소위 제3세계에서는 종교는 여전히 부흥하고 있다. 심지어 가장 현대화한 국가라고 할 수 있는 미국에서도 최소한 종교는 쇠퇴하지 않고 명맥을 유지하고 있다. 이와 같은 관점에서 유럽과 미국의 학자들은 서로 상대방의 경우가 보편적 사회발전의 예외라고 주장하는 '미국 예외주의'와 '유럽 예외주의'를 주장하고 있다. 즉, 세속화를 주장하는 입장에서는, 아직 근대화 · 산업화 도상에 있는 제3세계 국가들을 제외한다면, 종교의 쇠퇴를 보이지 않는 미국이 예외적이라는 것이 '미국 예외주의'적인 입장이다. 그에 반하여, 유럽을 제외한 모든 국가들에 있어 종교적 부흥이 나타나고 있는데, 그렇지 못한 유럽이 예외적이라는 것이 '유럽 예외주의'의 입장이다. 앞에서 언급한 세속화론자들이 대개 '미국 예외주의'에 서 있다면, '유럽 예외주의'를 주장하는 대표적인 학자들은 스타크(R. Stark)로 대표되는 미국의 '시장이론(market theory, 혹은 합리적 선택이론: rational-choice theory)'가 들이라고 할 수 있다. 시장이론에 대해서는 다음 장에서 보다 자세히 다루어질 것이기에 여기서는 기본적인 내용을 소개하고, 이를 정통적인 세속화, 혹은 개인화 이론과 비교하여 간략하게 논의하는 수준에 그치고자 한다.

시장이론의 대표적 학자인 스타크에 의하면, 시장 및 경쟁 상황은 반드시 종교의 약화로 이끌지는 않는다. 종교의 약화는 오히려 변화하는 환경에 대해 종교적 제도들이 불충분하게 적응한 결과이다. 또 다른 시장이론가인 야나코네에 의하면 독점은 오히려 종교적 생명력(vitality)에 해로운 영향을 미친다(Iannaccone, 1992). 종교적 독점은 '무임승차(free-ride)'의 문제로 집단의 정체성에 장애요소로 작용하며, 독점 종교집단은 배타성을 지닐 뿐 아니라, 이들이 갖는 사회적 장벽과 진입비용은 사람들을 상대적으로 종교에 무관심한 채로 그 집단 밖에 머물게 한다. 세속화이론의 주장과는 달리, 미국에서의 교회 소속비율은 1789년 교회와 종교의 분리, 그리고 이어지는 19세기의 종교적 활동 속에서 급속도로 성장하여, 독립 당시 10%에 불과했던 미국의 교회신도들은 이제는 거의 60%에 이르고 있다는 것이 이들의 주장이다(Finke and Stark, 2009 참조). 시장이론가들은 종교적 수요는 상대적으로 안정되어 있으며(이러한 면에서는 개인화론자들과 일치한다), 규제가 약할수록, 다원화될수록, 경쟁이 많을수록 종교적 생명력은 강하다고 주장한다. 즉, 유럽의 종교의 쇠퇴는 많은 규제 · 독점 · 경쟁의 부재의 산물이지, 세속화가 필연적인 것은 아니라는 것이다. 이에 반하여, 종교의 자유로운 시장이 보장되는 미국에서는 종교가 여전히 부흥하고 있는 것이 그 증거라고 이들은 주장한다.

시장이론가들이 종교의 쇠퇴를 수요가 아닌 공급의 측면에서 보았다는 것은 나름대로 의미 있는 시도이지만, 이들 또한 실제로 일어나고 있는 종교적 현상들을 설명하는 데에는 많은 벽에 부딪히고 있다. 그 대표적인 사례가 가톨릭과 이슬람의 예이다. 즉, 시장이론가들의 주장에 의하면 독점과 규제가 많은 가톨릭과 이슬람 국가들에서는 종교가 쇠퇴하여야 하지만, 실제로 종교가 가장 강한 영향을 미치고, 개인의 삶에서 생명력을 지니고 있는 나라들은 바로 이들 가톨릭 — 적어도 유럽에서는 —과 이슬람 국가들이다. 한편, 정통적 세속화론자인 브루스는 미국의 종교적 부흥을 설명하면서, 미국의 대부분의 교파들은 수많은 교파로부터의 선택이 아니라, 그들의(특히, 이민자들의) 민족적 교회로 보아야 한다고 주장한다. 즉 시장이론가들이 주장하는 자유시장은 국가-정부 수준에서는 존재할지 몰라도, 실재의 종교적 선택이 일어나는 지역적 수준에서는 거의 존재하지 않는다는 것이 브루스의 입장이다. 이러한 논쟁과 관련하여서는 미국 내에서도 그 규제와 독점의 수준을 지역별로 비교하여 이러한 요인이 종교성의 정도에 미치는 영향을 연구하는 것이 필요할 것으로 보인다. 어쨌든, 종교의 다원성을 변수로서 분리하기는 쉽지 않고, 종교의 영향을 다른 문화적 환경으로부터 분리하기도 쉽지는 않다.

지금까지 우리는 정통적 세속화론자, 개인화론자, 시장이론가 들의 주장을 살펴보았는데, 이를 요약하면 아래의 〈표 2〉와 같다.

〈표 2〉 세속화, 개인화, 시장 모델의 비교

구분	세속화 모델	개인화 모델	시장 모델
대표학자	B. Wilson, S. Bruce	T. Luckmann, (G. Davie)	R. Stark, L. Iannaccone
기본가정	근대와 종교 간의 긴장 관계	인류학적 상수로서의 종교적 지향성	상수로서의 종교에 대한 사회적 수요
관련이론	고전적 근대화이론	개인주의 이론	공급지향적 시장이론과 다원화이론
주요 주장	종교의 일반적 의미 상실	제도적 종교의 중요성 상실; 종교의 사적 형태의 성립	종교시장에서의 공급이 종교성과 교회성의 정도 결정
서유럽에 대한 진단	종교성과 교회성의 지속적인 하향적 경향	교회적 결합의 쇠퇴 가운데 사적 · 종교적 형태 지속	공급과 사회적 다원화 정도에 따른 종교성의 발달
동유럽에 대한 진단	근대화의 정도에 따른 종교의(부흥 이후의) 쇠퇴	교회적 종교성의 쇠퇴와 사적 종교성의 확산	종교적 시장의 복원에 따른 규제의 제거에 따른 종교적 부흥

출처: G. Pickel, 강의 노트

9. 세속화 일반이론에 대한 반론 II : 공적 종교

세속화 일반이론에 대한 또 다른 반론으로 근래에 제기되고 있는 것 중의 하나가 카사노바(J. Casanova)의 '공적 종교(public religion)' 이론이다. (카사노바에 의하면) 일반적으로 세속화 이론가들이 주장하는 세속화의 중요한 요소는 (우리가 앞에서 살펴본 바처럼) 사회적 분화, 주관적 종교성의 감소, 종교의 사사화의 세 가지이다. 카사노바는 이 중 현대사회에서 사회적 분화가 유효하게 작용하고 있는 것은 인정하지만,[7] 종교적 신념과 실천의 사회적 후퇴와 사사화의 테제의 유효성에 대하여는 의문을 제기하고, 특히 종교의 사사화에 반하는 그의 입장을 '공적 종교'로서 제시한다. 카사노바가 제시하는 공적 종교의 예는 매우 많다. 그중 대표적인 것으로는 이란에서의 이슬람혁명(1979), 라틴 아메리카의 해방신학, 동구권 붕괴에 있어서의 종교의 역할(1989) 들을 들 수 있다. 이러한 과정에서 종교는 사적인 영역에 머물러 있기보다는 공적 영역에서 그 역할을 감당하였고, 이러한 사회변화에 중요하게 영향을 미쳤다는 것이 카사노바의 입장이다.

카사노바는 시장이론가들과 유사하게, 유독 유럽에서만 위의 3요소가 결합되어 있다고 주장한다. 많은 경우 종교는 사적인 영역에서 개인을 지켜줄 뿐만 아니라, 공적인 의미 또한 보호하는 역할을 한다. 많은 사회에 있어 공적 규범이 사적 영역으로 유입될 뿐 아니라, 종교의 영향을 받는 도덕적 원칙이 정부 혹은 경제의 공적 영역으로 침투하고 있다. 이 과정에서 종교는 개인적인 도덕을 공적인 문제와, 또한 공적인 문제를 사적인 도덕의 문제와 대면토록 이끈다. 그러나 모든 종교가 이와 같은 공적인 역할을 감당한다기보다는 교리나 문화적 전통에서 공적인 자기 이해를 갖고 있는 종교만이 이러한 역할을 맡을 수 있는 것으로 보인다. 또한 특정 사회의 종

7) 나중(2008년 이후)에는 분화 테제 또한 의문을 제기하지만 여기서는 이에 대해서 다루지는 않는다.

교의 사사화의 정도는 '내적'으로는 종교의 합리화과정에 의해, '외적'으로는 현대사회의 구조적 분화에 의해 결정되기도 한다(Casanova, 1996: 187).

그렇다면 구체적으로 종교는 어떤 과정, 조직을 통하여 공적 영역에서 영향을 미칠 수 있을까? 카사노바에 의하면, 그 통로는 국가(정부), 정치적 공동체, 시민사회의 3부분으로 나뉠 수 있으며, 전반적으로 이전의 교회와 국가의 결합으로부터 시민사회의 영향의 통로로 이전되는 경향을 보이고 있다(Casanova, 1994). 일반적으로 현대사회에서 정치와 종교의 문제가 시민사회의 영역에서 다루어지는 것은 큰 거부감이 나타나지 않지만, 이것이 특수한 정치의 영역으로 들어갈 때, 시민들의 반응은 호의적이지 않을 수 있다. 또한 종교의 시민사회를 통한 영향은 공적 영역에서 자신들의 경우를 세속적 언어로 제시할 때에만 효과적일 수 있다.

이러한 카사노바의 '공적 종교' 이론에 대한 경험적 연구결과는 매우 논쟁적이며, 카사노바의 입장은 부분적으로만 지지되고 있다고 말할 수 있다. 서유럽의 경우를 본다면 대개의 경우 카사노바가 제기한 종교의 세 영향 통로 모두에서 공적인 종교로서 역할을 하는 데에 제한이 있는 것으로 보인다. 많은 국가의 주요 정당에 종교의 이름을 내건 경우가 있으나, 실제로 종교적 성격을 분명하게 드러내는 경우는 많지 않으며, 시민사회에 있어서의 영향도 국가에 따라 다르기는 하지만[8] 매우 제한적이다. 동유럽의 경우에도 공산주의 체제하에서 종교적 저항은 긍정적이고 공적인 의미를 지니고, 국가적 · 문화적 전통의 수호자로, 사회적 자율성의 보호자로서 기능하였지만, 사회주의 장벽 이후 점차로 그 역할을 상실해 가고 있는 것이 사실이다. 결국은 카사노바의 이론도 그 적용대상을 어느 지역, 어느 사회로 할 것인가에 따라 그 유효성 여부가 달라진다. 위의 유럽의 사례와는 달리 미국의 경우에 있어서는 종교는 공적 영역에서 중요하게 작용하고 있

8) 이와 관련하여서는 마틴이 분석한 세속화의 유형이 중요하게 영향을 미친다고 볼 수 있다.

다. 특히 1980년대 이후 등장한 '도덕적 다수(Moral Majority)'를 비롯한 근본주의적 기독교의 정치참여는 미국사회에 있어서 정치와 종교에 대한 새로운 논쟁을 불러일으킨 바 있다.

10. 종교의 변형 II : 시민종교

우리는 지금까지 종교의 쇠퇴를 얘기하는 정통 세속화론자들과, 쇠퇴가 아닌 개인주의적 형태로의 변형을 얘기하는 개인화 모델, 그리고 세속화 모델 전반에 대한 두 가지 입장의 반론(시장이론, 공적 종교)에 대하여 살펴보았다. 세속화에 대한 논의를 마치기 전에 우리는 잠깐 전통적 종교의 변형된 형태로서 시민종교에 대해 언급할 필요가 있다. 앞서 살펴본 개인화 모델이 현대에 있어서의 종교의 심리적 기능에 중점을 둔 변형이라면, 이제 언급할 시민종교는 종교의 사회적 기능에 초점을 맞춘 것이라고 볼 수 있다.

파슨스에 의하면 사회가 질서와 안정을 유지하기 위해서는 도덕적 함의가 매우 중요한데, 이를 위해 기능하는 것이 바로 종교이다. 즉, "공통의 가치체계와 관련된 개인의 통합"이 "제도적 규범의 정당성, 행위의 공통적이고 궁극적인 목표" 등에 표명되는데, 이러한 모든 현상들은 "공통의 가치통합"으로 거슬러 올라갈 수 있는데, 여기에 중요한 역할을 하는 것이 바로 종교이다(Alexander, 1993: 40). 하지만, 이와 같은 공통의 가치통합은 현대의 많은 다종교사회에서는 쉽지 않다. 이에 대하여 '시민종교'라는 개념을 통하여 다종교 사회의 공통적 가치통합을 얘기한 것이 바로 파슨스의 제자인 벨라(R. Bellah)이다.

시민종교라는 개념은 본래 벨라 이전에 이미 루소(Jean-Jacques Rousseau)와 뒤르켐(Émile Durkheim)에게서 사용된 바 있다. 루소는 그의 책 『사회계약론』 8장에서 근대사회에 필수적인 도덕적 · 영적 기반으로서 사회통합에 중요한 기능을 담당하는 것으로서 '시민종교'에 대하여 기술하였는데, 그에 의하면 '시민종교'는 ① 신의 존재, ② 내세, ③ 덕에 대한 보상과 악에 대한 징벌, ④ 종교적 불관용의 배제를 중요한 교리로서 지녀야 한다(Rousseau, 1999). 이러한 루소의 시민종교 개념은 사회학에 있어 기능론적 입장의 시조라고 할 수 있는 뒤르켐을 거쳐, 벨라를 통하여 미국사회에 적용되면서부터 현대사회학에서 중요한 개념으로 사용되고 있다.

벨라는 시민종교를 "모든 사람이 생활에서 발견하게 되는 종교적 차원"이라고 정의하고 있는데, 이러한 기본적인 개념은 미국 역사상의 '거룩한' 사람들, '거룩한' 경험들, '거룩한' 사건들, 전통들, 의례들을 토대로 한 일련의 종교적 믿음과 상징들을 통하여 나타나게 된다. 벨라는 그러한 예로서 미국의 국경일, 국가적 인물에 대한 기념, 국가적 성소들에 대한 방문 등을 들고 있는데, 이와 같은 요소들은 미국의 제도발전에 중요한 역할을 해 왔고, "정치적 영역을 포함한 미국 삶의 전체적 구조에 대한 종교적 차원"을 제공한다는 것이다(이원규, 2006: 155). 이와 같은 미국의 시민종교가 민족주의적인 성격을 지니며, 국가의 의미가 강조되지만, 이러한 논의 뒤에는 출애굽, 선민, 약속된 땅, 새 예루살렘, 희생적인 죽음과 재생과 같은 기독교적인 원형들이 중요하게 사용되고 있다. 하지만 이러한 원형들은 또한 그 본래의 기독교적 맥락을 넘어서 순수하게 미국사회의 특징과 결합되어 있기도 하다. 이와 같이 시민종교는 "일련의 공통된 관념, 이상, 의례, 상징을 마련해 줌으로써 다원적인 사회에서 구성원들과 집단들 사이에 하나의 포괄적인 응집력과 일체감을 조장할 수 있다"는 것이다(이원규, 2006: 156). 이를 통하여 시민종교는 결국 특정 사회의 가장 깊은 경험들을 요약하는 전통과 신화를 회복해 주고, 나아가 한 사회의 전체성에 대한 기반을 제공한다는 것이다. 그리고 이는 한편으로는 현재의 사회구조들을 성화시키는 기능을 담당하기도 하지만, 다른 한편으로는 사회에 대한 비판과 이상의 기초를 제공해 주기도 한다.

시민종교의 개념은 기본적으로 사회에 대한 기능론적 시각을 바탕으로 한다. 따라서 사회를 다르게 바라보는 입장에서는 수용되기 어려운 부분이 많은 것이 사실이다. '사회는 과연 실체인가?', 혹은 '주어진 것인가?' 이러한 입장은 알게 모르게 시민종교의 주장에 바탕이 되어 있는 것이 사실이다. 또한 통합(integration)과 응집력(cohesion)을 구분할 필요가 있다는 반론도 제기된다. 시민종교는 소수문화를 포기하는 대가로 사회적 응집력을 제공하지만, 이것이 통합에는 불필요하거나, 오히려 장애가 될 수 있다는 것이다. 또한 일부 연구에 의하면, '누가 시민종교적인가?' 라는 질문에 대하여 종교적으로 보수적이고, 교육수준이 낮은, 빈곤층, 실업자, 은퇴자, 농촌에 거주하는 노년층 들이 주로 시민종교적 입장을 취한다고 얘기되고 있다(Christensen and Wimberly, 1978).

11. 논의를 마치며

우리는 지금까지 세속화의 개념과 진행과정, 정통 세속화론부터 개인화, 시장이론, 공적 종교, 시민종교 등 세속화에 대한 다양한 논의를 살펴보았다. 몇 가지 세속화에 대해 최근에 논의되는 입장을 언급하면서 본 장을 마치고자 한다.

첫 번째로 얘기하고 싶은 것은 세속화는 과연 '보편적, 필연적인 과정인가?' 하는 문제이다. 이러한 문제제기는 최근에 활발하게 논의되는 서구적 '근대성(modernity)' 개념에 대한 재검토와도 연결된다. 근대성이 기본적으로 근대화의 수렴이론에 기초한 것처럼, 세속화의 개념도 이러한 '근대성' 의 한 갈래로, 그 기반에는 계몽주의적, 근대주의적 규범적 편향이 자리 잡고 있다는 것이다. 만약에 다양한 근대성이 인정될 수 있다면, 이와 마찬가지로 세속화 혹은 세속성에도 다양성이 존재할 수 있으며, 다원적 세속성, 나아가 세속성 개념 자체의 재정의가 필요하다고 얘기될 수 있다.

이와 함께 얘기될 수 있는 문제는 과연 세속화는 '자연스럽게, 혹은 저절로 이루어지는 과정인가?' 하는 문제이다. 이에 대해 최근 크리스찬 스미스(Christian Smith)는 *The Secular Revolution*이라는 그의 책에서 세속화는 '시대정신'이 아니라, '갈등의 과정'이며, 사회적으로 정당한 지식에 대한 종교적 통제를 타도하고자 하는 적극적인 세속화론자들의 의도적 투쟁의 결과였다고 기술하고 있다. 실제로 종교와 세속적 영역 간의 경계는 계속해서 조정되고, 도전받고, 다시 그어진다. 이와 같은 '사회적 갈등' 혹은 '조정과정'의 결과로서의 세속화의 개념화는 과거의 전통적 세속화의 입장에 대해 새로운 도전을 제기하고 있다.

마지막으로 언급해야 할 부분은 과연 우리나라의 경우는 어떠한가? 하는 문제이다. 국내의 여러 학자들의 연구는 종교사회학의 전반적 경향을 세속화이론과 연결시켜 소개한 경우(김종서, 1987; 송재룡, 2005; 정재영, 2008b; 김재명, 2009; 전명수, 2010)나, 서구의 사회적 변화를 세속화이론으로 설명한 경우(류대영 2002; 정태식, 2009; 이현송 2009; 박단 2011)는 있지만, 실상 한국 사회의 분석에 세속화이론을 적용한 경우는 많지 않다. 이러한 한국적 상황에서의 세속화론의 전개와 관련해서는 김성건(2005)의 논문에 잘 나타나 있으며, 이원규(1998)나 정재영(1995, 2008a) 등의 연구는 한국 사회의 맥락에서 세속화이론을 이해하는 데 중요한 자료가 되고 있다. 앞서 본 장 맨 앞부분에 제기한 종교의 개인적 중요성에 관한 조사결과로만 본다면 우리나라는 점차 세속화되어 간다고 할 수 있을 것이다. 하지만, 종교인구 면에 있어서는 종교인구 센서스를 시작한 1985년 이래 42.6%(1985), 50.7%(1995), 53.3%(2005)로 지속적으로 증가하고 있다. 즉, 종교인구 면에서는 세속화가 이루어지고 있다고 말할 수 없다. 여기에는 물론 '종교를 어떻게 정의할 것인가?', '세속화의 개념을 어떻게 볼 것인가?', '세속화의 개념이 우리 사회에 적합한가?' 등 앞에서 제기한 복잡한 문제들도 얽혀 있고, 이러한 질문에 대해 어떻게 대답하는가에 따라 그 결론의 방향도 달라질 수 있다. 이 문제에 대한 답은 수업시간에 함께 논의하고, 또한 이후 한국 종교사회학에서 다루어야 할 중요한 문제로서 남겨 놓을 수밖에 없을 것 같다.

핵심어

세속화, 다원화, 사사화, 탈주술화, 시장이론, 시민종교, 근대성, 세속혁명

추천도서

김성건. 2005. "유럽중심주의와 한국의 종교사회학 : 세속화 이론을 중심으로." 『담론201』 8.

이원규. 1998. "한국종교의 세속화에 대한 경험적 연구." 『신학과 세계』 37.

Berger, Peter L. 1981. 『종교와 사회』. 이양구 역. 서울: 종로서적.

———————. 2002. 『세속화냐 탈세속화냐』. 김덕영 · 송재룡 역. 서울: 대한기독교서회.

Luckmann, Thomas. 1982. 『보이지 않는 종교』. 이원규 역. 서울: 기독교문사.

Bruce, Steve(ed.). 1992. *Religion and Modernization. Sociologists, and Historians Debate the Secularization Thesis*. Oxford: Oxford University Press.

Casanova, Jose. 1994. *Public Religions in the Modern World*. Chicago : University of Chicago Press.

Stark, Rodney and Laurence R. Iannaccone. 1994. "A Supply-Side Reinterpretation of the Secularization of Europe." *Journal for the Scientific Study of Religion* 33.

Wohlrab-Sahr, Monika. 2001 "Säkularisierte Gesellschaft." In G. Kneer, A. Nassehi und M.Schroer(Hg.). Klassische Gesellschaftsbegriffe der Soziologie. München: Fink.

생각해 볼 문제

본 장의 마지막 부분에서 제기된 사항들이 세속화이론과 관련, 우리가 함께 논의해 볼 필요가 있는 문제로 여겨진다. 이를 정리해 보면 다음과 같다.

1. 한국 사회에 세속화이론은 얼마나 유효하게 적용될 수 있는가?
2. 세속화는 보편적으로 적용될 수 있는 과정인가?
3. 세속화는 자연스러운 과정인가? 혹은 의도적인 투쟁의 결과인가?

심도 깊은 고민을 위해 본문에서 제기된 인용문헌들을 직접 찾아서 읽어보고, 함께 토론해 보자.

제 4 장

합리적 선택이론

| 유광석(서울대) |

1. 들어가는 말

과학적 세계관이 지배하는 현대사회에서 '미신'은 곧 사라질 것이란 일종의 미신이 오늘날 사회의 전 영역에서 폭넓고 뿌리 깊게 퍼져 있다. 미신이나 주술이 사라질 운명인 것처럼 종교의 영향력도 천천히 또는 급속하게 감퇴할 것이라는 주장이 기존 종교사회학의 지배적 전통을 형성한 이유는 계몽주의적 영향을 받은 에밀 뒤르켐(Émile Durkheim)과 막스 베버(Max Weber)의 종교사회학이 세속화 명제(secularization thesis)의 풍요로운 지적 토대를 제공해 왔기 때문이다. 종교현상에 적용되는 합리적 선택이론(rational choice theory)은 종교의 소멸이라는 '미신'을 타파하고 그것의 지적 부산물로서의 세속화 명제가 가진 종교현상의 피상적 이해에 대한 종교사회학적 자기반성에서 출발한다. 그것은 기본적으로 인간사회에서 종교가 탄생, 성장, 발전, 쇠퇴하는 일련의 변화과정들을 '경제적 합리성' 개념에 근거하여 종교에 관한 새로운 과학적 접근법을 건설하고자 한다. 구체적으로 종교적 사고나 행위들이 어떻게 '경제적 합리성'에 기초하고 있는지, 합리적 종교행위의 미시적 및 거시적 과정과 결과는 어떤 것인지, 합리적 종교성에 대한 규제와 종교의 사회적 변화는 어떤 관계가 있는지, 그리고 다원주의 사회에서 종교의 현재와 미래는 무엇인지와 같은 문제들을 이론적으로 분석하고 예측하는 데 집중한다.

이처럼 종교현상에 적용되는 합리적 선택이론은 1980년대 이후 종교사회학 내에서 많은 논란을 일으키고 있지만, 그것의 주요한 이론적 기초는 1950년대 이후 사회학, 정치학, 경제학에서의 학제적 진화과정을 통해 다져진 것이다. 1958년 조지 호만스(George Homans)의 "Social Behavior as Exchange"라는 논문을 시작으로 워싱턴 대학(University of Washington)의 리차드 에머슨(Richard Emerson)과 카렌 쿡(Karen Cook) 등이 '사회적 교환'을 집단적 행위를 설명하기 위한 기본개념으로 사용하였으며(Cook, 1982; Emerson, 1972), 시카고 대학(University of Chicago)의 제임스 콜먼(James S. Coleman)은 사망 전에 출간한 *Foundations of Social Theory*(1990)에서 기존의 단편적 논문들을 종합하여 합리적 선택이론을 사회학이론의 하나로 체계화하였다(1964, 1966, 1988). 정치학에서는 부캐넌과 툴락(James Buchanan and Gordon Tullock)의 *The Calculus of Consent*(1962), 만커 올슨(Mancur Olson)의 *The Logic of Collective Action*(1965)이 합리적 선택모형을 정치적 행태에 최초로 적용한 주요한 사례들이다. 또한 신자유주의 경제학에서 게리 베커(Gary Becker)는 *The Economics of Discrimination*(1957)을 시작으로 인적 자본(human capital)의 개념(1964), 범죄와 형벌(1968), 가족 내 출산(1981)과 같은 다양한 경제 외적 문제들로 합리적 선택이론을 확장시킴으로써 사회학자들에 큰 영향을 주었다(Coleman, 1993: 171).

무엇보다 사회현상으로서의 종교에 합리적 선택이론의 개념들을 적용한 본격적 시도는 로드니 스탁(Rodney Stark)과 윌리엄 베인브리지(William S. Bainbridge)의 *A Theory of Religion*(1987)이라 할 수 있다. 종교를 통해 인간이 얻고자 하는 보상(reward)과 대리보상(compensator)의 개념을 사용하여 종교의 본질을 교환관계로 설명하고자 했던 그들의 시도는 1990년대에 이르러 로저 핑키(Roger Finke)와 로렌스 야나코네(Laurence R. Iannacconne)에 의해 역사적 및 경험적으로 이론화되었으며, 스타크와 핑키의 *Acts of Faith: Explaining the Human Side of Religion*(2000)에서 더욱 체계적으로 정리된 바 있다. 우리는 여기서 종교현상에 관한 합리적 선택이론에서 사용되는 '합리성(rationality)', '신(god)', '종교(religion)'와 같은 미시적 개념들을 이해해 보고 나아가 거시적 종교변화들에 대한 그것의 설명을 분석하고, 끝으로 합리적 선택이론에 대한 주요한 비판들을 고려함으로써 그 이론을 개괄적으로 그리고 종합적으로 소개하고자 한다. 그것이 경제적 개념들의 무분별한 남용인지 아니면 종교사회학을 지배할 새로운 패러다임의 주역인지는 앞으로 많은 경험적 연구와 검증을 통해 분명해지겠지만, 종교 공급 측 요소들의 중요성을 체계적으로 인식한 선구적 이론인 것은 부인할 수 없다.

2. 합리성

콩트가 사회학을 탄생시킨 이후 수 세기 동안 종교적 믿음과 행위는 근대적 합리성(rationality)의 관점에서는 설명하기 부적합한 영역으로 간주되어 왔다. 종교적 신념을 지키기 위해 인간이 행하는 대부분의 행위들은 논리적이고 예측 가능한 과학적 판단에 기초한 것이 아니라 전과학적(pre-scientific) 또는 초과학적(trans-scientific)인 사고유형으로 취급됨으로써 과학적 학문의 영역에서 논의하기에는 부적절한 것이라고 믿었다. 자식을 살해하고자 했던 아브라함과 십자가형을 받았던 예수에서부터 십자군전쟁, 신대륙으로 집단 이주한 청교도들, 순교자들, 그리고 존스타운(Jonestown) 사건이나 웨이코(Waco) 사건에 이르기까지 '비합리적(irrational)' 종교행위의 사례들을 우리는 어렵지 않게 역사 속에서 그리고 동시대 현실에서 발견할 수 있다.

종교적 심성의 비합리성에 대한 가정은 위에서 예를 든 순교나 극단적 자기희생 및 집단적 일탈의 문제들에 한정되지 않고 일상적인 종교활동, 즉 기도나 봉사 및 헌금과 같은 행위에 대해서도 적용되곤 한다. 프로이드(Sigmund Freud)는 *The Future of an Illusion*([1927]1961)에서 종교를 '환상', '달콤한 독', '신경증(neurosis)', '환각제(intoxicant)', '극복되어야 할 유치함'으로 설명하였으며([1927]1961: 88), 아도르노(T.W. Adorno)는 권위주의가 사람들을 종교적으로 만들고 권위주의와 종교의 결합으로 근본주의와 같은 정치적 및 종교적 편협함이 나온다고 설명했다(1950). 모티머 오스토우(Mortimer Ostow)나 마이클 캐롤(Michael Carroll)과 같은 학자들은 복음주의 개신교를 모성으로부터의 차별화에 저항하는 유아적 심리상태로의 회귀라거나(Ostow, 1990: 113), 묵주기도를 억압된 항문성욕의 위장된 만족화라고 표현하기도 하였다(Carroll, 1987: 491). 한편, 허버트 스펜서(Hebert Spencer)와 에드워드 타일러(Edward B. Tylor)로부터 레뷔 브륄(Lucien Levy-Bruhl)에 이르는 초기 인류학자들에게도 종교는 과학과 실험에 어울리는 논리적(logical)이고 문명화된 심성(the civilized mind)이 아니라 전논리적(prelogical)인 원시적 심성(the primitive mind)의 소산에 불과했다. 저명한 인류학자 앤서니 왈라스(Anthony Wallace)는 종교의 진화론적 미래는 소멸이라고 단언했다(1966: 264).

1965년 미국의 존슨 대통령(President Johnson)이 동양 이민자 배제법(The Oriental Exclusion Acts)을 폐지하면서 인도 종교, 티벳 불교, 한국의 통일교와 같은 다양한 동양종교들이 동양 이민자들과 함께 미국으로 수입되었다. 문제는 미국적 전통의 몰몬교나 여호와의 증인들, 하나님의 자녀들(the Children of God)뿐만 아니라 통일교(Unification Church), 하레 크리쉬나(ISKCON)와 같은 다양한 컬트(cult)적 신종교운동들과 관련하여 그들의 신도 충원, 기금모집, 조직관리 등을 이해하기 위한 주요한 설명들이 주로 사회심리학적 종교이해로 편향된 세뇌이론(brainwashing theory)이나 상대적 박탈이론(relative deprivation theory)에 근거하고 있었다는 점이다(Glock, 1964; Glock and Stark, 1965; Robbins, 1988). 이러한 접근법들의 공통된 가정은 종교적 행위자들의 자율성을 부정할 뿐만 아니라 종교적 선택의 비합리성을 확신하고 있다는 점이다. 세뇌에 의한 강요 또는 심리적 박탈감으로 인해 종교적 대리만족을 얻고자 하는 행위자들은 모두 자신들의 이익을 스스로 추구할 수 있는 합리적 판단능력이 결핍된 존재들로 간주된다. 그러나 이와 같은 학문적 편견들은 수많은 경험적 연구들에 의해 해체되고 있다. 대표적으로 아일린 바커(Eileen Barker)는 수년간의 참여관찰 연구를 통해 통일교의 신입회원 충원에서 납치, 감금, 심리적 강제와 같은 어떠한 프로그램밍 과정도 발견할 수 없다고 결론지었으며(1984: 141-146), 과학적 종교연구회(the Society for the Scientific Study of Religion)와 미국사회학회(the American Sociological Association)는 미 대법원에 제출한 참고인 서면진술에서 그런 결론을 재차 선언하였다(Richardson, 1985).

한 세대 전에 미국에서 전개되었던 컬트논쟁의 교훈은 종교적 행위자들, 종교적 믿음과 행위 그 자체, 종교조직들과 같은 '종교'를 구성하고 있는 각각의 요소들에 대한 학문적 · 대중적 및 언론매체들의 편견이 사회적으로 중대한 결과를 낳을 수 있다는 사실에 있다. 그리고 바로 그런 편견의 핵심에 비합리적 사고유형으로서의 종교성(religiosity)에 대한 폭넓은 공감대가 존재하고 있다. 이런 지적 흐름을 이론화한 접근법이 세속화이론(secularization theory)이라고 할 수 있을 것이다. 왜냐하면, 고전적 또는 표준적 의미의 세속화 명제는 결국 근대사회의 합리화과정(rationalization process)이 시간적으로나 공간적으로 심화될수록 비합리적 요소들로 가득한 종교의 사회적 필요성이나 영향력은 감소할 수밖에 없다는 주장으로 요약되기 때문이다.

세속화이론이 유럽식 근대화 모델의 길을 따라 근대성과 종교성의 부정적 상관성을 가정하고 있는 것과 대조적으로 합리적 선택이론은 종교적 진화의 과정에서 아메리카식 근대화 모델을 발견하고자 하였다. 미국과 캐나다가 건국 후 지속적으로 높은 수준의 종교성을 유지하고 있는 사회라는 점을 이해하기 위해서는 근대성과 종교성에 대한 다른 차원의 분석이 필요하였다. 이런 분석의 역사적 기초를 찾는 데에는 애덤 스미스(Adam Smith)의 종교관이 도움이 된다. 그의 유명한 『국부론』에서 거의 기억되지 않는 다음 구절을 인용해 보자([1776]2007: 510).

> 다른 교사들과 같은 방법으로 성직자들도 그들 청중의 자발적 기여금 으로부터 또는 국가법에 의해 자격을 부여받은 다른 기금으로부터 자신들의 생존을 의지할 수 있을 것이다.……후자의 경우보다는 전자의 경우에 자신들의 노력, 열정, 근면함이 훨씬 더 크게 작용할 것 같다. 이런 면에서 신종교들의 성직자들은 오래된 기존 제도들에 소속된 성직자들을 공격할 때 항상 매우 유리한 입장에 서 있었다. 기성제도 내의 성직자들은 자신들의 기득권에 안주함으로써 신자들 다수의 열정적인 믿음과 헌신을 계속해서 유지시키는 일에 소홀했기 때문이다.

애덤 스미스의 종교관은 모든 인간이 기본적으로 자기이익(self-interest)을 추구한다는 전제에서 출발하기 때문에 종교서비스 공급자들 사이에 경쟁이 없는 상태보다 생존경쟁을 통한 절실함이 신자들의 믿음과 헌신을 높게 유지할 수 있다는 것이다. 세속적 행위들과 마찬가지로 종교적 행위에서도 모든 참여자들이 자기이익을 추구하는 것으로 이해할 수 있다면 종교적 행위를 경제적 합리성으로 설명하는 것이 당연한 것이고 적절한 것이다. 어떤 종교인들도 맹목적으로 믿지는 않는다. 종교조직들과 그에 소속된 종교전문인들조차 맹목적 믿음으로 세뇌된 신자들보다는 합리적 믿음을 소유한 신자들을 증가시키기 위해 노력할 것이다. 수요자들의 입장에서도 평화, 안식, 안정, 철학, 예술, 사회적 소속감 및 물리적 치료에 이르기까지 종교가 제공하는 다양한 편익이 기대될 수 있을 때 비로소 종교를 소비하고자 할 것이다. 이런 점에서 종교현상은 본질적으로 교환관계(exchange relationship)의 일종이다. 경쟁의 효율성에 관한 애덤 스미스의 신념은 종교적 서비스를 제공하는 사람과 소비하는 사람들 양 당사자가 자기이익의 증대에 부합하는 행위를 선택할 수 있는 이성적 존재라는 믿음에 기초하고 있다. 예를 들어, 예배, 미사, 또는 법회를 제공하는 종교전문인들과 그런 종교적 의식에 시간과 돈을 투자하면서 참여하는 신도들은 맹목적 의식화나 불안 및 공포감 때문이 아니라 각자 그 종교적 선택으로부터 기대되는 편익과 비용을 계산하고 참여하는 것이다. 종교를 정신병리적 환상의 일종으로 간주한 프로이드와 달리 종교는 인간의 정신건강과 행복에 이바지하는 치료제로서 이해된다(김성건, 2010; Ellison, 1991). 무한경쟁의 스트레스로 병든 사회에서 현대인이 종교를 더 많이 그리고 더 깊게 소비하는 이유는 단순히 고통을 잊기 위해 아편을 찾는 맹목적 종교성이 아니라 자신의 몸에 맞는 건강한 치료제를 선택하고자 하는 합리적 종교성에서 찾아야 하는 것이다. 간단히 말하면, 종교행위의 기본은 자발적인 자기이익의 추구에 있다.

이처럼 종교적 결정과 선택에 내재해 있는 '합리성'을 비용-편익 분석에 기초한 경제적 개념으로 이해하고자 하는 것이 종교사회학의 새로운 패러다임으로 불리는 합리적 선택이론의 인간관이다. 경제적 합리성에 근거하여 종교적 믿음과 행위를 설명할 수 있다면 각각의 종교적 행위자들이 종교적 서비스를 공급하고 수요하는 교환관계를 하나의 시장으로 부를 수 있을 것이고, 이런 시장의 총합을 경제라고 할 수 있다. 이런 의미에서 합리적 선택이론을 종교시장이론(religious market theory)이라고도 하고, 넓은 의미로 종교경제 모델(religious economy model)이라고도 할 수 있다.[1]

종교적 인간의 '합리성'을 해석하는 수준과 범위에 다소의 차이는 있을 수 있지만, 종교사회학 내의 합리적 선택 이론가들은 경제학자들의 합리성과는 다른 합리성 개념을 제시한다. 경제학자인 로렌스 야나코네(Laurence R. Iannaccone)가 종교적 인간이 추구하는 합리성이 종교에 투자되는 시간, 열정, 돈, 감정과 같은 비용과 종교로부터 얻을 수 있는 다양한 편익을 비교하여 순편익(net benefit)을 극대화하고자 하는 '극대화 모델(maximization model)'로서 종교행위를 정의하고자 한다면(1998), 로드니 스타크(Rodney Stark) 및 로저 핑키(Roger Finke)와 같은 사회학자들은 현

---

1) 종교시장이론 내에서도 종교현상의 이해에 경제적 개념들을 차용하는 정도와 범위에는 학자들 간 상당한 차이가 존재하고 있다. 합리적 선택 이론가들은 그중에서도 경제적 개념을 매우 급진적이고 광범위하게 사용하는 편에 속한다.

실적으로 순편익(net benefit)의 극대화 달성을 불가능하게 만드는 사회적 제약들이 존재하기 때문에 개인들은 '만족스러운(satisficing)'[2] 수준의 편익을 추구할 뿐이라고 본다(Stark and Finke, 2000: 37). 비용-편익 분석의 기계적 극대화로 합리성을 이해하기보다는 행위자들의 만족도, 즉 주관적 합리성(subjective rationality)에 기초하여 종교성을 이해하고자 하는 것이다. 순편익의 범위가 1에서 10까지 있다고 가정하면, 행위자들의 주관적 만족도는 극대화 모델에서 가정한 최고 수준이 아니라도 1과 10 사이에서 다양하게 분포할 수 있다. 또한 종교적 합리성과 과학적 지식의 정도를 구분할 필요가 있다. 예를 들어, 원시사회에서 기우제(rain dance) 의식에 참여하는 원시인들은 보통 우기가 아니라 건기에 기우제를 지낸다. 그들이 건기에 비가 오기를 추구하는 기대이익을 갖고 종교행위를 한다는 점에서는 여전히 최소한의 합리성을 전제하고 있다. 다만, 과학적 무지(ignorance)라는 사회적 제약이 존재할 뿐이다. 따라서 과학적 지식이 부족하다고 해서 합리적 사고가 없는 것은 아니다(Stark and Finke, 2000: 85). 원시사회의 합리성에 대한 많은 인류학적 보고들이 있다. 대표적으로 인류학자 말리노프스키는 트로브리안드 원주민 사회를 직접 관찰한 후 그들의 사고방식이 현대 과학적 심리적 구조와 다르지 않은 계산적 합리성과 자주성을 갖고 있다고 하였다(1926: 27-36).

합리적 선택이론에서 가정하는 종교적 인간의 '합리성'이란 무엇보다 '과정의 합리성(rationality of the process)'이다. 행위의 목적과 수단의 관점에서 합리적인 의사결정이 존재했다면 그것은 합리적 행위인 것이다(Stark and Finke, 2000: 42-56). 이것은 일찍이 막스 베버가 설명한 '도구적 합리성(instrumental rationality)'을 의미한다. 예를 들어 기우제(rain dance)를 지내는 원시부족민들과 마찬가지로 시한부 종말론을 믿는 동시대 종교인들 역시 여전히 '합리적'일 수 있다. 결과적으로 그들이 믿은 종말이 도래하

2) 'satisfy'와 'suffice'의 조합어로서 충분한 수준의 만족을 의미하는 용어로 사용하고 있다.

지 않았다고 하더라도 적어도 그들은 종말론에 대한 믿음으로부터의 기대이익은 이미 갖고 있었기 때문이다. 물론 과정의 합리성이 결과의 합리성을 보장하는 것은 아니지만 그 행위의 동기가 합리적인 것이었다면 합리적 행위로 이해될 수 있다. 다량의 통계적 데이터와 경제적 예측에 기초하여 주식을 전문적으로 사고파는 금융전문가들이 결과적으로 항상 원하는 기대수익을 달성하고 있는가? 고객들에게 장담했던 기대수익을 달성하지 못했거나 큰 손실을 보았다고 해서 그들의 투자를 비합리적 행위라고 단정하기는 어렵다. 미래를 예측하는 종교적 예언들에 대한 믿음 역시 최소한의 이런 '도구적 합리성' 은 갖고 있는 것이다.

애덤 스미스가 보았던 사회는 이기적인 인간들의 공동체였다. 기본적으로 이기적인 인간들이 종교를 선택하는 이유는 자기이익의 증대에 있다. 종교적 합리성도 다르지 않다. 자기이익의 증대에 이바지할 수 없는 종교를 사람들은 선택하지 않는다. 마더 테레사(Mother Teresa)의 일평생 헌신이나 이차돈의 순교조차 이기적인 행위이다. 왜냐하면, 박애나 중생 구제와 같은 목적을 위해 생명이나 일생을 바치는 것은 헌신이나 순교를 통해서 종교적 가치를 실현하고 있는 스스로가 '만족스럽기' 때문이다. 요약하면 합리적 선택이론의 관점에서는 기본적으로 이기적인 인간이 추구하는 모든 가치들은 결국 자기만족을 위한 것이기 때문에 막스 베버가 '목적적 합리성(value-rationality)' 을 추구하는 것으로 분류했던 모든 행위들은 위장된 형태의 '도구적 합리성' 을 추구하는 것에 지나지 않는다.

3. 주요한 미시적 개념들

합리적 선택이론이 기존의 종교사회학적 접근들과 다른 가장 큰 특징은 '신', '종교', '주술' 과 같은 종교현상의 본질적 개념 도구들을 직접적으로 정의한다는 점에 있다. 이제 이런 개념들에 대한 합리적 선택이론의 이해를 간략히 살펴보자.

첫째, 신은 의식과 욕망을 가진 초월적 존재이다(Stark and Finke, 2000: 91). 초월적(supernatural)이기 때문에 인간에게 물리적 힘을 통제할 수 있는 힘을 가진 것으로 상상되며, 존재들(beings)이기 때문에 단순한 초자연적 힘(forces)이나 실체(entities)이기보다 의식과 욕망을 가진 대상들이다. 따라서 신들은 인간의 욕망과 의식을 위탁받을 수 있는 인격적 관계가 가능한 존재들이다. 불교의 예를 들어 에밀 뒤르켐이 초월적 존재가 모든 종교의 보편적 특징은 아니기 때문에 초월적 존재를 중심으로 종교를 개념화하는 것을 거부했던 것(1965: 24-25)에 대해 합리적 선택이론가들은 뒤르켐이 지적 엘리트들의 불교와 대중 불교를 혼동하였다고 비판한다. 멜포드 스피로(Melford E. Spiro)의 인류학적 연구에 의하면 실제로 대중 불교(popular Buddhism)에는 다양한 초월적 존재들이 풍부하게 존재하였고(1966), 도교와 같은 신 없는 종교(godless religions) 내에서도 실제 중국 대중들은 노자에서부터, 옥황상제, 조왕신, 불교에서 온 원시천존 및 시왕과 같은 일종의 판테온(panteon)을 숭배했다(Kohn, 2000: 303; Fisher, 2008: 193). 유교에서도 천(天)이나 상제(上帝), 일월성신 및 조상숭배가 유교적 종교성의 기본요소라고 인정된다(금장태, 1994: 182-201). 그러나 도교의 '도(道, Tao)', 임마누엘 칸트(Immanuel Kant)의 '제일 원인(First Cause)', 또는 폴 틸리히(Paul Tillich)의 '존재의 근원(ground of our being)'과 같은 무의식적 본질을 '신(god)'의 개념에 포함시키려는 비교종교학적 접근법에는 반대한다(Stark and Finke, 2000: 91). 정리하면, 합리적 선택이론에서 도교의 도(道)는 신이 아니지만 도교 내에서 번창하고 있는 만신전(pantheon)의 초월적 존재들은 신들이다.

둘째, 종교는 하나의 신 또는 복수의 신들과의 교환관계를 포함하여 존재에 관한 매우 보편적인 설명들로 이루어져 있다(Stark and Finke, 2000:

91). 종교가 초월적 존재와의 관계를 다룬다는 점에서는 주술과 중복되지만 그것이 존재에 관한 설명체계란 점에서 주술과는 다르다. 주술이란 신(들)이나 존재에 관한 보편적 설명에 의존함이 없이 보상을 얻기 위해 초월적 힘(supernatural forces)을 조작하려는 모든 시도들을 의미하기 때문이다(Stark and Finke, 2000: 105; Stark, 2001: 111; Stark, 2007: 47-48). 뒤르켐이 지적한 것처럼 주술은 기계적이고 공리주의적인 목적을 추구하기 때문에 존재론적 설명에 대한 사색에 시간을 낭비하지 않는다(1965: 42). 모든 종교들은 보편적이며 존재론적인 선언들을 제공하는 반면, 주술은 궁극적 의미(ultimate meaning)의 문제들에 관심을 두지 않는다. 주술에서는 즉각적이고 특정한 결과를 얻는 것이 중요하며, 초월적 존재에 대한 강제나 기계적 조작을 통해 현세적 보상(worldly reward)을 얻는 것이 주된 목적이다.

앞서도 언급했듯이 종교의 본질은 신(들)과의 교환이다. 신을 가진 종교(godly religion)들에서 이런 교환관계의 특징이 훨씬 더 뚜렷하게 나타난다. 왜냐하면, 신이 인간에게 제공하는 보상(reward)의 질과 양이 교환관계의 형태를 결정짓기 때문이다. 합리적 인간이 신(들)과의 거래에서 추구하는 보상은 현세적 보상(worldly reward)을 넘어 궁극적으로는 내세적 보상(otherworldly reward)을 얻고자 하는 데 있다. 주술이 종교가 될 수 없는 이유는 주술은 결코 내세적 보상을 제공하지 못하기 때문이다. 내세적 보상을 제공할 수 없다는 것은 주술의 공급자와 수요자가 배타적(exclusive) 또는 광범위한(extended) 형태의 교환관계로 맺어지기가 어렵다는 것을 의미한다. 그래서 주술가는 자신의 고객들에게 봉사할 수는 있지만 조직을 건설하지는 못한다(Durkheim, 1965: 44; Stark and Finke, 2000: 106). 뒤르켐은 주술의 이런 특성을 다음과 같이 요약하고 있다.

영생, 구원, 부활과 같은 내세적 보상을 제공하는 종교의 경우는 주술이 갖지 못한 광범위하고 배타적인 형태의 교환관계로 진화할 수 있다. 광범위한 교환관계(extended exchange relationship)란 인간이 상당한 기간 동안 종종 죽을 때까지 정기적으로 신(들)에게 보상에 대한 대가를 지불하는 관계를 말한다(Stark and Finke, 2000: 99). 이런 형태의 관계에서는 관계의 지속성과 보상의 광범위함이 교환의 본질이다. 고대 그리스나 로마처럼 다신교 사회에서 많은 신들이 사랑, 전쟁, 건강, 풍요와 같은 각각의 역할에 따라 보상의 범위를 제한적으로 인간들에게 제공함으로써 단기적이거나 일회적인 관계로 끝나기 쉬웠지만, 내세적 보상과 현세적 보상을 함께 제공할 수 있는 신(들)은 인간들에게 지속적인 충성과 믿음을 요구할 수 있다. 현세적 보상만을 제공하는 신들과의 교환을 포기하고 광범위한 보상을 제공하는 신들과의 교환으로 이동하는 것은 비용-편익 분석의 관점에서 보자면 자연스럽고 당연한 행위의 합리화과정이다. 한편, 배타적 교환관계(exclusive exchange relationship)란 하나의 특정된 신과의 교환만이 허락되는 관계의 패턴을 의미한다(Stark and Finke, 2000: 100). 이런 관계에서의 신은 다른 모든 신들보다 전능하고 우월하므로 자신 이외의 다른 신들과의 교환관계를 허락하지 않는다. 인간이 원하는 모든 보상을 특정된 그 신만이 줄 수 있기 때문에 그 보상에 대한 대가도 역시 그 신이 독점적으로 요구할 수 있는 것이다. 이때 보상에 대한 대가가 어떤 형태의 것이든 절대적으로 우월한 하나의 신에게 집중되는 것이 인간의 입장에선 다른 열등한 수많은 신들에게 분산되는 것보다 훨씬 효율적이고 경제적이다. 수요자의 입장에서는 하나의 신만 존재하면 충분한 것이고, 그에 상응하여 유일신이 요구하는 구속력의 정도는 여러 신들을 믿을 때의 수준보다 훨씬 더 높게 될 것이다. 지극히 단순화시켜 생각해 보면, 유대교, 기독교, 이슬람과 같은 유일신관이 다신교적 전통을 극복한 이유는 유일신과의 교환관계에서 요구되는 높은 비용을 초과하는 더 많은 보상을 인간들에게 제공했기 때문이다. 결국, 합리적 선택이론에서는 광범위하면서 배타적인 교환관계에 기초한 유일신 사회(monotheistic society)가 제한적이면서 포괄적인 교환관계에 기초한 다신교 사회(polytheistic society)보다 종교적으로 진화한 사회이며 합리적 인간성에 더 부합하고 있는 종교적 선택이다.

4. 종교적 수요와 공급

인간이 합리적이라는 가정을 종교적 선택에도 적용할 수 있다면 신과 인간의 교환관계는 보상과 그 대가를 매개로 하는 미시적 차원의 개념화를 넘어 사회 내에 존재하는 수많은 하위체계(subsystem)들 중 하나로서 종교경제를 상정할 수 있을 것이다. 교리, 의례, 소속감과 같은 종교적 서비스를 제공하는 종교전문인(religious specialist)들이 신앙집단(congregation)과의 관계에서 공급자가 되는 것이고, 그런 종교적 서비스를 수요하는 신앙집단 및 개인들은 수요자가 된다. 이러한 공급자와 수요자들이 조직화되면 하나의 종교조직(organization) 또는 공동체(community)가 되는 것이며, 이론적으로는 막스 베버 이후 "교회(church)"나 "종파(sect)"의 개념으로 후대 사회학자들에 의해 유형화되곤 하였다.[3] 그러나 합리적 선택 이론가들은 유형론(typology)과 정의(definition)를 혼동하여서는 안 되며 단순한 명칭들은 아무것도 설명할 수 없다고 주장한다(Stark and Finke, 2000: 143).

합리적 선택이론에서 '교회'는 사회적 주변과의 긴장관계가 상대적으로 낮은 종교집단으로, 그리고 '종파'는 그 긴장관계가 상대적으로 높은 종교집단으로 분류된다(Stark and Finke, 2000: 143-144). 사회적 긴장의 정도는 모든 종교집단들의 뚜렷한 사회적 특징이므로 유용한 비교기준이 될

---

3) 이미 잘 알려진 것처럼 베버가 종교집단을 교회형 조직과 종파형 조직으로 이분한 것과 달리 트뢸취는 교회형, 종파형, 신비주의의 세 단계로 종교적 정향성(religious orientation)을 나누었다. 하지만, 양자 모두 종교적 정향성과 사회적 환경의 관계를 종교집단의 분류기준으로 삼았다는 점에서는 공통된다. 이후에 미국에서 발전된 denomination과 cult의 개념들도 이러한 유형화에 기초하고 있다(교회-종파이론에 관한 자세한 설명은 Meredith B. McGuire, *Religion: The Social Context*, 5th edition, 2002, pp.149-194를 참조).

수 있을 뿐만 아니라 종교적 집단들의 사회적 변화를 설명할 수 있는 이론적 기초가 되고 있다. 종교적 서비스를 제공하는 다양한 종교조직들을 교회적(churchlike) 또는 종파적(sectlike)인 정도의 차이로서 상호 비교분석함으로써 종교적 변동에 대한 좀 더 체계적인 이론화를 시도하고자 하는 것이다. 스타크와 핑키는 미국 종교사에 관한 역사사회학적 연구서 *The Churching of America, 1776-1990: Winners and Losers in our Religious Economy*(1992)를 통해서 식민지 미국의 최대 교단들인 회중주의자(Congregationalist), 성공회파(Episcopalian) 그리고 장로교도(Presbyterian)들과 같은 교회적 교단(churchlike denomination)들이 침례교(Baptistism)나 감리교(Methodism)들과 같은 종파적 교단(sectlike denomination)들에게 신도수 성장의 측면에서 패배한 이유는 시장전략(marketing strategy)의 차이에 기인한 것이라고 주장하였다. 미국 종교사에서 있었던 두 번의 대각성 운동(the Great Awakening)들 역시 문화적 위기의 결과가 아니라 복음주의적 개신교 교단들의 성공적 시장캠페인의 결과라고 단언했다(Finke and Stark, 1992; Finke and Iannaccone, 1993: 29).

종파적 조직들이 교회적 조직들보다 신도들에게 더 높은 수준의 구속력을 요구함으로써 자연스럽게 종교적 무임승차자(free-rider)들을 제거할 뿐만 아니라 조직의 인적-물적 자원을 효율적으로 관리하고 동원할 수 있게 된다. 미국 종교사에서 확인된 교단 간 경쟁(interdenominational competition)이 종교조직들의 효율성을 강제하기 때문에 적은 대가로 높은 이익을 누리고자 하는 무임승차자들의 비율을 감소시키고 열성적이고 진지한 신도들로 구성된 효율적인 조직을 만드는 것이 종파적 조직들에게는 보다 용이한 반면, 교회적 조직들은 낮은 수준의 종교적 구속력과 자유주의적인 교리 해석으로 사회적 긴장관계를 낮춘 것에 비례하여 늘어나는 무임승차자들로 붐비게 된다. 무임승차자들의 가장 큰 문제는 종교조직의 인적 네트워크를 통해 부정적 외부성(negative externality)을 일으킴으로써 조직 전체의 평균적 구속력을 떨어뜨린다는 점이다. 다시 말하면 종교조직 구성원의 충성도는 주변 구성원들의 충성도에 크게 영향을 받기 때문에 낮은 충성도의 구성원은 조직 내의 다양한 인적 관계를 통해서 다른 주변 구성원들의 충성도까지 감소시키게 된다(Iannaccone, 1992, 1994: 1188). 종교적 무임승차자에 대한 이러한 해석은 인간이 합리적이라면 적게 지불하고 더 많은 이익을 누리고자 하는 태도가 종교적 선택에서도 동일하게 고려되어야 한다는 이론적 전제를 충실히 반영한 것이다.

이처럼 개개인의 합리적 선택에 기초한 종교행위와 경쟁을 통한 종교조직들의 성장과 실패는 사회 내에 존재하는 하나의 하위시스템, 즉 종교경제로 개념화될 수 있다. 스타크와 핑키는 다음과 같이 정의한다(2000: 193).

> 하나의 종교경제는 시장에서 일어나는 모든 종교활동들로 구성된다. 조직들에 의해 제공된 종교문화와 신자들을 불러모으고 유지하기 위한 하나의 또는 다수의 조직들의 환경, 즉 현재적 또는 잠재적 신자들의 시장이다.

종교를 하나의 상품(commodity)으로 간주하는 것이 인정될 수 있다면, 현재적이거나 잠재적인 수요자와 공급자들 그리고 그들을 둘러싼 문화를 통틀어 하나의 시장으로 볼 수 있다. 종교적 믿음과 행위를 결정하는 과정이 합리성에 기초하고 있고, 종교시장에서 공급자와 수요자가 각각의 합리적 판단에 근거하여 공급과 수요의 수준을 결정한다고 할 때 시장의 원리에 맞게 종교경제를 운영하는 것이 시장 전체 구성원들의 이익을 극대화시키는 것이다. 시장의 원리란 결국 완전경쟁을 통한 공급과 수요의 법칙을 말한다. 일반적 재화에 대한 인간의 수요가 안정적인 것처럼 종교에 대한 수요 역시 안정적인 것으로 가정된다. 생로병사와 희로애락을 겪어야 하는 모든 시대 모든 인간에게는 내가 누구인지, 왜 살고 죽는지, 왜 고통이 존재하는지와 같은 존재론적 질문들에 대한 해답이 추구되지 않을 수 없다.

그리고 이러한 물음과 해답들이 추구되는 한 종교에 대한 필요성은 시대와 장소를 불문하고 상존하는 것이므로 종교적 수요는 안정적으로 유지되는 것이다.

종교적 수요의 안정성에 대한 가정은 세속화 명제(secularization thesis)와 같은 기존의 종교사회학적 패러다임들로부터 합리적 선택이론을 차별화시키는 가장 뚜렷한 차이점이다. 사회의 거시적 변화에 대하여 세속화 이론가들은 근대사회의 합리화과정, 특히 사회제도의 기능적 분화(functional differentiation)가 심화되는 정도에 비례해서 종교적 수요 또는 종교에 대한 필요성이 개인적으로나 사회적으로 감소할 수밖에 없다고 주장해 왔다(Berger, 1967; Wilson, 1969; Dobbelaere, 1987; Bruce, 1992; Lechner, 1991). 지난 50년간 세속화 명제의 일관된 가정으로서 종교적 수요의 불안정성은 종교적 다원주의와 과학적 세계관의 지배로부터 종교의 정당성이 쇠퇴하는 일련의 사회적 변화들을 설명하는 이론적 기초로서 의심 없이 전제되어 왔다(유광석, 2013). 그러나 동시대 사회적 현실은 이러한 단선적 설명들보다 훨씬 더 복잡하게 발전하고 있다. 북미 개신교나 아시아 이슬람권 내에서 근본주의적 교단들의 성장, 남미에서 오순절 운동의 영향을 받은 가톨릭 종파들(charismatic Catholicism)과 복음주의적 개신교 교단들의 성장, 아프리카, 중국 및 구소련 국가들 내에서 기독교의 성장 그리고 몰몬교, 여호와의 증인, 창가학회(Soka Gakkai International)와 같은 다양한 신종교들의 세계화 및 신도수의 증가는 세속화이론의 경험적 한계를 반증하고 있는 평범한 사례들에 불과하다.

사회적 합리화과정과 종교의 부정적 상관성을 맹신하는 계몽주의적 사고의 계승자로서 세속화이론이 근대화 모델에 기초하여 사회의 종교적 진화를 설명하고자 한다면, 합리적 선택이론은 도시화, 산업화, 개인주의, 그리고 다원주의를 포괄하는 현대사회의 특수성과 종교 간의 '선택적 친화력'을 확신하고 있는 공리주의적 사고의 계승자로서 사회와 종교의 관계를 설명하고자 한다. 그것은 합리화된 현대사회의 다양한 특징들이 오히려 종교를 더 절실히 필요로 하는 잠재적 수요자들로 하여금 자신들의 종교적 선호를 스스로 인식하고 그 선호를 충족시켜 주는 종교적 공급자들을 찾게 해 줄 수 있다고 믿는다. 종교적 선호와 종교적 수요가 안정되어 있다는 것은 결국 사회의 종교적 변화를 결정짓는 주된 요인은 공급 측에 있다는 의미가 된다. 인간사회의 과학적 발전단계가 원시사회에 있건 현대사회에 있건 간에 종교적 수요가 늘 상존하고 있다면, 드러나지 않는 잠재된 종교적 수요자들로 하여금 개종(conversion), 배교(apostasy), 교단변경(reaffiliation)과 같은 종교적 이동(religious switching)을 경험하게 하는 것은 공급자들의 역할이라는 것이다.

예를 들어, 〈표 1〉에서와 같은 인구센서스의 결과를 해석할 때 합리적 선택이론은 조사기간 동안 천주교 인구가 74.4% 폭증하고 유교 인구가 50.4%만큼 크게 감소한 이유를 종교인구나 전체 국민의 종교성의 변화에서 찾지 않는다. 오히려 종교시장 내 종교 간 경쟁에서 천주교와 유교의 교리적 해석들 및 성직자들과 종교조직들의 정치, 사회, 경제, 문화적 전략들이 어떻게 그리고 왜 수요자들에게 더 호소력이 있었거나 없었는지를 강조한다. 더욱이 1995년 대비 2005년 종교인구의 비율이 10.5% 증가한 사실은 넓은 의미에서 종교적 정체성(religious identity)을 가진 사람들이 증가하고 있다는 의미로 해석될 수 있기 때문에 사회적 수준에서 종교적 수요의 감소를 주장하기는 더더욱 어렵다. 반대로 세속화 명제를 지지하는 입장에서 보면 여전히 인구의 절반 가까이가 종교적 소속(religious affiliation)을 갖고 있지 않다고 답한 사실은 세속화된 사회의 단면을 반영하는 것이라고 할 수도 있다. 하지만, '종교가 없다(no religion)' 고 표시한 사람들을 비종교적(irreligious) 또는 반종교적(anti-religious)이라고 단정하는 것은 일정한 논리의 비약을 포함하고 있다(Vernon, 1968; Bainbridge, 2009: 320). 예를 들어, 한국갤럽의 조사를 인용해 보면 종교가 없다고 답한 사람들의

〈표 1〉 한국의 종교유형별 인구 추이 (단위: 천명,[4] %)

	1995		2005		증감	
	인구	구성비	인구	구성비	인구	증감률
총인구	**44,551**	**100.0**	**47,040**	**100.0**	**2,489**	**5.6**
종교 있음	**22,598**	**50.7**	**24,970**	**53.1**	**2,372**	**10.5**
불 교	10,321	23.2	10,726	22.8	405	3.9
개신교	8,760	19.7	8,616	18.3	−144	−1.6
천주교	2,951	6.6	5,146	10.9	2,195	74.4
유 교	211	0.5	105	0.2	−106	−50.4
원불교	87	0.2	130	0.3	43	49.6
기 타	268	0.6	247	0.5	−21	−7.7
종교 없음	**21,953**	**49.3**	**22,070**	**46.9**	**117**	**0.5**

출처: 문화체육관광부 종교인구 통계 현황(2006.10.27.)

51.3%가 이름이 운명에 영향을 준다고 믿고 있고, 30.4%는 궁합이 나쁜 사람과는 결혼해서는 안 된다고 생각하고 있고, 56.8%는 풍수사상을 믿고 있다고 응답했다(한국갤럽, 2004: 253-255). 미국의 사례에서도 비슷한 보고가 있다. 일반사회조사(General Social Survey)에서 종교가 없다고 답한 사람들의 39%는 일주일에 한 번 이상 기도를 하고 있고, 51%는 신을 믿고 있다고 했고, 53%는 점성술을 믿고 있으며, 35%는 일 년에 한 번 이상 교회에 나간다고 했다(Stark, Hamberg, and Miller, 2005: 13). 그레이스 데이비(Grace Davie)가 영국 대중의 종교성을 '소속 없는 믿음의 소유자(believing without belonging)' 들로 표현한 것의 진정한 의미는 겉으로는 세속화된 것처럼 보이는 종교적 현실이 실제로는 새로운 형태의 종교적 정체성을 추구하는 종교성의 위장막에 지나지 않는다는 것을 뜻한다. 조직화되고 관료화된 종교를 거부하는 것이 초월적 존재나 신비적 존재에 대한 믿음을 거부하는 것과 혼동되어서는 안 된다(Roof and McKinney, 1987: 99).

4) 인구수 표기에서 백단위 이하는 반올림 처리하였으며 '종교 없음' 에는 종교 미상도 포함.

이와 같이 종교적 소속이 없는 사람들의 종교성에 관한 연구들은 합리적 선택이론이 가정하고 있는 종교적 수요의 안정성을 강하게 뒷받침하는 증거들로 충분히 해석될 수 있다.

〈표 1〉로부터 해석되어야 할 다른 중요한 논점이 있다. 불교, 개신교, 천주교, 유교의 4대 기성종교의 시장점유율은 1985년 98.1%, 1995년 98.2%, 그리고 2005년 98.4%로 매우 안정적이다. 이처럼 종교시장이 소수의 기성종교들에 의해 안정적으로 과점화된 상태는 합리적 선택이론에서 중요한 정책적 함의를 내포하고 있다(유광석, 2012). 통상적으로 다른 사회문화적 조건이 동일하다면 경쟁의 정도가 높은 사회에서 종교적 다양성(religious diversity)의 정도도 높아질 것이기 때문에 경쟁과 종교적 다양성은 다원주의(pluralism)의 두 가지 모습으로 나타난다. 물론, 종교적 다원주의가 항상 경쟁을 수반하는 것은 아니다. 예를 들어, 노예, 농민, 귀족과 군주가 신분별로 서로 다른 종교를 믿는 신분제 사회가 있다면 다원주의는 존재하지만 경쟁은 없는 시장이 된다. 이런 경우를 제외하면 경쟁과 종교적 다양성이 다원주의 사회의 일반적인 특징이라고 할 수 있다. 시장의 원리로 보면 공정한 경쟁의 보장만이 시장의 효율성을 제고할 수 있다는 점에서 종교적 다양성을 제한하는 모든 규제들은 수요자들의 선택의 범위를 제한함으로써 시장의 법칙을 왜곡시키는 것이다. 따라서, 경쟁의 공정성과 종교적 다양성을 해치는 종교 입법과 정책들의 편향성은 그 의도와 상관없이 종교시장에서 공급자와 수요자의 합리적 선택을 교란시키는 것이므로 결국 종교시장으로부터 전체 사회가 얻을 수 있는 편익을 필연적으로 감소시킨다.

5. 비판과 재비판

합리적 선택이론의 기본적 가정들에 대한 부분적 또는 전체적 비판들이 다양한 관점에서 제시되고 있다. 그중에서 이론적으로 주요한 몇 가지 쟁점들을 소개하는 것이 합리적 선택이론을 균형적으로 이해하는 데 도움이 될 것 같다.

먼저, 인간이 종교적 선택과 같은 문화적 소비를 할 때 자신이 원하는 것에 기초할 뿐만 아니라 다른 사람이 나에게 무엇을 원하는가에 의해서도 깊이 영향을 받는다고 한다(Sherkat and Wilson, 1995: 1016). 순수하게 자신만의 이익을 고려하기보다는 자신의 결정으로 영향을 받는 수 있는 주변 사람들의 상태까지 예상하여 문화적 소비를 결정한다는 것이다. 문화적 소비는 사회적 제약들에 종속되어 있다. 예를 들어, 모태 신앙자들이 성장하면서 자신들의 종교적 믿음에 회의적이면서도 개종이나 배교를 하지 않고 부모와 동일한 종교적 멤버십을 유지하고자 하는 경우와 같다. 그러나 야나코네(Iannaccone)는 종교적 인적 자본(religious human capital)의 개념을 사용하여 사회적 제약들을 합리적 선택이론의 틀 안에서 설명하고자 한다. 모태 신앙자들의 경우와 같이 시간적으로 축적된 자신만의 종교적 경험, 인적 관계, 종교적 교리와 의식에 대한 지식이 중요한 종교적 자원들로 간주될 수 있기 때문에 장기간 축적된 일종의 인적 자본이 된다. 한 종교의 인적 자본을 많이 소유한 사람들이 종교적 이동을 고려할 때 장기간 투자해서 축적된 인적 자본을 상쇄할 만큼의 편익을 제공하는 다른 대안들을 찾아야 한다. 따라서 축적된 인적 자본의 양이 많으면 많을수록 다른 종교로의 개종은 어렵게 되는 것이다(Iannaccone, 1990).

둘째, 합리적 선택이론에서 사용되는 '합리성' 개념은 비합리적이다. 이런 비판은 종교적 행위를 경제화시키는 것에 대한 강한 거부감으로부터 자주 제기된다. 로버트슨(Roland Robertson)은 종교적 언어의 경제화는 모든 것이 상품화되는 근대 후기 사회의 산물로서 합리적 사고의 실패를 인식하지 못하는 "합리성의 비합리성(the irrationality of rationality)"이라고 비난한다(1992: 153). 브루베이커(Rogers Brubaker)가 베버의 합리성 개념에서 지적한 것처럼 합리적 삶 그 자체가 비합리적 선택 위에 건설되어 있다는 근대 사회의 역설적 구조를 합리적 선택이론은 간과하고 있는 것이다(1984: 92). 도구적 합리성만을 인정하는 합리적 선택이론에서는 행위 그 자체의 윤리성, 즉 목적적 합리성이 존재하지 않기 때문에 나치의 유태인 대학살과 같은 만행도 나치주의자들의 사회적 이념을 효과적으로 달성하기 위한 합리적 행위로 설명될 수밖에 없다. 또한, 주관적 합리성(subjective rationality)의 지나친 강조는 합리성의 의미가 이미 문화적으로 결정되어 있다는 것을 간과하고 있다. 무속인의 예언과 목사의 종말론 중에서 어떤 것을 믿는 것이 자신에게 더 이익이 되는 선택인지는 그 사회의 문화적 맥락을 떠나서는 판단하기 어렵다. 마찬가지로 개인의 이익과 집단의 이익이 충돌하는 경우에도 개인주의적 문화가 지배적인 사회와 집단주의적 문화가 지배적인 사회에서의 합리성 개념 역시 다를 수밖에 없다. 합리적 선택이론이 기초하고 있는 극단적 개인주의의 관점에서는 비용과 편익의 기준에 대한 다양한 문화적 차이들이 반영되지 못하고 있는 것이다. 그러나 개인의 범위를 넘어서 있는 집단적 가치들에 대한 합리적 선택이론의 '두꺼운' 모델들은 구조적 요소들을 이미 다양한 측면에서 반영하고 있다(Becker, 1996; Frank, 1985; Hechter, 1994). 이러한 모델들에서 개인은 구조적 요인들에 무감각한 이기적 행위자(selfish agent)로 이해되기보다는 단지 자기이익을 추구하는(self-interested) 존재들로만 간주될 뿐이다(Hechter and Kanazawa, 1997: 194).

셋째, 합리적 선택이론은 동어 반복적 순환론에 빠질 수 있다. 합리적 선택이론에 따르면, 종교적 수요는 안정적이기 때문에 공급 측 요소들이 현재적 또는 잠재적 수요자에게 호소함으로써 종교적 활력을 낳고, 공급측 경쟁을 통해 승리한 공급자는 다시 사회화되고 일상화되면서 내적 비효율이 증가한다. 따라서 좀 더 효율적인 공급자를 찾는 새로운 수요를 만들고 이것이 공급자들에게 새로운 서비스의 창출을 동기화한다. 이런 논리는 결국 공급이 수요를 창출하고, 창출된 수요에 기초해서 다시 새로운 공급자가 발생한다는 순환론적 논리에 기초하고 있다. 또한, 종교적 수요의 안정성 가정은 역사적 사실과도 부합되지 않는 측면이 있다. 과학적 세계관의 발전으로 종교적 수요는 꾸준히 감소해 왔고 개인적으로나 사회적으로 종교의 역할이나 영향력이 축소되어 가는 것은 원시사회로부터 고대, 중세, 근대 및 현대 사회로의 시대 간 변화를 관통하는 큰 흐름이었다. 또한, 합리적 선택이론에서 사용하는 세속화의 개념은 아래로만 내려가는 엘리베이터처럼 오직 직선적(linial) 형태의 세속화 개념에 의존하고 있는 것이지만, 실제 동시대 세속화론자들은 직선적 세속화 개념보다는 주기적(cyclical)이고 역설적(paradoxical)인 세속화 개념을 혼용하여 사용하고 있다(Goldstein, 2009). 다시 말하면, 합리적 선택이론 그 자체가 이미 세속화된 사회적 및 문화적 현상의 한 측면이다. 경제적 합리성에 기초하여 공급자와 수요자가 종교적 선택을 결정한다는 관념은 어쩌면 극단적으로 세속화된 사회에서나 유용한 것일지 모른다(Bruce, 1993: 204).

그러나 이런 비판에 대하여 합리적 선택이론은 기본적으로 연역적 이론이라는 점이 고려될 필요가 있다(Simpson, 1990). 그것은 모든 인간이 합리적이라는 선언적 주장으로부터 인간의 종교적 행위 패턴에 관한 많은 명제들과 정의를 도출해 낸다. 귀납적 설명에 익숙한 기존의 사회학적 관점들에서 합리적 선택이론을 순환론적 설명이라고 비난하는 이유는 동일한 종교현상들에 대한 설명방식의 차이를 일정부분 과장해서 해석한 것이다. 세속화론자들의 종교적 변화에 대한 설명과 예측은 지난 50년간 종교인구의 폭발적 성장을 경험하고 있는 유럽을 제외한 대부분의 사회들에서 실패

했으며, 종교의 영향력이 보편적으로 쇠퇴하고 있다는 어떤 경험적 증거도 제시하지 못했다. 대조적으로 연역법에 기초한 합리적 선택이론은 하나의 사회이론으로서의 예측력을 사회에 분명하게 제공하고 있다. 사회이론은 단순히 현실을 이해하고 분석하는 데에 머물지 않고 다가올 변화에 대해 예측하고 설명해야 할 책임이 있는 것이다. 종교적 현실과 미래에 대해 모호한 입장으로 일관하고 있는 세속화이론과 달리 합리적 선택이론의 주장들은 구체적이고 일관적이며 명료하다.

넷째, 종교적 독점시장(religious monopoly)이 종교적 성장을 야기할 수도 있다. 법적으로 국교(establishment)를 인정하거나 교회세(church tax)를 부과하는 종교시장에서도 종교 인구의 성장과 높은 교회 참석률을 유지하고 있는 남유럽 국가들과 이슬람 사회가 존재한다. 이런 면에서 경쟁적이고 다원주의적인 종교시장에서만 종교적 활력이 존재할 수 있다는 합리적 선택이론의 주장은 종교적 현실을 지나치게 단순화시켜서 이해하고 있다. 이러한 가톨릭 효과(the Catholic effect)에 대하여 스타크와 핑키는 로마 가톨릭 교회의 국제화가 서로 다른 국가와 문화의 차이를 인정할 수밖에 없는 필요성을 낳았고 그것이 가톨릭 교회의 내적 다양성에 기여했다고 설명한다(2000: 243-247). 실제로 디오탈레비(Luca Diotallevi)는 가톨릭 독점시장인 이탈리아에서 내적 경쟁의 중요성을 확인해 주고 있다(2002). 또한, 합리적 선택이론을 이슬람 사회에서 검증한 연구는 거의 없지만, 이슬람 사회가 탈국교화(disestablishment)된다면 현재보다 더 높은 수준의 종교적 참여율과 종교인구의 성장을 경험할 것이라는 이론적 예측은 가능하다.

다섯째, 합리적 선택이론은 제도종교 중심적인 서구 문화적 편향성에 함몰되어 있다. 종교적 믿음과 조직들이 다른 사회제도들과 상대적으로 뚜렷하게 구분되어 발전해 온 유럽과 미국에서는 종교적 서비스의 공급자와 수요자가 쉽게 구분될 수 있지만, 동양 사회에서는 이런 구분이 어려운 경우가 많다(Sharot, 2002: 444). 불교, 도교, 힌두교와 같은 동양 종교들은 기독교와 같은 배타적 멤버십에 기초한 종교조직들에 의존하지 않는다. 특히 동아시아에 광범위하게 혼재하고 있는 샤머니즘에서는 종교조직들 자체가 존재하지 않는다. 게다가, 불교와 도교는 샤머니즘과 혼합되어 공급되고 소비됨으로써 다중적 멤버십(plural membership)을 자유롭게 허용한다. 합리적 선택이론이 주장하는 광범위한 보상에 기초한 배타적인 교환관계가 동양 종교들의 다중적 멤버쉽보다 더 효율적인 종교 진화의 단계라는 경험적 증거는 없다. 이런 비판에 대하여 야나코네는 포트폴리오(portfolio)의 개념을 도입하여 서구 종교의 집단적 생산(collective production)과 동양 종교의 사적 생산(private production)의 차이가 종교적 선택의 위험을 관리하는 양자 간 방법의 차이를 낳았다고 주장한다(1995). 종교의 사적 생산이 많은 사회에서는 기능적으로 제한적인 역할만을 담당하는 각각의 신들을 동시적으로 또는 연속적으로 소비할 수 있는 다중적 멤버십이 종교적 투자에 대한 위험도를 평균적으로 가장 낮게 유지할 수 있는 소비전략이기 때문이다.

6. 맺는 말

스테픈 워너(R. Stephen Warner)가 동시대 종교사회학이 '새로운 패러다임(new paradigm)' 을 향해 가고 있다고 선언했을 때, 그것은 새로운 이론(a new theory)의 수준을 넘어서 있는 거대한 담론(metanarrative)의 변화를 의미하는 것이다(Lechner, 1997: 192-197). 사실, 합리적 선택이론은 그런 변화의 원인도 아니고 결과도 아니다. 단지 경제적 개념을 차용하여 종교 현상을 설명하고자 하는 다양한 시도들 중에서 가장 체계적이고 설명력 있는 이론으로서 그것의 한계와 잠재력을 보여주고 있을 뿐이다. 이론은 현실을 객체화시키고, 객체화된 현실은 다시 그 이론을 제약하는 사회적 조건이 된다. 그래서 이론과 현실은 항상 상호 대립적이면서 보완적이다. 그라운드 제로(the ground zero)에서 새로운 미래의 재건을 희망하는 인간의 믿음이 완전히 공허한 것은 아닌 것처럼 냉혹한 자본주의 정신으로 이미 세속화된 사회에서조차 '세속적 덮개(the secular canopy)' 아래에 숨어 있는 '성스러운 잔해(the sacred remains)' 들을 발굴하는 작업은 종교와 사회에 관한 새로운 의미를 제시해 줄 것이다.

종교에 적용되는 합리적 선택이론은 신학적으로는 신성모독이고, 종교학적으로는 극단적 환원이고, 문화사적으로는 문화적 맥락이 없는 문화의 이해라고 단순히 치부되기 쉽다. 그러나 이것은 동시대에 여전히 양적 및 질적으로 다면화되고 있는 종교-경제적 현실을 있는 그대로 인식하지 못하는 의식의 지체를 수반한 비판일지 모른다. 왜냐하면, 이론을 통해 볼 수 있는 것과 볼 수 없는 것을 구분하고자 하는 노력이 그런 비판들에는 근본적으로 결여되어 있기 때문이다. 비판은 결코 이론이 아니고, 하나의 이론으로 학문적 패러다임을 완성할 수 있는 것도 아니다. 그런 한계 내에서 종교적 믿음과 행위의 경제적 합리성을 일관성 있게 주장하는 합리적 선택이론은 모순적이고 복잡하기만 했던 종교현상들을 오히려 이론적으로 명쾌하게 단순화함으로써 동시대 종교사회학의 새로운 패러다임을 건설하는데 있어 의미 있는 기여를 하고 있다.

핵심어

합리성, 자기만족, 교환관계, 내세적 보상, 종교시장, 종교적 공급과 수요, 종교적 선호, 새로운 패러다임

추천도서

김성건. 2010. "종교와 행복: 한국사회의 관리/전문직의 사례를 중심으로." 한국사회역사학회. 『담론201』 13(4)호. pp.127-157.

김종서. 1998. "종교와 경제간 상관관계론의 현대적 의미." 서울대 종교학연구회. 『종교학연구』 17권. pp.41-62.

송재룡. 2005. "종교 세속화이론의 한계: 탈세속화 테제의 등장과 관련하여." 『사회와 이론』 제7집. pp.121-150.

유광석. 2013. "합리적 선택이론에서 종교적 수요의 안정성 논쟁." 한국사회역사학회. 『담론 201』 16(2)호. pp.49-73.

Bainbridge, William S. 2009. "Atheism" in *The Oxford Handbook of The Sociology of Religion*. Ed. by Peter B. Clark. New York: Oxford University Press. pp.319-335.

Bruce, Steve. 1993. "Religion and Rational Choice: A Critique of Economic Explanations of Religious Behavior." *Sociology of Religion* 54(2):193-205.

Coleman, James S. 1993. "The Rational Reconstruction of Society: 1992 Presidential Address." *American Sociological Review* 58(1): 1-15.

Finke, Roger and Rodney Stark. 1992. *The Churching of America, 1776-1990: Winners and Losers in Our Religious Economy*. New Brunswick, N.J.: Rutgers University Press.

Iannaccone, Laurence R. 1998. "Introduction to the Economics of Religion." *Journal of Economic Literature* 36(September): 1465-1496.

Sharot, Stephen. 2002. "Beyond Christianity: A Critique of the Rational Choice Theory of Religion from a Weberian and Comparative Religions Perspective." *Sociology of Religion* 63(4): 427-54.

Stark, Rodney and Roger Finke. 2000. *Acts of Faith: Explaining the Human Side of Religion*. Berkeley, Los Angeles, and London: University of California Press.

Swatos, William H. Jr. and Kevin J. Christiano. 1999. "Secularization Theory: The Course of a Concept." *Sociology of Religion* 60(3): 209-228.

Warner, R. Stephen. 1993. "Work in Progress Towards a New Paradigm for the Sociological Study of Religion in the United States." *American Journal of Sociology* 98(5): 1044-1093.

생각해 볼 문제

1. 경제발전과 종교윤리의 관계를 정리한 베버 명제(Weber thesis)와 다원주의 명제(pluralism thesis)로 불리는 합리적 선택이론의 유사점 및 차이점을 경제적 합리성의 관점에서 비교해 보시오.
2. 종교적 멤버십(religious membership) 개념이 없는 민속신앙(folk religions)이 종교문화의 주요한 부분을 차지하는 동아시아 사회에서는 합리적 선택이론이 어떻게 적용될 수 있는지 설명해 보시오.
3. 합리적 선택이론에서 전제하고 있는 종교적 수요의 안정성, 종교적 선호의 다양성 및 안정성과 같은 가정들이 개념적으로 어떻게 서로 다른 것인지를 비교 검토해 보시오.
4. 2015년 인구주택총조사에 의할 때 불교, 개신교, 천주교가 한국 내 전체 종교인구의 약 98%를 차지하고 있는 과점적 종교시장구조 및 전체 인구의 56% 정도를 차지하는 무종교인의 증가는 종교정책적으로 어떤 함의를 갖는지 설명해 보시오.

제 2 부

주요 연구주제

제 5 장 종교와 정치
제 6 장 종교와 대중문화
제 7 장 인터넷과 종교
제 8 장 영성사회학
제 9 장 종교와 세계화 : 문화적 측면
제10장 한국의 종교지형

제 5 장

종교와 정치

| 정태식(경북대) |

1. 들어가는 말

정치와 종교의 관계에는 당위가 있을 수 없고 역사적 실재만이 존재할 뿐이다. 물론 정치와 종교 영역은 각각 내재적 목적(*telos*)과 이를 달성하기 위한 내적 운영원칙을 지니기에 나름대로의 당위를 내세운다. 이를 내재적 당위라 한다. 그런데 이 당위와 운영원칙이 서로 다르기 때문에 정치와 종교는 원칙적으로 긴장을 전제한다. 종교의 입장에서 보면 정치영역 내에서 보편종교로서의 내적 모순이 없는 상태를 유지한다는 것이 불가할 것이며, 정치의 입장에서 보면 종교의 보편성은 정치행위의 특수성에 장애가 될 뿐이다. 따라서 정치와 종교 사이의 원만한 관계를 원한다면 두 영역 모두는 정치행위를 보편적인 가치로 승화시키는 등(예컨대 애국적인 죽음을 종교적 죽음으로 승화) 정치적 특수성을 감추고 보편성으로 포장할 필요가 있다. 이 경우 종교의 보편성과 정치의 특수성은 등가물이 된다.

정치권력과의 결합은 종교의 보편성 가치 훼손을 가져온다고 토크빌이 주장하듯이 정치와 종교의 태생적인 관계는 긴장이다(Tocqueville, 1969: 297). 그러나 이념형적인 유형론에 따르면 정치와 종교의 관계는 긴장과 타협의 관계를 기본으로 한다. 이념형의 한 극단은 긴장이고 그 반대의 다른 한 극단은 타협이다. 긴장관계는 위에서 말한 각각의 내재적 목적의 차이에서 비롯되기도 하며 내적 운영방식이 다르기 때문에 생겨나기도 한다. 긴장과 타협의 역사적 실재에서 추출한 정치와 종교 관계의 대표적 이념형으로 '공동체종교(community cult)'와 '종교공동체(religious community)'를 들 수 있다.[1]

---

1) Fustel de Coulanges는 정치공동체와 종교공동체가 고대 그리스와 로마에서 일치하였음을 밝히면서 이를 공동체종교(community cult)라고 칭하였다. 정치단위의 사회구성원들이 하나의 종교 의미체계를 공유하는 것으로 종교전문인(religious virtuoso)으로 구성된 종교공동체 또한 같은 정치적 단위에 속한다. 따라서 이들 또한 공동체종교의 부분집합이라 하겠다.

공동체종교의 경우 정치단위와 종교단위가 일치하며 정치공동체가 우선한다. 또한 종교는 정치의 존속을 위해 존재하기도 하고 정치는 종교의 보호 역할을 한다. 여기서 위로는 황제나 제왕에 이르는 지배계층으로부터 아래로는 노예에 이르기까지의 피지배계층 모두가 동일한 종교를 숭배한다. 종교적 일탈은 정치적 일탈에 다름 아니기에 정치적 처벌과 박해의 대상이 된다. 마녀사냥이 그 대표적 예라고 할 수 있다. 따라서 정치와 종교의 타협의 궁극적 실체가 바로 공동체종교라 할 수 있다. 반면 종교공동체는 종교의 이름으로 모인 공동체이다. 기본적으로 정치적 색채와 무관함을 지향한다. 종교 본래의 보편적 지향으로 인해 정치에 무관심하기도 하고 의도적으로 정치적 색채를 배제하기도 한다. 극단적인 경우 무정부주의에 이를 수가 있고 때로는 정치공동체에서의 시민적 역할을 수행하지 않기에 낙인이 찍히고 사회 선동죄 등의 죄목에 따른 처벌의 대상이 되기도 한다.

여기서는 먼저 이 두 이념형을 바탕으로 종교개혁의 과정에서 나타나는 정치와 종교 관계의 역사적 실재에 대하여 논하고자 한다. 정치와 종교는 역사적으로 긴장과 타협의 양 극단 사이에서 전개해 왔기 때문이다. 또한 종교-정치 관계의 논의 범주가 지니는 다양성 때문이기도 하며, 두 영역이 갈등관계를 전제로 하기 때문이기도 하다.

첫 번째 논의는 공동체종교를 중심축으로 하며 정치와 종교의 관계가 전개된 사건을 중심으로 2절에서 전개한다. 특히 정치와 종교의 분리가 전제되지 않은 사회에서의 논의로 루터, 재침례파, 칼뱅 등에 의한 종교개혁과 영국의 청교도혁명을 중심으로 한다.

두 번째 논의는 종교공동체를 중심축으로 한다. 주로 정교분리가 전제된 상황에서 일어난 사건을 중심으로 한다. 헌법적 분리이든 관습적인 분리이든 국가종교가 폐지된 경우나 국가종교의 존속에도 불구하고 공적 종교와 사적 종교가 명시적 또는 암묵적으로 공존하는 상황을 전제로 한다. 전자는 미국의 정치-종교 관계를 중심으로 3절에서 논한다. 후자는 한국과 중국에서의 가톨릭 박해와 관련하여, 그리고 해방 후 한국 사회에서 전개된 정치와 종교의 관계를 중심으로 4절에서 논할 것이다.

2. 종교개혁에서 나타난 정치와 종교의 관계

1) 루터의 정치권력 승인과 종교의 정치에의 예속

16세기의 종교개혁은 종교적 차원에서는 신성한 가톨릭교회(Holy Catholic Church)가 지닌 구원의 독점적 구조를 분쇄하기 위한 운동이었지만, 사회정치적 차원에서는 새로운 형태의 정치와 종교 관계가 형성되었다.

루터 종교개혁의 핵심 모토는 '믿음으로만(*sola fide*)' 이다. 이는 행위 중심의 구원을 부정하는 것으로 종교행위나 도덕적 행위보다는 믿음이라는 의식적 차원을 강조한다. 이러한 심리적 차원의 강조와 더불어 사회정치적 차원에서 강조되는 루터 종교개혁의 모토는 만인사제설이다. 이는 거룩한 존재인 하느님과 속된 인간의 직접적인 관계가 가능하다는 것이며 신과 인간의 연결고리인 성직자 계급을 부정하는 것이었다. 그 결과 모든 사람의 직업은 신의 부름(calling)을 받은 성직(vocation)이 된다. 세상에서의 물질 추구 또한 신을 대신하여 신의 창조물인 물질세계를 가꾸는 성직으로 승화된다. 이는 사상적 차원에서 물질의 본질을 정신에 두는 것이기에 영혼과 육체, 정신과 물질을 분리하는 이원론의 극복을 가져온다. 더 이상 물질은 정신의 자기 부정, 또는 정신의 총체적 자기 부재가 아니다.

종교제도적 차원에서 루터의 만인사제설은 성직자를 사제(priest)에서 교역자(minister)로 전환한다. 이는 가톨릭교회의 완전한 상태(state of perfection)를 전제로 하는 성직자와 세속적인 평신도 간의 인격적 분리를 거부하고 가톨릭의 중앙집권적 계서제도를 부정하는 것이다. 교역은 하나의 직업으로 간주되기에 교역자가 받는 안수는 가톨릭이 말하는 성화 의식이 아니라 단지 설교와 성례 집행의 권위만을 갖게 하는 의식이다.

이때 교회 내의 질서유지를 위해 필요한 권위를 누가 갖는가 하는 문제가 생긴다. 교역자나 평신도 모두 신 앞에서 평등하기에 교회 내에서는 누구도 타인을 지배할 권위를 가질 수가 없다. 이때 국가가 등장한다. 루터는 국가의 종교 내적인 문제에 대한 간섭이 불가하다면서도 국가로 하여금 교회에 대한 정치적 권위를 행사하도록 하였다. 따라서 교회는 국가권위에 순종해야만 한다. 정치권력 또한 신으로부터 부여받은 성직에 다름 아니기 때문이다. 왕권신수설로 이어질 정도로 루터는 정치적 지배를 신의 섭리로 간주한다. 따라서 정치적 권위에 대한 어떠한 도전이나 혁명은 신의 섭리에 대한 거역에 다름 아니다. 국가는 사랑과 자비 이외의 신의 역할, 즉 징벌과 위협의 역할, 악의 처벌, 인간원죄로 인한 반항의 억압과 평화유지 역할 등을 신을 대신해 수행하기 때문이다. 이는 루터의 사상이 정치와 종교 단위가 일치하는 공동체종교의 성격을 지니고 있음을 보여주는 것이다.

이처럼 루터는 세속적 권위에 대한 종교적 추인을 넘어서 정치적 행위를 성직으로 끌어올렸다. 그러나 더 중요한 종교역사적 의미는 교회의 권위가 세속국가에 위탁되었다는 사실에 있다. 이는 종교의 세속적 권력에의 종속에 다름 아니다. 중세 가톨릭 또한 공동체종교의 역할을 수행하면서 정치와의 긴밀한 관계를 유지하였지만 적어도 명분상으로는 정치보다는 우위에 있었으며 황제정치(caesaropapism)와 성직자정치(hierocracy)의 양극단 사이에서 정치세력과의 긴장관계를 유지했었다. 그러나 루터는 종교를 국가의 권위 아래에 둠으로써 종교를 통치의 대상에 포함하였고 정치에 예속되게 하였다.

루터는 만인사제설을 통해 신 앞에서의 인간평등을 내세웠지만 평등이 종교적 차원에만 제한되는 등의 한계를 드러냈다. 당시의 군주제라는 정치체제의 상황에서 어쩔 수 없는 선택일 것이다. 사회정치적 차원에서의 인간평등은 물론 종교와 정치의 대등한 관계로까지 발전은 요원하였기에 위에서 제시한 이념형적 유형론에 비추어볼 때 루터의 종교개혁은 공동체종교를 지향하지만 종교를 정치에 예속시켰다 할 수 있다. 다시 말해 가톨릭이 보여준 정치와 종교의 타협적 대립관계를 예속적 분리로 전환한 것이다.

2) 재침례파의 정치와의 결별과 대립

재침례파 운동은 철저한 종교공동체로의 복귀를 주장하였다. 또한 루터와는 다르게 세속권력은 물론이고 세속사회로부터의 완전한 분리를 지향하였다. 개혁의 모델이 루터가 회귀를 주장한 초기 가톨릭교회가 아니라 원시 기독공동체였기 때문이다. 또한 올바른 그리스도인의 삶의 모델이 성서에 있기에 기독교 교리의 최종 권위를 성서에 두면서 전통적 권위를 주장하는 가톨릭교회를 부정하였다. 또한 그리스도교의 로마 국교화는 세속적 권력과의 타협이고 원시기독교의 왜곡으로 간주하였다.

재침례파는 여전히 공동체종교를 지향하는 루터와 달리 정치공동체와의 과감한 결별을 주장하였다. 따라서 태어나면서 세례를 받고 자연적으로 교회와 국가의 구성원이 되게 하는 공동체종교와 달리 재침례파는 자발적인 신앙고백을 바탕으로 한 자율적 종교공동체라 할 수 있다. 그러나 예수의 산상수훈에 대한 실천적 완성을 갈망하며 노력하는 성인들만의 공동체를 지향하기에 철저하게 배타적인 종교공동체이기도 하다.

이러한 종교적 지향의 결과 재침례파들은 가톨릭교회는 물론이고 주류 종교개혁가들과 대립하게 되었다. 이러한 신앙적 갈등은 사회정치적 차원의 갈등으로 발전하였다. 주류 종교개혁 세력이나 가톨릭교회 모두 정치와 종교 단위가 일치하는 공동체종교를 지향하기 때문이었다. 따라서 이들의 신앙체계는 정치공동체에 대한 위협이 되기에 충분하였다.

그러나 더욱 위협적인 상황은 이들의 종교적 실천행위가 사회정치적 차원으로 확대되면서부터 생겨났다. 산상수훈에 따른 평화주의와 무정부주의적인 삶의 방식은 이들로 하여금 무기를 드는 것과 국가권력에의 충성맹세를 거부하게 하였다. 이러한 태도는 이슬람 국가로부터의 위협이 현존하는 상황에서 반국가적 행위나 아나키즘으로 간주되었다. 또한 신분에 따른 사회적 차별이 여전히 유효하건만, 이들은 남녀는 물론 부자와 빈자, 지식인과 무지한 자 사이의 차별을 거부하는 등, 평등주의를 내세웠기에 사회질서를 위협하기에 이르렀다. 결국 재침례파들은 신앙질서는 물론 사회질서를 위협하는 세력으로 간주되어 박해의 대상이 되었다. 종교적으로는 이단, 사회정치적으로는 선동적인 질서파괴범이 되었다.

한편, 재침례파 운동이 정치공동체적인 성격을 띠었던 때도 있었다. 평화적이던 초기의 주창자들이 성직자나 지식인 중심이었지만, 박해가 시작되면서 가죽의복 제조자나 제빵업자 등 자영업자 등이 운동의 주체가 되었고, 평화적인 분위기 대신 격렬한 군사적 저항이 나타났다. 이들은 성서에 대한 지식보다는 성령을 통한 신비적 신앙의 증거를 선호하였기에 예수 재림에 대한 환상과 계시에 더 의존하게 되었다. 마침내 이들은 새 예루살렘 건설을 지상과제로 설정하면서 스스로를 빛의 자녀들로 간주하였고 어둠의 자식들인 정치권력과 대립하게 된다. 평화적 종교공동체가 전투적 정치공동체로 변모하면서 뮌스터(Munster)를 장악하고 가톨릭신자와 개신교도들을 몰아냈다. 또한 이곳을 새 예루살렘이라 칭하고 왕을 세워 성을 포위한 가톨릭군대와 전투를 벌였지만 패하고 만다. 잠깐이었지만 정치공동체와 종교공동체가 일치하는 신정정치의 모습을 보였다고 할 수 있다.

3) 칼뱅의 배타적 신정정치

신정정치의 모습을 확고하게 보여준 것은 제네바를 중심으로 개혁을 주도한 칼뱅에 의해서였다. 칼뱅은 세상으로부터의 도피를 주장한 재침례파나 세상에의 순종적인 참여를 강조한 루터와 달리 세속사회 안에서의 적극적인 신앙적 삶을 강조하였다. 베버가 말하는 세상 안에서의 금욕주의(inner-worldly asceticism)가 그것이다. 중요한 것은 여기서의 신앙적인 삶은 사회정치적 차원의 삶과의 일치를 지향한다는 사실이다.

신앙과 정치 차원 모두에서의 삶의 일치를 신정정치라 한다면 칼뱅의 신정정치는 그가 운명예정론에서 강조한 신의 주권(sovereignty)이 사회정치적 차원으로 확대됨을 의미한다. 구원의 결정권이 인간이 아닌 신에게 있다는 사실이 구원에 있어서의 신의 주권을 강조한 것이라면 신성한 국가(Holy Commonwealth)의 지상에서의 완성은 사회정치적 차원의 신의 주권 행사라 할 수 있다. 따라서 신의 영광만을 위해 사는 공동체인 신의 나라를 이 땅에 건설해야 하는데 그 임무가 바로 선택된 소수인 자신들에게로 부여되었다는 것이다.

실제로 칼뱅이 추구한 성인의 도시 제네바는 루터의 공동체종교에 재침례파의 종교공동체를 더한 것이었다. 태어나면 저절로 구성원이 되는 루터의 공동체종교가 정치공동체의 유지를 우선시한 반면에 칼뱅의 신성한 공동체는 자연적인 구성원 중에서 신앙이 투철하지 않은 자는 추방하였다. 신실하지 않은 자는 교회로부터, 그리고 동시에 시당국으로부터 배제되었다. 한마디로 칼뱅의 공동체는 선별된 구성원으로 이루어진 공동체로 정치공동체와 종교공동체의 일치를 공동체 구성주체의 차원에서 지향한다.

칼뱅주의는 일종의 종교적 영웅전사를 만들어 냈다고 할 수 있다. 거룩한 공동체를 이 땅에 건설해야 하는 선민은 종교적이어야 함은 물론이고 정치적이어야 했다. 이를 베버는 구원귀족이라 칭하는데 신앙인이면서 동시에 무기를 드는 전사를 추구하기 때문이다. 다음의 영국 청교도들은 칼뱅의 선택된 공동체를 위해 전투적 소수의 영적 귀족으로 등장한다.

4) 영국 청교도혁명과 구원귀족

베버는 청교도주의를 보편애 또는 종교의 보편주의를 포기한 종교라고 말한다(Weber, 1958a: 332). 보편종교로서 출발한 청교도주의가 세상과의 긴장을 해소하는 과정에서 구원종교로서의 보편주의와 모순되는 행보를 걸었기 때문이다. 무엇이 종교로 하여금 보편주의를 버리고 개별주의에 이르게 하는가?

베버에 따르면 구원수단으로서의 종교가 내세우는 윤리가 더욱 합리성을 띠고, 종교 자체의 성스러운 내적 가치가 종교적으로 더욱 절대화되면 될수록 세상과의 긴장이 높아진다. 또한 이 긴장상태는 세속영역이 본래의 목적에 따른 고유한 내적 운영원칙을 고수할수록 더욱 강해진다. 종교와의 대립이 가장 극명하게 나타나는 세속영역은 경제와 정치이다.

종교와 경제 영역과의 긴장은 탈주술화(disenchantment)라는 종교의 내적 발전의 결과이다. 장수, 건강, 명예, 자손번성 등은 물론이고 금전적 부를 추구하는 주술적 요소는 구원종교의 발전과 더불어 점차 제거되어 왔다. 반면 사유재산의 극대화를 목표로 하는 경제행위의 내재적 운영방식은 독점적 자본집약을 지향하기에 탈인격적이고 몰가치적이다. 따라서 보편적인 인간적 관계를 강조하는 종교윤리와 조화될 수가 없다. 한편, 보편적 형제자매애를 바탕으로 하는 거룩한 공동체는 우리네 집단의 결속(in-group solidarity)과 타 집단에 대한 적대감(out-group hostility)을 수반하는 정치공동체와 충돌한다. 정치와 종교의 갈등 또한 탈수술화의 결과이다. 주술은 특정 정치집단의 이익을 위해 다른 정치공동체와 투쟁을 벌이는 개별주의(particularism)를 지향하는 반면, 보편종교는 형제자매애를 특정 지역이나 종족, 또는 국가 너머로까지 확대하기 때문이다. 그러나 역사는 종교와 정치, 또는 경제와의 관계가 끊임없이 긴장과 타협의 양 극단 사이에서 전개되었음을 보여주는데 타협의 모습이 가장 잘 나타난 곳은 종교개혁

당시의 영국이었다.

초기의 영국 종교개혁은 사회정치적 문제보다 종교 문제에 더 치중하였었다. 엄격한 성례의 실천보다는 설교 중심의 예배를 강조하였고 칼뱅주의의 가르침에 따른 엄격한 윤리적 삶의 실천을 요구하였다. 그러나 시간이 지남에 따라 종교개혁의 차원을 넘어서 정치와 종교의 관계에 대한 새로운 설정요구를 하기에 이르렀다.

영국은 헨리 8세의 개인문제 해결을 위해 종교개혁을 시작하였다. 따라서 로마교회와의 결별을 통한 영국의 종교개혁은 국가 중심의 종교개혁이었다. 문제는 교황의 감독을 벗어난 교회의 권위를 누가 갖느냐 하는 것이었다. 이에 대하여 엘리자베스 1세는 에라스트 정책(Erastian policy)을 지지함으로써 교회보다 국가 권력이 우선한다는 국가지상주의 정책을 채택하였다. 그러나 카트라이트(Thomas Cartwright) 등과 같은 사상가는 통치에 있어서 신의 의지가 군주의 의지에 앞서 전개되어야 한다고 주장하였다.

청교도들의 개혁요구는 종교의 국가로부터의 독립과 사회정치적 영향력 강화였다. 전자는 군주의 교회수장 임명권 거부로, 후자는 교회의 정치인 도덕성 감시 등으로 이어졌다. 청교도들의 이러한 입장은 루터의 입장과 크게 달랐다. 루터가 군주의 세속적 권리를 종교적으로 승화시키면서 교회를 국가권위 아래에 두었던 반면, 청교도들은 군주의 교회지배를 거부할 뿐만 아니라 사회정치적 차원의 윤리적 감독권 행사를 요구하였다. 이들의 입장은 칼뱅과도 구별된다. 기본적으로 종교개혁의 배경이 되는 정치체제가 서로 달랐다. 칼뱅의 제네바가 시의회 중심의 공화정을 택했지만, 영국은 절대군주의 지배하에 있었다. 또한 제네바가 시의회 중심의 핵심정치주체로 성인들을 택한 반면, 영국의 종교인은 군주에게 정치행위의 주도권을 양보할 수밖에 없는 상황이었다. 그러나 크롬웰 주도의 혁명으로 공화국이 세워지자 제네바처럼 정치인과 종교인의 단위가 일치하게 된다.

이에 대한 논의에 앞서 크롬웰 등장 이전의 정치와 종교 관계를 역사적으로 개략할 필요가 있다.

헨리 8세의 국가 중심 종교개혁은 외형적으로 수도원 시설 제거와 수도원 토지 분배 등 로마교회로부터의 제도적 분리였지만 대륙에서의 종교개혁만큼의 신학적인 뒷받침은 없었다. 이후 등극한 에드워드 6세는 개신교 교육을 받았기에 후퍼 등의 개혁전통을 수용함으로써 예배에서 로마교회의 흔적을 제거하였다. 그러나 가톨릭신자 메리의 즉위로 교회는 로마교회로 복귀하였고, 개혁 관련 법안이 폐지되고 수백 명의 개신교도가 처형되었다.

이후의 엘리자베스는 개신교 정책을 다시 수용하지만 스스로를 영국교회의 최고통치자로 간주하고 성직자들에게 충성을 요구하였다. 국민을 결속시키는 것이 종교가 아니라 민족성이라고 강조함으로써 종교가 존재하려면 그것은 정치공동체를 위한 공동체종교여야 한다고 주장했다. 종교는 정치공동체에 예속되기에 사회적 역할 또한 축소될 수밖에 없었다. 따라서 엘리자베스는 어떠한 종교라도 국가통합에 저촉되지 않으면 허용하였다. 영국의 종교는 개신교에 한해 종교 다원주의적 공동체종교라 할 수 있다. 이러한 엘리자베스의 종교다원주의는 뒤를 이은 제임스 1세와 찰스 1세에 의해 폐기된다. 즉 성공회 중심의 국가교회로의 일치를 강요함으로써 분리주의자들은 박해의 대상이 되었다. 물론 모든 청교도주의자들이 분리주의자는 아니었고 국왕의 종교정책에 반대의 입장에 선 것은 아니었다. 비분리주의자도 있었고 국가 중심의 종교통제정책을 지지하는 사들과 국왕에 대한 충성을 맹세하는 자들도 있었지만 왕권신수설을 배격하는 자들도 있었다.

중요한 것은 칼뱅주의적인 성격을 띠는 대부분의 영국 청교도들은 분리-비분리와 관계없이 종교의 사회정치적 영향력 행사에 깊은 관심을 가졌다는 사실이다. 예컨대 이들은 정교분리와 관계없이 전쟁에 적극 참여하는 등 구원귀족의 모습을 자주 드러냈다. 이러한 과정에서 전쟁이 거룩한 전쟁(holy war)으로 승화되기도 하였다. 전쟁에서 적을 악의 화신으로 간주하는 의미화과정은 흔히 볼 수 있는 일이다. 그러나 이러한 의미화는 배타적인 전사의 정치적 개별주의를 지향함으로써 고등종교로 하여금 세계 보편주의를 포기하게 한다.

영국의 청교도주의자들은 축복의 보편성보다는 개별성을 강조하는 동시에(예컨대 선민의식), 신의 계율에 따른 세상구원 수단으로 정치행위를 수용함으로써 폭력을 기반으로 하는 귀족의 자리와 역할을 마다하지 않게 되었다. 구원귀족(Weber, 1958a: 336), 즉 세상구원을 위한 신의 계율 실천을 위해 종교 전사(warriors)가 된 것이다. 처음 이들은 교황권 정화에 몰두하였지만 이제는 구원 역할의 중추가 되었고 그 대상을 세상 자체로 삼았다. 더 나아가 혁명을 통한 정치권력 장악과 정치권력의 폭력적 행사를 종교적으로 인정하고 수용하기에 이르렀다. 이러한 맥락에서 베버는 대표적인 구원귀족으로 크롬웰의 청교도 전제(tyranny of Puritanism)를 언급하였다(Weber, 1958b: 37).

국왕 찰스 1세를 처형하고 자유공화국(Commonwealth and Free State)을 선포한 크롬웰의 목표는 영국의 기독교 국가화였다. 그는 엘리자베스처럼 다양한 종교집단을 수용하면서 국가의 교회통제를 주장하였으나 특정 교파의 지배를 허용하는 국교회는 용납하지 않았다. 그가 원하는 국가는 성인(saints)에 의해 성도(the godly)가 인도되는 '성도의 국가' 였다. 여기서 성도는 영국 국민 모두이며 성인은 이들을 이끌어 성도의 국가를 건설하는 자들이다. 이들 성인에는 성직자는 물론 의회의원, 관료, 군인 등의 정치인 등이 포함된다. 그런데 국가통치 차원에서의 성인은 정치인들이기에 이들이 성인이 되기 위해서는 독실한 삶의 방식과 함께 정치적 식견을 갖추어야만 했다.

성인과 관련하여 형식논리적 차원에서 야기되는 문제는 정치인의 본질적 목표나 그 목적 달성을 위한 내적 운영원칙이 종교의 궁극적 목표나 실천방식과 어울리지 않는다는 데 있다. 정치행위의 궁극적 목표는 정권장악에 있고 정치권력 행사는 배타적 권력집중을 바탕으로 하기에 종교의 보편성과 대립되기 때문이다. 실제로 크롬웰의 문제는 그가 성인들을 자주 바꾸었다는 사실에서 비롯된다. 처음에는 의회를 성인의 구성체로 간주했지만 의원들의 권력욕에 실망하여 의회를 강제로 해산하였다. 크롬웰은 의원들 또한 정치인이라는 사실과 상당수가 신흥 중산계급과 상공인 출신이라는 사실을 간과하였다. 이후 크롬웰은 군인들로 하여금 성인의 역할을 맡게 한다. 그러나 이 또한 전사와 종교의 대립적인 관계에 대한 이해부족의 결과였다. 베버에 따르면 전사에게는 합리적 종교윤리 수행이 불가하다. 죄, 구원, 관용 등을 이들은 인식하지 못하기 때문이다. 결국 크롬웰은 의회권한을 축소하고 국무회의의 권한을 강화함으로써 군사독재의 청교도 전제정치를 행하기에 이르렀다.

크롬웰은 정치를 종교이상 실현을 위한 수단으로 간주하였다. 그러나 그의 정치는 부르주아지 중심의 의회나 군대를 중심으로 행해졌다. 자본독점을 지향하는 경제인과 폭력독점을 목표로 하는 정치인(귀족 또는 전사)들로 하여금 세상의 정화와 구원을 책임지게 하려 하였기에 내재적으로 양립이 불가한 종교와 정치를 결합시킨 무리한 시도라 하지 않을 수 없다.

3. 미국의 정치와 종교

1) 국가건설과 정교분리의 제도화

정치와 종교의 분리를 헌법적으로 또는 사회계약적으로 수용하는 현대사회에서는 대부분의 종교 역할이 사적 영역으로 축소되었다. 그럼에도 불구하고 종교가 때로는 공적인 위상을 갖게 되기도 하고 때로는 공적 역할을 하기도 한다. '공적(public)' 이란 것은 주로 사회정치적 차원과 영역을 의미한다. 그런데 종교의 공적 위상은 수동적으로 주어지기도 하고 공적 영역으로의 적극적인 참여를 통해 형성되기도 한다.

수동적으로 주어진 종교의 공적 위상은 존재 자체로 하나의 사회권력이 될 경우 부여된다. 예컨대 종교지도자들은 때때로 사회윤리의 최후의 보루로 간주됨으로써 사회적 지위를 갖기도 하고 교세의 정도에 따라 사회정치적 위상이 주어지기도 한다. 후자의 경우 종교단체가 사회 연결망을 통한 사회권력의 형성 및 배분의 장이 되기도 한다는 것을 의미한다.

종교의 공적 영역에의 적극적 진출은 두 가지 차원에서 볼 수 있다. 첫 번째는 종교가 지닌 사회권력으로서의 위상이 훼손되거나 폄하되었을 경우이다. 여기에는 공권력의 강압적인 종교정책으로 종교행사가 위축되었을 경우와 정치권력에 의한 특정 종교에 대한 편향이 드러났을 경우가 포함된다. 이때 정치와 종교의 충돌이 발생한다. 두 번째는 종교가 추동하는 내재적 가치가 현실과의 조우과정에서 훼손되어질 경우를 말한다. 즉 종교가 내세우는 종교원칙의 빛 아래에서(in the light of) 현실을 비쳐보았을 때 나타나는 부조화에 종교가 문제를 제기하는 경우이다. 이때 제시된 종교원칙은 보수적일 수도 있고 진보적일 수도 있다. 이때 대개의 종교는 공적 영역 내에서 정치권력과 갈등하지만 특정 정치권력과 결합하기도 한다. 후자의 경우 크롬웰의 청교도혁명에서처럼 배타적 정치권력을 행사하는 구원귀족이 되기도 한다. 배타적 정치권력은 정파주의, 국가주의, 민족주의, 신자유주의 등의 파벌적 이해관계를 함축하는 이데올로기적 성향을 띠는 경우가 대부분이다.

미국의 정치와 종교가 보이는 독특함은 정교분리원칙의 이른 채택에도 불구하고 국가 의례나 관습에서 기독교를 중심으로 한 종교의 공적 역할이 때로는 온건하게, 때로는 과격하게 펼쳐진다는 사실에 있다. 미국은 종교개혁 전통을 지닌 개신교도들이 세운 최초의 서구사회라 할 수 있다. 그러나 다양한 유럽 국가를 배경으로 하는 이민들과 다양한 종교개혁 전통으로 인해 사회정치적 갈등이 없지 않았고 국가건설 과정 또한 순탄치 않았다. 특히 정치와 종교와의 관계에서 의견일치가 쉽지 않았다. 뉴잉글랜드에 정착한 청교도주의자들은 정교일치를 주장하였지만 같은 영국 출신의 침례파들은 이를 거부해 로드아일랜드 등으로 추방되기도 했다. 초기 정착자들은 정치 · 종교적 배타성을 유지하였다.

그러나 모국과 교단 배경, 그리고 신앙체계의 다양성에도 불구하고 마침내 미국은 종교의 탈제도화를 통해 신정정치도 아니고 공동체종교도 아닌 정치체제를 만들어 냈다. 헌법 제1수정안은 정교분리원칙을 제도화했지만 정치와 종교가 완전히 분리된 것은 아니었다. 미국의 국가주의에 기독교적 의미의 거룩함이 포장되면서 국가의례의 중심에 기독교 색채가 가미되었고 종교의 국가감독 역할이 사회적 관습으로 자리하게 되었다. 사회적 차원에서는 개신교 윤리에 바탕을 둔 공리적 도덕과 청렴 등이 습속화되거나 신앙지침의 일상생활에서의 내재화가 강조되어 시민종교로 자리하게 된다.

미국의 청교도주의자들이 영국의 청교도주의자들과 다른 점은 구원귀족의 역할을 취하지 않았다는 사실이다. 정치인과 종교인의 역할분리는 물론 질서정연한 절차와 의례를 정치 활동에 명시함으로써 폭력의 독점과 행사를 통한 구원귀족의 충동을 억제할 수 있었다. 예컨대 교회 장로들에게는 시 행정부 직책에 대한 피선거권이 주어지지 않았으며 성직자는 정치에 매우 약한 통제력을 행사할 뿐이었다. 이는 신정정치와 세속적 정치의 양극단보다는 중간적 위치에서 정치와 종교의 관계를 설정한 것이라 할 수 있다(McKenna, 2007: 1-2).

시민종교를 통한 종교 의미체계의 국가의례에의 적용과 시민의 일상생활에의 내재화를 통한 기독교의 습속화 등은 종교의 공공성이 미국에서 여전히 유지되고 있음을 보여준다. 이처럼 미국에서는 종교가 제시하는 도덕주의적 특성을 가미한 공화주의 정치가 이상으로 제시되기도 하였고 사회정치적으로 실천되기도 하였다. 그러나 정치와 종교의 관계에 대한 인식은 고정적일 수가 없고 역사적 경험을 통해 다양할 수밖에 없게 된다. 성서고등비판 등 새로운 성서해석과 함께 대사회적 태도와 입장을 달리하는 사회복음 등의 진보적 신학이 출현하면서 미국의 교단은 다양하게 변모하였다. 또한 다양한 신학이나 사회정치적 지향이 공존하였고 각 교단은 시민종교의 역할을 하면서 나름대로 공공성을 유지할 수 있었다.

하지만 초기 국가의 건설과정에서 태생적으로 내재한 종교신념 중심의 미국 국가주의는 종교의 공적 역할을 전투적이고 배타적인 관계로 향하게 하기도 하였다. 그것은 먼저 종교도덕률의 사회적 실천과 연결된다. 매사추세츠 주지사 윈드롭(John Winthrop)이 1630년에 명명한 "언덕 위의 도시"가 도덕으로 무장한 새로운 이스라엘로서 미국이 지향해야 할 목표였다. 따라서 급속한 사회의 세속화는 종교도덕률을 강조하는 종교인들로 하여금 대사회적 자세를 공격적으로 취하게 하였다. 한편, 선민사상에 바탕을 둔 새로운 이스라엘의 건설은 지구촌 차원으로 확대된다. 미국은 신의 뜻 안에서 완성된 국가의 모델이 되어야 할 뿐만 아니라 세계구원의 사명을 위해 세계의 악을 제거해야 했다. 이는 미국의 제국주의 팽창 이데올로기와 연결된다. 종교가 세계패권주의를 용인하고 승인하게 된 것이다.

세속화에 대한 거부를 공적 사회문제로 제기하고 미국 국가주의의 국제정치적 차원의 확대를 가장 적극적으로 지지한 종교세력은 기독교 근본주의자들이다. 때때로 이들은 세속문화와 대척하면서 자신들의 신념을 대사회적으로 전개하였고, 때로는 정치우익과 결합하여 정치권력을 행사하였다. 전자는 모더니즘과 가치 다원주의가 지배적인 미국 사회에서 기독교 전통가치의 헤게모니를 되찾고자 하는 노력이라 할 수 있으며 후자는 정치의 종교세력 이용전략에 의해서거나 종교의 정치세력 이용의도에 의해서라 할 수 있다.

2) 근본주의의 등장과 애국주의와의 결합

미국의 복음주의자들은 신앙의 근본을 밝히고 이를 지키고자 하는 목적으로 1915년과 1920년 사이에 12권을 시리즈로 『근본원리(*The Fundamentals*)』를 발간하였다. 그러나 아직 소위 말하는 기독교 근본주의는 형성되지 않았다. 이 시리즈물이 정치적 논란을 야기하는 내용을 의도적으로 언급하지 않았기 때문이다. 복음주의는 원칙적으로 정치에 관심을 두지 않는 등 세속적 활동과는 거리를 두고자 하였다. 따라서 근본주의는 복음주의의 정치화에 다름 아니며 그것도 매우 공격적이고 전투적인 행태를 보이는 종교운동을 말한다.

일부 복음주의자가 위의 책을 근본주의 운동의 상징적 문헌으로 변모하게 한 것은 1920년대에 있었던 모더니즘과의 논쟁에서였다. 이는 카사노바가 헌법 제1수정안에 이어진 미국 종교의 두 번째 탈제도화라고 한 '정신세계의 세속화'에 대한 복음주의자들의 반격이었다(Casanova, 1994: 137). 진화론으로 대표되는 모더니즘이 미국인들의 정신과 사상을 탈제도화함으로써 기독교적인 가치를 공적 영역에서 주변화시켰다고 여겼기 때문이다.

복음주의가 이전에는 대학을 세우고 공립학교와 주일학교 등을 통해 시민들을 복음주의로 무장하게 하였고 사회개혁과 도덕운동을 주도하는 등 시민사회의 헤게모니를 장악했었지만, 남북전쟁 이후의 급격한 산업화와 19세기 후반부에 시작한 대도시화는 더 이상 교회중심의 사회를 허용하지 않았다. 대학교육의 중심이었던 신학은 근대의 합리성을 바탕으로 하는 과학에 자리를 내주었다. 종교적 세계관 또한 합리적 세계관으로 대체되었고 교회 또한 이전의 소도시 공동체에서처럼 사회의 중심 역할을 감당할 수가 없게 되었다. 복음주의를 더욱 궁지에 몰아넣은 것은 신학 자체의 변화였다. 라우센부쉬로 대표되는 사회복음은 개인의 경건한 종교행위를 강조한 전천년왕국설자들의 반세속적 무관심과 대비되었다. 또한 자유주의 신학은 복음주의의 성서무오설 대신 문서비평을 통한 성서의 역사성을 강조하였다.

그러나 1차 세계대전은 복음주의자들을 자유주의 신학과 대립하게 했고 정치적 무관심을 버리고 사회 전면에 나서게 하였다. 복음주의의 근본주의화가 시작되었다. 시카고 대학의 자유주의 신학자들이 전천년왕국설자들의 전쟁참여 거부를 시민적 책임회피로 비난하자 무디성서연구원의 복음주의자들이 자유주의 신학의 독일 기원을 언급하며 독일 군국주의와의 연계를 주장하였다. 이들은 결국 독일이 약육강식을 전제로 하는 진화론의 화신이라는 논리를 내세우며 전쟁참여 지지로 돌아선다. 문제는 전쟁참여를 통해 전천년왕국설자들이 기독교와 미국을 동일시하면서 복음주의를 공동체종교로 탈바꿈했다는 데 있다. 훗날 9·11사태 이후에서처럼 애국주의에 바탕을 둔 미국 패권주의가 기독교 근본주의의 핵심이 되기 때문이다.

전쟁 후 근본주의자들은 1919년 금주법과 공립학교 진화론 교육금지법 제정에 성공하면서 상실했던 공적 영역에서의 역할회복을 시도한다. 이어진 세속문화에 대한 공격은 진화론을 가르친 고등학교 교사 스콥스(John Scopes)를 법정에 세웠던 스콥스 재판을 통해 절정에 이른다. 진화론과 창조론 논쟁이 전국에 라디오로 생중계되었다. 근본주의는 법적 승리에도 불구하고 논쟁에서의 패배로 조롱거리가 되었고 종교 내로 침잠하게 되었다.

3) 신기독교우익과 정치우익의 동맹

사상의 세속화와 대공황과 2차 세계대전을 겪으면서도 미국의 종교는 쇠퇴하지 않고 새롭게 발전한다. 공공영역에서의 위상은 작아졌지만 과거

부흥목사들이 행한 차별화 정책과 적극적인 마케팅을 통해 대형교회들이 여기저기에 세워졌고, 전형적인 사적 영역에서의 종교 행위를 허용하는 TV 복음주의자들(televangelist)이 등장하였다. 주로 농촌과 남부에서 시작한 이들이 근본주의 색채를 띠고 대사회적 목소리를 높이기 시작한 것은 1960년대 이후의 급격한 사회 세속화 때문이었다. 앞서 언급한 사상의 탈제도화와 이후 생활방식의 탈제도화가 나타났다. 카사노바는 이를 "개신교의 탈제도화"라고 하였다. 베버가 언급하는 청교도 윤리의 자기성찰적인 삶의 방식(methodical way of life)은 건국시절부터 오랫동안 미국인들의 삶을 근면하고 정직하며, 절제하는 금욕적인 삶으로 이끌었다. 그러나 1960년대의 일련의 사건과 문화의 격변은 미국인들의 삶을 종교적 억제로부터 벗어나게 하였다.

케네디 대통령과 킹 목사의 암살, 베트남전쟁, 닉슨의 워터게이트 사건 등은 정치권에 대한 불신을 가져왔고 새롭게 전개된 시민인권운동과 뉴 레프트 운동 등은 새로운 사회질서를 요구하였다. 도시폭동, 미혼모와 이혼율의 증가, 마약과 음란물 유포와 확대 등은 새로운 사회문제로 떠올랐다. 결국 소설가 업다이크(John Updike)는 신이 미국으로부터 축복을 거둬들였다고 한탄하기에 이르렀다.

가치와 생활방식의 다원화가 개신교 윤리의 사회적 실천을 주변화하기에 이르자 근본주의자들은 도덕적 목소리를 높이기 시작한다. 중요한 것은 이들의 등장이 윤리적 문제 때문만은 아니었다는 사실에 있다. 이미 미국의 지배적 이데올로기인 반공주의가 선악대결 구도를 종교적 차원은 물론 정치적 차원에서도 설정하였기에 미국 내의 사회악과 세계 차원의 악의 세력은 동시에 제거되어야 할 대상이 되었다. 반공을 통해 국제 헤게모니 장악을 노리는 패권주의자들과 도덕 재무장을 통한 국내 시민사회의 장악을 노리는 근본주의자들의 이해관계가 서로 맞물리면서 정치우익과 종교우익의 전술적 협력관계가 시작된 것이다.

최초의 정치와 종교 동맹이 이루어진 것은 레이건의 대통령 당선과정에서부터다. 복음주의자인 카터를 지지했던 근본주의자들은 카터가 그들의 요구에 보인 소극성에 실망하여 공화당으로 돌아섰고, 이미 카터의 대통령 당선에서 종교와 정치 결합 가능성을 확인한 보수우익은 근본주의자들을 보수세력 결집의 잠재력으로 인정하게 되었다. '도덕적 다수', '종교원탁회의' 등의 신기독교우익은 신우익과 손을 잡고 레이건을 대통령에 당선시켰다.

레이건이 당선되자 근본주의자들은 세속적인 인본주의자들을 공직에서 제거하려 하였고 공립학교의 기도재개와 낙태 불법화를 추진하였다. 그러나 이러한 요구는 레이건 정권에 의해 수용되지 않았다. 정치우익의 계산은 보수적인 복음주의자들의 동원에 있었지 사회의 도덕적 개혁에 있지 않았다. 결국 근본주의자들은 도덕성 회복을 위해 목소리를 높였지만 그것은 허공에 던져진 메아리에 지나지 않았고 다만 공화당 중심의 세금 축소, 국방예산 확대, 공급경제, 교육, 실업 및 복지 예산 축소 등 보수우익의 정책만을 지지하게 되었다.

결국 도덕규범을 강조하기 위해 시작했지만 정치권력을 이용하고 국가주의에 편승하였다는 비난을 받게 되었다. 또한 대통령을 당선시켰다는 정치적 승리에만 만족하다가 '도덕적 다수'가 해체되는 등 신기독교우익의 근본주의는 레이건 임기만료와 함께 약화되었다.

4) 9·11과 미국 패권주의의 신성화

미국은 인종적으로, 문화적으로 다양성을 가진 나라이다. 물론 여전히 미국은 백인 중심의 개신교 국가지만(Lichtman, 2008) 사고방식은 물론 생활방식에서도 다양해졌다. 사회정치적으로도 보수세력과 비판세력이 공존하며 애국주의와 세계 보편주의가 서로를 견제하며 사회를 이끌어 왔다.

그러나 소련과 동구의 몰락 이후 유일한 강대국인 된 미국은 세계평화의 이름으로 세계경찰을 자처하는 등 패권주의적 국가의 역할과 위치를 차지하였다.

2001년 9월 11일의 알카에다에 의한 미국 공격은 그동안 미국이 추진해 온 신자유주의와 국제패권주의에 대한 도전이었다. 그러나 부시는 이를 적극적인 기회로 활용한다. 어정쩡한 선거개표로 당선된 부시에게는 추락한 지지도를 회복할 수 있는 기회였다. 정치적으로는 진보적이고 사회비판적인 목소리를 잠재우고 우익의 목소리를 높일 수 있는 기회였으며, 국제적으로는 미국의 패권주의를 종교적 차원으로 승화할 수 있는 기회였다.

부시 정권은 테러공격을 미국의 최고가치인 자유에 대한 공격으로 간주하였다. 이는 추상화 작업으로 사건을 증발하는 효과를 가져왔다. 또한 미국에 대한 공격을 피아의 차원이 아니라 선악의 차원으로 상승시켰다. 선도 아니고 악도 아닌 차선책으로서의 정치적 행위인 전쟁을 성전으로 승화시킴으로써 미국은 정치적 패권주의를 종교적으로 승화시켰다.

한 가지 중요한 사실은 부시 자신이 거듭남(born-again)을 체험한 복음주의자로서 이미 근본주의적인 신념을 가지고 있었지만, 9·11사태는 그의 종교적 신념을 정치적으로, 그것도 국제정치적으로 실천할 수 있게 했다는 것이다. 또 다른 중요한 것은 위에서 언급했듯이 이미 공적 영역에서 영향력이나 세력이 약화될 정도로 약화된 기독교우익 근본주의자들이 부시를 적극 지지하면서 다시금 꿈틀대기 시작하였다는 사실이다. 이들은 스스로를 대통령의 영적 군대라고 칭하면서 매일 저녁 부시의 집무실에서 기도회를 열었다.

흥미로운 사실은 외부세력의 공격으로 촉발된 선과 악의 대결구도가 국내의 선악구도로도 활용되었다는 사실이다. 근본주의자들은 미국 내의 모슬렘들을 비난하기 시작하였고 피격의 원인을 미국 사회의 타락에 두었다. 예컨대 여성운동가나 낙태와 동성애 지지자들이 미국을 도덕적으로 타락시켰기 때문에 테러세력에게 빌미를 주었다는 것이다. 따라서 공공도덕의 회복을 통해 새로운 이스라엘이 되어 세계의 모델이 되어야 한다고 주장했다.

부시는 아프가니스탄과 이라크 침공을 역사에 대한 신의 성스러운 조정과 간섭으로 승화하는 한편, 세계를 친미와 반미로 구별하였고 이를 곧 선과 악으로 구분하였다. 그러나 시간이 지나면서 전쟁의 명분이 약화되고 거짓으로 드러나기 시작하면서 이제까지 억눌려 있던 미국의 자기성찰세력들이 모습을 드러내면서 목소리를 높이기 시작하였다. 부시정권은 이라크 포로를 적 전투원으로 간주하여 고문을 감행하였고 보수우익 종교지도자들이 이를 지지하였지만 제네바협정에 위반되고 아우구스티누스가 말하는 의로운 전쟁에도 반하는 행위임이 드러나자 국내외적인 비난에 처해지게 되었다.

9·11 사태를 둘러싸고 부시와 근본주의 종교지도자들이 보인 동맹관계는 미국을 공동체종교 국가로 되돌리려는 시도였다. 그러나 이러한 시도는 국가종교의 재도입이기에 정치와 종교를 분리하는 근대정신에 위배된다. 뿐만 아니라 다른 나라와의 정치적 대립을 전제로 하기에 보편 종교의 신을 미국을 위한 특수한 신으로 전락하게 한다. 이를 피하기 위한 방식은 미국을 보편가치를 수호하는 국가로 승화시키는 것이었다. 이 모든 것이 허위로 드러나 부시와 근본주의자는 비난의 대상이 되었지만 역사는 되풀이될 수 있다. 건국 초기부터 미국은 국가주의와 종교적 이상이 결합된 신 이스라엘 건설을 추구하였기 때문이다. 따라서 국가주의와 패권주의는 계속될 수 있으며 국내외의 사회정치적 상황의 전개에 따라 근본주의와의 재결합 또는 보편종교로 포장된 공동체종교의 재등장은 언제나 가능하다고 하겠다.

4. 조선과 중국의 천주교 박해과정과 근대 한국사회에서의 정치와 종교

1) 조선과 중국에서의 천주교 박해와 정치-종교 관계

근대사회 이전에 나타났던 정치와 종교의 관계는 주로 공동체종교를 중심축으로 이루어졌다. 엄격한 군주제의 독점적 정치체제가 국가종교 이외의 종교를 허용하지 않았기 때문이다. 그러나 서양과 마찬가지로 세속적 황제나 국왕을 중심으로 한 중앙집권적인 정치체제를 유지했던 동양사회, 특히 한국과 중국의 경우 종교의 사회적 위치가 서양과 달랐다. 한국과 중국에서는 단일한 공동체종교가 존재하기보다는 국가종교, 또는 지배적인 종교가 존재하였지만 다양한 여타 종교의 존재 또한 인정되거나 묵인되었다. 그 결과 정치와 종교의 불일치가 정치와 종교 갈등의 주된 요인이 되지는 않았다. 다만 지배종교가 있음에도 불구하고 여타 종교의 실천이 허용되었고 지배종교든 타 종교든 국가공동체의 존립에 위협이 되는 경우에만 정치와의 갈등이 벌어졌다. 물론 서양과 달리 한국과 중국에서는 정치의 위상이 명목상으로나 실천적으로나 종교보다 높았던 것이 사실이다.

서구의 근대화는 정치, 경제, 지식, 예술, 성 등의 세속영역이 종교로부터 분화 내지 독립하는 과정을 거쳤다. 그 결과 국가종교와 대중종교, 그리고 공적 종교와 사적 종교의 의미상 분리가 가능해졌다. 그러나 조선과 중국에서는 이러한 분리가 이미 오래전부터 존재해 왔다. 즉, 사회구성원들이 사회정치적 차원에서는 동일한 의미체계를 수용하였지만, 사적 차원에서는 다양한 의미체계가 개인의 의식 속에 혼합적으로 수용되고 실천되었다. 실제로 유교 또는 성리학이라는 세속적 합리주의 국가윤리(Weber, 1958b: 268)가 사회정치적 이데올로기로서 모든 사람들에게 인식되고 실천되었지만, 사적 차원에서는 주술, 민속신앙, 불교, 도교 등에 이르는 다양한 종교가 개인에 의해 또는 가정이나 가문의 단위로 실천되었다.

사적 실천 종교를 공적인 종교(official religion)로서의 국가종교와 구별하고 사대부만이 수용하고 실천하는 엘리트 종교와 구별되는 대중종교(popular religion)로 간주할 수 있지만, 여기서는 공적 종교(public religion)와 사적 종교(private religion)의 이념형적 유형 안에 놓고 논하고자 한다. 사대부들은 독서를 통한 수신(修身)을 개인의 목표(*telos*)이자 치국평천하(治國平天下)라는 공적 목표 달성을 위한 기본단계로 설정하였다. 이들에게 성리학은 사적이며 공적인 의미체계일 수가 있다. 그러나 이들 사대부는 사적 차원에서 불교나 도교 등의 의미체계를 중층적으로 수용하기도 하였고 샤머니즘을 수용하거나 묵인하고는 하였다. 실제로 중국의 황제나 조선의 국왕도 사적으로는 불교나 도교를 실천하기까지 했다.

한편, 대중들은 신분적 사회질서 내에서 또 다른 성리학의 사회정치적 실천주체로서 존재하지만 그들 대부분의 기본적 삶의 의미체계는 불교, 도교, 샤머니즘 등의 대중종교였다. 한마디로 조선과 중국의 경우 유교나 성리학이 미치는 공적 의미체계가 사대부의 경우를 제외하고는 사회정치적 차원에 한정되었지만, 사적 의미체계는 개인적 차원과 가정이라는 범주로 일찌감치 분화되었다. 베버는 도교와 유교의 연구에서 대중종교의 보존과 유지는 대중의 정치적 안정화에 유리하고(Bendix, 1977: 132), 대중종교는 사회질서를 위배하지 않는 한 국가에 의해 간섭되지 않는다고 하였다(Weber 1951: 194-195).

종교를 삶의 의미체계로 간주한다면, 유교의 경우에도 서양의 그리스도교에서처럼 정사논쟁(正邪論爭)이 존재한다. 또한 서양에서와 마찬가지로 정사논쟁은 이단시비를 불러오고 정치적 차원의 박해와 처벌을 불러온다. 조선과 중국에서 있었던 종교와 정치의 갈등이 주로 정사논쟁을 통해서 이루어졌음을 의미한다. 그러나 서양과 달리 동양은 사학(邪學) 또는 사교(邪教)로 판명되더라도 그것이 즉각 정치적 박해로 이어지는 것은 아니다. 유교에 의해 불교와 도교는 이미 사교로 판명되었지만 공존할 수 있었다. 따라서 정사논쟁은 정치적 정사논쟁과 학문적 정사논쟁으로 구별되어야 한다. 학문적 정사논쟁은 같은 종교 내에서, 또는 다른 종교와의 관계에서 이루어질 수 있다. 그런데 학문적 정사논쟁이 반드시 정치적 정사논쟁을 불러일으키지는 않는다. 이단이나 사교에 대한 정치적 박해는 정치적 차원의 정사논쟁이 이루어질 때나 학문적 정사논쟁이 정치적 차원으로 확대되어야만 가능하다.

사실상 유교의 역사는 해석의 역사라 할 수 있다. 성리학도 선진유교(先秦儒教)에 대한 하나의 해석이었다. 그런데 중요한 것은 다양한 학풍과 해석이 가능하였고 다양한 이론(異論)의 출현이 가능했기에 치열한 학문적 정사논쟁이 벌어지고는 했지만 학문적 정사논쟁의 결과 사학으로 정죄될지라도 그것이 반드시 정치적 정사논쟁으로 이어지지는 않았다. 마테오리치가 『천주실의』를 통해 선진유교를 예수회적으로 해석한 것은 리치가 난징에서 다양한 학문적 논쟁이 자유롭게 전개된 것을 보고 자신감을 얻었기 때문이었다(정태식, 2005). 그 결과 리치의 저술은 학문적 정사논쟁의 대상이 되기는 하였지만 많은 사대부로부터 새로운 해석으로 인정되어 널리 읽히게 되었다. 이는 사회정치적 지배 이데올로기로서의 성리학이 지니는 해석의 역사적 유동성을 보여주는 것이라 할 수 있다.

조선에서는 천주학이 일찌감치 정사논쟁에 휘말리게 된다. 이익의 성호학파가 공서파(功西派)와 신서파(信西派)로 나누어져 공서파는 벽사적(闢邪的)인 입장에서 천주학과 서학에 대한 학문적 정사논쟁을 전개하였다. 그러나 이 세상을 지향하는 성리학과 내세를 지향하는 천주교 사이에 존재하는 극단적인 교의적 차이에도 불구하고 오랫동안 천주학이 박해를 받지 않았던 것은 이 교리의 차이가 박해의 직접적 동기가 아니었기 때문이다. 오히려 그것은 정조와 남인에 대항하는 노론벽파가 전개한 정치적 정사논쟁의 와중에서 발생하였다. 구체적으로는 1630년 사행 정두원이 서양서적과 함께 천주학을 유입한 지 150여 년이 지난 1801년, 즉 정조가 죽고 순조가 등극하면서 노론벽파의 거두 정순왕후가 수렴청정을 시작하면서 박해가 시작되었다(정태식, 2001).

중국에서 천주교의 박해로까지 치달은 전례논쟁 또한 처음에는 중국의 관습과 의례에 대한 선교사들의 입장차이에서 시작하였다. 주로 중국의 의례를 수용하고자 하는 예수회와 이를 거부하는 도미니크 수도회와 프란체스코 수도회의 교리적 대립과 더불어 포르투갈과 프랑스 등 선교사 파견국가의 이해관계가 겹쳐지면서 결국은 선교사에 대한 지배권을 놓고 중국황제와 교황이 대립하기에 이르렀다. 선교사들 사이의 정사논쟁이 황제와 교황에 의한 정사논쟁의 시비판정에 있어서의 갈등으로 이어졌던 것이며, 마침내 전례논쟁은 강희제에 의해 중국에서의 천주교 박해로 발전되었다(정태식, 2007a).

결론은 근대사회 이전의 공동체종교의 모습이 동양과 서양은 다르다는 것이다. 서양과 달리 조선과 중국에서는 정치공동체의 존립에 역행하고 위협이 되지 않는 한 모든 종교가 수용되었다. 공적 종교와 사적 종교, 국가종교와 대중종교의 현실적 공존이 서양에 앞서 오래전부터 관습적으로 수용되었다고 할 수 있다.

2) 근대 한국사회에서 나타난 정치와 종교와의 관계

일제강점기를 거쳐 해방 후 한국사회는 무수한 정치적 소용돌이를 겪어왔고 이러한 과정에서 종교와 정치와의 관계 또한 다양하게 전개되었다. 특히 정교분리원칙이 대한민국 헌법에 명시되었음에도 불구하고 대통령이 신봉하는 종교에 따라 정치와 제 종교의 관계가 때로는 유착과 협력, 때로는 갈등의 관계를 보여주었다. 여기서는 특히 한국종교사회학회가 2011

년과 2012년 연속해서 기획하여 개최한 대통령과 종교, 대통령선거와 종교 등을 주제로 한 세미나의 중점내용을 소개하는 한편, 이에 앞서 근대 한국사회의 정치와 종교에 대한 전반적인 연구동향을 간략하게 소개하고자 한다.

주제별로 보면 먼저 해방 후 한국의 종교와 정치 간의 관계에 대한 연구가 강인철(1993, 2010)과 노길명(2002)에 의해 이루어졌으며, 1970~80년대의 민주화과정에서의 정치와 종교의 관계에 대하여는 이원규(1987), 김녕(1995), 강인철(2002) 등의 연구가 있었다. 민주화 이후 논의는 주로 한국종교의 정치세력화를 중심으로 박준영(2008), 강원돈(2008), 박희택(2008), 이진구(2008)에 의해, 그리고 종교의 권력화를 중심으로 강인철(2009), 윤승용(2009), 류대영(2009), 이진구(2009)에 의해 이루어졌다. 그 외 강돈구(2008)는 한국의 종교와 국가의 문제를, 이혜정(2009)은 천주교와 개신교의 정치와의 관계를 다루었다.

2011년 11월에 있었던 "한국사회의 갈등과 대통령의 종교" 세미나는 불교, 개신교, 천주교를 중심으로 한 정치와 종교와의 관계를 논의하였다. 유승무는 대통령이 국가와 종교의 조응관계에 영향을 미친다고 전제하고, 해방 이후 한국의 역대 대통령의 종교(또는 종교성)가 '국가와 불교의 갈등관계'에 미친 영향을 논의하고 있다. 그에 따르면 대통령과 일치하는 종교는 국가와 유착 및 협력관계 형성 경향이 높지만 그렇지 않은 종교는 국가와 갈등관계에 놓일 개연성이 더 높다. 특히 기독교를 신봉하는 이명박 정권은 기독교와는 유착과 협력관계, 불교와는 갈등관계를 드러냈다고 주장한다(유승무, 2011).

윤용복은 천주교를 중심으로 한국 현대사에서 나타난 국가와 종교의 관계이해를 시도한다. 특히 정권이 바뀔 때마다 나타나는 정부의 천주교와 관련한 태도를 파악하고 천주교가 정부에 대해 취한 지지나 반대의 입장, 그리고 그 배경에 대해 논의하였다. 예컨대 일제강점기 동안 천주교는 성속이원론과 정교분리의 원칙하에 사회문제에 초연한 태도를 유지하였기에 정치권력에 순응 내지 지지의 태도를 표명하였다. 하지만 이승만 정권과 박정희 정권과의 관계에서는 이러한 순응적인 관계가 갈등적인 관계로 변모하였는데 이는 천주교 사회문제에 대한 인식의 변화 때문이 아니라 천주교의 이익이 침해되었기 때문이었다.

그러나 이러한 과정을 통해 결국 천주교의 사회적 인식이 달라졌고 그 결과 지난 20여 년 동안 일부 주교와 정의구현사제단, 정의평화위원회, 가톨릭농민회를 비롯한 가톨릭 노동단체들이 인권과 민주화를 위해 정권에 저항하기도 하였다. 그러나 이러한 갈등에 대해 천주교 내에서도 다른 목소리가 있기도 하였다. 일제강점기 때처럼 종교의 자유를 보장하고 교회의 권위나 재산에 대한 간섭만 없다면 정치권력에 동조할 수 있다는 지도층의 입장이 여전히 존재하였다. 제2차 바티칸 공의회의 정신이 평신도의 주체적 참여를 강조하였지만, 한국 천주교회가 이런 정신을 적극적으로 살려나가고 있는지에 대하여 특히 정치권력과의 관계나 대사회적 태도에 대해 윤용복은 강한 의문을 던지고 있다(윤용복, 2011).

필자는 기독교를 신봉하는 대통령들이 보여준 정치와 종교의 파행적 관계를 논하면서 이들 대통령의 구원귀족적인 행태의 원인을 종교개혁에서부터 시작된 개신교의 구원독점적 지향 때문이라고 주장하였다. 개신교는 독점과 배타의 속성을 드러내는 한편 이를 더욱 강조하기 위해 신의 절대성만을 강조하기에 구원종교의 신이 지니는 보편성을 퇴색하게 하였다. 문제는 개신교신자가 대통령이 될 경우 종교적 배타성이 사회정치적 차원으로 확대되어 개신교와는 밀착관계를 형성하고 여타 종교와의 악화된 관계를 만들어 내는 데 있다.

기독교신자 출신 대통령인 이승만은 스스로가 중심이 되어 기독교를 통한 사회정치적 구원을 도모하였고 김영삼과 이명박은 직·간접적으로 기독교 중심의 정치행태를 보였다. 특히 이들은 보수적인 기독교인들의 심정적 동조자로서 기독교 자체를 절대화하는 동시에 신자유주의의 자본독점적인 행태를 지지하였고 사회적으로는 근본주의의 등장과 준동의 주체가 되기도 하고 배경이 되기도 함으로써 구원귀족의 역할을 보여주었다(정태식, 2012).

2012년 12월 대통령 선거를 한 달 정도 앞두고 열린 "리더십 전환기의 대통령 선거와 종교" 세미나에서 먼저 '정치참여'와 '사회통합'의 주제로 기조강연을 한 이원규는 종교가 정치에 참여하는 것은 불가피하지만 그 참여의 목적은 권력장악이나 정치적 이익도모를 위해서가 아니라 보편적 종교가치를 가지고 공동체의 고양을 위해서여야 한다고 주장하였다. 물론 정치와 종교의 관계가 협조나 긴장의 관계일 수도 있고, 정치에 대한 종교적 입장의 차이에 따라 종교집단 사이에서 갈등과 분열이 일어날 수도 있다. 따라서 종교의 바람직한 입장정립을 위해 정치참여의 목적과 방식에 대한 논구가 필요하다(이원규, 2011).

한편, 전명수는 한국사회에서의 불교나 기독교의 세력확장이 정치권력의 긴밀한 관계없이는 불가능했을 것이라고 주장한다. 정치에서는 종교의 힘이 필요했고 종교 또한 기반확충을 위해 정치의 도움이 절실히 요구되었으며, 종교는 정치의 효용가치가, 정치시장에서는 종교의 효용가치가 크기 때문이다. 이런 점에서 한국사회에서의 종교의 위치는 사적인 영역에 머물러 있는 것이 아니라 늘 공공영역에 머물러 있어 왔음을 강조하고 있다.

종교조직의 영향력 유지와 확대를 위해 필요한 것은 국가권력에의 접근과 정책결정에의 영향력이다. 이를 가장 쉽게 얻을 수 있는 것은 주로 대통령 선거를 통해서다. 이때 입후보자와의 관계나 입후보자의 정책과의 관계정립 여부가 중요하다. 그러나 전명수는 한국의 3대 종교인 불교, 천주교, 개신교가 대통령 선거를 통해 보인 정치와의 관계 양상과 한계에 대해 논하면서 입후보자들은 그들의 가치와 이념을 종교적이거나 정치사회적인 이슈에 반영하려 하지 않는다고 비판한다. 또한 종교는 하나의 사회권력으로 정치판에 끼어들기보다는 종교적 가치로 정치를 정화하고 그 지향점을 확실히 해야 한다고 주장한다(전명수, 2012).

최현종은 대통령 선거에서 종교적 요인이 하나의 변수로 작용하는지에 대해 질문하면서 2012년의 대통령 선거 및 한국 정치상황에서 종교적 요인이 독립변수로서 작용할 것인지와 최근의 종교편향 관련 이슈가 지니는 의미 등에 대하여 추적하였다. 종교적 요인이 대선에서의 변수로 작용하는지에 대한 자료분석의 결과 "불교는 박근혜 후보/새누리당, 개신교는 평균에 근접한 지지양상 혹은 약간 박근혜 후보/새누리당에 가까운, 그리고 가톨릭과 무종교 층은 야권 후보/민주통합당의 지지 양상"을 보였다. 한편, "문재인 후보의 경우에는 가톨릭에서 상대적으로 낮은 지지율을 보인 것이 특징적이나, 이와 관련하여서는 표본수가 많지 않아 별도의 조사를 통한 확인이 필요"하다는 결론이 나왔다. 따라서 종교적 변수에 대한 분석결과는 불교-보수, 개신교-중도 보수, 가톨릭/무종교 층-진보로 요약되었다.

끝으로 최현종은 종교가 기본적인 정치적 성향과 상관을 나타내지만, 지금의 종교 관련 이슈들이 현재의 상관성을 바꾸는 데 유의미한 영향을 미치지는 못할 것으로 내다보았다. 그 이유는 국민들이 종교인들의 정치관여에 전반적으로 부정적인 시각을 갖고 있기 때문이다. 또한 종교 관련 이슈들 또한 종교 내의 충분한 합의과정이 없었던 것으로 여겨지기에 현재의 정치적 지향을 바꿀 정도의 상대적 중요성을 지니지 못하기 때문이다(최현종, 2012).

정재영과 장형철은 18대 대통령 선거와 종교와의 관계를 살펴보기 위해 미디어를 통해 등장한 대통령 후보들과 그들의 종교에 대한 분석을 시도하였다. 그 결과 이번 선거에서 미디어를 통해 대통령 후보들과 관련하여 나타난 특징을 다음과 같이 소개하였다.

첫째, 각 후보들은 폭넓게 여러 종교지도자를 방문함으로써 종교 편향성을 보이지 않으면서 종교계의 지지를 호소하고 있는 모습을 보인다. 이는 17대 대선 때 이명박 후보가 개신교 방송에 출연하며 지지를 호소했던 것과는 다른 모습이다. 따라서 후보들은 불분명한 종교성향을 보이고 있다. 둘째, 미디어를 통해 각 종교들은 서서히 지지성향을 드러내고 있다. 먼저 개신교 보수진영은 8월에 박근혜 후보를 친불 정치인이라고 비판하다가 11월에 들어서면서 지지와 지원으로 방향을 바꾸고 있다. 반면, 진보진영은 박근혜 후보의 역사의식을 비판하지만 문재인 후보에 대해 쉽게 지지표명을 하지 않고 있다. 노무현 정권의 FTA 협상 등에 대한 기억과 안철수 후보와의 관계 때문으로 해석하였다. 불교계는 이명박 정권과의 불편한 관계로 박근혜 후보에 대해서는 거리를 두면서 지지와 비판을 병행하고 있다. 한편 가톨릭의 정의구현사제단은 박근혜 후보의 역사의식을 비판하였고 문정현 신부를 중심으로 한 사회운동 진영은 안철수 후보에 대한 지지를 표명하였다. 한마디로 종교계 인사나 단체 또는 기관들은 특정 후보를 명시적으로 거론하고 있음을 알 수 있다. 세 번째 특징은 미디어 안에서 각 후보들에 대한 강한 종교적 수사가 어느 때보다 더 많이 사용되고 있다는 점이다. 예컨대 박근혜를 베드로와 연결시킨다든지 안철수를 메시아 또는 미륵불로 언급하는 것인데 이는 종교적 수사들은 해당 종교를 가진 유권자의 심리를 자극할 수도 있고 후보자에게 강한 인상을 심어줄 수가 있기 때문이다.

필자들은 결론짓기를 2012년의 대선에서 종교적인 영향력이 다른 대선의 경우보다 적게 나타나지만 그렇다고 해서 종교가 대선이라는 정치이벤트와 전혀 무관하지 않다고 보며 18대 내통령 선거에서도 종교의 영향력은 계속될 것으로 보고 있다(정재영 · 장형철, 2012).

5. 나가는 말

서양사에서 종교와 정치와의 관계에 대한 논의는 근대사회의 사회적 약속인 교회와 국가의 분리로부터 시작한다. 분리의 원칙에 따르면 정부는 교회의 성직자를 임명할 수 없고 종교기관 또한 어떤 정치인도 임명하지 않는다. 국가 또한 종교적인 의미체계를 결정하는 데 있어 아무런 역할도 권위도 갖지 않는다.[2] 자유로운 종교행위가 가능하며 국가는 종교와 관련하여 중립적인 입장을 취한다. 따라서 근대국가는 세속적인 국가이다. 하지만 정치와 종교의 관계가 서로 중립적이지만은 않다. 미국에서는 정교분리원칙에도 불구하고 종교가 공적 영역에 스며들어 시민종교의 형태를 취하거나 대선 때 대통령의 신앙검증을 하기도 한다. 따라서 정치와 종교의 관계에 대한 단순한 이론적 정의가 불가하다. 또한 교회와 국가는 구조적으로 독립된 기관으로 존재하지만 정치와 종교는 인간생활의 활동영역과 관계되기에 더욱 복잡하다. 정치인이 신앙인일 수도 있고 신앙인이 정치적 활동을 할 수도 있기 때문이다. 따라서 정치와 종교의 관계는 다양한 이슈와 역사적 전개만을 나타낼 뿐이다.

정치와 종교의 핵심적인 관계는 정치영역에서의 종교의 제도화와 탈제도화라 할 수 있다. 제도화는 가장 자연스럽고 단순한 정치와 종교의 관계로 중세에서 주로 나타났다. 여기서는 정치적 문제에 대한 대답을 종교에서 찾는다. 예컨대 정치권력과 법률의 정당성 모두를 종교적으로 판단한다. 이때 성직자가 직접 통치를 하면 신정정치이지만, 세속권력을 종교가 정당화할 경우 신정정치라 할 수는 없고 다만 종교가 제도화되었다고 할 수 있다.

종교의 제도화 양태는 다양하며 근대국가에서는 대부분 사라졌지만 남

2) 정교분리가 이루어지지 않았던 전근대사회에서는 정사논쟁의 경우 대부분 세속적인 정치권력이 정과 사를 판단하였다.

아 있기도 하다. 예컨대 영국의 성공회처럼 하나의 종교가 신앙 체계와 실천을 독점하는 국가교회가 있다. 또한 종교를 대표해서 성직자가 정치영역에서 역할을 하기도 한다. 한편, 종교는 특정한 공적 행사에서 특권적인 역할을 할 수도 있고, 공식적인 국가행사에서 종교 의례나 상징을 사용할 수도 있다. 미국은 종교의 탈제도화가 이루어졌지만 대통령 취임식에서 성서를 사용하고 충성맹세에 신의 이름을 넣는다. 이는 시민종교, 즉 약화된 형태의 제도화 종교이다. 종교가 공식적인 권위는 없지만 공적인 차원에서 종교적 개념을 사용하기 때문이다.

종교의 탈제도화는 프랑스혁명 이후 서구에서 나타난 정치와 종교 분리를 추구하는 합리적인 사고의 결과이다. 여기서는 국가의 존재가 종교에 의해 정당화되지 않고, 정치적 문제 또한 세속논리에 의해 해결한다. 그러나 종교와 정치의 독립원칙이 수용되지만 다양한 방식으로 종교가 정치에 영향을 미치고 있다. 미국의 경우 국가와 교회의 제도적 불일치 원칙하에 종교의 탈세속화와 세속정치의 탈종교화가 지속되었지만 역사적 과정을 통해 종교의 정치영역 진입과 정치와의 동맹도 생겨났다. 물론 자유주의적인 주류 개신교는 사회정치적인 목소리를 내면서 공적 영역에 남아 왔지만, 세속사회를 멀리 했던 복음주의는 종교우익으로 변모하면서 정치우익과 결합하는 등 탈정치화 원칙을 버리기도 하였다.

사적인 차원에 머물던 신앙, 영성, 도덕 등의 이슈가 사회적인 차원으로 확대되면서 타 종교의 의미체계나 세속적 의미체계와 부딪치기도 한다. 또한 대통령 선거 등에서는 종교이슈가 정치이슈로 변모하기도 한다. 대통령의 신앙내용 체계와 신앙의 깊이, 또는 낙태, 동성애, 사형 등에 대한 태도 등이 주요 이슈였다. 그러나 최근에는 줄기세포연구, 지구 온난화, 환경파괴 등의 이슈도 포함되기 시작하였다.

최근 미국에서는 공화당을 지지하던 복음주의가 좌로, 민주당을 지원하던 주류 개신교가 우로 향하기 시작하였다. 릭 워렌 등의 복음주의 목사가 환경, 에이즈 등 사회이슈에 관심을 기울이기 시작하였고 종교좌파(Religious Left)의 재정립을 선언한 진보적인 종교인과 종교단체가 정치영역에서 영적 차원의 중요성에 대해 언급하기 시작한 것이다. 진보적 복음주의가 등장하였고 민주당이 정치에서의 종교의 역할에 관심을 두기 시작한 것이다.

결국 정치와 종교의 관계는 내재적 불일치를 전제로 하지만 현실에서는 긴장과 타협의 양 극단에서 다양한 형태로 전개된다. 정치공동체의 존속을 우선시하는 공동체종교를 중심으로 예속적 관계가 이루어지기도 하고, 독립된 종교공동체를 중심축으로 정치공동체와 독립적이고 대립적인 관계가 설정되기도 하였다.

종교와 정치는 친밀할 수도 있고 대립할 수도 있다. 긴장관계일 수도 있고 타협적일 수도 있다. 종교인과 정치인이 일치할 수도 있고, 분리되었지만 명목상, 또는 실질적으로 한쪽이 우위에 설 수도 있다. 이교나 사교처럼 존재 그 자체만으로도 정치적 처벌의 대상이 되기도 하고 대중종교로 묵인되거나 사적인 차원에서 수용되기도 한다. 내재적 지향의 근본적인 불일치가 존재하지만 정치와 종교의 관계는 역사성을 가지고 끝없이 변모할 것이다.

핵심어

정치와 종교, 공동체종교, 종교공동체, 종교개혁, 근본주의, 신기독교우익, 정치우익, 정치적 정사논쟁, 학문적 정사논쟁, 천주교 박해

추천도서

퍼트남, 로버트 · 데이비드 캠벨. 2013. 『아메리칸 그레이스』. 정태식 외 공역. 페이퍼로드.

Norris, Pippa. 2004. *Sacred and Secular: Religion and Politics Worldwide*. Cambridge Studies in Social Theory, Religion and Politics. NY: Cambridge University Press.

생각해 볼 문제

1. 종교의 정치참여가 지니는 긍정적인 측면과 부정적인 측면은 무엇인가?
2. 종교는 어떤 식으로 정치에 영향을 미치는가?
3. 한국의 정치에서 종교의 역할이 어떻게 전개되었는가?
4. 구원종교의 보편성 상실이 정치와 종교의 관계에서 역사적으로 어떻게 드러나는가?
5. 학문으로서의 종교사회학이 정치와 종교의 관계정립을 위해 어떤 역할을 해야 하는가?

제 6 장

종교와 대중문화

| 전명수(고려대) |

1. 종교와 대중문화의 관계 유형과 이론

1) 종교와 대중문화의 관계 개관

일반적으로 대중문화는 가장 넓은 의미에서 문자 그대로 "다수의 대중들이 즐기고 접촉하고 향유하는 문화"이다. 즉 대중문화는 고급문화에 비해 '다수의 대중'에 기반하고 있다는 점이 특성이다. 그러나 여기서 '대중'의 의미는 '다수'일 수도 있고 '대중성'일 수도 있다. 대중 다수의 문화(mass culture)든 대중들이 좋아하는 문화(popular culture)든 대중문화는 바로 우리의 일상이고, 우리 곁에서 호흡하는 생활 자체여서, 그 메시지와 섬세한 주제가 우리를 반영하는 것 이상으로 우리에게 심대한 영향을 준다는 점은 분명하다. 말하자면 대중문화는 다수 대중의 하나인 우리를 반영하고(reflect) 동시에 형성시켜(shape) 준다는 이중적 역동성을 갖고 있어, 한편으로 거울처럼 우리의 현실과 욕망과 가치관들을 반영하면서도, 때로 선택적으로 다른 어떤 그룹이나 경험을 비춤으로써 우리의 현실지각을 변동시킨다는 점을 주목해야 할 것이다(전명수, 2009b: 15).

이러한 점에서 보면 종교와 대중문화의 관계는 매우 긴밀하다는 것이 드러난다. 특히 한국이나 미국 등 서구 국가들 중 종교인구가 총인구의 과반수를 차지하는 나라에서 종교와 대중문화의 관계연구가 소홀히 되고 있는 점은 이해하기 어렵다. 학문적인 관심에 의해 종교와 대중문화의 관계연구가 나타난 것은 1980년대 말에서 1990년대이지만, 그것은 단지 종교연구의 일환으로, 또는 단순히 차츰 그 영향력을 넓혀 가는 대중문화에 대한 관심 때문에 수행되었다. 대중문화의 왕국이라는 미국에서도 1990년대 말까지 대중문화의 이론서에 종교 부분은 취급되지 않은 것으로 보인다. 종교와 대중문화의 관계가 한 독립영역으로 미국 학자들의 관심을 끈 것은

2000년 이후에 들어와서인데, 이것은 종교와 대중문화를 표제에 내세우고 나온 초기 저서인 포브스(Bruce D. Forbes)와 마한(Jeffrey H. Mahan) 공편의 『미국에서의 종교와 대중문화』가 2000년에 출간된 것을 보아도 알 수 있다. 그 후 데이빗 치데스터(David Chidester, 2005), 고든 린치(Gordon Lynch, 2005; 2007), 아담 포사메(Adam Possamai, 2005), 클락과 클란톤 공편(Terry Ray Clark and Dan W. Clanton (eds.), 2012)의 관련 이론서가 나왔고, 특히 종교와 대중문화의 분야별 관계연구 성과, 예컨대 종교와 연극 · 영화 · TV · 문학 · 음악 · 스포츠 · 레크레이션과의 관계를 다룬 저서들의 출간이 2004년 이후 점차 증가되고 있다.

한국에서는 대중문화 관련 서적이 1980년대 이후 지속적으로 출간되었으나 종교와 대중문화의 관계연구는 『기독교와 대중문화 이해』(박종균, 1999) 외에 몇 권의 단행본과 몇 편의 학위논문, 연구논문이 있는데, 특히 기독교와 대중문화의 관계를 어떻게 설정해야 하는지에 대한 관심을 보여준다. 비교적 종교와 대중문화의 관계를 본격적으로 다룬 것으로 『뉴에이지 운동과 한국의 대중문화』(전명수, 2009b)가 있고, 불교의 경우 "불교와 대중문화"(루이스 랭카스터, 1990)가 있으나 이 연구는 표제와 달리 동아시아 불교문화에 관한 것이다. 그 밖에는 불교의 대중성이나 대중화에 초점을 둔 것이지만 기독교의 경우처럼 불교와 대중문화를 대립적으로 본 글도 있다(최종석, 2003). 미국에서는 '종교와 대중문화' 학회가 결성되어 2002년부터 『종교와 대중문화 저널』(*Journal of Religion and Popular Culture*)이 발행되었고 대학에서의 강좌도 설치되었으나, 한국의 경우 종교와 대중문화 관련 저널이나 강좌는 없고 대부분 이를 종교사회학 분야 내에서 다루고 있다.

2) 종교와 대중문화의 관계 유형과 내용

포브스는 『미국에서의 종교와 대중문화』의 서론에서 종교와 대중문화의 관계를 '대중문화 속의 종교(Religion in Popular Culture)', '종교 속의 대중문화(Popular Culture in Religion)', 그리고 '종교로서의 대중문화(Popular Culture as Religion)', '종교와 대중문화의 대화(Religion and Popular Culture in Dialogue)'라는 네 가지 유형으로 분류했다(Forbes, 2000: 9-17). 네 번째 유형인 양자의 '대화(dialogue)'는 또 다른 종교와 대중문화 연구자인 치데스터에 의해 '갈등(conflict)'으로 그 초점이 옮겨졌다(Chidester, 2005: 30-32). 대중문화 안에서 종교적 요소를 발견할 수 있고, 반대로 종교 안에서도 대중문화를 발견할 수 있으며, 더 나아가 하나의 종교적 현상으로 대중문화를 파악할 수도 있고, 양자가 대화와 갈등 중인 관계로 인식되는 것도 있다는 관점이다.

이들 중 가장 관심이 가는 것은 '대중문화 속의 종교'여서 이 글에서는 이를 별도로(2절) 다룬다. '종교로서의 대중문화'는 대중문화가 많은 대중들에게 종교와 같은 기능을 수행한다는 것인데 스포츠가 대표적인 것이다. 미국이나 유럽, 남미 그리고 한국을 포함하여 전 세계적으로 수많은 열광적이고 헌신적인 추종자를 거느린 스포츠가 하나의 '스포츠 종교(sport religion)'를 형성하고 있다는 점에서 이를 역시 독립적인 항목으로 다룬다(4절). 따라서 네 유형 중 나머지 '종교 속의 대중문화'와 '종교와 대중문화의 갈등'만을 여기서 간략하게 개관할 것이다. 포브스가 거론한 종교와 대중문화의 관계 유형에는 '종교로서의 대중문화'는 있고, '대중문화로서의 종교'가 없으나 뉴에이지 운동이 '대중문화로서의 종교(대체종교)'가 될 수 있다는 관점에서 이 역시 별도로 고찰하고자 한다(3절).

3) 종교 속의 대중문화[1)]

이 유형은 대중문화가 종교에 영향을 주면서 종교 속으로 들어가는 것

1) 이 부분은 필자의 연구논문(2007b: 364-365)을 중심으로 재정리했다.

이다. 따라서 보수적인 교리를 고수하는 일부 종교에서는 대중문화를 자신들에 대한 도전으로 본다. 그만큼 대중문화는 가까이할 수도 멀리할 수도 없는 존재이다. 여기서 종교는 수용자가 되는 것인데, 이것은 세속화시대의 종교적 특성일 수 있다. 그러나 무엇보다 후에 그 종교의 신자들이 될 청소년들을 종교 안으로 끌어들이기 위해서는 그들이 즐기는 대중문화적 요소를 종교에 가미하지 않을 수 없게 된다. 기독교 복음성가는 교회음악에 대중음악적 요소를 가미한 것으로 볼 수 있고, 목사 중에는 설교에 영화를 동원하는 이도 있다.

보수적이고 근본주의적인 신학을 고수하는 일부 종교와 교회를 제외하고는 대부분 대중문화적 요소를 우호적으로 받아들인다. 가장 큰 변화는 영상시대, 멀티미디어시대를 맞이하여 이미지가 중시되고, 사람들의 의식이 좀 더 감각적이고 감성에 기울어지게 되면서 종교 측에서는 의례와 설교, 그리고 여러 행사에 대중문화의 요소들을 적극적으로 활용하게 되었다는 것이다. 교회의 구성원들이 일상에서 끊임없이 대중문화를 접하고, 향유하며, 소비하는 시대에 산다는 점을 종교가 외면할 수 없는 것이다. 종교의 경건함을 원하는 이들은 종교를 속(俗)의 세계로 끌어내기보다는 철저하게 성(聖)의 세계에 머무르게 하고 모든 세속적인 것들을 배제하지만, 대부분의 신자들, 특히 젊은이들은 멀티미디어와 영상문화에 익숙해져 있고, 기호 · 취향 · 의식 · 관습 등이 변모하고 있어 이를 철저하게 배제한 종교에 대해 이질감을 느끼고 그 종교를 떠날 수도 있을 것이다.

이러한 점에서 보면 종교의 대중문화 수용은 단순히 시대에 영합하기 위한 것이라기보다는 환경 변화가 오히려 그 존립근거에도 영향을 미친다는 존재에 대한 위기감에 근거한 것이라는 점이 나타난다.

4) 종교와 대중문화의 갈등

종교와 대중문화는 상호 의존적인 측면이 많은 것이 사실이다. 대중문화는 종교에서 많은 아이디어를 가져다가 상품을 개발하며 작품을 만들고, 반면 종교는 대중문화의 도움을 받아 새로운 사회변동에 대처하는 힘을 얻게 된다. 그러나 양자 간의 관계가 반드시 상호 의존적이고 협조적인 것만은 아닐 것이다.

개신교 측에서는 대중문화를 '사탄'으로 비판한 예도 있거니와(신상언, 1992), 이처럼 극단적인 비판은 아니더라도 기독교 측에서는 대부분 대중문화에 대한 우려를 숨기지 않고 있다. 그것은 대중문화가 오늘날 인간 삶의 근본적인 성찰을 요구하는 영역이기 때문이다. 대중문화에 대한 기독교적 대응은 첫째 배격 또는 퇴거하는 태도로, 이것은 성/속, 영/육, 정신/물질의 이원론에 입각해서 대중문화를 죄악시, 사탄시하는 태도이다. 둘째는 변혁적 태도로, 개혁주의적 관점에서 세상문화를 원죄로 인한 타락-심판-구원의 해석학적 고리에서 보아야 한다는 것이다. 셋째는 수용 또는 동일시하는 태도로, 이것은 대중문화 역시 하나님의 일반 은총이 작용하는 것이어서 하나님이 주관하시는 백성의 삶 속에 수용되고 소통할 수 있다고 보는 관점이다(강성영, 2006: 259-260). 요약하면 극단적 배격, 변혁, 무조건적 수용이다.

그러나 기독교의 대중문화에 대한 관점이 무조건적인 비판이나 수용이 되어서는 안 된다는 점은 기독교 신학의 대중문화에 대한 이해가 비판적 대화에 기초해야 한다는 논의에서도 나타난다. 신학이 대중문화를 연구해야 하는 이유를 신학의 주제로서 '삶의 일상성', 신학의 방법론으로서 '대화', 신학의 과제로서 '문화실천'과 '문화반성'으로 보고 대중문화에 열린 사고를 가져야 한다는 주장도 같은 맥락이다(강성영, 2006: 267-273). 기독교인들이 살아가는 환경이 대중문화이므로 기독인들은 대중문화의 긍정적인 면과 부정적인 면을 잘 고찰해서 긍정적인 면은 살리고 부정적인 면은 가치 있게 바꾸어나가는 문화혁명적 사명을 갖고 있다고 본다(김경완, 2005: 447). 이러한 점에서 기독교와 대중문화를 논하는 이들은 바람직한 방향으로 모두 한결같이 '기독교 대중문화'를 제안한다(성갑식, 1997: 16; 이의용, 1999: 33; 김경완, 2005: 447).

기독교가 대중문화에서 가장 강력하게 배격하는 것은 기독교적 관점에서 반윤리적인 것으로 간주되는 대중문화이다. 기독교윤리실천운동(이하 기윤실)은 영화와 음악을 둘러싸고 여러 논쟁을 벌인 바 있다. 기윤실은 영화, 대중음악, 만화 등 문화매체 전반에 대해 음란물 논쟁을 전개해 왔는데, 먼저 영화에 관한 기윤실의 문제제기는 다음 세 가지로 요약될 수 있다. 첫째 영화 〈거짓말〉의 음란물 규정, 둘째 제한상영관 허용 반대, 셋째 영화 〈죽어도 좋아〉의 제한상영가 찬성이다. 음악에서는 싸이의 데뷔 음반 〈Psy From The Psycho World〉(2000년 1월)의 연소자 이용불가를 신청하고, 박진영의 6집 앨범에 대해 시민사회단체 일동의 이름으로 이 앨범에 대한 '청소년 유해 표시 및 포장' 판매를 촉구하는 성명서를 냈다. 박지윤의 6집 앨범에 대한 영상물등급위원회(이하 영등위)의 연소자 이용불가 판정은 기윤실이 영등위에 박지윤의 신보를 청소년 유해매체로 지정해 줄 것을 요청한 결과이다(이원석, 2008: 347-353).

이 밖에도 대중문화는 그들이 차용하는 종교적 상징이나 주제에 제한을 받기도 한다. 교황 베네딕트 16세의 고향방문 시 있었던 기념품 마케팅에서 교황청은 기념품 중 교황의 품위를 훼손하는 것이나 먹을거리에는 못 쓰게 했다. 구체적으로 장난감 곰과 방석에는 교황의 모습을 담을 수 없고, 교황청의 공식승인 없이 기념품을 팔 수 없으며, 소시지나 빵에 교황의 이름을 넣은 것도 경고를 받았다. 이러한 제한은 이면적이든 표면에 드러나든 양자 간의 갈등이 존재할 개연성을 보여주는 것이다. 이와 같이 종교는 교리에 위배되거나, 그 권위를 훼손하거나, 반종교적 현상을 보여주는 대중문화에 대한 경고를 쉬지 않는다(전명수, 2007b: 381-382). 무속인의 삶을 그린 드라마 〈왕꽃 선녀님〉이 빙의와 무속이라는 소재 때문에 기성종교, 그중에서도 기독교 측의 비판을 받은 것도 그 예이다(기독신문 2004년 9월 6일).

불교 측에서는 대중문화를 '반생명적'으로 묘사하면서 그 깨달음을 넘어 근본적인 문제해결을 위해 불교의 연기법을 가르쳐야 한다는 주장이 제기된 바 있다. 청소년들이 영화, TV, 인터넷을 통해 자살, 엽기, 음란물, 원조교제 등으로 병들어 가고 있는데, 무엇보다 생명의 존귀함이나 인간 본연의 모습과 주체성을 깨닫지 못하고 있기 때문이라는 것이다. 모든 생명은 홀로 존재하는 것이 아니라 서로 뗄 수 없는 관계를 맺고 있다는 깨달음으로 생명에 대한 관계성의 회복을 위해 노력해야 한다는 것으로, 모든 것이 자신과 뗄 수 없는 관계에 있음을 알고 인간뿐만 아니라 모든 생명체를 소중히 여겨 아끼고 사랑해야 한다는 관점이다(최종석, 2003: 139-145). 불교와 대중문화 사이에도 근본적인 갈등이 내재하고 있음을 알 수 있다.

2. 대중문화 속의 종교 : 영화와 서적

1) 종교영화

'대중문화 속의 종교'는 대부분의 경우 종교의 상품화를 의미하고, 그중 대표적인 종교상품 중 하나가 영화이다. 영화를 어느 한 종교의 전파수단으로 만들기도 하지만, 종교성을 예술적 차원으로 승화시키면서 궁극적으로는 인간의 삶과 운명에 대한 종교적 깨달음을 묘사하는 작품도 있다. 영화를 '대중문화 속의 종교'로서 뿐만 아니라 때로 '종교로서의 대중문화'로 보려는 관점이 제기되는 것도 양자가 모두 동일하게 인간의 삶과 운명을 다루기 때문이다.

종교와 영화의 유사성에 대해 언급한 학자는 많거니와, 이것은 영화를 '대중문화 속의 종교'로보다는 아래에서 논할 '스포츠 종교'처럼 '종교로서의 영화'로 보는 관점이다. 신광철은 "영화는 신화적 상상의 산실이며, 신화를 꿈꾸는 인간의 무대"라고 정의한다. 이러한 관점에서 볼 때 영화 만들기나 영화 읽기는 "구원을 향한 여정"에 비견될 수 있다는 주장으로, 종교와 영화는 각각 나름의 맥락을 지니면서 구원을 향한 걸음을 공유하고 있다는 것이다. 또 하나는 영화의 문법과 시스템 그 자체로 이미 나름의 신화적 영역을 구축하고 있다고 본다. 관객들 역시 영화공동체를 이루면서 그 제의에 참석하고 축제를 즐긴다는 분석이다. 현재 각종 세계영화제는 바로 종교적 축제를 상징한 것으로 보기도 한다(신광철, 2002: 15-28).

종교영화라고 해서 모두 영화를 선교 또는 포교의 목적으로 만들거나 그러한 기능을 갖도록 만드는 것은 아니다. 아래에서 예시할 〈벤허(Ben-Hur)〉(윌리엄 와일러 감독) 같은 영화는 그로 인해 기독교에 관심을 갖는 사람이 나타날 수도 있겠지만 이것은 부수적인 것이고, 기독교인이나 비기독교인을 막론하고 이 영화에 깊이 감동한 것은 그것이 인간의 가장 깊은 의식 속에 숨겨져 있는 종교적 갈망을 잘 포착해서 우리 삶에 대한 성찰을 가능하게 했기 때문일 것이다. 우리나라 불교영화의 경우 소재나 내용에 따라 고승전기물, 계몽 인간 드라마, 설화적 불교 교훈극, 불교 소재의 심리물과 사회극으로 분류하는데(정재형, 1993: 237-239), 종교와 대중문화의 관계에서 앞의 세 종류가 종교(불교)적 입상이 강조된 것이라면 마지막 것은 대중문화적 관점에서 종교를 묘사한 것이다. 대중문화에서 관심을 갖는 종교는 바로 이러한 것들이어서 이 같은 작품들은 불교 신자나 비신자 모두에게 인간의 삶과 운명에 대한 깨달음을 안겨줄 수 있다. 이 영화들은 단지 소재로서만 불교를 택할 뿐이지 담고자 하는 내용은 불교의 대중적 의미 및 인간의 본질, 사회의 본질을 규명코자 하는 것이다. 대표적인 작품으로

〈아제아제 바라아제〉(임권택 감독), 〈봄 여름 가을 겨울 그리고 봄〉(김기덕 감독) 등을 거론할 수 있거니와, 여기서 초점은 영화에 있지 종교에 있는 것은 아니다.

〈아제아제 바라아제〉는 모스크바 영화제(1989)에서 강수연이 여우주연상을 받은 작품이다. 이 영화에서는 이상적인 신앙을 추구하는 두 젊은 비구니의 서로 다른 수행방법을 보여준다. 진성은 자신의 구도만을 중시하는 소승적 수행을 보여주고, 순녀는 중생을 구원함으로써 자신의 깨달음을 얻으려는 대승적 수행을 보여준다. 두 사람은 마지막까지 서로 화해하지 못하지만, 그러나 순녀는 그를 이해하지 못하는 진성까지도 자신의 품안에 거두려 한다. 〈아제아제 바라아제〉는 반야심경의 마지막 구절로 "가자, 가자, 더 높은 깨달음의 세계로 나아가자"는 뜻이다. 자신만을 위한 구원을 넘어설 때 더 높은 깨달음의 세계에 도달할 수 있다는 것이다.

〈봄 여름 가을 겨울 그리고 봄〉도 종교적 소재나 주제가 스크린 표면에 직접적으로 드러나지는 않았으나 평자들은 이 영화를 종교와 영화의 상호삼투적 그리고 유기적 결합이 은유적으로 영화 전체를 구성한 작품으로 분석했다. 〈봄 여름 가을 겨울 그리고 봄〉은 사계절의 자연적 시간에 비유되는 보편적인 인간의 일생을 종교적 세계관에 따라 영화적으로 재구성하였다. 춘/하/추/동의 계절적인 흐름은 각각 아이/소년/청년/장년의 인생단계에 대응되며, 동시에 고/집/멸/도(苦集滅道)의 사성제(四聖諦)가 각 시퀀스의 불교적 함의를 구조적으로 드러내고 있다(박종천, 2006: 295, 299).

이와 같이 종교영화이면서도 종교·비종교인 모두를 감동시킨 작품들은 확실히 대중문화의 큰 자산이 된다. 기독교적 내용을 그린 기독교영화이면서 반기독교인들까지 순수하게 감동시킨 작품의 대표적인 예가 〈벤허〉이다. 쥬다 벤허는 예루살렘의 명망 있는 유대인 귀족의 장자이다. 새로 부임해 온 벤허의 옛 친구인 사령관 멧살라는 벤허에게 동족을 배신하라고 종용하고, 이를 받아들일 수 없는 벤허는 멧살라와의 절연을 선언한다. 다음날 신임 총독의 입성식 중에 벤허의 여동생이 실수로 총독의 머리에 기왓장을 떨어뜨리자, 멧살라는 벤허 가족을 반역으로 몰아 잡아들이고 벤허는 갤리선의 노예로 팔려간다. 벤허는 노예로 끌려가는 길에서 예수 그리스도와 대면하고 예수는 목마른 그에게 물을 준다. 그 후 벤허는 함대 사령관인 아리우스의 생명을 구하고, 이를 계기로 노예신분에서 해방되어 그의 양자가 된다. 멧살라에 대한 복수심으로 평온을 찾지 못한 벤허는 고향으로 돌아와 멧살라가 출전하는 전차경주에 함께 출전하는데 멧살라는 결국 말과 전차에 처참하게 짓밟히고 만다. 그때 총독 빌라도는 유대민족의 반란을 방지한다는 명목으로 예수 그리스도를 십자가형에 처한다. 벤허는 십자가를 짊어지고 올라가는 예수에게 물을 떠다주려는데, 예수의 얼굴을 보고 그가 노예로 팔려가던 중에 나사렛에서 자신에게 물을 떠주었던 사람임을 알고 놀란다. 벤허는 "아버지, 저들을 용서하소서…저들은 저들이 저지르는 일을 모르나이다."라는 예수의 마지막 말씀을 들으며 "그분의 말씀이 내 손의 칼을 거두어가는 걸 느꼈소."라고 말하여 멧살라에 대한 복수심이 완전히 사라졌음을 알린다.

뮤지컬 〈지저스 크라이스트 슈퍼스타(Jesus Christ Superstar)〉도 오랫동안 관객의 사랑과 호응을 받아왔다. 성경을 소재로 한 예수의 마지막 7일간을 그린 록 뮤지컬로, 이를 영화로 재해석한 뮤지컬 영화 〈지저스 크라이스트 슈퍼스타〉 역시 관객의 호응을 받았다. 이 작품은 배신자 유다의 시선으로 이끌어가는데, 유다는 자신이 존경하고 따랐던 스승 예수가 자신이 생각하는 것들과 다른 방향으로 나아가는 것에 불안과 배신을 느낀다. 이 공연은 유다의 감정과 고뇌가 굉장히 세밀하게 잘 묘사되어 있다. 반면 〈패션 오브 크라이스트(The Passion of the Christ)〉는 예수의 최후 12시간에 관한 영화로, 예수의 고난받는 모습을 리얼하게 묘사해서 지나치게 잔인하다는 평을 받기도 한 작품이다. 내용은 예수 그리스도가 마지막 만찬 후에 기도하기 위해 갔던 게쎄마니 동산에서 시작된다. 그곳에서 사탄의 유혹을

물리친 예수 그리스도는 유다에게 배신당해 체포되어 예루살렘으로 끌려온다. 로마 병사들로부터 처참하게 채찍질을 당한 예수는 빌라도 앞에 다시 끌려오게 된다. 군중들은 빌라도에게 바라바를 놓아주고 예수 그리스도를 처형할 것을 주장한다. 빌라도는 피를 보려는 군중들의 압력을 못이겨 결국 예수를 십자가에 못 박도록 부하들에게 명령한다. 예수는 "다 이루었도다. 내 영혼을 아버지 손에 맡기나이다."라는 마지막 한마디를 하고 죽는다.

위의 작품들은 특히 그리스도의 십자가 고난이 갖는 의미를 그 시대 사람들, 배신자와 예수 그리스도 자신의 용서 · 고뇌 · 고통 등을 통해 핍진하게 묘사해서 종교지도자들의 직접적인 설교와는 또 다른 감동을 보여준다. 그러나 영화 속의 종교가 반드시 긍정적으로 그려진 것만은 아니다. 영화 〈밀양〉 같은 작품에서는 고통과 구원, 절망과 용서가 오히려 종교의 존재 이유에 대해 의문을 제기한다. 여기서 기독교 비판은 먼저 스스로 자신이 하나님께 용서를 받았다는 유괴범의 믿음에 관한 것인데, 이것은 기독교가 값싼 은총(cheap grace)과 값싼 화해(cheap reconciliation)를 부추겼기 때문이라는 비판을 받는다. 또 하나는 아들을 죽인 가해자를 피해자인 자기가 용서하지 않았는데 누가 그를 용서할 수 있는가에 대한 여주인공의 저항과 관련된 비판이다. 결국 〈밀양〉은 기독교적 용서와 구원이 범죄행위의 합리화 내지 정당화의 도구로 사용되는 현실을 적나라하게 보여준다(전명수, 2012: 19-27). 이것은 대중문화가 종교를 바라보는 부정적인 시각을 반영하는 것으로, 종교가 늘 너무 '종교적'이고 우리의 삶과는 밀착하지 못하고 있음을 암시한다.

위 영화들은 종교성을 영화미학 속에 녹이는 수준 높은 영화를 산출함으로써 대중문화의 수준을 제고시켰다. 이러한 점에서 영화 속의 종교를 〈밀양〉처럼 비판적으로 접근했든 〈벤허〉처럼 긍정적으로 그렸든 영화가 대중문화에서 차지하는 역할과 의미는 과소평가될 수 없다.

2) 종교서적

영화와 함께 종교시장에서 중요한 자리를 차지하고 있는 것이 서적이다. 먼저 종교의 이념을 대중들이 이해하기 편하도록 평이하고 재미있게 써내려간 책들이 있는데, 그중 일례로 허영엽 신부의 『성경 속 동물과 식물』은 성경 속 동물과 식물의 상징적인 의미를 풀어낸 책이다. 허 신부는 『성서 속의 인물들 1 · 2』, 『성서의 풍속』 등을 통해 재미와 깊이를 함께한 성경읽기를 유도한 바 있다. 『성경 속 동물과 식물』은 성경에 등장하는 동식물 90종을 정리한 것으로, 이 책을 통해 성경에서 각 동식물이 어떤 상징적 의미로 사용되었는지를 보여준다. '정의로 심판하는 하느님'을 상징하는 사자, '해방과 강함'의 상징인 독수리, '하찮은 것'을 상징하는 하루살이 등 쉽게 이해되는 동물도 있다. 허 신부는 "햇수로 3년 동안 매주 새로운 동식물을 알아가고 그 안에 깃든 하느님의 섭리를 깨달아가는 과정은 '꿀송이보다 달콤한'(구약 집회서 24장 20절) 시간이었다"고 말한다(조선일보, 2009년 11월 26일).

월호 스님은 영화와 불교의 가르침을 연결한 『영화로 떠나는 불교여행』, 웰다잉(well dying)을 다룬 『언젠가 이 세상에 없을 당신을 사랑합니다』 등을 펴냈고, 불교방송 라디오 진행자로도 유명하다. 그가 동안거에 들어가기 전 내놓은 책 『행복도 내 작품입니다』는 『금강경』을 통해 부처님의 생애와 수행, 전법(傳法)과정을 현대적으로 풀어 해설한 것이다. 특히 부처님이 제자들과 함께 탁발해 돌아와 앉는 장면을 묘사한 첫 구절에 대해서는 "서양의 어느 학자는 이런 일상사는 경전에서 빼도 되지 않느냐고 말하지만 금강경의 가르침은 여기서 다 끝났다"고 설명한다. "우리가 밥 먹고, 발 씻고, 밥그릇 챙기고, 옷 입고, 자리에 앉는 것보다 중요한 일은 없다는 의미"라는 것이다(조선일보, 2009년 11월 26일).

〈사도신경〉을 쉽고 재미있게 만화로 그려낸 『차동엽 신부의 만화 사도신경』 세트도 그중 하나이다. 현대인의 삶을 친근한 언어로 풀이했던 원작 『사도신경』에 충실하면서도, 지루하게 느껴질 수 있는 교리적인 부분을 코믹하게 풀어냈다. 1, 2권으로 구성되어 있으며, 우리 주변에 흔히 볼 수 있는 다섯 식구가 좌충우돌 부딪치는 과정 속에서 사도신경에 담긴 교훈을 얻는다. 그리스도교의 신앙고백인 〈사도신경〉을 온가족이 함께 공부하며 끈끈한 가족애와 신앙심의 회복, 나아가 기도응답을 받는 과정을 그린 것으로, 이야기는 아빠가 할머니의 뜻을 따라 〈사도신경〉을 미리 공부하여 매일 저녁 가족에게 '사도신경 속 보물' 들을 가르쳐주는 데서 시작된다. 어느 날 묵묵히 버텨오던 엄마가 회사를 그만두고 받은 퇴직금 1억 원으로 온가족이 이스라엘 성지순례를 결정한다. 성지순례를 다녀온 가족은 점점 〈사도신경〉속에 담긴 '2천년의 지혜' 에 맛들여가고 더불어 나 아닌 가족 한 사람, 한 사람의 소중함을 조금씩 깨닫기 시작한다. 미움과 질투, 상처와 부담감은 어느새 서로를 향한 사랑과 신뢰로 회복되고, 아빠와 아이들은 '부활', '은총' 에 관한 이야기를 나눌 정도로 영적으로 크게 성장한다.

종교인들의 에세이는 일반적으로 '명상서적' 으로 불리는데, 특히 뉴에이지와 관련된 책들이 명상서적이라는 이름으로 많이 출판되었다. 당시 인기를 끌던 이러한 책들을 보면 군사정권하의 그 시대 대중들의 정신적 지도자에 대한 갈망을 엿볼 수 있다. 1980년대부터 1990년대 초에는 특히 주로 기독교의 권위에 대항하는 반권위적 저작물들이 봇물을 이루었다. 대표적인 것이 오쇼 라즈니쉬(Osho Rajneesh)의 『배꼽』이다. '영적 교사' 라 불리는 라즈니쉬는 신이나 악마는 모두 인간의 다른 면모이고, 소위 성자라고 불리는 그런 사람들이 정말 하늘나라로 가는 것이라면 하늘나라는 참 재미없고 따분한 곳일 것으로 위대한 영혼이 하늘나라로 들어가느니 차라리 지옥을 선택하는 게 낫다고 하면서 플레이보이를 보고 싶다면 여기서 볼 수 있는데 하늘나라까지 가서 그걸 뭐하러 보는가라고 했다. 이와 같이 종교적 초월주에 대한 철저한 부정과 희화화는 그의 기독교에 대한 반감에 근거한 것이지만, 1980년대와 90년대에 걸쳐 이러한 유의 책이 인기를 끈 것은 대중문화 일부에서 그 시대가 기독교를 포함하여 기존 권위에 대한 도전과 이념적 혼란이 극심했던 때였음을 보여주는 방증일 수도 있다(전명수, 2009b: 143-147).

뉴에이지뿐만 아니라 기성종교인들의 대중적 에세이 역시 인기가 있어 베스트셀러 반열에 오른 책도 있다. 2012년 베스트셀러 혜민 스님의 『멈추면, 비로소 보이는 것들』은 직접 불교적인 내용을 거론한 것도 아니고 반드시 불교 명상서로 불릴 수도 없는 것으로, 오히려 이 책은 종교와 인종, 가치관을 뛰어넘어 누구에게나 다가올 수 있는 책이다. 실제로 8강 종교의 장에서는 모든 종교의 본질이 다르지 않으므로 타인의 종교도 수용할 줄 알아야 한다면서, 스님이 평소 좋아하는 성경구절과 법문(法文)을 아울러 인용했다. 힘들면 한숨 쉬었다 가라면서 "부족한 '나'라고 해도, 내가 나를 사랑해주세요. 이 세상 살면서 이렇게 열심히 분투하는 내가 때때로 가엾지 않은가요? 친구는 위로해 주면서 나 자신에게는 왜 그렇게 함부로 대하는지. 내 가슴을 쓰다듬으면서 사랑한다고 스스로에게 말해 주세요." (1강 '휴식의 장' 혜민, 2012: 19)라든가 인간관계는 난로처럼 대해야 한다는 것, 난로에 너무 가까이 가면 따뜻하다 못해 뜨거워 잘못하면 큰 화상을 입게 되고 반대로 너무 멀리하면 난로의 존재가 있는지 없는지도 모르게 될 뿐더러 아주 쌀쌀하고 춥게 될 것(2강 '관계의 장' 혜민, 2012: 69)이라는 내용을 보면 이를 반드시 불교교리적 맥락에서 접근할 필요는 없어 보인다.

그러나 스님의 첫사랑을 이야기하면서, 좋은 인연이란 시작이 좋은 인연이 아닌 끝이 좋은 인연이라고 하면서 그것은 시작은 나와 상관없이 시작되었어도 인연을 어떻게 마무리하는가는 나 자신에게 달렸기 때문(5강 '사랑의 장' 혜민, 2012: 185)이라든가, 화 · 짜증 · 불안 · 질투가 일어날 때 마음의 감정을 바꾸려 노력하지도 말고 마음을 다스리려 하지도 말라고 한다. 그저 그 마음과 친해져서 그 마음을 조용히 지켜보기만 하면 된다(6강

'수행의 장' 혜민, 2012: 201-205) 등의 이야기는 반드시 스님만이 할 수 있는 내용은 아니지만, 좀 더 깊이 음미해 보면 도가 높은 고승들의 수련과 식견이 엿보이는 법어 같기도 하다. 무엇보다 이 책이 대중의 열광적인 수용으로 이어졌다는 점에서 일단 종교가 대중문화에 들어간 예로 볼 수 있다. 이 책은 자신을 한번쯤 되돌아볼 수 있는 시간을 가졌으면 좋겠다는 생각으로 쫓기듯 사는 삶에 지친 이들에게 위안과 용기를 준다는 평가를 받고 있어 종교대중문화의 의의가 바로 이러한 점에 있음을 알려준다. 이 책의 제목 "멈추면, 비로소 보이는 것들"이 함축한 대로 사람들이 그동안 정신없이 몰두해 있던 것에서 벗어나 잠시 멈추어 서서 이렇게 앞만 보고 살아가는 자신의 존재를 성찰할 때 비로소 그동안 너무도 소중한 사람들이나 일들을 잊고 있었음을 인식하게 되는 것이다.

차동엽 신부의 베스트셀러 『무지개 원리』를 아이들을 위해 재구성한 『어린이를 위한 무지개 원리』는 꿈을 이룬 사람들의 성공요인에서 7가지 공통원리를 찾아내 정립한 '무지개 원리'를 아이들을 위해 동화 속에 재미있게 녹여낸 책이다. 이 책에서는 공부를 못하는 아이, 자신감 없는 아이, 말을 함부로 하는 아이, 그리고 쉽게 포기하는 아이 등 일곱 명의 친구를 만날 수 있다. 무지개 원리에 따른 다양한 상황을 아이들에게 익숙한 학교를 배경으로 꾸며 흥미를 유발한다. 특히 일곱 명의 친구가 담임선생님의 작지만 따뜻한 메일과 편지를 받은 후 자신의 잘못된 점을 깨닫고 반성하여 변화하고 성장해 가는 모습을 생생하게 담아내 무지개 원리를 배우고 실천하도록 이끌고 있다.

종교인들의 이런 작품들은 종교 이념이나 교리를 전하는 것은 아니지만 우리의 삶과 인간 사이의 관계에 대한 종교인으로서의 인식의 깊이와 무게가 드러난다. 이처럼 종교인의 글들은 인간의 가장 깊은 의식 속에 숨겨져 있는 영적 갈망을 포착해서 잘 드러내어 감동을 줄 수 있다는 점에서 가볍고 편안한 내용에 길들여진 대중문화에 삶을 성찰하는 좀 더 깊이 있고 진지한 무게감을 더해 준다. 이러한 점에서 보면 대중문화의 질적 수준을 제고하는 데 종교의 기여가 주목된다.

3. 대중문화로서의 종교 : 뉴에이지 운동[2)]

1) 뉴에이지의 개념

위에서 인용한 포브스의 종교와 대중문화의 관계 유형에는 '대중문화로서의 종교'가 없다. 그러나 뉴에이지는 자신의 본 모습을 대중문화 속에 숨겨 놓고 있다는 점에서 '대중문화로서의 종교' 유형으로 볼 수 있다. 뉴에이지 대중문화가 바로 뉴에이지라는 의미이다.

뉴에이지 운동은 오늘날 세계 각지에서 일어나는 다양한 경향을 갖는 시대적 흐름을 총체적으로 지칭하는 용어로 사용되기 때문에 한마디로 정의하는 것은 대단히 어렵다.[3)] 일본의 종교사회학자 이토 마사유키(伊藤雅之)는 뉴에이지 운동을 "구미, 특히 미국에서 1970년대 이후 확산된 사회 · 문화운동으로, 다양한 신념과 실천의 총칭"이라고 정의하면서, 무엇보다도 인간에 내재하는 영적인 것을 중시하고, "의식변용이 사회변혁으로 연결된다"고 주장하는 사람들이 그 원류의 하나라고 보았다(伊藤雅之, 2005: 410). 그러나 미국의 멜튼(J. Gordon Melton)은 1960년대 후반에 서

---

2) 뉴에이지 운동에 관해서는 필자의 연구논문과 저서(2007a; 2009b; 2011)를 중심으로 재정리했다.

3) 뉴에이지 운동에는 ① 기공 · 단전 · 초월명상 · 마인드 컨트롤(mind control) · 요가 · 명상 등과 같이 우리 안에 내재하는 신체적 · 정신적인 능력을 개발하는 것을 목적으로 하는 시도들, ② 사탄숭배(satanism) · 귀신숭배(hauntings) · 강신술(降神術) 등과 같이 초감각적 초월적인 존재와의 교감을 추구하는 운동, ③ 외계인숭배 운동, ④ 자연중심주의 운동, ⑤ 종교와 과학을 연결시키려는 운동, ⑥ 점성술과 기존의 종교들을 서구적으로 이해하여 수용하는 형태 등이 포함된다(박문수 · 주원준, 1998: 11-15).

구사회에 나타나고 1980년대에 항상 변화하는 서구문화의 전개에서 중요하고 새로운 권력의 하나로 그 자신을 보여준 한 '국제적 사회운동'으로 정의했다(Melton, 1990: xiii).

일본에서 뉴에이지는 '정신세계(精神世界, spiritual world)', '신영성운동(新靈性運動, new spirituality movement)'이라는 용어와 혼재되어 사용되고 있다. '정신세계'라는 용어의 출현은 1970년대 이후에 일본 도시의 대형서점에 등장한 〈정신세계〉라는 코너와 관계가 있다. 종교서적 코너와 별도로 설치되어 있는 이 〈정신세계〉 코너에는 동서의 신비사상, 매클린 · 슈타이너 · 카스타네다 등의 책, 신과학, 트랜스퍼스널 심리학, 샤머니즘, 채널링, 기공, 동양의학, 사후세계와 임사체험 등에 관한 책들이 가득 진열되어 있는데, 이 같은 책들은 꾸준히 인기를 누리면서 일본 대중들에게 읽혀지고 있다. 이러한 사람들이 형성하는 종교문화를 일본에서는 통상적으로 '정신세계'라고 부르며, 또한 이들이 구속적인 '종교'라는 말 대신에 보다 개방적이고 자율적인 의미를 지닌 '영성(spirituality)'이라는 말을 선호한다는 점에서 '신영성운동'이라 이름 붙여지기도 한다(島薗 進, 1996a: 46-53; 島薗 進, 1996b: 167-172; Shimazono, 1999: 121-133).

뉴에이지 운동은 1960년대 미국사회를 중심으로 전개되었던 젊은이들의 반문화운동(counter-culture movement)을 타고 급속히 확산되기 시작했다고 볼 수 있다. 이들의 움직임은 히피(hippie) 운동, 프리섹스(free sex) 운동, 학생운동, 민권운동, 반전운동(反戰運動), 여성운동, 자연주의 운동 등으로 표출되었다. 뉴에이지 운동과 1960년대 반문화운동의 유사성으로는 반물질주의, 지상낙원주의, 생태계의 보존 관리, 기존 도덕체계의 거부, 주술에 대한 관심 등이, 차이점으로는 전자는 청년층에 국한되지 않고 모든 연령층에 퍼져 있으며, '비체제'의 사람들이 아니라는 점 등이 거론된다(Rhodes, 1996: 41-42). 이러한 점에서 뉴에이지 운동은 많은 면에서 반문화의 계승으로 간주되기도 한다.

종합해 보면 뉴에이지 운동은 전통적인 서구 문화에 대한 대안적인 접근에 의해 특징지어진 광범위한 종교(대체종교) 또는 운동으로 규정된다. 이는 뉴에이지에 불교와 도교 등 동양사상적 요소, 서구의 비술전통이 혼합되어 있다는 사실에 기인한다. 좀 더 구체적으로 뉴에이지 운동은 육체적 · 정신적 · 영적 건강과 평화를 추구하고, 그것을 통해 자기변용을 이루며, 더 나아가 사회와 지구의 치유를 이루는 것을 목적으로 한다. 이것은 뉴에이지의 개념이 '자기변용'이라는 개인주의적 이념에서 출발하여 사회와 지구의 치유라는 좀 더 넓은 활동까지 포함하는 것을 의미한다. 뉴에이지가 학자에 따라 '뉴에이지 종교'로 불리기도 하고, '뉴에이지 운동'으로 불리기도 하는 것은 뉴에이지의 어느 점에 더 초점을 두느냐에 기인한다. 이로 보면 뉴에이지에 대한 개념규정은 두 갈래로 나누어진다. 하나는 뉴에이지를 '대체종교'로서 인식하는 것이다. 인간은 무한한 존재인데 인류의 사상을 지배해 왔던 전통적인 종교적 가치관들이 인간을 스스로 나약하고 유한한 존재로 만들어 버렸다는 것으로, 뉴에이지는 개인의 초월적인 경험을 중시하여 초능력, 심령술, 두뇌개발에 깊은 관심과 믿음을 보여주면서 영성개발을 위한 점성술, 영매, 수정 등을 사용한다(전명수, 2007a: 240).

또 하나는 뉴에이지를 하나의 '운동'으로 보는 것으로 뉴에이지가 개인의 건강이나 치유와 관계가 있는 것은 사실이지만, 뉴에이지 운동이 궁극적으로 지향하는 것은 지구의 치유이고 인류의 평화라는 것이다. 뉴에이지는 개인 안에 잠재된 무한한 영적 에너지에 대한 자각과 이 에너지의 흐름을 통해 근본적으로 개인의 정신과 육체, 인간과 자연이 분리되지 않은 하나라는 '전인주의(holism)'에서 출발하는 것이어서 뉴에이지는 개인의 몸과 마음, 인간과 자연의 조화와 합일을 추구한다. 이 운동은 모든 것이 하나라는 일원론(monism)에 바탕을 두고 있기 때문에 인간도 자연의 일부분이라고 생각하고, 따라서 자연을 아끼고 보호해야 한다고 주장한다. 뉴에이지의 추종자들이 신성공간으로 자주 순례하는, 자연의 원기를 가장 강력하게 받을 수 있는 장소로 추정되는 곳이 있는 것도 이 때문이다. 애리조나 주의 세도나와 영국의 글라스톤은 뉴에이지 영성의 두 허브로 불리지만, 이외에 멕시코, 일본, 뉴질랜드, 티베트 등에도 성지로 여겨지는 곳이 있다(Ivakhiv, 2003: 94-97). 이것이 바로 인간과 자연의 일치 · 조화를 의미하는 것으로, 그러한 맥락에서 뉴에이지 운동은 간혹 자연주의운동 · 환경운동 · 녹색운동 등과 같은 사회운동의 형태를 보여준다.

2) 뉴에이지, 대중문화로서의 (대체)종교

중요한 것은 뉴에이지가 제도종교의 조직이나 의례, 성경이나 불경처럼 교리를 담은 텍스트가 없고, 교회 · 사찰 같은 예배 장소, 개신교의 목사, 불교의 승려, 가톨릭의 사제와 같은 지도자가 없다는 것이다. 뉴에이지 운동의 이론적 틀을 만들어 온 대표적인 인물들은 있지만 그들이 목사나 승려나 사제와 같은 역할을 하는 종교지도자들은 아니고, 종교에서 요구되는 어떤 제도나 의례도 없으므로 추종자들의 일정한 모임이 열리는 지정된 공간이 있는 것도 아니다. 또한 뉴에이지 운동에는 특별한 교리나 믿음체계 내지는 어떠한 권위적인 말씀도 존재하지 않는다. 종교와 영성을 구분하여 이 운동의 추종자들이 종교적이라고 불리어지기보다 영적이라고 불리어지기를 바란다는 관점(Melton, 1990: xiii)도 제기되고 있다. 가장 중요한 것은 뉴에이지의 신봉자, 말하자면 뉴에이저(new ager)로 불리는 사람들이 분명하지 않다는 것인데, 그것은 그들이 신분을 밝히지 않아서이기도 하지만 신봉자들 중에는 기성종교를 믿는 이들도 포함되어 있기 때문이다(Pike, 2004: 25). '무정형성'을 뉴에이지의 주요 특성으로 보는 것은 이를 가리키는 것이다.

뉴에이지를 가장 적대시하는 종교는 기독교이다. 기독교 신학자들이 뉴에이지를 전파하는 영화로 지목한 것에는 미국 영화 〈사랑과 영혼〉, 〈백투더퓨처〉, 〈ET〉 등이 있다. 이들은 모두 환생, 과거로의 회귀와 현재와의 연계, 외계와 외계인들을 다룬다. 이들에 영향을 받아 만들어진 한국영화로는 〈은행나무침대〉가 있고, TV드라마로 〈팔월의 신부〉 등이 있다. 뉴에이지 서적으로는 앞에서 인용한 『배꼽』과 함께 『성자가 된 청소부』, 『히말라야의 성자들』, 『예수의 잃어버린 세월』 등이 있는데 이들은 모두 반기독교적 내용을 담고 있다. 뉴에이지를 잘 반영하는 것이 명상음악, 치유음악, 태교음악 등으로 알려진 뉴에이지 음악으로 이를 '영혼의 음악' 으로 부르기도 한다(양한수, 2002). 기독교에서는 뉴에이지 음악을 장시간 들으면 그 신비로운 분위기로 인해 영적인 혼란을 일으켜 결국 정신적 질환을 앓게 될 위험성이 있다고 경고한다.

그러나 신학자들의 경고와는 달리 일반인들이 이러한 영화, 음악 등을 반드시 뉴에이지 대중문화로 보고 있는 것은 아니다. 2003년 8월 4일자 「타임(*Time*)」지의 명상 특집은 명상이 이미 서구에서 크게 확산되고 보편화되었음을 말해 준다. 흥미 있는 것은 「타임」지의 명상 기사가 "이제 명상이 뉴에이지를 떠나서, 수정을 소유하지도, 뉴에이지 잡지를 구독하지도 않으며, 더 이상 구루를 찾아 삼림 속으로 가지 않는 이들, 무엇보다 주류 미국인들에 의해 수행되고 있다는 점"을 강조한 것으로 이제 미국에서 명상은 '탈신비화' 되고 미국사회의 '주류(主流)' 가 되고 있다는 것이다(*Time*, August 4, 2003: 46-54). 미래의 운명을 예시하는 타로카드는 본래 뉴에이지에서 나온 것으로 알려졌지만 현새는 우리나라에서 거의 점과 함께 일상화되면서 이를 반드시 뉴에이지와 연계시키지는 않는다. 실제로 뉴에이지 대중문화와 일반 대중문화의 경계가 분명하지 않은 것이 많다. 언론에 등장하는 뉴에이지 음악이나 뉴에이지 피아니스트 중에는 본래 뉴에이지 이념과는 무관한 것이나 사람도 있다.

뉴에이지는 몸과 마음의 일원화에 의한 전인주의 건강수련을 포괄하고 있다. 먼저 기, 명상 등의 수련문화는 개인과 자연, 개인과 우주와의 조화와 합일을 추구한다. 뉴에이지 운동이 비술전통을 받아들이면서 가장 기본적으로 상정하고 있는 것은 우주적인 힘이고, 이 힘이 개인의 변형을 가져오고 심령치유를 일으킨다는 것인데, 여기서 영적 능력이 힘을 발휘하도록 돕는 길은 다양하지만 무엇보다 중요한 것은 이것이 '자기책임'이라는 것이다. 우주의 힘은 스스로에 대한 믿음이라는 의식의 혁명과 연결된 것으로, 이러한 의식의 변화를 일으키는 데에 도움을 주는 중요한 하나의 길이 신체수련, 마음의 통제, 명상 등을 포함한 심신수련이다. 뉴에이지적 신체수련에는 요가, 태극, 기공, 유도, 롤핑(rolfing) 등을 모두 포함하기도 하고, 멜튼처럼 침, 안마, 지압 같은 것을 주로 다루기도 하는데, 그 궁극적인 목표는 자기실현, 건강과 더 큰 계발을 향한 의식의 변화이다(Melton *et al*., 1990: 75). 이러한 건강요법은 건강이 어떤 형태의 신비적 영적 에너지에 의해 조정되고 있는 것으로 간주되는 것이어서 뉴에이지 전인주의 사상의 한 표명으로 볼 수 있다(Chandler, 1991: 149).

그러나 기수련은 우리나라의 전통적인 기문화에 기반한 수련이어서 본래 뉴에이지와는 무관한 것으로, 뉴에이지 대중문화와 일반 대중문화와의 불분명한 경계는 여기서도 드러난다. 따라서 명상센터와 기수련단체들이 주관하는 기공 · 단전 · 초월 · 명상 · 요가 등의 수련운동들은 한국 대중문화의 일부를 형성하고 있으나 이는 심신을 수련하기 위한 건강운동이나 생활체육의 한 방법일 뿐 이를 반드시 뉴에이지와 연관시킬 필요는 없을 것이다. 단지 확인하기는 어려우나 여기에는 1980년대 이후 우리나라에 들어와 조금씩 그 영역을 넓혀가던 뉴에이지의 영향이 있을 수도 있다.

대중문화로서의 뉴에이지는 현재 세계 여러 나라에서 성업 중인 뉴에이지숍에서 판매되는 뉴에이지 상품으로도 드러난다. 홍콩의 한 뉴에이지숍(Purple Moon New Age Shop)에서는 진열된 상품유형을 타로카드, 액세서리, 비술서적, 바디제품, 목걸이, 수정 · 나무 · 금속 · 진자(振子), 보석,

주문(마술) 문자와 기구 등으로 나누었다. 예로 바디상품 중 목욕소금 유형의 행운(good luck)이라는 이름을 가진 제품은 이를 우편함에 뿌리면 좋은 소식이 곧 도착할 것이고, 전화기 받침을 문지르면 기분 좋은 전화가 올 것이라고 설명한다. 목욕할 때는 2스푼 욕조에 넣으면 된다고 했다. 샴푸 중에는 '징크스 제거(jinx removing)' 라는 이름의 상품이 있는데 여기에는 문제해결을 도와준다는 설명이 있다. 보석상품 중 팔찌 중에는 이를 차면 모든 악으로부터 집안사람들과 결혼을 지켜준다는 것(Victor Flores Protect Your Marriage Bracelet)이 있다(전명수, 2011: 124).

앨빈 토플러(Alvin Toffler)는 『부의 미래』(*Revolutionary Wealth*, 2006)에서 뉴에이지가 서구에서 얼마나 보편화되었는가를 보여준다. 저자는 뉴에이지 대중 심령술이나 종교, 초자연주의 신봉자들이 과학에 가하는 도전을 지적하면서, 뉴에이지 관련서적, 분향, 그 밖의 심령술과 관련하여 그럴듯한 물건들을 파는 가게들을 시내 한복판에서 쉽게 찾을 수 있다고 말한다. 인터넷에서도 4,000가지 뉴에이지 및 마법 관련 제품을 파는 1,200개 도매상이 활동하고 있고, 한 온라인회사에서는 900장이 넘는 점성술, 여신, 마법, 손금, 고대문명, 샤머니즘, 천사, 요가, 이집트, 선(禪) 사상 등의 40가지 뉴에이지 관련 포스터를 제공하고 있다는 것이다. 〈뉴욕〉지가 표지를 '심령술의 뉴욕' 으로 장식하고서 뉴욕 최고의 초자연현상 스타들을 상세히 게재하기도 했으며, 표지 그림이 '천리안, 영매, 텔레파시, 밀교, 무당' 과 같은 단어들이 둘러싼 손바닥을 표현하고 있다는 점도 아울러 거론했다(Toffler, 2006: 134-135).

이와 같이 뉴에이지는 기성종교가 갖고 있는 제도, 의례, 교리, 지도자, 공간이 없는 대신 뉴에이지 대중문화가 바로 뉴에이지의 얼굴이고, 뉴에이지의 자기표현인 것이다. 뉴에이지는 기독교의 성경이나 불교의 불경 대신 대중문화에서 그 이념을 읽어내야 한다는 의미이기도 하다. 뉴에이지는 대중문화 속으로 들어가 그 본모습을 숨긴 채 대중 가까이에서 그들의 생각이나 의식에 조금씩 침투해 들어가고 있는 것으로, 기독교가 뉴에이지를 가장 강력하게 거부하고 적대시하는 것은 바로 이 때문이다. 신상언이 뉴에이지를 비판한 『사탄은 마침내 대중문화를 선택했습니다』라는 책은 '대중문화로서의 뉴에이지'의 모습을 극명하게 보여준다.

4. 종교로서의 대중문화 : 스포츠종교

1) 대중문화에서 종교찾기

탈현대사회에서 많은 사람들은 영적 관심이나 종교적 욕구를 제도종교를 통해서만 충족하려 하지 않는다. 그들은 자신이 직면하게 되는 일상적인 사건이나 경험들 안에서 종교적 주제들을 찾아내고, 그것에다 나름대로 의미를 부여하려는 경향을 나타낸다. 죽음, 장례, 윤회, 귀신, 영계(靈界), 초능력 등은 더 이상 제도종교들만의 주제가 아니라, 이미 그 영역을 벗어나 일상생활이나 대중문화 또는 예술의 주요 주제가 되고 있다. 예를 들면, 월드컵 당시 '붉은 악마'의 응원 열풍이나 미군 장갑차에 의해 숨진 두 여학생을 기리는 촛불집회, 이라크 파병 반대를 위한 촛불집회, 프로축구와 프로야구 경기 때의 응원, 대학축제에서 행하여지는 마당굿과 대동굿 등이 종교의 모습으로 우리에게 다가오고 있는 것이다(노길명, 2005: 203-204). 포브스는 이를 "예기치 않은 곳에서의 종교의 발견(Finding Religion in Unexpected Places)"으로 불렀다. 즉 종교라는 것이 반드시 교회, 유대교 회당(synagogues), 이슬람교 사원(mosques), 그리고 신전(temples)에서만 나타나는 것이 아니라 대중문화에서도 나타난다는 의미이다. 그러면서 그는 베스트셀러의 여러 가지 대중문화 작품들, 이를테면 대중음악, 비디오, 탐정소설, TV 프로그램, 영화, 그 밖에도 축구나 농구 같은 스포츠 등을 그 예로 들고 있다(Forbes, 2000: 1-20).

많은 영화들이 직접적으로 혹은 간접적으로 '종교적' 목적에 봉사할 뿐더러 종교처럼 영화는 인간의 삶에 의미를 제시하며, 생활에서 껴안는 가치들을 묘사한다는 점에서 영화 자체를 인간의 삶이 부닥치는 궁극적인 문제들과의 기본적이고 종교적인 경쟁의 한 부분으로 보기도 한다. 미국에서는 대중문화 가운데 스포츠와 TV에 자주 빠져 있는 사람들에게 이것들이 이전에 종교가 수행하던 기능을 대신하고 있는 것으로 인식되고 있다. 양자 사이의 관계는 신앙, 의례, 상징, 또는 기능 같은 것들 중에서 무엇을 강조하느냐에 따라 달라질 수는 있으나 스포츠나 TV 같은 것은 적어도 미국의 경우 수많은 헌신적인 추종자들을 확보한 하나의 종교가 되고 있다는 것이 포브스의 시각이다(Forbes, 2000: 15). 포브스 이전에도 이미 미국의 마이클 노박(M. Novak)은 스포츠를 일종의 '시민종교(civil religion)'로, 사회학자 제임스 마티센(James A. Mathisen)은 '민속종교(folk religion)', 캐서린 알바니즈(Catherine Albanese)는 '문화종교(cultural religion)'의 한 형태로 본 바 있다(Price, 2000: 203에서 재인용).

2) 스포츠종교(sport religion)[4]

스포츠를 종교로 볼 수 있느냐에 관한 논의에는 여러 주장이 존재할 수 있다. 조셉 프라이스(Joseph L. Price)는 스포츠가 이를 숭배하고 따르는 이들에게 삶의 전망을 준다는 점에서 종교의 기능적 정의에 합치됨을 암시한다. 그는 종교와 스포츠 사이의 동일성을 찾으면서 스포츠가 인생에서 예기치 못했던 일들을 다루는 방식의 모델과 삶의 표본이 되고 전망을 보여준다는 점을 거론했다(Price, 2000: 215). 이것은 마치 종교가 삶의 의미와

4) 스포츠종교에 관해서는 필자의 연구논문(2009a; 2010)을 재정리한 것으로, 별도의 인용표기는 하지 않았다.

방향을 제시해 주는 것과 유사하고, 이러한 점에서 스포츠는 종교로서의 기능을 갖는 것으로 간주된다.

그러나 종교에 관한 엄격한 정의에 근거한다면 이는 성립될 수 없다. 무엇보다 스포츠는 신앙, 의례, 희생과 초월의 본보기들을 제공하거나 현대인의 실종된 정체성과 소속감을 찾는 데에 도움을 줄 수는 있지만 인간의 운명에 관한 근원적인 문제는 종교만이 다룰 수 있는 고유영역이기 때문이다. 종교가 사람들의 현실의 삶에서뿐만 아니라 세상을 떠날 때 그리고 때로 내세를 위해 담당하는 역할을 스포츠가 대신할 수는 없는 것이다. 또한 대부분의 학자들은 스포츠가 초월적인 것, 신성한 것, 그리고 도덕적으로 향상시키는 사회적 요소에 의해 특징짓는 종교를 구성할 수 없다고 보는데, 가장 큰 이유는 우리가 지각하는 것처럼 스포츠가 본질적으로 신성하지 않기 때문이라는 것이다. 히그스(Robert J. Higgs)는 최근 점점 더 스포츠와 종교(기독교)는 서로에게 봉사하면서 거의 분리될 수 없을 정도가 되었으나 이들은 많은 면에서 오히려 상반된다는 견해를 제시했다(Higgs, 1995: 1). 따라서 스포츠가 종교의 본질이나 기능 중 일부를 담당할 수는 있어도 이것이 종교 자체를 대체하는 기능적 등가물은 되지 못할 것으로 보인다.

그러나 종교와 스포츠가 보여주는 유사성을 주목한다면 스포츠는 종교와 대중문화의 관계 유형 분류 중 '종교로서의 대중문화(스포츠)' 에 귀속될 것이다. 학자들 중에는 '종교로서의 스포츠(sport as religion)' 대신 '스포츠 종교(sport religion)' 라는 명칭을 직접 쓰는 학자도 있다(Prebish, 1992: 49-52). 이러한 학자들 중에는 종교사회학자들이 많으나 그 밖에 신학자, 종교학자들 중에서도 종교와 스포츠가 본질적인 특성을 공유하고 있는 것으로 간주하는 사람들이 있다. 이들은 종교를 '신에 대한 믿음' 으로 보는 것은 서구종교 위주의 시각이고, 대중문화적 관점에서 접근하는 사람들에게 종교는 여러 차원에서 인식되어야 한다고 주장한다. 그중 하나가 종교를 '인간의 표현(human expressions)' 과 관련된 의미로 보는 것인데, 이 경우 아마도 스포츠가 대표적일 수 있다. '스포츠 종교' 의 논의는 종교의 개념에 대한 이러한 전제 위에서 출발한다.

스포츠의 재미는 경쟁에서 이기기에 있고, 승리에 대한 팬들의 집착과 이를 위한 열렬한 응원은 그들이 응원팀과 자신을 동일시하면서 경기에서 자아정체성을 찾거나 유지하려 하기 때문이다. 팀이 승리했을 때 열광하고, 패배했을 때 허무감과 좌절감으로 눈물을 흘리는 팬들의 모습도 동일한 맥락에서 이해될 수 있다. 이 점은 종교의 기능과 밀접히 연관된다. 종교를 기능적으로 정의하려는 학자들은 개인과 사회에 대한 종교의 기능에 주목한다. 특히 이들은 종교가 담당하는 '의미' 의 문제를 중요시하는데, 여기서 의미의 문제란 주로 '자신은 누구인가' 하는 '자아정체(自我正體, self-identity)' 의 문제를 말한다. 바로 종교는 이를 설명해 주는 궁극적인 설명의 체계라는 것이다. 이렇게 보면 종교와 스포츠 모두 그 방식은 다르더라도 자아정체성의 문제를 해결한다는 점에서 상당부분 유사한 기능을 갖는 것으로 생각된다.[5)]

종교와 스포츠의 상호 대응관계는 다음 세 가지 점으로 요약될 수 있다. 종교공간으로서의 스타디움, 경기에 대한 종교적 인식, 종교적 성자로서의 스포츠 스타와 충성스러운 신자로서의 스포츠팬이다. 스타디움을 '경배의 집(house of worship)', 야구에서 마운드를 '우주산(Cosmic Mountain)' 으로 보는 상징적 해석을 받아들이지 않더라도 경기장이, 어느 스포츠건, 많은 기도가 이루어지는 상소임은 틀림없다. 코클리(Jay Coakley)는 선수 · 코치 · 감독들이 종교를 사용하는 이유를 문제를 발생시

5) 스포츠사회학자나 '종교로서의 스포츠' 이론을 주장하는 학자들 역시 스포츠가 자아정체성 확립에 기여한다는 점을 들어 종교와의 유사성을 강조한다. 코클리는 스포츠 참여가 개인의 사회화와 정체성 형성에 기여함을 지적했고, 프라이스는 스포츠팬들의 열정과 헌신이 공동체를 형성하고 자신들의 정체성을 확립시킨다고 보았다(Coakley, 2009: 96; Price, 2000: 213).

키지 않고 승패의 불확실성에 대처하기 위해서, 그리고 팀을 뭉치게 하여 승리하기 위해서 등 모두 9가지로 정리한 바 있다(Coakley, 2009: 535-540). 특히 그중 팀을 뭉치게 하는 가장 강력한 도구가 종교신앙과 예배 · 기도와 같은 종교의례로, 이것은 선수들이 경기 중 연대감과 통일성을 일으키면서 서로를 영적 팀메이트로 연결시키는 힘을 발휘한다는 것이다(정용대 외, 2004: 284-287).

그러나 경기를 수행하는 이들만이 아니라 관객 역시 간절한 기원을 한다는 것도 유의할 만하다. 경기의 TV중계를 보면 관객들 역시 두 손을 모으고 기도하는 모습을 자주 보게 된다. 월드컵, 올림픽 같은 국제대회는 물론이지만 국내의 프로 스포츠 관객들도 마찬가지이다. 두 손 모으고 기원하는 것을 어느 특정 종교의 전유물로 인식할 필요는 없을 것이나 그것이 초월적 존재에 대한 간절한 희구라는 점에서 종교적인 것만은 틀림없어 보인다. 중요한 것은 선수건 관객이건 그들의 기도는 모두 승리에 목표를 둔다는 것이다.

알바니즈(Catherine L. Albanese)는 시합이 두 편으로 나뉘어 이루어지는 것을 선과 악, 그리스도와 적그리스도, 천사와 마귀의 이원적 종교특성을 보여주는 것으로 고찰했다. 두 팀으로 나뉘어 싸우는 것이 천년왕국의 도래와 이때 벌어지는 최후의 전투에 대한 성경상의 설명과 유사하다는 것이다. 말하자면 게임은 우리 측 '좋은 팀'과 반대편 '나쁜 팀'으로 구성되고, 코치들은 마치 그들이 지상에서 수행하는 최후의 게임인 것처럼 모든 힘을 쏟아 넣어 승리하도록 그 팀의 전체 구성원들에게 강조한다는 분석이다(Albanese, 1999: 476). 이것은 경기를 관람하는 팬들의 승리에 대한 갈망에서도 드러나는데 경기에서의 승리가 기본적으로 인간의 승부욕이라는 본성에서 나왔다 하더라도 궁극적으로는 악과의 싸움과 승리라는 종교적 목표와 크게 다르지 않다는 해석이다.

이러한 시합은 종교의 '정의로운 싸움'으로서의 종교전쟁을 생각나게 한다. 서구 기독교에서는 많은 이단들에 맞서 수행된 전쟁이 있었거니와 찬송가(한국찬송가공회, 1983)에도 영적 전투에서의 승리를 다짐한 내용이 많다.

> 마귀들과 싸울지라 죄악 벗은 형제여 담대하게 싸울지라 저기 악한 적병과
> 심판 날과 멸망의 날 네가 섰는 눈앞에 곧 다가오리라.(388장)
>
> 믿는 사람들은 군병 같으니 앞에 가신 주를 따라갑시다.
> 우리 대장 예수 기를 가지고 접전하는 곳에 가신 것 보라.(389장)
>
> 십자가 군병들아 주 위해 일어나 기 들고 앞서 나가 굳세게 싸워라
> 주께서 승전하고 영광을 얻도록 그 군대 거느리사 늘 이김 주시네.(390장)

위의 인용을 보면 마귀, 죄악, 적병, 심판, 멸망(388장)은 정의로운 싸움의 상대편에 대한 묘사이다. 믿는 사람들(389장)은 십자가 군병들(390장)이다. 예수는 대장이고, 접전은 싸움이 치열함을 알려주지만 목적은 승리이다. 중요한 것은 이들 구절에서 드러나는 승리에 대한 확신과 열망이지만, 더 나아가 믿는 사람들에게 "싸울지라", "주를 따라갑시다", "굳세게 싸워라"와 같은 구절에서 보여준 승리를 위한 고취이고 응원이다. 그 강렬한 열망이나 응원은 스포츠 경기 중 양편 지지자들의 열띤 승리에 대한 기원과 응원에 비견될 만하다.

스포츠팬이 자기편이 승리했을 때 보여주는 환희와 열광이 종교적 희열과 유사하다고 보는 시각은 일반화되어 있거니와, 이것은 스포츠팬이 경기에서 드러내는 반응이 종교적 신자를 닮았다는 의미가 된다. 적어도 스포츠팬이든 종교신자든 그들이 원하는 목표에 도달하기까지의 열망과 도달했을 때의 열광에서는 양자의 접점이 보인다. 그러나 스포츠팬과 종교신자 간의 접점이 어느 정도 동일하게 지속될 수 있을지는 확실하지 않다. 스포츠에서 받는 승리의 열광은 그 강도와 지속되는 시간의 길이가 게임의 중요성에 비례할지는 모르나, 그것이 종교적 체험에서 우러나오는 그

것과 동일할 수는 없을 것이다. 2002년 월드컵에서의 경험이 꽤 오래 지속되었으나 현재에는 그 기억만 남아 있고, 열광의 감흥이 남아 있어 보이지 않는다.

미국의 사회학자 해리 에드워드(Harry Edwards)는 종교의 성자와 명예의 전당에 들어가 있는 스포츠맨들, 대주교와 코치 및 매니저 그룹, 신(神)들과 스포츠 슈퍼스타, 종교회의와 미국올림픽위원회와 같은 스포츠 관련 기관, 율법학자와 스포츠 방송기자, 하늘나라 왕국을 찾는 사람들과 스포츠 헌신자 및 추종자, 신전과 명예의 전당, 예배하는 집과 경기장, 신앙의 상징과 트로피 등등을 종교와 스포츠의 상호 대응관계로 제시한 바 있다(Edwards, 1973: 262). 슈퍼스타 선수는 종교적 신으로, 죽은 선수들은 성인으로 대접받고, 그들을 따르는 팬들은 종교의 신자들과 동일시될 수 있다는 것이다. 이러한 종교와 스포츠 사이의 상호 대응은 좀 지나치고 억지스럽기는 하나 한국의 야구팬들도 뛰어난 감독이나 선수에게 '야신', '양신'이라는 명칭을 부여한 것을 보면 어느 정도 종교와 스포츠의 동일화가 이루어진 것 같은 느낌을 받는다. 여기서 '신'이라는 타이틀은 인간의 능력 이상의 무엇을 보여준 것으로 간주되는 사람에게 부여되는 것이므로 반드시 종교적인 신의 의미는 아닐지라도 어느 정도의 초월성은 전제하고 있는 것으로 생각된다.

5. 맺음말

종교와 대중문화의 연구에서 관심이 가는 것은 대중문화 가운데 종교와 연관된 것이 적지 않을 뿐 아니라 대중문화의 속성 자체가 종교와 유사한 것이 상당히 많다는 것이다. 위에서 기술한 스포츠, 영화뿐만 아니라 음식, 놀이까지도 그 예에 속하는데, 이것은 종교가 그만큼 대중의 일상과 긴밀히 연관된 것임을 의미하는 것이다. 최근 대중문화 연구에서 일상문화에 대한 관심이 증가하고 있거니와, 이러한 점에서 종교와 대중문화의 연구는 우리 일상문화에 대한 새로운 시각을 보여줄 수 있을 것이다.

그러나 현대의 대중문화는 상업주의에 오염되고, 더욱 피스케(John Fiske)가 분석한 대로 의미를 생산하는 즐거움이 아닌, 평이하고 단순한 '도피(evasion)'의 즐거움(Fiske, 1989: 56)에 대한 대중들의 지나친 경도 때문에 그 차원이 좀 더 가벼워지고, 좀 더 천박해진다는 우려를 보여준다. 현대 대중문화는 언제나 '소비'와 '상품'과 나란히 존재하고 있으나, 이들은 한편으로 대중의 욕망을 반영하고 다른 한편으로 그들의 의식이나 가치관을 형성해 주는 매우 중요한 대중문화의 요인들이다. 따라서 무엇보다 중요한 것은 종교가 대중문화에 기여할 수 있는 요인들을 찾아보는 것이다. 종교는 비록 신념상의 차이로 증오와 폭력이 일어나기는 하지만 그러나 어느 종교든 그 바탕에는 사랑, 자비, 포용, 용서와 같은 덕목이 깔려 있다는 점에서 종교와 대중문화의 결합은 상품화에 물들여진 대중문화의 특성을 좀 더 깊이 있고 다양하게 확장하는 데에 기여할 것으로 생각된다.

그러나 종교와 대중문화의 관계는 반드시 종교가 대중문화에 끼치는 영향이라는 일방성만 갖고 있는 것은 아니다. 어떤 면에서 대중문화는 종교를 인간의 삶과 운명에 보다 밀착시켜 이해하는 데에 도움이 될 수 있다는 점도 유의할 만하다. 〈벤허〉에서 주인공 벤허는 자신을 귀족의 신분에서 하루아침에 노예로 전락시킨 사람에 대한 복수심으로 살았으나 그리스도의 십자가를 목격하면서 그의 마음에 가득했던 분노와 증오가 사라지는 것을 느낀다. 여기서 용서는 자신을 십자가 형벌로 이끈 무지한 군중들을 책망하지 않고 오히려 조건 없이 그들의 죄를 안고 가는 그리스도의 마음을 표상한 것이다. 그러나 〈밀양〉에서 가해자나 피해자가 운운하는 용서는 무조건적이 아니라 조건을 전제로 한 것으로, 인간의 생각과 삶은 다양해서 종교 교리상의 덕목도 이렇게 서로 다르게 해석되고 재해석될 수 있는 것이다.

그러나 아마도 종교와 대중문화의 연구에서 가장 큰 문제는 바로 '종교'의 개념 정의에 있을 것이다. '종교대중문화'라고 할 때의 '종교'란 무엇인가? 연구자들 중에는 본 논의의 기반이 된 포브스의 견해처럼 종교를 기능주의적 관점에서 접근한 것에 이의를 제기한 사람도 있다. 예로 고든 린치(Gordon Lynch)는 종교를 신성한 대상을 지향하는 사회적 그리고 문화적 체계라고 요약하면서, 신성한 것이란 어떤 특정한 인간 사상, 감정과 행동에 의해 정의된 대상으로, 그것은 힘, 정체성, 의미와 진리의 기초가 되거나 또는 이들의 궁극적 원천으로서 간주된다고 했다. 바로 인간은 신성한 대상에 대한 이러한 특질을 주목하면서 특정 사회관계와 문화적 수행 그리고 자원을 통해 구성되고 조정된다는 것이다. 그는 스포츠 팬덤과 열광적인 기독교도들이 각각 그들이 똑같이 보여준 공동체의 한 구성원이라는 황홀한 경험에 근거해서 이들을 동일시하는 것은 이 두 경험과 수행 사이의 기본적 차이를 놓쳐버리는 것이라고 하였다. 기독교도들이 신과의 만남에서 성령의 은총을 경험하는 것을 자신의 축구팀이 한 골을 기록할 때 열광하는 것과 동일선상에 둘 수는 없다는 의미이다(Lynch(ed.), 2007: 132, 138).

아마도 연구자 간의 차이는 동일한 종교사회학적 접근이라도 종교와 사회 중 어디에 더 중점을 두느냐에 있을 것이지만 어느 쪽이든 양자에 대한 좀 더 개방되고 포괄적인 시각이 요구된다. 일반적으로 종교를 인간의 삶 전체에 대해 궁극적인 의미와 해석을 제공해 주는 설명체계로, 이러한 기능을 통해 개인에게 삶의 의미와 올바른 방향을 제시해 주는 것으로 이해한다면 대중문화 역시 우리의 일상을 반영하는 것이어서 종교와 대중문화의 연구는 종교만으로 이해될 수 없거나 대중문화만으로 보여줄 수 없는 인간의 삶과 운명에 대한 인식을 심화시키는 길이 될 것으로 판단된다.

핵심어

종교와 대중문화, 종교영화, 종교서적, 뉴에이지 운동, 뉴에이지 대중문화, 전인주의, 기수련, 스포츠종교

추천도서

박종균. 1999. 『기독교와 대중문화 이해』. 서울: 대한기독교서회.
전명수. 2009. 『뉴에이지 운동과 한국의 대중문화』. 서울: 집문당.
차동엽. 2012. 『만화 사도신경 세트』. 김포: 위즈앤비즈.
혜민. 2012. 『멈추면, 비로소 보이는 것들』. 파주: 쌤앤파커스.
Fiske, John. *Understanding Popular Culture*. Boston: Unwin Hyman. 1989.

추천영화

벤허, 사랑과 영혼, 밀양, 아제아제 바라아제

생각해 볼 문제

1. 2002년 월드컵 당시 붉은 악마와 함께 거의 전 국민이 보여준 열광적인 응원을 종교적 차원에서 볼 수 있는가?
2. 종교서적이나 종교영화에서 가장 기억에 남는 작품을 한 편씩 들고 토론해 보자.
3. 종교가 정말 건전한 대중문화 형성과 대중문화의 질적 제고에 기여할 수 있을까? 개신교, 가톨릭, 불교, 기타 종교의 신자와 종교가 없는 무신론자의 관점에서 이야기 해보자.
4. 대종교, 천도교, 원불교 같은 민족종교 속의 대중문화는 어떤 것이 있나 찾아보자.

제 7 장

인터넷과 종교[1]

| 박수호(덕성여대) |

1. 들어가는 말

문명사적 전환으로 평가되는 정보화는 종교영역에서도 상당한 변화를 수반하였다. 정보화와 종교의 연관성을 검토해 온 기존의 연구들은 사이버 공간을 기존 종교의 대안으로 부각시키거나, 교육이나 커뮤니케이션, 홍보 등의 수단으로 활용하고 있음을 보여주었다. 종교 사이트 이용실태를 통해 확인한 바에 의하면, 정보화는 교리를 비롯한 각종 종교정보를 유통시키고, 종교적 관계망을 확장시킴으로써 종교적 정체성을 강화하는 역할을 수행하고 있다. 또한 온라인 종교활동은 일반화된 종교생활의 한 유형으로 자리 잡고 있으며, 종교영역에서의 다양한 변화에 의미 있는 영향력을 행사하고 있음이 확인되었다. 따라서 현재의 종교적 역동성을 설명하고, 미래의 종교문화를 예측하기 위해서는 정보통신기술, 나아가 과학기술과 종교의 관계에 주목할 필요가 있다.

종교가 스스로의 삶을 온전히 통제하지 못하는 인간의 한계를 언급하는 데 비해, 과학은 그러한 인간의 한계를 확장시키고자 한다. 이러한 차이는 근대 이후 과학의 눈부신 발달과 종교의 쇠퇴 내지 세속화가 맞물리면서 과학의 발달이 종교의 영역을 축소시키는 것으로 비춰지게 되었고, 종교와 과학은 양립할 수 없는 관계처럼 인식되었다. 그러나 최근에는 종교와 과학의 관계가 반드시 갈등적 관계만은 아니라는 주장이 설득력을 얻고 있다(정진홍, 2000). 삶의 과정에서 당면하게 되는 불확실성과 불안을 해결하기 위해 종교는 '왜' 라는 질문으로부터, 과학은 '어떻게' 라는 질문에서 출발해 서로 다른 답을 제시하고 있을 뿐이므로 양자 간의 관계는 서로 모순되는 대립관계로 설정될 수 있는 차원이 아니라는 것이다. 이와 같은 주장은 과

1) 이 장은 필자의 박사학위 논문의 내용을 요약, 정리한 것이다. 자세한 내용은 박수호(2005)를 참조하라.

학과 종교의 상호 보완적 결합을 시도하기 위한 출발점이 된다.

한편, 정보화로 표상되는 현대사회의 급격한 변동은 인간의 한계에 대한 새로운 준거를 제시하고 있다는 점에서 과학과 종교의 관계를 근본적으로 재검토할 필요성을 제기한다. 정보통신기술의 발전이 인간의 본원적 한계로 여겨지는 시간과 공간의 제약을 상당부분 벗어날 수 있는 기술적 기반을 제공하고 있기 때문이다. 정보통신기술을 통해 인간의 한계에 대한 인식의 지평과 행위의 범역이 확장되면서 그간 종교가 전제하였던 인간의 실존적 한계의 범위를 재설정해야만 하는 상황이 전개되기 시작한 것이다. 즉, 과학기술은 시공간의 의미 및 경험을 변화시킴으로써 일상생활의 구조를 변화시키게 되었고, 그 결과 일상생활의 주요 구성요소인 종교도 변화를 요구받게 된 것이다.

정보화의 영향을 심도 있게 관측해 온 주요 연구자들은 정보화로 인한 변화가 '문명사적 전환'이라고까지 언급할 수 있을 만큼 심대한 것이라는 데 대체로 동의한다. 이러한 전망에 따르면 정보화는 종교의 영역에서도 그에 상응하는 변화를 수반할 것이라는 점을 충분히 예측할 수 있다. 결국 토플러에 의해 '제3의 물결'로 지칭된 정보화는 인간의 삶의 영역에 다양하면서도 근본적인 변화를 초래하였는데, 종교의 영역에 있어서도 예외는 아니라고 할 수 있다.

신재식(2004)은 가상세계를 가능케 한 최근의 커뮤니케이션 방식이 현재의 종교양태에 상당한 영향을 주고, 종교문화와 신앙형태를 변화시키는 압력으로 작용할 것이라는 점을 명시한 바 있으며, 콥(Cobb, 1998)이나 유기쁨(2004) 등 역시 첨단 테크놀로지의 발달, 특히 사이버공간의 등장은 사람들로 하여금 탈육화에 대한 종교적 욕망을 실현 가능한 것으로 여기게 만듦으로써 인간의 종교적 욕망을 발산시킬 수 있는 새로운 매체가 되고 있다고 평가하고 있다.

이러한 변화들은 종교의 영역에 두 가지 근본적인 과제를 제시하게 된다. 하나는 '왜'라는 질문에 대한 해답을 제시한다는 측면에서 정보화로 인해 변화된 삶의 영역에 대한 종교적 재해석과 새로운 의미부여라는 과제이다. 정보사회에 상응하는 교리체계의 변화라고 규정할 수 있는 이 과제는 전적으로 종교학과 신학의 연구대상이라고 할 수 있다. 다른 하나는 종교를 종속변수로 이해하는 관점이다. 사회현상과 구조, 그리고 그 변화의 영향을 받아 종교 자체의 성격이 변화되는 경우는 쉽게 찾아볼 수 있다. 따라서 종교외부의 환경변화에 대해 종교가 어떻게 대응하는가를 관찰하고 분석하는 것은 종교사회학의 주요 과제가 된다.

종교 외적 환경이 정보화되면서 그에 상응하는 변화의 수용 여부는 종교조직의 성쇠를 가름하는 시금석이 되었고, 개개인의 종교경험이나 신앙생활도 정보통신기술(보다 구체적으로는 인터넷)을 매개로 하면서 다양한 변화를 경험하게 되었다. 이처럼 정보화라는 종교 외적 환경의 변화에 따른 종교의 변화상은 새로운 사회환경에 대한 종교의 대응이라는 점에서 매우 흥미로운 사회학적 연구대상이라고 할 수 있다. 그러나 이 분야의 선행연구들을 살펴보면 정보화로 인한 종교성이나 종교영역의 변화에 대한 경험적 연구가 많지 않다. 그나마 종교 사이트 분석을 통해 종교단체의 인터넷 활용 실태를 기술하고, 그에 따른 전망을 제시하는 것이 대부분이다. 따라서 정보화 혹은 인터넷 이용과 종교에 대한 명확한 이론이 정립되어 있다고 하기는 어려운 형편이다.

2. 정보사회와 종교

정보화 혹은 정보사회와 종교의 관계를 논의하고 있는 주요 선행연구들은 크게 두 부류로 구분할 수 있다. 하나는 사이버공간 자체의 종교성을 탐구하는 것이고, 다른 하나는 종교 조직의 정보통신기술(주로 인터넷) 활용과 그 결과에 대한 검토이다. 대체로 전자는 사이버공간을 기존 종교의 대안으로 부각시키고 있는 반면, 후자는 인터넷상의 종교활동을 현실공간의 종교가 교육이나 커뮤니케이션, 홍보 등의 목적을 위한 수단으로 인식하고 있음을 보여준다.

1) 사이버공간의 종교성 탐구

사이버공간 자체의 종교성을 탐구하는 선행연구들은 콥과 버트하임(Wertheim, 1999), 라모(Ramo, 1997), 베네딕트(Benedikt, 1991), 잘레스키(Zaleski, 1997), 도사 마사키(土佐昌樹, 2000) 등에게서 찾아볼 수 있다.

사이버공간을 종교적으로 인식하기 시작한 것은 베네딕트로 거슬러 올라갈 수 있다. 사이버공간에 대한 초기 연구자들에게 많은 영향력을 행사했던 베네딕트는 사이버공간을 컴퓨터 연결망에 의해 창조되고 지탱되는 새로운 우주이며, 인간의 집단적 기억 혹은 환각 속에서 존재해 오던 '공동의 정신적 지형'이 기술발달에 의해 가시화된 것으로 보았다. 사이버공간에서 천상의 도시(Heavenly City) 혹은 계시록에 묘사된 '새 예루살렘(the new Jerusalem)'의 이미지를 떠올린 베네딕트는 사이버공간을 종교적 이상향으로 인식하고 있다(Benedikt, 1991: 14-15).

콥은 『사이버 그레이스(*Cybergrace: The Search for God in the Digital World*)』라는 책에서 인터넷을 통해 우리의 영적 체험이 심오하게 확장될 수 있다고 주장한다. 인터넷이 사람들이 신을 구하는 상소가 될 수 있으며, 인간세계에서 다시 탄생하려 하는 '신의 영역'이라는 그녀의 주장은 논쟁의 소지가 있음은 분명하지만, 인터넷을 매개로 하는 종교적 경험을 연구자들의 관심 속으로 이끌어내는 데 결정적인 계기를 제공하였다.

버트하임(2002)은 『공간의 역사(*The Pearly Gates of Cyberspace: A History of Space from Dante to the Internet*)』에서 사이버공간 자체를 성스러

운 공간으로 인식하고 있다. 사이버공간을 기독교적인 천국의 공간에 대한 과학기술적 대체물을 구축하기 위한 시도로 평가하는 버트하임은 근대 이후 서구의 세계관은 정신과 영혼을 배제한 물질적 일원론이 지배해 왔으나, 사이버공간의 출현으로 현대인들은 정신과 영혼의 공간을 되찾게 되었다고 주장한다. 그리고 탈육화(脫肉化)되고 속세의 한계를 초월한 영생과 영혼의 삶이 보장되는 사이버공간은 물질과 정신의 공존하에서 인간과 인간을 유기적으로 연결하는 관계적 공동체로서 신화체계 혹은 전통종교에 의해 은연중에 추구되었던 인간들의 공동체적 결속을 대치하는 일종의 천국이라고 주장한다.

라모는 사이버공간을 정신의 광대한 대성당이며 신과 종교에 대한 관념들이 공명할 수 있는 곳으로 여긴다. 라모에 따르면 사이버공간에서는 집단정신(collective spirit)에 의해 새로운 신앙이 창조되기 때문에, 우리는 이전에 결코 상상할 수 없던 곳에서 신을 발견하게 된다(Ramo, 1997). 즉, 사이버공간은 새로운 신과 신앙이 배태되어 있는 성스러운 공간이 되는 것이다.

한편, 잘레스키는 사이버공간에 의해 창출된 새로운 정신과 육체적 경험은 전통적 종교와 세속주의의 연속선을 뛰어넘는 새로운 영성주의를 이끌어낼 수 있다고 주장한다(Zaleski, 1997).

도사 마사키(土佐昌樹, 2000)는 고속성 · 잡거성(雜居性) · 익명성 · 이미지 중심 · 유동성 · 마이너리티(minority) · 관계성이라는 인터넷 세계의 특성에 비추어볼 때 지금까지 사회 주변에 위치해 있던 실험적이고 첨단적인 존재가 인터넷으로 인해 자신의 활로를 발견하게 된다고 주장한다. 따라서 종교의 영역에서는 뉴에이지(New Age) 운동이 태동하고, 자신의 영역을 확장하는 데 인터넷이 훌륭한 토양이 된다는 주장을 하고 있다. 즉, 뉴에이지 운동의 속성과 인터넷의 특성을 비교하면서 인터넷이 뉴에이지적 속성을 갖는 신종교운동이 성장할 수 있는 토대가 된다는 것이다. 그의 주장을 수용한다면 인터넷은 기독교, 이슬람, 불교 등 세계적인 주요 제도종교를 중심으로 형성되어 있는 종교영역의 다양화 · 다원화를 가져올 것으로 예측할 수 있다.

베네딕트로부터 시작하여 잘레스키, 콥, 버트하임 등으로 이어지는 사이버공간의 종교성에 대한 논의는 매우 흥미로운 것은 사실이나 사이버공간 자체에 신성성을 부여하는 것이 타당한 것인가의 문제는 본 연구의 맥락과는 다소 거리가 있다. 그러나 사이버공간을 신성한 곳으로 인식하게 됨으로써 인터넷이 개인의 종교적 심성이나 종교경험을 변화시키고 있다는 이들의 주장에는 주목할 필요가 있다.

2) 종교조직의 인터넷 활용

정보화, 특히 인터넷과 종교의 관계를 논의하는 대부분의 연구들은 종교조직의 인터넷 활용과 그 결과를 검토하는 연구들이다.

종교 커뮤니케이션 분야의 세계적 권위자 바뱅 신부는 "21세기 미디어 시대는 세상사람들의 필요를 제대로 파악하고 그들의 요구에 응답할 수 있는 종교만이 살아남을 것이며, 상업과 인터넷 방식의 커뮤니케이션이 지배하는 문화 속에서 인간은 더욱더 정치, 기업, 종교, 학교 등의 커뮤니케이션 방식과 능력에 민감하게 반응할 것이다. 그러므로 종교가 사람들의 흥미를 끌지 못한다면 더 이상 삶에 영향을 미치지 못하게 되고 그런 종교는 결국 우리에게서 잊혀질 것이다"라고 주장한다(바뱅, 2000: 5). 이러한 전제 위에서 바뱅은 미디어시대의 복음화 필요성과 조건, 대안들을 검토하고 있다. 특히 인터넷의 특성을 검토하고 이를 복음화에 적절히 활용할 수 있는 방법들을 논의하고 있다는 점에서 주목할 만하다.

브래셔는 『온라인 종교(*Give Me That Online Religion*)』라는 책에서 사이버공간은 21세기 인간 삶의 지배적 영역의 하나이며, 이를 통해 시공간의 제약을 극복하고 있으므로, 종교는 전 지구적 차원에서 접속성이 항상 증가하게 된다고 주장한다(Brasher, 2001). 그리고 온라인상에 세워진 종교 공동체는 그 범위가 무한 확장될 수 있으며, 새로운 신앙공동체를 만드는 것이 쉬워졌고, 대중문화와 종교문화 사이의 간극을 좁힐 수 있으며, 전자 교회나 개인 웹 사이트 등이 새로운 예배의 형태로 등장하는 등 전통적인 종교적 이상에 대한 도전이 제기되고 있다고 지적한다.

브래셔의 논의에 따라 종교조직의 인터넷 활용의 결과를 보다 구체적으로 살펴보면, 우선 다양한 종교정보가 제공되고 있음을 알 수 있다. 종교 조직들은 사이버공간에서 그들의 존재를 알리고 싶어하며, 그들의 공식적인 역사, 핵심적인 믿음과 의례, 경전, 지부 등 종교에 대한 다양한 정보를 제공한다. 한편, 다양한 종교집단들이 사이버공간으로 옮겨가면서 상호 링크를 통하여 그들 사이에 새로운 융합과 협력이 발생하였고, 체인이나 수레바퀴처럼 인터넷을 이용해 기도를 끝없이 이어가는 새로운 종교활동이 고안되었다. 브래셔는 이러한 변화들이 신앙에 대한 기술의 승리라기보다는 종교활동의 장이 새로운 온라인 세상으로 이동한 결과라고 주장한다.

베인브리지는 "공유된 이상은 사회적 유인의 원천이 되고, 그것은 이방인의 동지적 결속을 빠르게 가능하게 한다"는 블라우의 언급을 인용하면서, 외래 종교에 관련된 웹 정보는 사회적으로 고립되고 불만이 있는 개인들을 새로운 종교의 성원이 되게끔 준비시키기 때문에 인터넷이 많은 신흥종교나 급진 종교운동에 사람들이 효과적으로 접근할 수 있는 통로를 제공한다고 주장한다(Bainbridge, 2000).

호스팔은 종교단체가 인터넷을 이용하는 경우는 복음전파와 선전 · 홍보활동을 중심으로 하는 종교집단 외부와의 커뮤니케이션, 신앙고백이나 토론 · 교육 등이 중심이 되는 내부 커뮤니케이션, 그리고 종교 관련 정보의 공유 등으로 범주화할 수 있다고 주장한다. 아울러 인터넷으로 인해 개인의 믿음의 정도와 종교공동체, 종교적 의례 등에 변화가 발생한다고 지적하고 있다(Horsfall, 2000).

라르센은 인터넷이 종교적으로 자연스러운 장소이며, 종교와 관련된 정보, 예술, 미사 등과 같은 것에 대한' 자유로운 접근을 가능하게 한다고 주장한다(Larsen, 2004). 개인이 교회법에 대한 조언, 의식을 위한 특별한 음악, 신앙공부를 위한 생각, 종교수업을 위한 교재, 기도에 대한 지원, 혹은 친구들로부터 소개받을 수 없는 영적인 논쟁 등이 필요할 때, 인터넷은 그 모든 것을 찾을 수 있다는 것이다. 인터넷은 신도들을 그런 정보의 원천이나 링크로 폭넓게 접속시키고, 의심하는 자나 호기심 많은 사람들에게는 그런 것을 탐험하는 안전한 장소를 제공함으로써 주류 종교로부터 거부된 사람들에게는 선택받은 곳이 된다는 점을 분명히 한다. 또한 로마 가톨릭 주교 자크 개일리엇에 의해 시연된 "경계 없는 (온라인) 교구(online "diocese without borders")"처럼 교회권력에 대한 도전을 허용할 수도 있음을 지적하고 있다.

도오슨은 인터넷을 통해 종교성원의 충원, 종교적 갈등과 권위 및 종교 경험의 조정 등이 이루어진다고 보고하고 있으며(Dawson, 2000), 후버 등은 인터넷 종교 사이트는 종교정보의 원천이며 공식적 종교의 경계 외부에 위치한 사람과의 상호작용 및 연계 기회를 제공한다고 주장하고 있다(Hoover, Clark, and Rainie, 2004). 라르센과 라이니의 연구에 의하면 인터넷은 교회 혹은 신앙에 대한 헌신을 강화하는 데 유용한 보완적 수단이자 주요한 영적 자원의 창고로 간주되고 있다(Larsen and Rainie, 2001). 김응철은 인터넷을 이용하는 사람들은 다른 사람의 시선을 의식하지 않고도 자유롭게 타 종교의 울타리를 넘나들 수 있으며, 교리를 이해하고, 간접적으로나마 종교활동을 경험해 볼 수도 있고, 원한다면 자유롭게 성직자와 신앙상담도 할 수 있다는 점에서 인터넷 종교 사이트의 유용성을 지적한다(김응철, 2000). 이와 함께 김흡영은 사이버공간이 신앙상담에 매우 효과적인 수단을 제공한다고 언급하고 있기도 하다(김흡영, 2000).

한편, 교황청 내에 설치된 사회적 커뮤니케이션을 위한 주교회의는 인터넷이 사목현장에 미치는 영향을 종합적으로 검토하면서 인터넷과 교회의 관계를 정립하기 위한 논의결과를 발표한 바 있다(Pontifical Council for Social Communications, 2002). 이 발표에 따르면 인터넷은 복음전도(evangelization), 교리문답과 기타 교육, 새 소식과 정보 전달, 호교학(apologetics), 통치와 행정, 신앙상담과 영적인 지도 등 교회의 많은 활동과 프로그램에 연관되어 있음을 알 수 있다. 주교회의는 사이버공간의 가상현실이 성체와 전례식의 체현된 실체 혹은 즉각적이고 직접적인 복음서의 선언, 실제 사람들 사이의 공동체를 대체할 수는 없지만 보완할 수는 있음을 분명히 한다. 또한 인터넷이 가톨릭신자들의 종교적 삶을 풍성하게 할 수 있고, 타 종교의 신도나 젊은이, 노인과 집에만 있는 사람들, 외지 거주자 등 만나기 어려운 특정 집단과 소통할 수 있는 수단이 된다는 점을 지적하였다.

이상의 연구결과들을 간단히 요약하면 인터넷은 일반적으로 개인적 차원에서는 개인의 신앙심과 영적인 성장을 강화하기 위한 수단으로, 종교단체의 차원에서는 홍보 및 교세확장의 수단으로 활용되고 있다. 또한 종교공동체 내부의 커뮤니케이션을 강화하거나 사회봉사의 방편으로도 사용되고 있음을 확인할 수 있다. 그리고 그 결과 사이버교회나 종교동호회 활동 등을 통해 새로운 형태의 개인적 종교생활의 장이 형성되고 있고, 다양한 종교체험이 가능해졌다는 점에서 대략적인 합의가 이루어지고 있음을 알 수 있다.

한편, 이들 선행연구들은 제도적 차원에서 종교에 나타나는 거시적 변화를 이론적으로 검토하고 있거나 종교의 정보통신기술 활용에 논의의 초점을 두고 있다는 공통점을 가지고 있다. 따라서 정보화로 인해 나타나는 개인의 종교의식이나 종교경험의 변화상을 구체화하지 못하고 있다는 약점을 안고 있다.

3) 정보사회, 인터넷과 종교변화의 전망

정보사회의 등장과 인터넷을 이용한 종교활동의 확산은 자연스럽게 종교의 변화를 수반한다. 정보사회와 종교의 관계를 검토하고 있는 선행연구들이 예측 혹은 진단하고 있는 종교의 변화를 살펴보고자 한다.[2]

종교의 변화에 대한 전망들은 대체로 인터넷을 이용한 종교활동이 더욱 보편화될 것이라는 점으로 수렴된다.

인터넷을 이용한 종교활동을 '온라인 종교(online religion)'로 개념화하고 있는 브래셔는 온라인 종교가 뉴미디어 기술의 대중화에 의해 가능해진 영적 활동으로 종교적 경험에 있어서 종교 그 자체의 성격을 변화시킬 수 있는 중요한 변화를 초래할 것이며, 온라인 종교활동을 위한 컴퓨터 이용은 종교와 종교경험의 지배적 형태가 될 것이라고 전망하고 있다(Brasher, 2001). 밀러와 슬레이터는 인터넷을 미래 교회의 종교적 모델로 간주하고 있고(Miller and Slater, 2000), 헬랜드는 온라인상의 종교적 상호작용은 종교적 표현의 일반적 형태가 될 것이며, 사람들은 구원을 찾아 인터넷을 항해할 것이라고 예견하고 있다(Helland, 2002).

포괄적인 종교조직의 변화에 대해서는 카레가(A. Careaga), 김응철, 신재식, 박문수 등의 논의 속에서 찾아볼 수 있다.

카레가는 인터넷 커뮤니케이션의 특징을 반영하고 있는 사이버교회는 상호작용적 · 비위계적 · 네트워크적 · 포스트모던적이고, 제도적 교회의 권위에 의문을 던지며, 협력적이고, 어느 시간이나 장소에서도 존재할 수

---

2) 정보화와 무관하게 현대사회에서의 종교변화를 예측하고 있는 경우도 있다. 스마트는 현대 세속국가 안에는 다양한 종교가 공존하기 때문에 종교의 절대성을 주장할 수 없으며, 개인적 선택의 폭이 넓다고 지적한다. 그 결과 신앙은 점차 개인적인 문제로 변하고 있으며, 전통주의는 설득력을 상실해 가고 있다는 진단을 내리고 있다(스마트, 2000). 한편, 김성건은 세계화의 압력하에 놓인 현대종교는 근대화와 세계화에 따른 제도적 분화, 권위와 정당성의 위기, 다원주의의 파급, 사사화 등으로 인해 위기를 맞이하고 있으며, 그 결과 종교는 상대화되고, 여타 제도들과 비교해서 주변화된다고 주장한다(김성건, 2002).

있다는 특징을 지닌다고 주장한다(Careaga, 2001). 카레가의 논의에 따르면 인터넷에 기반하고 있는 사이버교회는 교회구성원들의 관계가 보다 수평적이고 평등한 관계로 변화하며, 교회의 권위가 상대적으로 낮아진다는 점을 예측할 수 있다.

김응철은 인터넷상으로 자유로운 종교활동이 가능해지면서 나타나는 제도종교들의 변화를 다음과 같이 정리하고 있다. 첫째, 각 종교에 대한 다양한 정보가 제공됨으로써 개인의 종교선택의 폭이 확대되고, 그로 인해 제도종교의 독점적 지위가 약화될 것이다. 둘째, 종교에 대한 상세한 정보 제공은 기존 종교에 대한 감시와 견제 기능을 하게 된다. 셋째, 인터넷을 통한 간접적인 신도접촉이 늘어나게 됨으로써 이를 이용한 신도교육, 상담, 설법(설교) 등 성직자의 전통적 역할수행의 방법에 변화가 나타난다. 넷째, 인터넷으로 형성되는 종교공동체는 이합집산이 자유로워지기 때문에 지속성이 다소 떨어지게 된다. 다섯째, 종교단체의 운영이 개방적으로 변화할 것이다(김응철, 2000).

신재식은 컴퓨터 커뮤니케이션의 개인주의적 · 탈권위적 · 반위계적 · 분산적 흐름으로 인해서 사이버공간 속의 신앙형태는 종교기관이나 사제의 권위가 약화되고, 개인적 영성과 종교기관과의 관계없음을 강조하는 개인주의적 종교나 비제도적 종교의 특징이 더욱 강해질 것으로 전망한다. 특히 사이버공간의 종교는 개인적 영성이 중시되고, 전통적 위계구조가 해체되는 쌍방향 네트워크가 강조되는 종교와 종교인을 요구하기 때문에, 사제 중심의 위계에서 만인사제의 네트워크로 종교조직이 변화할 것이라고 주장되고 있다(신재식, 2004).

박문수는 정보사회로 이행해 가는 과정에서 종교영역에 나타나는 영향과 변화의 양상을 ① 탈성화(desacralization)와 재성화(resacralization)의 공존, ② 종교의 지구화(globalization), ③ 변화에 민첩한 종교의 성장, ④ 기능적 대체물을 통한 종교성의 지속, ⑤ 종교의 시장상황과 다원화, ⑥ 지역화 영향의 확대, ⑦ 뉴미디어의 종교적 활용, ⑧ 구원적 종교의 대두, ⑨ 제도종교 내의 쇄신운동의 증가, ⑩ 탈제도적 종교성의 확대 등으로 정리하고 있다(박문수, 1998: 192-202).

이들의 논의 속에서 공통적으로 발견할 수 있는 전망은 개인화와 분권화를 향한 변화의 흐름이다. 네트워크화와 다원화, 탈전통화[3] 등의 변화 역시 사회학적 관점에서 주목할 필요가 있다고 여겨진다. 따라서 이러한 변화의 흐름에 대해 보다 구체적인 검토를 하고자 한다.

개인화 전망에 대한 논의는 호스팔과 후버 · 클라크 · 라이니 등의 연구에서 보다 구체적으로 언급되고 있다. 먼저 호스팔은 인터넷에서 제공되는 많은 정보는 지식을 더 이상 엘리트의 특권이 아니라 그에 대해 시간과 관심 있는 사람이라면 누구나 이용 가능하게 만들었고, 그 결과 종교개혁과 유사한 개인적 개혁이 일어났다고 주장한다. 즉, 개인은 다양한 정보의 도움으로 자신의 신학을 발전시킬 수 있게 되었으며, 책이나 주석 등에 접근하는 데에 있어서 타인에 대한 의존도가 줄어든다는 것이다(Horsfall, 2000). 후버 등은 개인들이 신앙생활에서 더욱더 자율성을 경험하게 되므로 인터넷의 중요성이 증가할 것으로 예측하고 있다(Hoover, Clark, and Rainie, 2004). 이러한 개인화의 결과는 절대성을 상실한 종교에 대한 개인적 선택성과 자율성의 증가를 의미하는 것으로 이해할 수 있다.

한편, 개인화 전망에 대해서는 다른 관점이 존재하고 있음을 통찰해야만 한다. 버거와 벨에 의해 제기되고 있는 탈세속화론 혹은 재성화론이 그것이다.

대표적인 세속화이론가인 버거는 반세속화(counter-secularization) 현상이 세속화만큼이나 현대사회에서 중요한 현상임을 지적하였다(Berger,

3) 박문수가 주장한 뉴미디어의 종교적 활용, 기능적 대체물의 등장, 제도종교 내의 쇄신운동과 탈제도적 종교성의 확대 등은 정보사회에서의 종교가 기존의 종교적 전통으로부터 벗어나고 있음을 의미한다. 따라서 이러한 변화를 탈전통화로 정의하고자 한다.

1999). 근대화로 인해 사회적 차원과 개인적 의식 차원에서 점차 종교가 쇠퇴한다는 세속화이론의 오류를 지적하는 탈세속화 주장은 세속화이론의 발전에 크게 기여해 온 버거의 입장전환이라는 점에서 주목할 필요가 있다. 버거의 탈세속화 주장은 근대화로 인해 세속화 현상이 나타났지만, 다른 한편으로는 근대화가 반세속화 운동 역시 강력하게 자극하였고, 비록 사회적 권위와 영향력을 상실한 종교임에도 불구하고 개개인의 삶의 차원에서 종교의례와 신앙이 여전히 강력한 영향력을 유지하고 있다는 현실에 근거하고 있다.

벨 역시 버거와 유사한 지적을 한 바 있다. 벨은 세속화를 공적 생활영역에 대한 종교의 간섭이 줄어들고, 종교의 권위가 행사되는 범위가 그 종교를 받아들이는 신도들로 국한되는 것, 즉 종교의 사적 영역화로 이해한다. 벨은 이러한 세속화가 약 200여 년간 지속되어 왔음에도 불구하고 신앙의 성격이나 강도에서 결정적인 위축현상이 일어나지 않고 있으며, 오히려 대중들 사이에서 복음주의나 근본주의 같은 종교적 열기가 부활하고 있는 현실을 통해 종교의 쇠퇴를 주장하는 것이 잘못된 것임을 주장한다. 그리고 종교의 제도적 틀이 무너지기 시작하면 인간은 종교적 성질을 느낄 수 있는 직접적 경험을 찾게 된다는 점에서 재성화의 가능성을 언급하고 있다(벨, 1992).

버거와 벨의 논의를 고려하면 종교영역에서 일어나는 개인화 현상은 세속화의 의미를 갖는 개인화와 반세속화의 의미를 내포한 재성화가 혼재하는 형태로 나타날 가능성이 높다. 오늘날 인터넷을 통해 다양한 종교활동을 직접 경험할 수 있다는 점에서 인터넷 종교활동은 재성화를 자극할 수도 있다는 추론을 할 수 있으며, 이는 탈성화와 재성화의 공존이라는 전망을 하고 있는 박문수의 연구결과에서도 찾아볼 수 있다.

사회적 커뮤니케이션을 위한 주교회의와 캐리건(H. Carrigan), 브래서, 박문수, 윤원철 등의 논의 속에서는 분권화에 대한 단초를 찾아볼 수 있다.

사회적 커뮤니케이션을 위한 주교회의는 인터넷의 쌍방향적 상호작용은 의사소통의 수신자와 발신자 사이의 오랜 구분을 약화시켰고, 교회와 종교에 대해서 더 이상 과거의 일방적이고 상명하달적인 의사소통을 기대하지 않게 되었다고 주장한다(Pontifical Council for Social Communications, 2002). 캐리건은 인터넷의 비위계적이고 비권위적인 특성이 전통적 종교공동체의 권위로부터 벗어나고자 하는 사람들에게는 매력적인 조건이 된다는 점을 밝히고 있으며(Carrigan, 2001), 브래셔는 사이버공간이 민중적이고(grassroots), 참여적인 매체이므로 종교집단 내에서 지배적인 공식적 위계질서를 우회할(bypass) 수 있도록 한다고 주장한다(Brasher, 2001). 박문수는 인터넷의 탈대중화, 탈획일화 특성으로 인해 종교 집단 내에서 특정 계층의 지식독점을 해체하며, 이 과정에서 성직자 중심의 종교 관련 지식과 정보의 영향력이 약화된다는 점(박문수, 2000a), 평신도 계층의 종교활동 참여가 늘어나고 이들이 종교정보 생산의 주체로서 전문성을 강화하면서 종교 내의 권위행사 패러다임의 변화가 촉진된다는 점(박문수, 2000b) 등을 들어 분권화 전망을 분명히 하고 있다. 윤원철은 인터넷을 통한 종교정보의 개방으로 인해 종교의 전통적인 담론에서는 생각지도 못하던 해석과 토론이 자유롭게 표명되는데, 이 과정에서 전통적인 교단의 권위체계가 해체된다고 보았다. 또한 인터넷상의 종교조직들에서는 비신도들까지 자유롭게 종교활동에 참여할 수 있기 때문에 성직자들은 보이지도 않는 낯선 참여자들에게 예전과 같은 권위를 강요할 수 없고, 결국 평신도 중심의 종교문화가 확대될 수밖에 없다고 주장한다(윤원철, 2000).

네트워크화에 대한 전망은 종교적 신념을 공유하는 다른 사람을 발견하는 데 인터넷이 도움이 된다는 라르센의 주장이나, 종교공동체의 확장과 발전을 이야기하는 호스팔과 바인브리지 등의 논의에서 찾아볼 수 있다(Larsen, 2004; Horsfall, 2000; Bainbridge, 2000).

다원화 전망을 논거해 주는 선행연구들로는 브래셔, 라르센, 캐리건,

박문수, 윤원철 등이 있다. 브래셔와 라르센은 인터넷을 통해 자기가 믿지 않는 다른 종교에 대한 새로운 정보들을 많이 접할 수 있기 때문에 종교적 관용성이 증가하게 된다고 주장한다(Brasher, 2001; Larsen, 2004). 캐리건은 인터넷이 세계의 다양한 종교들에 대한 정보를 제공함으로써 그들의 공통점과 차이점을 이해할 수 있고, 인터넷을 통해 종교 간 대화와 초교파적 교류가 이루어질 수 있다고 지적하고 있다(Carrigan, 2001). 박문수는 인터넷의 비선형적인 하이퍼텍스트 구조가 정보와 미디어에 대한 수용자의 통제능력을 강화하고, 임의성에 기반을 둔 유연한 행동양식 등은 종교적 가르침을 상대화시킨다고 보고 있다(박문수, 2000a). 한편, 윤원철은 비신도들의 종교활동 참여가 타 종교에 대한 이해와 종교 간 대화의 폭을 확장하게 된다고 주장한다(윤원철, 2000). 이러한 변화들은 종교의 절대성을 약화시킴으로써 다원화 현상을 나타나게 한다.

탈전통화의 전망은 호스팔과 신재식의 연구에서 논거를 찾을 수 있다. 호스팔은 종교적 의례 역시 정보화의 영향을 받는다고 보았다(Horsfall, 2000). 인터넷 이용이 종교적 회합이나 교회참석을 대체하고, 사이버교회는 시간과 장소에 구애받지 않고 예배하고자 하는 이용자에게 예배공간을 제공하며, 인터넷 이용자들이 종교적 의례에 대한 상세한 지식을 이용할 수 있게 됨으로써 종교적 전통의 변형을 초래할 수 있다고 주장한다. 신재식은 특정한 거룩한 시간과 공간 속에서 수행되는 종교제의는 일상적인 속된 시간과 공간을 구분함으로써 성스러움을 회복하였으나, 사이버공간의 종교인들은 스스로의 종교시장에서 자신의 종교를 선택하고, 스스로 거룩한 시간과 공간을 선택함으로써 종교제의를 일상화시킨다고 보았다. 또한 사제 중심의 제의과정보다는 모든 사람들이 쌍방향적으로 상호작용하면서 함께 참여함으로써 제의의 주체가 되는 형식의 제의가 더욱 확산될 것으로 예상했으며, '말' 중심으로 구성되던 기존 종교제의가 '음악'과 '이미지'가 함께 어우러지는 멀티미디어 중심의 제의로 변화할 것이란 전망을 내놓고 있다(신재식, 2004). 호스팔과 신재식의 논의는 인터넷의 멀티미디어적 속성이 전통적 종교의례에 변화를 줄 것이라는 점을 지적하는 것으로 이해된다.

이상의 논의를 간략히 요약하면 첫째, 인터넷을 이용한 종교활동은 종교의 영역 내에서 일반화된 종교활동의 유형으로 자리 잡을 것이며, 둘째, 정보사회에서의 종교는 개인화 · 재성화 · 분권화 · 네트워크화 · 다원화 · 탈전통화 등의 변화를 경험하고 있으며, 더욱 심화될 것이라는 전망을 할 수 있다.

3. 인터넷 종교생활의 실제[4]

종교 사이트를 주로 이용하는 것은 기본적으로 종교에 관심이 있는 비종교인과 이미 종교를 가지고 있는 사람들 중에서 상대적으로 종교성이 낮은 이들이다. 이들은 교회나 사찰과 같은 오프라인의 종교시설보다는 종교 사이트에서의 활동비중이 상대적으로 높은 편이다.

종교 사이트를 이용하게 된 주요 동기는 종교정보의 획득, 신도들과의 교류, 종교 사이트를 통한 위안 등을 꼽을 수 있다. 특히 종교 사이트를 이용할 때 가장 중요하게 생각하는 것은 교리학습과 관련된 정보획득이다.

대부분의 종교 사이트 이용자들은 종교 사이트를 종교정보를 구하고 신자들끼리 교류하는 비공식적 종교활동 공간으로 인식하고 있으며, 종교 사이트에 대해 종교시설을 대체하거나 종교활동을 하는 새로운 공간으로서의 의미를 부여하는 경우는 그리 많지 않다. 이것은 종교 사이트가 기존의 오프라인 종교를 대체하기보다는 보완수단으로 간주되고 있다는 것을 의미한다.

4) 인터넷 종교생활의 실제는 박수호(2005)의 조사결과를 참고하기 바란다.

종교 사이트를 통해 획득한 교리 관련 정보는 이용자들의 교리이해도를 향상시키는 효과를 거두고 있다. 또한 같은 종교를 믿는 신도들과의 교류가 증가하면서 종교적 대인관계망이 확장되는 현상들도 쉽게 찾아볼 수 있다.

전반적으로 인터넷 종교 사이트 이용량과 참여도는 매우 낮은 수준이지만, 인터넷 종교 사이트 이용을 통해서 얻는 효용과 종교 사이트에 대한 인식도 비교적 긍정적이다. 따라서 현재 종교 사이트 이용은 양적인 측면이나 질적인 차원에서 모두 저조한 편이지만, 종교 사이트가 갖는 효용성이나 인식의 수준은 높기 때문에 향후 종교 사이트 이용을 통한 종교활동이 늘어날 것이란 조심스런 전망이 가능하다.

종교 사이트 이용량은 비종교인이 많지만, 참여도와 효용성에 대한 평가에서는 종교인이 더 긍정적인 것으로 나타났다. 비종교인의 대부분이 종교 관련 정보획득과 타 종교에의 관심을 충족시키기 위해 종교 사이트에 가입 · 활동하고 있는 데 비해, 종교인들은 정보획득, 신도들과의 교류, 신앙활동 등을 중심으로 종교 사이트를 이용하는 데서 오는 차이라고 여겨진다.

한편, 종교별로 이용목적과 가입동기를 살펴보면, 가톨릭의 경우 신자간의 교류나 뉴스 이용, 토론 및 의사결정 참여 등의 비율이 다른 종교에 비해 높은 편이다. 반면, 개신교의 경우는 신자들과의 교제나 신앙활동 등의 이유로 종교 사이트를 이용하는 비율이 높았으며, 정보획득을 위한 종교 사이트 이용비율은 다른 종교들보다 낮았다. 한편, 불교의 경우는 정보획득 욕구가 개신교나 가톨릭보다 높았고, 종교활동 체험 등의 동기로 종교 사이트를 이용하는 경우도 많은 편이었다. 즉, 가톨릭의 경우 종교적 이유보다는 인터넷의 편익을 활용하고자 하는 욕구가 다른 종교보다 강한 편이고, 개신교는 종교적 이유가 인터넷의 편익보다 우선되고 있으며, 불교는 인터넷의 편익과 종교적 이유가 동시에 고려되고 있다고 볼 수 있다.

정보사회의 사회문화적 변화는 크게 개인화, 네트워크화, 유연화, 상대화 등의 양상으로 나타난다. 이러한 경향성은 개인화, 재성화, 관계망 강화, 탈전통화, 분권화, 다원화 등의 종교의식 형성에 영향을 미칠 것으로 예상된다는 점은 이미 언급한 바 있다.

실제 조사결과에 의하면 종교의식의 변화양상인 개인화, 재성화, 관계망 강화, 탈의례화, 분권화, 다원화 현상이 현재 나타나고 있으며, 종교 사이트 이용과 상관관계를 가지고 있는 것으로 밝혀졌다. 이러한 사실들은 종교의 변화에 인터넷 이용이 일정한 영향력을 행사하고 있음을 의미한다.

종합적으로 보면 다원화와 개인화에 대해 부정적인 태도가 나타나고 있고, 재성화가 일어나고 있다는 점, 관계망 강화가 나타나고 있다는 점에서 종교제도의 종파주의(sectarianism)가 강화되는 흐름이 형성되고 있는 것으로 판단된다. 즉, 종교적 정체성과 소속감이 강화되면서 자기 종교에 대한 믿음이 강화되는 현상이 나타나고 있는 것이다.

한편, 의례의 탈전통화도 심화될 것이며, 개인 중심의 종교생활이 이루어질 수 있는 기반이 마련되고 있다는 점에서는 보다 유연한 종교활동으로의 전환을 예측할 수 있는 여지가 남아 있다고 여겨진다. 특히 앞으로 인터넷이 개인의 일상생활이 이루어지는 생활세계로 보다 굳건히 자리 잡게 되면 분권화, 탈전통화, 다원화, 개인화, 네트워크 강화 등의 흐름을 강화하는 메커니즘의 작동이 현재보다 더욱 활성화될 것이다. 그렇게 되면 개인적 종교활동의 심화와 종파주의로 나누어진 종교의식의 분절화가 보다 명확하게 나타날 것으로 예상된다.

4. 인터넷 종교생활과 사회갈등[5)]

일반적으로 종교적 정체성과 종교적 배타성이 정적인 상관관계를 갖고 있음을 상기한다면, 종교 사이트 이용으로 인해 종교적 정체성이 강화되는 현상은 종교적 배타성의 강화와 그에 따른 종교갈등의 심화를 촉발한다.

사실 한국사회의 다종교현상은 세계적으로 유례를 찾아보기 힘들 만큼 복잡하다. 그 결과 종교시장에서의 종교 간 경쟁은 더욱 격화되고 있다. 종교 간 경쟁의 심화는 종교공동체 구성원의 내적 결속을 높이는 중요한 환경적 요소로 작용하고 있다. 종교란 세계를 이해하는 기본적인 프레임이며, 본질적으로 절대적 속성을 가질 수밖에 없다. 절대적 진리를 표방하는 종교의 속성상 다른 종교의 절대성을 인정할 수 없다. 그럴 경우 자기 종교의 절대성은 해체되어 상대적 존재로 위상이 추락하기 때문이다. 특히 절대적 권능을 가진 유일신을 섬기는 종교는 이런 상황에 더욱 민감할 수밖에 없고, 그 결과는 대부분 근본주의에 대한 회귀로 나타나게 된다. 그런데 근본주의는 대체로 자기 종교에 대한 확신을 강조한다. 이 과정에서 각 종교공동체의 구성원은 종교적 정체성을 보다 선명하게 정립하게 된다. 따라서 다종교상황은 각 종교가 근본주의적 입장을 강화하는 조건을 조성함으로써 종교구성원들의 종교적 정체성을 강화하는 데 기여하고 있는 것이다.

종교적 정체성이 강해질수록 자신의 종교에 대한 신뢰, 헌신의 정도가 깊어지며, 이에 따라 자신의 종교와 타 종교 사이에 차별성을 두는 경향이 강해지면서 종교적 배타성도 강해진다. 종교적 배타성은 종교 간에 갈등을 야기시킬 수 있고, 나아가서 사회갈등을 조장할 가능성이 높다. 이것은 사이버 종교생활이 사회갈등의 잠재적 촉발요인이 될 수 있음을 의미한다.

그렇다면 사이버 종교생활은 사이버공간에서의 종교 간 갈등이 촉발되

5) 자세한 논의는 박수호(2013)를 참조하라.

는 과정에서 어떤 역할을 수행할까? 기본적으로 사이버 종교생활은 종교생활과 관련된 다양한 활동을 경험하고, 정보를 공유하는 과정이다. 여기에는 단순히 교리나 수행과 관련된 정보나 활동만 포함되는 것은 아니다. 오히려 종교와 관련된 다양한 사건이나 사고, 쟁점, 그리고 그에 대한 담론들이 더 자주, 그리고 많이 회자된다. 종교적 정체성이 강화되는 과정에서 자기 종교에 대한 사회적 쟁점의 등장은 자기 종교에 대한 우호적 행위를 부추기는 동조적 집합행동을 촉발하게 된다. 그런네 사이버공간에서의 논쟁은 대체로 이성적인 토론이 아니라 감정적이고 일방적인 독백으로 흐르는 경향이 강한 편이다. 또한 사이버공간은 현실공간에 비해 집합행동이 일어나는 데 훨씬 유리한 조건들을 갖추고 있다. 따라서 이러한 상황에 이르게 되면 종교적 정체성에서 촉발된 호교적(護敎的) 행위는 종교적 배타성에 근거한 공격적인 갈등행위로 발전하게 된다. 즉, 사이버 종교생활은 종교적 쟁점에 대한 정보와 태도, 행동유형 등을 제시하고, 종교적 정체성 및 종교적 배타성을 강화함으로써 사이버공간에서의 종교 간 갈등을 촉발하고, 격화시키는 것이다.

5. 인터넷 종교생활의 함의

지금까지의 논의를 통해 인터넷 종교생활과 정보사회에서의 종교의식 변화에 대한 몇 가지 함의를 제시할 수 있을 것이다.

첫째, 인터넷 종교활동 및 종교의식에 미치는 영향은 종교성의 영향력을 크게 받으며, 현재까지는 인터넷 종교생활이 종교성을 강화하는 기능을 수행하고 있다는 점이다. 종교성의 영향이 크다는 것은 종교가 없거나 종교성이 낮은 사람보다 높은 종교성을 가진 사람이 인터넷 종교활동에 더욱 적극적이라는 것을 의미한다. 이러한 사실은 종교기관이 인터넷을 새로운 성원을 충원하기 위한 수단으로 활용하기보다는 기존의 성원들을 재교육하고, 종교활동을 지원하는 수단으로 활용하는 것이 더욱 효과적일 수 있다는 추론을 가능하게 한다.

다만 종교를 믿기 시작한 기간이 짧고 종교성이 낮은 사람, 또는 인터넷 이용이 많은 사람의 경우 오프라인보다는 온라인 종교활동의 비중이 높게 나타나고 있다는 점도 주목할 필요가 있다. 이러한 사실들은 새로운 성원의 충원에도 인터넷 종교활동이 효과적일 수 있다는 것을 의미하기 때문이다.

한편, 인터넷 종교활동이 종교 사이트 이용자들의 종교성을 강화하는 것으로 나타나고 있기 때문에 각 종교들은 인터넷에 대한 이중적 접근전략을 취할 필요성이 있다. 즉, 기존 성원에 대한 접근전략과 새로운 성원의 충원전략을 따로 마련함으로써 인터넷 종교활동을 통한 종교성 강화의 효과를 극대화할 수 있기 때문이다.

둘째, 인터넷 종교활동과 종교적 태도의 내용에 있어서 종교별로 다양한 모습이 발견되고 있다. 이는 각 종교가 처한 인터넷에 대해 상이한 입장을 취하고 있기 때문에 나타난 현상으로 판단된다. 즉, 가톨릭의 경우 교황청의 지침에 따라 인터넷을 복음과 교회 공동체 내부의 원활한 커뮤니케이션 수단으로 활용하고자 하는 반면에, 개신교의 경우는 인터넷을 성화시켜야 할 새로운 선교지로 바라보는 입장이 강한 편이다. 이에 비해 불교는 인터넷에 대해 아직까지 일관된 입장을 정리하지 못하고 있는 실정이다. 따라서 이러한 입장차이가 인터넷 종교활동의 동기나 목적에 영향을 주고, 그 결과로 각 종교별로 상이한 내용의 인터넷 종교생활과 종교의식이 형성되고 있는 것으로 판단된다.

셋째로, 인터넷 종교생활은 향후 종교활동의 주요 영역으로 자리매김될 것으로 전망된다. 비록 현재는 인터넷 종교활동에의 참여도나 종교 사이트 이용량이 낮은 편이지만, 종교 사이트의 효용성과 인식에 대해서는 긍정적 평가가 높게 나타나고 있다. 특히 비종교인보다는 종교인이 종교 사이트의 효용성과 인식에 더욱 긍정적인 평가를 하고 있기 때문에 인터넷 종교활동이 종교활동의 주요 영역으로 등장하게 될 가능성이 높을 것으로 여겨진다.

넷째, 정보화의 사회문화적 영향은 종교적 태도에 있어서 개인화, 재성화, 관계망 강화, 의례의 탈전통화, 분권화, 다원화 등의 변화를 가져올 것으로 전망되었다. 이러한 변화는 종교의식의 유연화를 통해 유연종교(flexible religion)의 출현으로 이어질 것으로 예측하였다. 그러나 조사결과에 따르면 유연화보다는 종교의식의 분절화 현상이 나타날 가능성이 더 높은 것으로 판단된다. 즉, 인터넷의 확산과 일상화는 유연종교로의 전환을 추동하는 힘으로 작용하지만, 현실적으로는 인터넷 종교활동이 종교성이 높은 신자들 중심으로 이루어지면서 개인의 종교성을 강화하고 종파주의 경향을 강하게 드러냄에 따라 종교의식의 분절화가 나타날 가능성이 높을 것으로 예상된다.

나아가 현재의 인터넷 종교생활을 토대로 자기 중심적 종교(ego-centric religion)의 출현이라는 조심스러운 전망도 가능하다고 본다. 향후의 종교생활에 있어서 신도들 간의 수평적 외연을 확장하고, 기성 종교의 전통에 매이지 않는 접속적 종교활동은 종교활동에 있어서 개인에게 고도의 자율성을 확보해 주는 메커니즘으로 작동하게 될 것이다. 또한 인터넷을 통한 종교활동에서 느끼는 성직자와의 관계 및 성소감(聖所感)의 부재의식으로 인해 종교단체와 '나' 사이의 관계는 전통적인 수직적 관계를 유지하지만, 개인화된 종교활동의 자율성으로 인해 수직적 관계의 양상은 성직자의 주도에 끌려가기보다는 자신의 부족한 종교적 욕구를 충족시킬 수 있는 서비스를 요구하는 방향으로 변화될 것으로 예상할 수 있다. 여기에 인터넷을 통해 획득한 다양한 종교정보를 스스로 평가하고 재구성함으로써 자기 중심적 종교가 등장할 수 있는 토대가 마련될 수 있을 것이다.

다섯째, 인터넷 종교활동이 오프라인 종교활동을 보완하는 것인지, 아니면 새로운 성스러운 공간으로서 인터넷이 오프라인 종교활동을 대체하는 것인지에 대한 논쟁과 관련하여 한국에서의 종교 사이트 이용실태는 다소 조심스럽지만 보완설을 뒷받침하고 있다. 종교 사이트를 종교 관련 정보를 교류하고, 신자들 사이의 친교가 이루어지는 공간으로 인식하는 도구적 성격을 지지하는 경우가 많기 때문이다. 다만, 인터넷 종교활동이 애초에 비교적 종교성이 강한 사람들에 의해 종교생활의 현실적 제약을 극복하기 위한 수단으로 수용되었을 가능성을 배제할 수 없기 때문에, 이 부분에 대해서는 추후 보다 면밀한 연구가 수반되어야 할 것으로 여겨진다.

여섯째, 종교성과 관련해 인터넷은 기존의 미디어와는 다른 차별적 효과를 가진다. 암필드와 홀버트에 의하면 매스미디어가 전달하는 대부분의 콘텐츠가 전통적인 종교적 가치를 반영하지 않기 때문에 종교성이 강하면 매스미디어의 이용이 줄어들며, 전통적 미디어를 이용해 종교적 신념이나 행위를 변화시키는 것은 그다지 효과적이지 않다고 한다(Armfield and Holbert, 2003). 그러나 종교 사이트 이용은 종교적 정체성을 강화하는 효과를 거두고 있으며, 나아가 종교적 배타성에 근거한 사회갈등을 심화시킬 가능성도 증가하는 것으로 나타났다.

지금까지의 논의를 종합하면 정보화는 교리를 비롯한 각종 종교정보를 유통시키고, 종교적 관계망을 확장시킴으로써 종교적 정체성을 강화하는 역할을 수행하고 있음을 알 수 있다. 또한 온라인 종교활동은 일반화된 종교생활의 한 유형으로 자리 잡고 있으며, 종교영역에서의 다양한 변화에 의미 있는 영향력을 행사하고 있음도 확인되었다. 따라서 현재의 종교적 역동성을 설명하고, 미래의 종교문화를 예측하기 위해서는 정보통신기술, 나아가 과학기술과 종교의 관계에 주목할 필요가 있다.

핵심어

온라인 종교, 사이버 종교, 종교 사이트, 인터넷 종교

추천도서

바뱅. 2000. 『디지털 시대의 종교』. 이영숙 편역. 한경PC라인.

버트하임(M. Wertheim). 2002. 『공간의 역사』. 박인찬 역. 생각의 나무.

정진홍 외 7인. 2000. 『종교와 과학』. 아카넷.

Brasher, B. 2001. *Give Me That Online Religion*. San Francisco: Jossey-Bass.

Cobb, J. 1998. *Cybergrace: The Search for God in the Digital World*. New York: Crown Publishers.

생각해 볼 문제

1. 정보화는 개인의 일상적인 종교활동을 어떻게 변화시키고 있으며, 그러한 변화를 어떻게 인식해야 할까?
2. 정보화로 유발된 종교 외적 환경변화는 무엇이고, 각 종교는 그러한 변화에 어떻게 대응하고 있는가?
3. 정보화와 대응하는 종교 내부의 구조적 · 제도적 변화는 무엇이고, 그러한 변화는 종교공동체의 구성원에게 어떠한 영향을 미치고 있는가?
4. 다종교사회에서 정보화는 각 종교들 사이의 관계에 어떤 영향을 미치고 있으며, 그로 인해 종교지형에 나타나고 있는 변화는 무엇인가?

제 8 장

영성사회학[1)]

| 송재룡(경희대) |

1. 머리말

오늘의 종교사회학은 그 개념과 접근방법의 측면에서 큰 전환적 도전에 직면해 있다. 이 도전은 21세기 들어 전 세계적으로 종교적 성향과 신앙양식의 패턴이 탈전통적이고 탈장르적인 경계로 이동하고 있는 상황과 연관된다. 좀 더 구체적으로, 종교에 대한 일반적 관심의 초점뿐만 아니라 신앙인들의 종교적 삶의 양식이 탈제도적이고 탈조직적이며 탈회중적인 종교로 이동하고 있는 현상이 그것이다.

이 전환적 종교상황을 대표하는 것이 바로 '영성(spirituality)' 또는 성령(holy spirit)이라고 불리는 현상이다(이하에서는 보다 포괄적 개념인 '영성'으로 통칭하여 기술한다). 오늘날 '영성' 이라는 말은 아주 다양하고 폭넓게 사용되고 있다. 신학이나 종교학의 분야는 물론이고, 심리학과 인간관계학 또는 경영학 등의 영역에서도 영성 주제의 비중이 커지고 있다. 영성에 대한 관심은 전통적으로 이를 멀리하던 대표적 자연과학 영역, 예컨대 의학, 간호학, (건강)보건학, 체육학, 생태학, 환경학 등과 같은 분야에서도 나타나고 있다. 물론 이러한 추세를 반영하는 직업들도 늘어나고 있다. 종교 성직자들은 물론이고, 다양한 종류의 심신치료사(therapist), 카운슬러, 명상(요가)지도사, 체육지도사, 환경생태학 활동가, 경영컨설턴트 등 다양한 종류의 영성 관련 직업들이 늘어나고 있다(Holmes, 2007).[2)]

1) 이 장은 필자의 연구논문(송재룡, 2013)을 수정, 보완한 것이다.

2) 2013년 6월 현재 미국 도서검색 사이트 아마존(www.amazon.com)을 통해 '영성(spirituality)' 을 검색하면 약 19만 종의 서적이 검색된다(3년 전인 2010년 7월 당시 11만 종의 검색결과에 비해 약 75% 증가한 것임). 이외에 Barnes & Noble(www.barnesandnoble.com)의 경우, 18만 권(2010년 7월 검색 37,000권)이 검색되며, Google 도서는 1천750만 권(2010년 7월 검색 121만 권)이 검색된다. 한국 교보문고의 경우에도 eBook(544권)을 포함해 2,200종이 검색된다(2010년 7월 당시 1,500정도). 그리고 유튜브(www.youtube.com)에 올라와 있는 'spirituality' 주제의 동영상도 49만 건이 넘는다(2010년 7월 검색 17만 건). 단순한 지표이기는 하지만, 이것은 영성에 대한 전 지구적 관심이 가히 폭발적으로 증가하고 있다는 것을 보여준다.

물론 영성에 대한 오늘날의 관심이 전혀 새로운 것은 아니다. 유대기독교나 이슬람교, 힌두교 또는 불교와 같은 전통종교의 신앙행위에서도 영성은 중요하게 다뤄져 왔다. 하지만 전통적 의미의 영성은 이 시대의 그것과는 좀 차이가 있다. 전통종교의 신앙행위에서 영성은 종교와 분리 · 독립된 어떤 것이라기보다는 종교신앙에 내재되거나 통합된 어떤 속성이나 자원으로 이해되어졌다. 즉 영성은 기도, 경건, 묵상, 신비체험, 방언 등과 같은 신앙행위를 통해 신적 또는 초월적 존재와 긴밀하고 심오하게 소통하게 해주는 정신 · 육체의 고양된 속성적 자원을 의미하는 것이었다. 그리고 전통적으로 영성에 대한 관심이나 언설은 소수의 종교 엘리트들에게 전유되는 경향이 지속되어 왔으며, 따라서 일반 불신자에게는 물론이고 신앙인 일반에게도 관심과 주목의 대상이 되지 못했다.

영성(특히 성령)은 종교의 발전(진화)과정과 밀접한 관계를 가져왔다. 밀러와 야마모리에 의하면(밀러 · 야마모리, 2008: 30-33), 성령은 초기 기독교가 전파되는 데에 중핵적 요소였다. 비록 소수였지만, 초기 기독교 예언자들은 성령의 체험을 통해 방언을 하고, 질병을 치료하고, 기도와 묵상을 하고, 예언을 하는 방법을 통해 기독교가 전 유럽으로 널리 전파되도록 영향을 미쳤다. 물론 4세기 이후 기독교가 점차 제도화의 길로 접어들게 되면서 성령체험과 같은 초월적이고 신비스런 경험들은 점차 주변화되었다. 하지만 기독교의 범세계적 확산과정을 통틀어 볼 때, 성령에 대한 관심과 추구는 계속해서 지속되고 있는 모습을 보여준다.

특히 20세기 중반 이후에 드러나고 있는 '영성적 관심'은 범지구적이며 대중적이다. 2차 세계대전의 비극을 경험한 뒤 1960년대를 거치면서 서구 근대 자본주의의 물질적 · 외형적 풍요에 대한 반대급부로서의 소외, 불안, 고독, 불확실성 등과 같은 사회적 폐해, 그리고 국가의 제도권력에 대한 비판과 저항에 따라 서유럽과 북미를 중심으로 추구된 '反문화운동'의 한 차원으로서 '영성'에 대한 대중적 관심이 증대하기 시작했다. 이 추세는 1970~80년대를 통해 동양의 요가, 명상, 대체의학 등에 대한 대중적 붐과 맞물리면서 더욱더 확산되었다(Carrette and King, 2005: 30-53).

특히 1970년대 후반 이후 기독교 영역에서 일어나고 있는 성령운동은 가히 폭발적이다. 아래 〈표 1〉은 이 변화추세를 담은 것이다(이원규, 2012: 202-203 재인용; *Global Christianity*, December 2011). 1900년 당시 성령운동 기독교인들은 전 세계를 통틀어 약 100만 명 정도였을 것으로 추산된다. 하지만 1970년대에는 세계 기독교인의 6%에 해당하는 7천만 명으로 늘어났으며, 2000년에는 5억 2천만 명으로 급증해 전 세계 기독교인의 28%를 차지하게 되었다. 이 증가추세를 볼 때 2025년에는 전 세계 기독교인의 33%에 달하는 8억 1천만 명에 이를 것으로 예측된다.

〈표 1〉 성령운동의 성장과 변화 (단위: % / 괄호 안은 숫자)

연도 / 대륙	1900	1970	2000	2025
세계	**0.2(100만)**	**6(7,000만)**	**28(52,000만)**	**33(81,000만)**
유럽		2	4	4
북아메리카	0.1	14	38	47
라틴아메리카		5	30	32
아프리카	10	15	38	38
아시아		10	44	47

출처: 1) 이원규(2012: 202-203): David Barrett, *World Christian Encyclopedia*.
2) *Global Christianity*(Pew Forum on Religion & Public Life, December 2011)

다음의 [그림 1]은 세계가치관조사(World Values Survey) 자료에 기초해 분석한 선진 국가들의 '영성적 관심'의 증가추세를 보여준다. 잉글하트와 노리스는 유럽 22개 국가와 미국, 스웨덴 및 일본에서 1981년 이후 각 해당 연도별로 신앙유형의 변화추세를 측정해, 이들 국가들 모두에서 영적 관심, 곧 삶의 의미와 목적에 관한 관심이 크게 증가하고 있는 것을 확인했다(Inglehart and Norris, 2007). 잉글하트와 노리스는 이 현상을 전통적이고 제도적인 신앙유형을 대체하는 새로운 신앙유형이 확산되고 있는 전환적 현상으로 해석하고 있다. 마찬가지로 〈세계가치관조사〉 데이터에 기초해 14개 유럽 선진국들의 영성적 관심추세에 관한 연구를 수행한 호트먼과 오퍼스는 이 추세적 변화를 '영성적 전환(spiritual turn)' 현상이라고 규정한다(Houtman and Aupers, 2007).

[그림 1] 선진국가에서의 '영성적 관심'의 증가추세(1981~2000년)

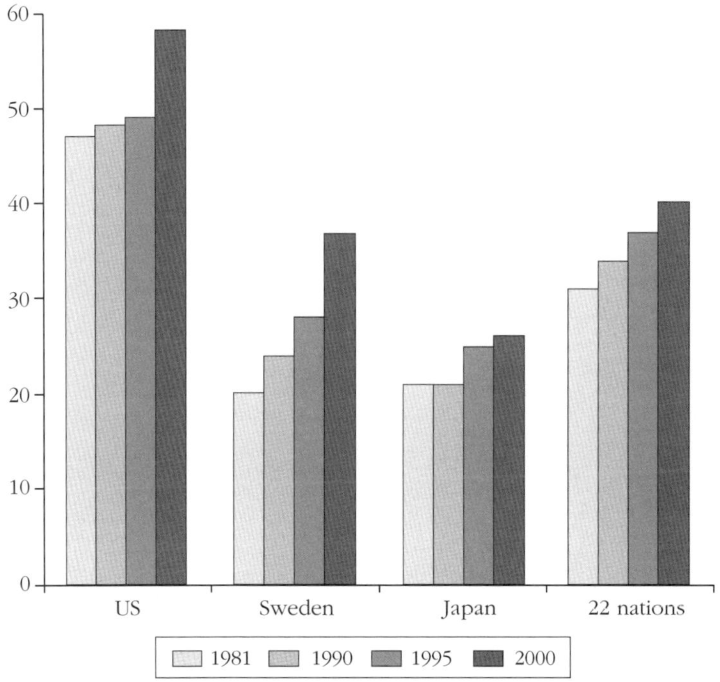

출처 : Inglehart and Norris, 2007: 256.

거시적으로 볼 때, 이와 같은 영성적(성령) 관심의 확산현상은 특히 20세기 후반 이후 탈근대화 및 세계화의 실존적 환경의 배경과 맞물리면서 전 지구적으로 확산된 것이다(송재룡, 2010). 탈근대시대의 문화는 인식론적 및 실존적으로 다원성, 상대성, 불확실성, 모호성, 위험 등으로 특징지어진다. 이 실존상황에서는 근대적 의미의 제도적 · 체계적 및 공동체적 차원의 확실성은 점점 더 위축되어 표준적 모델은 파편화되고 따라서 유동성과 모호성이 더욱 증대한다. 따라서 개인들은 세상을 '홀로 대하고 선' 불안하고 고독한 취약한 존재의 상태에 빠지게 되며, 점점 더 자신이 신뢰하고 통제하고 탐구할 수 있는 유일한 대상인 자기 자신의 주관성의 차원에 집중(집착)하게 된다. 이 탈근대의 상황과 조건이 바로 오늘날 왜 현대인들이 자기 자신, 즉 자아의 정신 · 심리적 내성의 차원과 몸의 세계에 집중하는지에 대한 주된 이유이자 배경이다. '영성' 차원에 대한 이 시대의 관심의 증대는 바로 이와 같은 탈근대적 실존상황과 밀접한 관계를 가진다.

요약해 범세계적으로 영성에 대한 관심의 급속한 증대와 이를 반영하는 담론들이 형성되고 있다는 점에서 '영성적 전환'은 이 시대의 변화와 추세를 보여주는 주요 키워드 중의 하나이다(Aburdene, 2005; Houtman and Aupers, 2007; Inglehart and Norris, 2007; 이원규, 2012; 하비 콕스, 2009). 그리고 이 전환현상을 반영하면서 최근에 조성되고 있는 사회학적 관심과 반응을 이른바 '영성사회학(a sociology of spirituality)'이라고 부른다. 영성사회학은 한국 사회학분야에서는 본격적으로 논의된 테제는 아니지만 서구와 일본 등지에서는 이미 수년 전부터 새로운 사회학적 논의와 쟁점으로 부상해 오고 있다(김성건, 2006; Flanagan and Jupp, 2007; Giordan and Swatos Jr. 2011; Heelas and Woodhead 2005; Houtman and Aupers, 2007; Lynch, 2007).

'영성사회학'이라는 명칭은 사회학의 분과학문인 '종교사회학'처럼 일종의 분과학문적 위상을 떠올리게 한다. 하지만 아직은 그 분과학문적 정체와 경계가 분명하게 규정되지 못한 상태다. 물론 해당 테제에 관한 사회학적 논의의 역사가 일천한 데에 그 이유가 있을 것이다. 하지만 그보다 더 근본적인 이유는 (종교와 대비되는) 영성 개념에 대한 정의가 명료하게 규정되기 어렵다는 점, 그리고 그와 더불어 종교사회학의 가정, 정의 및 방법론의 경계가 아직은 '통상사회학(ordinary sociology)' 의 전통적 틀 구조와 패러다임에 충실하게 기초하고 있기 때문이다. 아래에서 자세하게 논의하고 있듯이, 21세기의 메가트렌드인 영성적 전환과 그에 따른 영성사회학 테제의 등장과 관련하여 '통상사회학' 의 진영에 일종의 패러다임의 전환이 요구된다는 이유가 여기에 있다.

아래에서 영성적 전환의 함의에 대한 논의로 곧바로 들어가기 전에, 이와 같은 전환을 야기한 배경으로서의 탈근대사회의 실존적 상황과 조건에 대해 좀 더 깊이 있게 알아볼 필요가 있다. 이와 같은 검토를 통해 탈근대의 실존적 환경이 어떻게 이 시대의 메가트렌드로서의 '영성(운동)현상' 에 대한 관심과 수요를 촉발하게 되었는지를 보다 깊이 있게 이해할 수 있게 될 뿐만 아니라, 이 전환을 반영하는 '영성사회학' 의 테제가 함의하는 가능성과 한계에 대해 비판적으로 성찰을 할 수 있게 될 것이다.

2. 탈근대사회의 실존과 '영성적 전환'

앞에서 언급한 대로, '영성 차원' 에 대한 글로벌한 수준의 관심을 낳는 주요 배경은 탈근대사회의 실존적 상황과 조건이다. 바우만은 우리가 살고 있는 탈근대사회의 실존상황을 '유동적(liquid)' 이라고 은유한다(Bauman, 2000, 2005, 2007). 단어의 뉘앙스와는 다르게, 이 유동적이라는 은유는 우리 시대의 삶의 상황이 극도로 불확실하고 모호하다(ambiguous)는 의미를 담고 있다(Bauman, 1991, 1997).

탈근대사회의 불확실성과 모호성을 증대시키는 근본환경은 '절대적 또는 보편적 서사의 기각' 이라는 상황을 야기한 '언어의 투명성' 또는 '표상화 가능성' 테제의 불가능성과 그로 인한 '의미 과잉(over-abundance of meanings)'의 현상에서 초래된 것이다(Lyotard, 1985). 이 실존상황에서는 '실재의 진정성'의 테제가 지지력을 상실하게 되는 대신에 '실재의 비진정성'이 증대하게 되면서 다원적이고 상대적인 수많은 전망과 해석들이 공존하는 상황을 만들어 낸다. 따라서 그 어떤 세련된 지식이나 가치 체계도 절대적 위상을 고수할 수 없으며, 다원적 지식/가치 체계들 중의 하나에 불과한 상대적 가치로서의 위상만을 가진다.

사회의 실존상황이 불확실하고 모호한 만큼 그 사회는 '유동적'이게 된다. 곧, 유동적인 사회는 '질서의 문화'를 추구해 왔던 근대사회와는 다르게 이념적 · 제도적 · 체계적으로 추동되는 획일화되고 단선적인 삶의 형식과 운영에 관한 표준모델에의 동화압력이 느슨할 수밖에 없다. 마치 모든 것이 액체처럼 유동한다. 사람들이 취하는 삶의 형식이 다원적이고 유동적이며 따라서 그 각각에 대한 인정과 관용 또한 그만큼 다원적이다. 그리고 개개인의 삶의 기호와 취향 또한 유동적이다. 따라서 획일화되어 '딱딱하게(solid)' 추구되어 온 근대의 질서문화와는 다르게 탈근대문화에서는 삶의 실존 차원이 액체처럼 유동하며 따라서 그만큼 모호하고 불확실하다.

요약해, 탈근대의 모호성과 유동성의 문화는 인간에게 다원성, 상대성, 불확실성, 위험 등과 같은 파편화된 존재론적 조건을 형성하고 있다. 이 상황에서 개인들은 자신의 가치평가와 전망의 구성을 위해 참고하고 의지할 만한 외적 준거기준을 확보하지 못하게 되면서 자신들이 신뢰할 수 있고 의존할 수 있는 유일한 대상인 자기 자신의 세계에 집착하게 된다. 이것이 바로 탈근대적 실존의 특성인 '주관적 전환' 현상을 말한다.

하지만 그 개인들은 이 세상에 대하여 홀로 선 불안하고 고독한 존재일 수밖에 없다. 왜냐하면, 바로 앞에서 언급한 대로 그 개인들은 자신들의 가치평가와 전망의 구성을 위해 참고하고 의지할 만한 외적 준거기준을 확보하지 못한 개인들이기 때문이다. 실제로 탈근대의 실존상황에서는 국가도 제도도 체계도 공동체도 그리고 입법자와 전문가도 그 실존적 불확실성, 위험과 불안의 근원이나 주체가 무엇인지를 명료하게 규명하거나 예측할 수 없고 합리적 대안을 제시할 수도 없다. 이미 제도적 · 체계적 단위의 권위와 신뢰의 상실은 보편화되는 지경에 이르고 있다.

이 실존상황에서 주체는 도덕준거의 외재적 토대로부터 독립해 자신의 내성에만 의존한 채로 홀로 자유, 자율성, 책임, 판단 등과 같은 윤리적 및 도덕적 주제들과 씨름하지 않을 수 없다. 하지만, 이러한 개인적 시도를 통해 점점 더 주체는 도덕적 선택과 책임을 위한 준거 코드로서의 도덕 원천이 위축되고 고갈된 것을 인식하게 되며, 따라서 형이상학적 실존의 위기상황에 부닥치게 된다(송재룡, 2006). 바로 이 점에서, 앞에서 논의한 주관적 전환은 탈근대 개인이 직면하는 윤리 · 도덕적 문제의 상황, 곧 '윤리적 전환(ethical turn)'과 불가분하게 연관된다.

이와 같은 실존적 상황과 조건에서 현대인들은 불가피하게 자기 자신, 즉 자아의 정신 · 심리적 내성의 세계에 더욱 열중하는 동시에 그 내성적 진정성을 추구하게 된다. 이것이 바로 이 시대의 메가트렌드인 '영성적 전환' 현상이 등장하는 배경인 것이다.

요약해, '영성적 전환'은 탈근대사회의 실존환경이 야기한 주관적 및 윤리적 전환상황을 반영하며 나타난 종교적 현상이다. 하지만 '영성적 전환'의 시작이 단지 이와 같은 탈근대시대의 실존환경에 의해서만 촉발된 것이 아니라는 이해가 중요하다. 논의의 또 다른 한 축은 그 영성적 전환이 지향하는 주체의 내성 차원과 그 진정성이 신뢰할 만한 것일 뿐만 아니라 인간진보를 위해 당위적으로 추구되어야 한다고 가정했던 근대적 관념체계의 등장에 대한 이해와 연관된다.

이 차원에 대한 이해는 아래서 논의하게 될 주체의 내성으로서의 '영성'의 기원과 속성에 대한 깊이 있는 이해를 돕고, 따라서 종교현상과 비교되는 영성현상의 이해 그리고 그 개념과 연관된 논의를 보다 풍요롭게 할 것이다.

인간 주체의 주관적 및 윤리적 전환 가능성을 가정하는 관념의 뿌리는 기본적으로 계몽주의의 등장 이후 근대성의 논리와 더불어 확산된 본성주의(naturalism)의 관념체계에 닿아 있다. 이 관념체계는 자아의 내성을 가장 신뢰할 만한 도덕적 지평으로 간주하는 근대주의의 '자율적 자아(autonomous self)' 개념, 그리고 이에 기초한 근대 도덕관인 '자기윤리(self-ethic)' 개념 출현의 토대가 되었다(Taylor, 1985: 1-14, 34-60, 127-145, 1989: 374-375, 2004: 3-22; 송재룡, 2006).

이 근대주의적 '자기윤리관'은 인간은 당위적으로 펼쳐지고 표출되어야 할 본성 또는 내부의 소리를 갖고 있는 존재로 보며, 진리와 가치는 감정과 직관을 통하여 자아의 내부로부터 찾을 수 있다고 가정한다. 따라서 더 이상 신이라든가 혹은 우주적 질서라든가 하는 외재적 준거체계에 의존할 필요가 없다. 개인의 자아는 본성적으로 자율적 권위를 가지고 있으며, 그 자아의 자율성은 점차 진화되어 최고의 완성단계에 도달하게 될 것이라는 일종의 진화론적 가정을 견지한다.

이 유형의 자아는 그 정체성과 삶의 형식이 근대에서처럼 외재적으로 부여된 단위들 — 예컨대, 국가, 인종, 성, 젠더, 계급 등 — 에 의해 좌우되는 '무엇으로서의 삶(life-as)'으로 규정되지 않는다. 대신에 다양한 수준의 차이(difference)에 따라 자기 중심적으로 경험하고 살아가는 '주관적 삶(subjective-life)'에 의해 규정되고 이해된다(Delanty, 2003: 133-135; Heelas and Woodhead, 2005: 5-6).[3] 무엇보다도 이 탈근대 자아의 극적인 점은 '객

3) 힐라스와 우드헤드는 자신들이 수행한 현장연구 — 켄달 프로젝트(Kendal Project) — 를 통해 미국과 마찬가지로 영국에서 일어나고 있는 새로운 영성추구의 경향을 '영성혁명'에 비유하면서, 이를 '전인적 영성(holistic spirituality)'이라고 규정한다. '전인적'이라는 의미가 일반적으로 조화, 균형, 흐름, 통합, 상호작용, 일치(하나 됨), 집중상태 등을 뜻한다는 점에서, '전인적 영성'이란 개인 주체가 감정적, 정신적, 육체적, 영적인 측면에서 조화롭고 통합된 일치의 상태를 지향하는 것을 의미한다. 전인적 영성은 개인뿐만 아니라 타자 모두를 포함하는 존재 전체의 환경(holistic milieu)에서 작용한다는 점에서 '개인주의적' 속

관적 진리' 추구보다는 '주관적 경험'의 중요성으로의 전환을 추구해 간다는 점이다. 이를 통해, 전통종교의 신학적 기초이자 전제인 '외적 권위'로부터 개인의 정신내면의 탐구를 통해 찾아지는 '내적 권위'로의 전환, 또는 '신(하느님)'에서 '신적 자아(self-as-god)'로의 전환이 나타난다(Davie, Heelas, and Woodhead, 2003: 1-14).

룩크만은 이를 외재적 권위에서 연원하는 전통적 의미의 '거대한 초월성(great transcendence)'이 위축되어 다양한 '수축된 초월성(shrinking transcendences)'으로 전환되는 상황으로 규정한다(Luckmann, 1990). 물론 이 상황이 '성스러움(the sacred)'의 소멸을 의미하지 않는다. '실재의 사회적 의미구성'의 측면에서 볼 때, 성스러움의 원천이 사회적 또는 우주적 단위로부터 주체(자아)의 영역—'주체의 성화(sacralization of subjectivity)'라는 방식을 통해—으로 전환되었기 때문이다.

우스노우는 이와 같은 상황을 전통종교가 권위를 가지고 제공해 주었던 '정주의 영성(spirituality of dwelling)'이 탈근대의 개인주의적 추구를 가능하게 하는 '추구의 영성(spirituality of seeking)'에 의해 대체되는 상황으로 본다(Wuthnow, 1998). 하지만 우스노우는 '추구의 영성' 유형의 등장은 이 시대에만 고유한 것이 아니라고 본다. 이들 두 유형은 역사적 과정에서 특정한 상황과 조건에 따라 부침을 달리하면서 순환하거나 되풀이되는 경향을 보인다는 것이다. 이 점에서 우스노우가 '추구의 영성'으로 규정하는 영성추구의 현상은 오늘의 미국적 탈근대문화의 실존상황과 조건 안에서 생성된 것이다.[4]

성에 집중하는 기존의 영성 개념과는 차이를 가진다(Heelas and Woodhead, 2005: 12-32).

4) 김성건은 이 관점에서 미국적 영성추구운동을 대표하는 뉴에이지 문화의 출현이 미국적 자본주의 문화의 현실을 반영하는 동시에 미국 복음주의 개신교 문화의 지향성과 친화적으로 조응하면서 가능하게 되었다고 본다. 양자 간의 친화적 조응을 가능하게 한 동질적 요인들은 '거룩함의 추구', '현세 긍정의 가치', 그리고 '자아 종교' 등이다(김성건, 2006: 59-66).

하비 콕스는 보다 글로벌한 수준에서 이를 논한다. 그는 영성에 대한 세기적 관심의 증대현상을 두고 '영의 시대(age of spirit)' 라고 규정한다. 기독교에 관한 한, 영성에 대한 세간의 관심은 이미 초기 기독교인들의 시대였던 '신앙시대(age of faith)' 와 로마의 기독교 공인 이후 19세기까지 지속된 '믿음시대(age of belief)' 에서도 계속해서 존속해 왔던 것이었다(하비 콕스, 2009: 15-23). 이미 초기 기독교의 전개 이후 시작된 성령 추동적 신앙의 전통은 로마에 의한 기독교의 제도화, 체계화, 교리화에 따라 지속적으로 위축되어 왔다. 하지만 하비 콕스는 이러한 제도적 교회의 족쇄에도 불구하고 성령의 내재적 저항은 계속되어 왔으며, 결국 '억압된 것의 회귀(return of the repressed)' 인 양 20세기 이후 '영성적 체험' 을 강조하는 전 지구적 규모의 영성부흥시대로 접어들었다고 진단한다. 이 시대는 "나는 영성적이지만, 종교적이지는 않다(I am spiritual, but not religious)"라는 종교인들이 다수인 시대다(하비 콕스, 2009: 23). 더욱이 이러한 성령적 기독교인의 수는 일 년에 근 1천만 명의 규모로 늘어나고 있다. 하비 콕스는 영성을 전통적 의미의 종교를 대체하는 미래형 종교유형으로 본다.

이와 마찬가지로, 이원규 또한 20세기 후반 이후 기독교적 성향이 질적으로 크게 전환되고 있음을 주목한다(이원규, 2012: 256-285). 지난 2천여 년에 걸쳐 지성, 이성, 합리성 등의 논리에 충실했던 서구 및 북미를 중심으로 전개되었던 자유주의적 및 합리주의적 신앙의 전통이 이제는 주관적 신앙체험의 차원과 밀접하게 연관된 감성, 열정, 영성 등의 차원을 중시하는 성향으로 전환되고 있다고 본다. 이원규는 전자의 신앙유형을 지성과 이성에 복속하는 '머리의 종교(religion of head)' 로 보고, 후자를 주체의 영성적 체험을 따르는 '가슴의 종교(religion of heart)' 로 규정한다.[5]

---

5) 머리형 종교는 다른 말로 지성종교를 뜻하며, 여기에 해당하는 것이 근본주의와 자유주의 신앙유형이다. 근본주의 신앙은 교리적 · 교조적 조항이나 신학적 명제들에 집착하는 반면, 자유주의 신앙은 지성적이고 합리적인 신앙체계를 고집하는 성향을 갖는 것으로 요약된다(이원규, 2012: 256-277; 하비 콕스, 2009: 206-222).

이원규의 논의는 기독교적 신앙지형의 변화를 주목하면서 이뤄진 것이지만, 하비 콕스와 마찬가지로 20세기 후반 이후 글로벌한 수준에서 목도되고 있는 '가슴종교' 의 지향과 추세는 교파적 종교로서의 전통 기독교의 경계를 넘어서는 신앙 일반의 영성적 전환의 추세를 반영하는 것이라고 볼 수 있다.

요약해, '영성적 전환' 현상에 대한 인식론적 이해는 자아의 내성을 가장 신뢰할 만한 도덕적 지평으로 간주해 온 근대의 '자기윤리적' 관념체계의 등장과 밀접한 관계를 가진다. 즉 개인의 내성 차원의 한 단위로서의 영성에의 관심과 추구의 경향성에 대한 이해를 설득력 있게 유추하도록 해준다. 하지만 이와 같은 '내성 = 영성' 이라는 동조적 유추는 영성을 인간 내성의 어떤 부분적 단위로 명료하게 규정할 수 있다는 것을 전제로 할 때라야 가능해진다. 하지만 영성적 현상은 명료하게 정의되는 개념이 아니다 (만일 영성이 순수하게 인간의 내재적 속성으로만 구성된 어떤 단위라고 할 때, 이 시대의 '영성의 추구' 는 머지않아 정신심리학주의의 변형의 일종으로 자리매김될 운명에 처하게 될 것이다). 더욱이 영성이 종교적 체험과 불가분하다는 점, 따라서 영성의 개념은 종교의 그것과 떼어서 생각할 수 없다는 점에서 영성을 어떤 단일한 차원의 내성적 힘이나 속성의 단위로 규정하는 것은 문제의 여지가 있을 수 있다. 아래에서 영성의 개념과 관련해 이에 대한 논의를 더욱 전개해 본다.

3. 영성의 개념 : 종교와의 비교

이상 논의한 '영성적 전환' 현상은 우리가 상식적으로 알고 있는 종교 현상에 대한 이해와 연관해 간단치 않은 문제들을 제기한다. 즉, 영성추구가 이른바 종교 세속화의 전형적 과정을 대변하는 일시적 현상은 아닌지,

또는 전통적 의미의 종교를 대체하는 새로운 유형의 종교의 태동을 알리는 것은 아닌지, 아니면 일종의 문화적 변용을 의미하는 것은 아닌지 등의 여부에 대한 문제들이 그것이다. 이런 연유에서 부득불 영성이 종교와 어떻게 같고 다른지에 대한 검토가 필요하다.

종교의 개념이 그러하듯이, 영성의 개념을 정의하는 것이 결코 쉬운 일이 아니다. 특히 영성이 일반적으로 종교에 관한 개념적 논의의 범주 안에서 구별하지 않고 이해되어 왔던 터라 더욱 그러하다. 또한 사회학적 접근에서도 주된 연구주제는 영적인 요인보다는 종교적인 요인에 맞춰지는 경향이 지배적이었는데, 그 주된 이유는 종교에 비해 영성이 갖는 소수성(minority), 주변성, 피상성과 더불어 영성현상의 비사회성(비공공성) 때문이었다(김성건, 2010: 58-60; 전명수, 2010: 62-68).

영성은 단일하게 정의될 수 있는 단위가 아니다. 특히 전통적 의미에서 영성은 종교적 경험과정과 불가분하게 연관된 어떤 속성적 단위이기 때문에 그러하다. 따라서 종교현상에 대한 이해를 수반하지 않고는 영성에 대한 개념을 정의하기는 어렵다. 전통적으로 영성은 종교와 그 관계가 일치하는 것, 즉 '영성 = 종교' 의 관계로 여겨지는 경향이 있었다. 하지만 아래에서 논의하듯이, 오늘날 우리가 주목하게 되는 영성의 의미는 종교와 좀 더 차별적으로 구별될 수 있는 모습, 즉 '영성≠종교' 의 관계성이 논의되기도 한다.

영성의 어원적 의미는 정신/영(spirit)을 뜻하는 히브리어 *'ruach'* 에 그 기원을 두고 있다. 그 의미에는 호흡/생명(breath)이나 바람/숨(wind)의 의미까지도 포함된다. 따라서 '영성' 이라는 말 속에는 신앙적 삶(life of faith)의 동적인 측면, 곧 신앙적 삶을 추동하고 동기지우고 또한 그 삶을 지속하게 하고 발전시키는 실천적 차원을 포함한다. 보다 구체적으로, 신앙인의 삶에 생기를 불어넣어 신앙의 대상인 신(적 존재)에 대해 더욱 심오하고 완전한 관계를 가지도록 해 주는 어떤 정신/영의 역동적 힘이나 속성을 의미한다(McGrath, 1999: 1-2).

하지만 오늘날 우리에게 익숙한 기독교적 의미의 영성의 어원은 라틴어 *spiritualitas*에 뿌리를 두고 있다. 그리고 이 *spiritualitas*의 어원은 영(spirit)을 뜻하는 그리스어 *pneuma*에 있으며, 이 용어는 기독교 신약성서의 바울 서신에 나타나 있다(Sheldrake, 2013: 1-22). 당시의 의미론적 맥락에서, 영이나 영성은 물적(physical 또는 material)인 것에 대립되는 개념이 아니라, 육(flesh)적인 — 즉 하느님의 영(Spirit of God)에 반대되는 — 것에 대립되는 개념으로 이해되었다.

따라서 바울 이후의 기독교적 의미의 영성은 육체(body)에 상대되는 개념인 영혼(soul)과 유사한 어떤 개념이 아니라, 삶에 대한 태도에 나타난 어떤 지향성을 의미하는 것으로 사용되어졌다. 즉 '어떤 이가 영성적(spiritual person)'이라고 할 때, 그 의미는 그 사람 안에 '하느님의 영(Spirit of God)'이 거하거나 아니면 그 '하느님의 영'의 영향을 받으며 사는 사람이라는 의미로 사용되어졌다(McGrath, 1999: 2).

이 점에서 '기독교 영성'은 단순히 신에 대한 지식이나 관념의 차원에서 정의되는 개념이 아니다. 이는 신앙인 자신이 믿는 '신(God)과의 관계' — 신(의 현존)에 대한 실제적 체험이 이뤄지는 관계 — 가 더욱더 온전하고 충실하게 유지되도록 해 주는 상태를 의미한다. 따라서 영성은 단지 믿음이나 가치의 소유상태를 의미하지 않는다. 그 영성적인 사람의 믿음의 조합과 가치의 조합이 실제 신앙적 삶 속에 표출되고 체화되어 나타나는 행위나 상태를 의미한다(McGrath, 1999: 2-3). 이 점에서 전통적으로 영성은 종교와 상호 교환적 및 보완적인 개념이었다는 것을 알 수 있다. 곧, 영성은 기본적으로 종교적 삶을 지향하는 인간이 신 또는 성스러움(the sacred)과의 역동적 · 실천적 관계를 가능하게 해 주는 정신적 및 육체적 상태의 측면으로 이해되어 왔다.

하지만 19세기 후반 이후를 거쳐 20세기로 접어들면서 서서히 종교적 삶과 영성적 태도 간의 불가분적 관계성에 대한 이해가 점차 차별적으로 구분되는 경향을 보이게 되었으며, 특히 20세기 후반 이후 영성의 의미론적 스펙트럼은 더욱 넓게 다원화되었으며, 더 나아가 영성에 의한 종교(성)의 대체 가능성을 함의하는 논의로까지 이어지게 되었다(Woodhead, 2011; 하비 콕스, 2009: 25-30).

종교와 영성 간의 이분법적 구분경향에 대해 지오르단은 종교는 '객관적 진리, 체계화된 전례, 도덕적 규범' 등에 기초하고 있으며, 따라서 신앙인들은 자기 자신을 그러한 기준들에 복종시켜야 하는 반면에, 영성은 "신앙인 개개인의 개인주의적 경험, 자신만의 감정과 웰빙, 특히 자신의 자아실현의 가능성" 등에 기초한다고 요약한다(Giordan, 2009: 233). 영성이 개인주의적 지향성에 집중되어 있다는 것은 달리 말해 사회적 참여 지향성이 결여되어 있다는 말이다. 이는 종교와 크게 대비되는 점이다. 하지만 최근의 영성추구의 패턴에는 사회적 및 공공적 관심과 참여의 경향이 증대하는 경향이 나타나게 되면서, 이와 같은 영성과 종교의 이분법적 구분의 경계가 모호해지는 모습을 보이기도 한다.

쉘드레이크는 20세기 후반 이후 영성을 다음과 같이 다양하고 포괄적인 의미를 가지는 개념으로 정의한다(Sheldrake, 2013: 3-6).

① 영성은 삶에 대한 전인적인(holistic) 의미로 사용된다. 기본적으로 영성은 '신성한 것(the holy)'과의 연관을 의미하지만, 이 안에는 모든(whole) 것이나 완전한(complete) 것의 의미가 내포된다. 이 점에서 영성은 '삶 전체(life-as-a-whole)'에 관련된 통합적 삶의 요소의 속성을 갖는 것으로 이해된다.

② 영성은 '성(the sacred)'의 탐구와 연관되는 의미를 가진다. 하지만 여기서의 '성'은 전통적 의미의 신(God)에 대한 믿음의 경계를 넘어, 신령스러움(the numinous)을 이해하는 것이라든지, 인간 실존과 관련된 심오함

이나 우주의 무한한 신비로움을 이해하는 것과 같은 경계로까지 확대되는 개념이다.

③ 영성은 삶의 의미나 목표(방향)에 대한 탐구의 차원과 연관된 의미를 갖는다. 이 측면은 앞에서 우리가 검토한 바 있듯이, 흔히 말하는 현대사회의 전통적(종교적) 영향력 및 사회적 권위의 점진적 쇠락에 의해 초래된 것이기도 하다. 이 점에서 영성은 개인들의 삶의 의미회복이나 목표(방향)설정을 위한 중요한 실천적 해법의 기능을 수행하는 것으로 여겨진다. 오늘날 잘 목도되는 '영성개발(spiritual development)' 이라는 말은 이 차원의 영성 의미를 잘 드러낸다. 물론 이 의미의 영성 개념은 영성의 (상담심리학적) 도구화나 (소비자본주의적) 상품화라는 비판의 표적이 되기도 한다.

④ 영성은 인간 삶의 궁극적 가치에의 탐구와 연관되는 개념의 의미를 가지기도 한다. 이 측면의 영성은 삶의 물질적이고 도구적인 차원에 대한 성찰을 가능하게 한다는 점에서 윤리적 및 도덕적 탐구와 연관된다고 할 수 있다.

⑤ 마지막으로, 21세기 들어 영성의 의미는 개인의 사사로움의 차원을 넘어 이른바 사회적 및 공적 영역에까지 확장되고 있다. 윤리와 도덕 쟁점과 연관된 공적 가치 영역, 직업개발 영역의 주제들과 연관되는 것은 물론이고 사회구조의 변형 차원, 예컨대, 보건(건강), 교육, 비즈니스 경제학 영역에서의 구조적 변화추구의 주제들과 연관되고 있기도 하다. 이 추세에 따라 영성의 학문영역은 신학이나 종교학의 경계를 넘어 철학, 심리학은 물론이고 사회과학의 영역으로까지 확장되고 있다.

위의 ⑤번째 사항은 위에서 언급했듯이, 21세기의 영성추구는 또 다른 변형적 의미를 보여준다. 이 개념의 영성은 힐라스와 우드헤드가 '전인적 영성' 이라고 규정한 새로운 유형의 영성으로서, 위의 다섯 가지의 영성 개념 모두에 함의된 개인주의적 또는 사사로운 속성과 경향에 대한 비판적

협의를 넘어서는 것이기도 하다. 영성에 대한 기존의 비판들은 예컨대, 내성적 경험, 자기성찰, 주관적 여정, 웰빙, 내적 조화나 행복 등과 같이 지극히 사사롭고 이기적인 자기실현적 수행성에 과도하게 경도되어 있다는 사실들을 지적하곤 했다. 이러한 비판은 위의 ④에 언급된 영성의 도구화나 상품화의 문제와 더불어 영성추구에 함의된 대표적 문제들이었다.

이상의 검토는 영성에 대한 개념적 경계가 계속 변화하고 있다는 것을 보여준다. 다음 절에서 이어지는 '참여적 영성'에 대한 논의 또한 이와 같은 변화를 반영한다. 다음의 〈표 2〉는 위에서의 논의를 요약해 '종교'와 '영성' 양자의 개념적 관계성의 변화를 시대적 — 전통 및 근대 시대 vs 탈근대시대 — 으로 구분한 것이다.[6]

도식적으로 일반화하는 것이 무리는 있지만, 이 표는 전통 및 근대 시기를 걸쳐 영성은 종교의 종속적 또는 보완적 단위의 개념으로 이해되었으나, 탈근대시대의 상황에 서는 영성이 종교로부터 구분되고 독립된 속성을 갖는 개념으로 전환되고 있다는 것을 보여준다. 이 전환, 곧 종교로부터 영성으로의 전환은 단지 신앙형식상의 변화만을 의미하는 것이 아니라, 아래에서 논의하고 있듯이 중요한 종교사회학적 쟁점을 야기한다.

---

6) 이 표는 필자의 논문(송재룡, 2010: 149-150)을 수정 · 보완한 것이다.

〈표 2〉 종교와 영성 개념 비교

<table>
<tr><th></th><th>종 교</th><th>영 성</th></tr>
<tr><td rowspan="2">전통 및 근대</td><td colspan="2">영성(성령)은 종교성의 주요 자원의 하나로서 종교의 보완의 개념으로 이해되었음.</td></tr>
<tr><td colspan="2">◎ 종교의 구성:
▶전통적으로 종교는 소수의 또는 개인 단위의 유사 종교적 행위인 '주술(magic)' 행위와는 구분되는 집합체적 단위의 종교행위로 규정되었다. 따라서 종교는 '믿음(faith)', '의례(ritual)' 및 '공동체(community)'로 구성된 현상이라는 이해가 가능해진다. 이 이해는 지금까지 사회학적 종교이해의 기본 틀이었다.
▶영성은 이와 같은 종교구성의 기본요소들 중 특히 '믿음'의 영역에서 작용하는 자원으로 이해되어 왔다.
◎ 기독교적 영성:
▶신과의 깊은 관계를 위한 경건(piety) 또는 침묵, 헌신적인 삶(the devotional life), 기도의 내적 삶(the interior life of prayer) 등의 지향을 말함.
▶오순절 성령운동과 같은 신비체험(황홀), 은사, 능력, 방언, Q.T.(경건의 시간), 금식 등과 같은 성령적(holy spiritual) 지향을 말함.
◎ 동양종교의 영성(힌두교의 요가, 이슬람교의 수피즘, 선불교):
▶동양적 영성의 주류는 인간성품의 수양과 질적 변화(영적 깨달음을 통한 고차원적 삶으로의 전환) 추구에 중점을 둠.
▶기독교적 영성 전통에 영향을 미침(사막 교부들의 영성, 동방정교회 영성, 수도원운동/중세기 신비신학의 비판적 수용을 통해 전승된 가톨릭 영성 신학 등 — 예: 이그나티우스 영성, 갈멜 영성, 프란체스코 영성, 도미니크 영성 등).</td></tr>
<tr><td rowspan="7">탈근대</td><td colspan="2">'종교'와 '영성' 간의 이원론적 구분(차별화)현상이 일어남.</td></tr>
<tr><td>'의무적 삶'으로서의 종교(외적 권위)
('life-as' religion)</td><td>'주관적 삶'으로서의 영성(내적 권위)
('subjective-life' spirituality)
- P. Heelas and L. Woodhead</td></tr>
<tr><td>거대한 초월성
(great transcendences)</td><td>수축된 초월성(shrinking transcendences)
- T. Luckmann</td></tr>
<tr><td>정주(존재)의 영성
(spirituality of dwelling)</td><td>추구(탐구)의 영성(spirituality of seeking)
- R. Wuthnow</td></tr>
<tr><td>교파주의 시대
(denominational era)</td><td>후기교파주의 시대
(post-denominational era)
- Donald Miller</td></tr>
<tr><td>종교의 시대
(age of faith, belief)</td><td>성령의 시대(age of spirit)
- H. Cox</td></tr>
<tr><td>머리의 종교
(religion of head)</td><td>가슴의 종교(religion of heart): 영성 종교
- 이원규</td></tr>
</table>

4. '영성사회학' 테제-쟁점과 가능성 및 한계

'영성사회학'의 테제가 체계적으로 사회학적 논의의 대상으로 주목을 받은 것은 비교적 최근의 일이다. 2004년 봄 영국 브리스톨 대학에서 개최된 '영국종교사회학회 연례학술대회(Annual Conference of the British Sociological Association Sociology of Religion Study Group)에서 '영성'을 주제로 사회과학자들뿐만 아니라 종교학자 및 신학자들도 대거 참여한 가운데 열띤 논의가 진행되었다. 이 학술대회의 결과는 2007년 『영성사회학(*A Sociology of Spitrituality*)』이라는 제목으로 출간되었다(Flanagan and Jupp, 2007).

적어도 20세기 중반 이후 세간의 주목을 받아 온 영성적 현상이 그동안 사회학의 체계적 논의에서 소홀하게 취급되어 온 주된 이유는 무엇보다도 사회학이란 학문의 성격과 연관된다(Flanagan, 2007: 1-5). 근대성의 세례를 받아 출현한 사회학은 기본적으로 '실재의 탈영성화(de-spiritualization of realities)'라는 비전과 기획을 지향하는 학문이다.[7] 따라서 기본적으로 주관적이고, 개인 경험적이며, 비합리적이고, 검증 불가능한 속성을 갖는 영성현상은 애당초 사회학적 탐구의 소명에 어울리는 것이 아니었다.

하지만 또 다른 실제적인 이유는 영성에 대한 종교 세속화론의 가정 및 예측과 연관된다. 대부분의 주도적 종교사회학자들은 영성추구 현상이 종교세속화 현상에 부수하거나 종속되는 일시적 변종이거나 아니면 종교 사사화의 전형에 불과하다는 입장을 견지해 왔다. 예컨대, 전형적 종교세속화론 지지자들인 윌슨, 부르스, 펜, 도블레어 등은 뉴에이지와 같은 영성운동은 그 영성적 환경(milieu)에 드러난 속성이 근본적으로 개인주의적이라는 점을 강조하며 20세기 이후의 영성적 전환현상은 종교 사사화의 전

7) 이 점은 근대성 문화의 추세와 결말에 대해 베버가 비관적으로 규정하고 있는 '세상의 탈주술화(disenchantment of the world)' 테제가 함의하는 것이기도 하다.

형에 불과하다고 주장해 왔다(Bruce, 2002: 75-105; Dobbelaere, 1984, 1993; Fenn, 1972, 2001: 3-12; Wilson, 1976, 1985, 1991). 때문에 영성현상은 세속화론의 가정이나 정의 또는 방법론의 연장선에서 다뤄질 수 있는 현상이지 별도의 종교사회학적 범주나 접근이 필요하지 않다고 본 것이다.

하지만 1980년대 중반 이후 스타크와 베인브릿지를 시작으로 데이비와 에르비에-레제 등은 종교의 영성적 측면은 언제나 상존하는 현상으로서 앞으로도 동일할 것이라고 보면서 영성추구 현상을 사사화의 전형이라고 보기보다는 일종의 종교적 혁신이나 변용의 일환으로 보아야 한다는 입장을 견지한다(Stark and Bainbridge, 1985; Davie, 1994: 74-92; Hervieu-Léger, 2001). 이들의 입장은 종교현상의 변형적 연속으로서의 영성추구 현상에 대해서 뿐만 아니라, 영성과 그 영성의 사회문화적 환경(milieu)과의 상호작용에 대한 보다 탄력적인 접근 가능성을 함의하는 것이다.

특히 이와 같은 관점변화의 조짐은 위의 영성 개념 ⑥번에서 말했듯이, 오늘날의 영성운동이 점차로 사회구조적 및 공공적 영역과의 공유면을 증대하고 있다는 이해와 연관된다. 오늘날의 영성운동의 패턴이 사회운동의 속성, 즉 '사회 참여성'을 포함하느냐의 문제는 정통 종교 세속화론의 입장, 특히 '종교 사사화(privitization of religion)'의 가정과 상충한다. 왜냐하면, 앞에서 논의했듯이, 정통 종교세속화 이론가들은 영성의 속성을 본질적 · 실제적으로 '개인주의적'이라고 규정하여, 제반 영성추구는 필연적으로 사사화의 전형에 불과하다고 보기 때문이다.

하지만 이 쟁점은 또 다른 쟁점을 유발한다. 만일 — 예컨대, 힐라스와 우드헤드, 하비 콕스, 이원규 등의 주장처럼 — 영성이 전통종교를 대체할 만한 충분한 개념적 및 실제적 의미와 요인을 함의한다고 할 때, 정통사회학은 종교이해에 대한 그 개념적 및 접근방법론적 틀구조에 일대 전환을 수반해야 할 것이다. 이 쟁점은 전자보다 더욱 근본적인 패러다임 전환을 수반하는 쟁점이라고 할 수 있다. 다음에서 이를 차례로 논의해 본다.

1) 영성의 '사회적 참여성' 또는 '참여적 영성' 개념과 관련해

이미 말했듯이, 최근 '전인적' 영성운동에 사회 참여적 지향성이 드러나고 있다는 점을 주목하는 논의가 적지 않다(Nangle, 2008; Rothberg, 2006; Stanczak, 2006).[8] 오퍼스와 호트만은 영성은 그 환경적 경계 안에서 불가피하게 '사회적으로' 구성되고, 전달되고, 재강화될 수밖에 없다고 보면서, 신앙인들의 영성구성에는 기본적으로 사회성의 측면이 포함되어 있다고 주장한다(Aupers and Houtman, 2006). 이는 '영성의 사회적 구성' 또는 '영성의 사회화'를 말하는 것이다. 영성이 사회화를 통해 구성되는 환경에서는 그 영성의 속성이 필연적으로 사회적 지향성을 가지게 될 것이고, 따라서 사회적 변화를 추동하는 경향을 가지게 될 것이라는 진단이다.

실제로 MBS(mind, body and spirit) 영성운동단체들의 실천가들에 대한 경험연구를 수행한 오세일과 살키시안(Seil Oh and N. Sarkisian)은 '영성 개인주의'에 대비되는 '참여적 영성(engaged spirituality)'의 가능성을 제시한다(Oh and Sarkisian, 2012). 단체들의 유형, 성격 및 목적에 따라 다소 수준의 차이는 있었지만, 이들 영성운동단체들 대부분에서 실천가들의 '이타적 행동', '공적 행사에의 자발적 참여', '사회정치적 변화를 위한 행동' 등의 가능성이 검증된다는 점에서, 연구자들은 영성과 사회 참여적 지향성 간에 일종의 친화성이 있음을 주장한다.[9]

전명수는 오늘날의 영성추구에서 나타나는 이와 같은 현상들을 '사회

8) 영성의 '사회적 참여성'을 주목하는 연구문헌들의 간략한 소개에 대해서는 Oh and Sarkisian, 2012: 303-304를 참고할 것.

9) 이들의 연구대상은 미국 동부 보스톤 지역에서 활동하는 심신단련단체인 'Yoga', 심신치료(힐링)단체인 'Dahn Yoga', 그리고 컬트형 단체인 'Art of Living'이었다. 분석결과 'Dahn Yoga'의 경우 다른 두 단체에 비해 상대적으로 사회적 참여성이 낮은 것으로 나타나는데, 이는 심신치료적 지향성(therapeutic orientation)을 갖는 영성단체들에서 보편적으로 나타난다고 보고되고 있다(Oh and Sarkisian, 2012: 317).

운동적 지향성'이라고 규정한다(전명수, 2010:70). 그는 영국의 핀드혼(Findhorn) 등과 같은 뉴에이지 운동 및 국내 단월드 등과 같은 영성운동들의 지향성 변화에 대한 연구 예를 참고하여, 오늘의 영성운동의 목표와 비전이 개인의 행복이나 질병의 치유에서 예컨대, 다문화적 이해와 조화, 공동체 정신, 환경운동, 평화운동 등과 같은 사회적 및 공공적 참여운동으로 변화 확대되고 있다고 본다.

영성운동의 사회적 참여 경향과 추세는 도널드 밀러에 의해 글로벌한 수준에서도 포착되고 있다. 그는 이 시대의 영성적 사회참여의 경향을 '선진적 성령운동(progressive pentecostalism)'이라고 부른다(Miller, 2007).[10] 비록 이와 같은 변화를 담당해 가는 성령운동가들은 아직은 소수이지만(전체 성령추구 신앙인의 15% 정도), 이들은 성령의 인도를 따라 예수의 삶을 쫓아 공동체에서 (비)신앙인 여부를 가리지 않고 사람들의 영적 · 육체적 문제뿐만 아니라 사회적 문제와 필요를 채워주는 등 개인적 및 사회적 영역 모두에서 '전인적 사역(holistic ministry)' 활동을 전개한다(밀러 · 야마모리, 2008: 54-86).

선진적 성령운동에 기초한 사회사역은 아시아, 아프리카, 라틴아메리카를 비롯해 동유럽에까지 전개되고 있으며, 그 활동의 스펙트럼도 아주 다양하다. 의료봉사, 정신병동과 교도소 사역, 에이즈 치료, 성노동자 보호, 마이너리티(노인, 장애인, 노숙인, 고아, 소수인종 등) 프로그램 운영 등과 같은 사역들이 그 예이다. 일부 소수의 선진적 성령운동가들은 이와 같은 자선적 활동의 경계를 넘어 사회구조적 변화를 추구하기 위한 경제 및 정

10) 여기서 밀러가 사용하는 '선진적 성령운동'의 개념은 린치가 사용하는 '선진적 영성(progressive spirituality)' 개념과는 다르다. 린치의 개념은 이 시대의 영성의 추구가 서구 근대문명의 '사회성(sociality)' 전반에 대한 급진적 대안의 성격을 갖는다는 사실을 강조하기 위한 의미로 사용한다(Lynch, 2007: 17-39). 하지만 밀러의 개념은 일본 종교학자 시마조노 스스무가 말하는 '신영성운동'의 개념과는 의미론적으로 크게 일치한다고 볼 수 있다(시마조노 스스무, 1997: 제13장).

치 영역에 직간접적으로 참여하는 활동 — 예컨대, 비정부기구 조직을 통해 — 을 수행하기도 한다(밀러 · 야마모리, 2008: 124-156). 이들 활동의 특징은 이른바 과거 불평등론적 구조갈등주의의 입장에서 체제변혁을 추구하던 해방신학적 입장과는 다르게, 체제권력과의 직접적 대결을 피하는 대신에 예수의 가르침을 쫓는 비폭력 및 비대결의 윤리를 실행한다. 이들은 높은 수준의 도덕적 참여정신을 진작시켜 이러한 정신이 여러 제도적 영역으로 침투되어, 시민사회와 비즈니스 및 교육 영역이 변화될 수 있도록 전인적 수준의 적극적 사역봉사 방식을 택한다(Miller, 2007: 441).

이러한 맥락에서 밀러는 사회과학적 종교연구가 환원주의적 연구패턴을 벗어나 '신앙 요인(faith factor)'에 더욱 주목해야 할 것을 강조한다. 그동안 사회과학자들은 통상적으로 종교현상의 구조적, 조직적, 계층적, 인구학적, 심리학적 측면에 집중해 왔다. 하지만 21세기의 종교현상에 대한 충분한 이해는 '성령요인(spiritual factors)' 들에 대한 보다 진지한 접근을 필요로 한다고 주장한다(Miller, 2007: 445; 밀러 · 야마모리, 2008: 262-4; 김성건, 2010: 56-57 재인용).

'사회적 참여성' 또는 '참여적 영성' 테제는 영성현상을 종교 사사화의 전형으로 보아 온 정통 세속화론자들의 입지를 어렵게 한다. 전명수는 영성운동의 성격이 그 개인주의적 속성으로 보아 기본적으로 종교 세속화의 소산이기는 하지만, 이 영성운동이 대중성과 사회성을 포섭하는 일종의 사회운동으로 변형적 전환을 이뤄간다는 점에서 탈세속화과정의 면모를 가진다고 본다. 따라서 이 시대의 영성적 전환이 영성에 의한 종교의 대체를 뜻하기보다는 종교문화의 변용의 일환을 보여주는 것이라고 주장한다(전명수, 2010: 70-75). 이와 유사하게, 호트만과 오퍼스 또한 영성적 전환현상이 전통적 의미의 종교신앙의 소멸을 의미하는 것이라기보다는 신앙적 삶의 중심인 '성스러움'에 대한 체험의 위치를 재배치하는 것을 의미한다고 본다(Houtman and Aupers, 2007: 315-316). 즉 영성적 전환현상은 종교 세속화과정의 일환도 아닐 뿐만 아니라, 전통종교의 대체를 뜻하지 않는다는 것이다. 달리 말해, 신앙의 원천, 곧 성스러움을 느끼고 체험하는 중심이 개인 밖의 외부의 어떤 곳으로부터 자아의 심층 차원으로 옮겨지고 있다는 것을 의미한다.

여하튼 영성의 '참여적 영성'의 테제는 사회학의 경계 안에서 아주 중요한 쟁점의 위치를 차지할 것으로 보인다. 영성운동의 지향성이 사회정치적 및 공공적 영역과의 공유면을 증대해 가고 있다는 사실은 영성적 현상에 대한 개념적 경계가 더욱더 확장되어야 할 것과 더불어 그에 대한 사회학적 접근방법의 영성적 전환을 요구한다.

2) 영성의 종교 대체 또는 변용 가능성과 관련해

'영성적 전환'의 상황은 근본적(radical) 변화를 수반한다. 왜냐하면, 제도 · 조직 · 공동체로서의 종교현상이 개인 차원의 종교, 곧 '내재적 영성 탐구의 방법으로서의 종교'에 의해 대체되거나 변용된다면, 이 유형의 종교는 이른바 뒤르켐이 고전적으로 규정한 바 있는 공동체적 현상으로서의 종교유형과는 다른 개인 차원의 '자아 종교' 유형이 되기 때문이다(Giordan, 2007: 170-4; Yip, 2007: 135-146).

주지하듯이, 뒤르켐(E. Durkheim) 이후 종교사회학은 종교를 성스러운 존재(the sacred)에 대한 '신앙(faith)', '의례(ritual)', 교회로 불리는 '공동체(community)라는 세 가지 핵심요소로 구성된 집단적 또는 공동체적 현상으로 이해해 왔다(Durkheim, 1995: 44).[11] 이 사회학적 전통에서 종교현상은

11) 종교의 사회학적 정의에 대해서는 뒤르켐뿐만 아니라 베버의 입장도 고려되어야 할 것이다. 하지만 뒤르켐과는 다르게 베버는 종교의 기능과 역할에 관한 명료한 정의를 제공하지 않았다. 단, 베버의 『신교 윤리와 자본주의 정신』에 함의된 종교의 역할, 곧 종교의 (윤리적) 가치가 개인의 (상호) 주관적 행위에 커다란 영향을 미친다는 점에서, 베버 식 종교 개념의 단초를 엿볼 수 있으나, 뒤르켐만큼 사회학적 명료성을 드러내지는 않는다.

개인의 사적 현상과는 구분되는 것으로 이해되어 왔으며, 따라서 종교와 주술(magic)은 명확하게 구분되었다(Durkheim, 1995: 39-42). 주술도 기본적으로 성스러운 존재에 대한 신앙체계에 기초하나 그 구성원들은 사적이고 개인적인 관계성의 경계를 벗어나지 못한다. 때문에, 종교처럼 구성원들 간의 응집력 있는 통합적 관계로 엮여진 도덕공동체인 교회를 구성하지 못한다(Parkin, 1992: 45-46).

이 이해는 지금까지 사회학적 종교이해의 대전제이다. 이 시각에서 볼 때, 21세기의 영성추구 현상을 전통종교를 대체하는 일종의 탈근대형 종교로 본다면, 이 유형의 종교는 바로 종교의 세 가지 핵심 구성요소에서 '의례'와 '공동체'의 차원이 떨어져 나간 종교가 된다. 달리 말해, 종교의 제도적, 조직적 및 사회 · 공공적 차원이 배제된 '무형태 종교(non-formative religion)'인 것이다(Wood, 2009).

앞에서 언급했듯이, 1960~70년대 이후 진행된 종교 세속화 현상에 관한 사회학 논쟁에서도 이 종교개념의 적합성은 불문가지였다. 당시 서구 선진사회에서 종교의 조직적 역동성과 사회적 영향력이 두드러지게 감소하는 현상을 두고 많은 종교 사회학자들이 '종교의 신세속화 현상'이라고 규정해 왔다(Dobbelaere, 1984, 1993; Tschannen, 1991; Wilson, 1976, 1985, 1991).

이후 이 세속화론의 가정의 한계를 지적하는 학자들을 중심으로 탈세속화 테제가 등장했다(Berger, 1999; 송재룡, 2005b). 이들은 기존의 종교 세속화론자들과는 다르게 종교의 제도적 및 사회적 영향력이 쇠락하고 있음에도 불구하고 신앙의 차원에서는 종교적 영향력이 지속되고 있다는 점을 주목하면서 이를 '탈세속화 현상'이라고 규정했다. 대표적인 논자들이 바로 영국의 데이비와 길, 그리고 프랑스의 에르비외-레제 등이다. 데이비는 유럽의 종교 현상을 '소속 없는 신앙(believing without belonging)'의 현상으로 보았다(Davie, 1994, 2000). 에르비외-레제는 '기억 없는 종교(religion without memory)' 의 현상으로 보았으며(Hervieu-Léger, 2000, 2001), 로빈 길은 '탈기독교(de-Christianization)' 현상으로 규정했다(Gill, 1993, 1999).

이렇게 볼 때, 영성으로의 전환현상, 즉 '비형태적 종교' 유형으로서의 영성은 이미 '탈세속화' 가설을 주장하는 학자들이 주목한 현상과 크게 다르지 않다. 비록 '영성적 전환' 이라는 개념적 및 실제적 현상에 대한 좀 더 깊이 있는 논의가 필요하겠지만, 이들의 탈세속화 가설의 분석과 논의 속에는 이미 종교의 제도적, 조직적 및 사회 공공적 차원이 배제되고 있는 탈근대사회의 전환적 종교현상에 대한 통찰이 함의되어 있다고 볼 수 있다.

요약해, '영성 사회학' 테제가 전통적 의미의 '종교' 로부터 '영성' 으로의 대체나 변용을 충분히 함의하고 있다고 가정한다면, 이 전환이나 대체가 (종교) 사회학적으로 수용되기 위해서는 뒤르켐 이후 종교사회학이 불문가지의 전제로 당연시해 왔던 종교개념의 세 가지 구성적 차원, 곧 신앙, 의례, 도덕 공동체(교회) 중에서 의례와 도덕 공동체라는 두 차원에 대한 배제가 적어도 개념적 차원에서 수용 가능한 것인지를 물어야 한다. 물론 이 차원의 문제제기는 종교사회학의 경계를 넘어 종교 일반의 개념 정의에 대한 일종의 패러다임 전환과 연관되는 쟁점과도 관련된다.

3) 한계 또는 문제점

탈근대시대에서의 '영성적 전환' 테제의 등장과 관련해, 주체나 영성 등과 같은 개념들의 인식론적 문제점이나 한계가 지적될 수 있다. 우선 이 '영성사회학' 의 테제가 기초하고 있는 탈근대 주체의 '주관적 전환' 개념의 가정에 대한 사회학적 회의와 연관된다. 앞에서 검토했듯이, 이 주관적 전환은 '순수하게 개인주의적(purely individualistic)' 이고 '완전하게 사사화된(fully privatized)' 개인들의 내성적 상태의 가능성을 전제하는 개념이다. 하지만 이 가정은 인간 의식/행위의 사회적 구성의 측면에서 볼 때, 현실적으로 실현되고 나타나기 불가능한 가정이다. 현실적으로 어떤 주체이든지 한 개인의 자아구성은 불가피하게 사회 · 역사적으로 이뤄지는 운명을 가지고 있다는 점에서 진정한 의미의 순수한 개인이란 성립될 수 없는 개념이다.

그리고 다른 한편으로 이 영성적 전환의 현상이 후기 자본주의의 도구주의적 기제와 연결되면서 초래되는 문제들이 논의되어야 한다. 이는 의례와 공동체의 차원의 배제로 인한 개인주의적 영성종교의 '자기 중심적 또는 자기 이기적(self-centred or self-interested)' 삶의 경향과 이로 인한 세상 비판적 능력의 부재나 소극성에서 초래되는 문제이다. 즉 영성추구 운동이 부지불식간에 상업자본주의 논리에 종속되어 '영성의 상품화(commodification of spirituality)' 현상을 수반하고 있다는 문제가 그것이다(Einstein, 2008; Kim, 2007).

체스넛은 1950년대 이후 남미의 다원주의적 종교현상에 대한 분석을 통해, 이들 지역에서의 성령운동이 점차로 영성의 상품화 논리가 정형화된 '영성경제(spiritual economy)' 체제로 전환되었다고 본다(Chesnut, 2007). 즉 라틴 아메리카는 개개 국가들의 역사 · 문화적 배경과 맞물려가며 성장한 다양한 성령운동의 주체들이 종교 소비자들의 기호와 취향에 맞는 영성 상품들을 경쟁적으로 개발해 공급하는 거대한 종교 소비시장의 면모를 드러내고 있다는 것이다.

이 상황은 영성의 본질과 추구에 비추어볼 때 아이러니한 현상이기도 하지만, 여하튼 오늘날의 영성은 점점 더 상품으로 포장되어져 쇼핑 진열대에 놓여 구매자를 기다리는 상품화가 진행되고 있다는 사실을 부정하기 힘들다. 여하튼 영성이 전통종교에 비해서 쉽사리 상업자본주의의 논리와 기제에 순응하거나 종속된다는 사실은 그만큼 개인주의적 종교유형의 일종으로서의 '영성신앙' 유형의 비판능력이 전통종교의 그것에 비해 취약하다는 것을 말해 준다.

다른 한편, 영성의 상품화는 불가분하게 '영성의 자본화(capitalization of spirituality)' 현상과 맞물려 있다. 카렛트와 킹이 지적한 대로, 죽은 신이 '자본'으로 부활이나 한 듯이, 이미 영성운동의 계파들 안에서 심각할 정도의 자본화가 진행되고 있다(Carrette and King, 2005; Guest, 2007). 이는 일종의 문화자본으로서의 '영성적 자본(spiritual capital)'이 일부 계층에 의해 부르디외가 말하는 일종의 구원재(salvation goods) — 구원적 담론체계로 여겨지는 재화 — 로 유통되고 있는 현실을 말한다(Rey, 2008). 부르디외에 의하면, 이 상황은 기본적으로 '종교 장(religious field)'의 구조적 특성에서 기인한다. 종교 장은 기본적으로 구원재 관리의 독점과 평신도에 대한 종교적 권력을 정당화하기 위한 독점을 두고 투쟁이 벌어지는 곳이다(Bourdieu, 1991; 김현준, 2010: (제5장)50-76). 결국 영성의 상품화는 구원재로서의 영성적 재화의 자본주의적 수행성(performativity)을 극대화하는 전략의 일환인 것으로, 이를 통해 문화자본의 획득을 지향하는 소비자(영성 신앙인)들에게 영성이 더욱더 매력적으로 유통되고 소비되도록 하기 위한 것이다.

'영성의 자본화' 현상을 반영하는 용어로 흔히 '번영영성(prosperity spirituality)'을 거론하나, 최근에는 더욱 분화되어 예컨대, 다종다양한 '건강(웰빙)영성(healthcare or well-being spirituality)뿐만 아니라, 비즈니스 영성(business spirituality), 직장영성(workplace spirituality), 직업영성(professional spirituality) 등과 같이 다양하게 세분화된 영성 자본화가 개발되고 있다. 아주 최근에는 '영성지수(spiritual intelligence)' 개념이 개발되어 개개인 또는 단체의 '문화자본' 능력을 측정하고 개선하기 위한 방편으로 활용되기도 한다(Sheldrake, 2013: 203-222).

5. 맺음말

'영성적 전환' 현상은 영성에 의한 종교의 대체 가능성에 대한 논의와 더불어 중요한 사회학적 쟁점을 촉발한다. '참여적 영성' 개념의 가능성에 대한 점증하는 논의에도 불구하고, 영성의 개인주의적 성향을 강조하는 세속화론자들의 입장은 계속해서 견지되고 있다. 이들은 여하한의 영성운동도 종교 세속화의 추세를 대체하거나 변용하는 전조로 보지 않는다.[12] 하지만 앞에서 검토한 대로, 밀러를 위시하는 일단의 사회과학자들은 지역적 및 글로벌한 수준에서 전개되는 다양한 수준의 전인적 영성운동에서 나타나는 '사회적 참여성'을 주목하면서 영성에 의한 전통종교의 대체나 변용의 가능성을 주장한다. 사실 지난 1990년대 후반 이후 제시된 '탈세속화(de-secularization)' 나 '재성화(re-sacralization)' 등의 개념은 이와 같은 영성적 전환상황을 반영하며 등장한 것이다. 하지만 이 개념들은 기존 종교 세속화 가설의 범주 내에서 제시된 것이다. 때문에 그 사회학적 논의의 경계는 결코 전통사회학의 개념적 및 접근방법론의 틀 구조를 벗어나지 못한다는 한계를 보인다.

최근 들어 등장하고 있는 영성사회학 테제는 바로 이와 같은 한계에 대한 큰 도전으로 이해될 수 있다. 그 도전의 핵심은 전통적 의미의 '종교'의 개념적 경계에 대한 근본적 변화에 대한 것이다. 그렇게 될 때, 예컨대 뒤르켐 이후, '비종교적'이라는 평결을 받아 온 '주술'과 같은 신앙유형들은 (재)규정되어야 할 것인가? 만일 그렇다면, 종교학과 종교사회학의 학문적 성격과 경계는 어떻게 정의되어야 하는가?

12) 최근 일종의 신세속화론의 입장에서 우드, 그리고 우드와 번 등은 부르디외의 장과 하비투스의 개념에 기대어 '영성운동' 현상은 종교의 사사화 가설을 넘어 '개인 차원의 세속화(individual secularization)' 과정을 드러내는 현상이라고 주장하면서 영성사회학 테제를 비판한다(Wood, 2009, 2010; Wood and Bunn, 2009).

만일 종교사회학이 근대적 학문전통에 기초한 '통상사회학(ordinary sociology)'의 개념, 가정 및 방법론을 계속 고집하게 될 때, '영성사회학'의 테제가 기초한 21세기의 '영성적 전환' 현상은 사회학적 논의의 전통경계로부터 벗어난 일종의 변종이나 이단적 논의의 어떤 것으로 여겨지게 될 공산이 크다. 하지만, 그렇지 않을 경우, 이 테제는 통상사회학의 방법론적 패러다임의 전환을 요구하는 심각한 도전으로 이해될 수 있다.

핵심어

탈근대사회, 바우만, 주관적 전환, 윤리적 전환, 영성, 영성사회학, 종교세속화론, 탈세속화, 영성자본

추천도서

김성건. 2006.『세계화와 영성』. 서울: 프리칭아카데미.

밀러, 도날드 · 테쓰나오 야마모리. 2008.『왜 섬기는 교회에 세계가 열광하는가?』. 김성건 · 정종현 옮김. 서울: 교회성장연구소. [원제: Donald E. Miller and Tetsunao Yamamori. 2007. *Global Pentecostalism: The New Face of Christian Social Engagement*. California: University of California]

이원규. 2012.『머리의 종교에서 가슴의 종교로』. 서울: KMC.

콕스, 하비. 2009.『종교의 미래』. 김창락 옮김. 서울: 문예. [원제: Harvey Cox. *The Future of Faith*. N.Y.: Harper Collins]

Flanagan, Kieran and Peter C. Jupp(eds.). 2007. *A Sociology of Spirituality*. Hampshire: Ashgate.

Heelas, Paul and Linda Woodhead. 2005. *The Spiritual Revolution: Why Religion in Giving Way to Spirituality*. Oxford: Blackwell.

Sheldrake, Philip. 2013. *Spirituality: A Brief History*. Oxford: Wiley-Blackwell.

생각해 볼 문제

1. 20세기 후반 이후 영성에 대한 세기적 관심이 증대하고 있는 사회·문화적 및 글로벌(global)한 수준의 실존적 배경에 대해 깊게 생각해 보자.
2. 종교와 영성은 질적으로 서로 다른 현상인가? 따라서 영성에 대한 세기적 관심은 이른바 '종교의 시대'가 저물어가는 것을 의미하는 것일까? 아니면 전통적 의미에서처럼 영성은 종교 신앙의 삶을 실천하는 데에 필요한 구성요소 중의 하나인 것이며, 따라서 결코 전통적 의미의 종교를 대체할 수 없는 일시적 현상인 것인가?
3. 고전 사회학자인 뒤르켐의 방법론적 관점에서 규정되는 '종교현상'이란 무엇인지에 대해 이해해 보자. 그리고 이와 같은 전통적인 사회학 개념과 방법론이 오늘날의 '영성추구' 현상을 하나의 종교적 현상으로 이해하고 분석하는 데에 걸림돌이 되는지에 대해 폭넓게 토론해 보자.
4. 이 시대의 메가트렌드로서의 '영성적 전환' 현상을 종교 세속화론의 가설에 부응하는 세속화현상으로 보는 세속화이론의 가능성과 한계에 대해 토론해 보자.

제 9 장

종교와 세계화 : 문화적 측면

| 장형철(인덕대) |

1. 세계화 정의하기

우리는 이제 세계화된 세상에 살고 있다고 한다. 세상이 좁아지고 지구 반대쪽의 일을 거의 동시간대에 알게 되는 것은 물론이고, 그 일에 전화나 인터넷 등의 수단으로 참여 및 조종을 할 수 있는 시대가 온 것이다. 또한 기업경영과 마케팅에 있어서도 이른바 국경과 국적이 이전처럼 뚜렷이 구분되기보다 이제는 다국적 기업이 가능하고, 같은 회사제품이라도 여러 나라에서 생산되고 있음을 우리는 알 수 있다. 또한 국가 간의 다대다(多對多) 무역협정인 WTO의 시대를 지나 일대일(一對一) 무역협정인 FTA 시대에 들어섰다. 그리고 세계는 UN, NATO, G8, ASEM 등의 국제적인 정치, 경제 및 군사기구의 활발한 활동의 장이 되었다. 우리나라에서도 지난 1994년 김영삼 정부는 국무총리 소속하에 "세계화 추진 위원회"를 발족시키기도 하였다. 이른바 지구촌이라는 말이 그 어느 때보다도 우리의 피부에 와닿는 시대적 현상을 우리는 '세계화(Globalization)' 라고 부른다. 기든스(Giddens)에 의하면 세계화는 세 가지 요인으로 인해 촉진되고 있다(기든스, 2011: 129-137). 첫 번째 요인은 국가를 초월하게 하고 글로벌 공동체의 구성을 가능하게 하는 정보통신, 기술의 발달이다. 두 번째는 초국가적 기업들과 국제금융기관들이 등장함으로써 달라진 경제이다. 세 번째는 공산주의 몰락, 국제기구(IMF 등), 국가연합단체(EU 등), 정부 간 기구(국제전신연합 등)와 구제를 위한 비정부기구(적십자, 그린피스, 국제인권위원회 등)들의 성장으로 두드러지게 나타난 정치적 변화이다.

이러한 세계화는 사회적이고 문화적인 측면을 가지고 있다. 세계화로 인해 사회와 문화는 매우 빠르게 변하는 듯해 보이며 이제는 각각의 사회와 문화가 하나의 거대한 사회와 문화로 변해 가는 듯하다. 세상 사람들이 매우 비슷해져 가는 것처럼 보인다. 많은 사람들이 미국 프로야구 구단 모자를 쓰고, 나이키를 신고, 맥도날드 햄버거를 먹으며, 코카콜라를 마시고, 마룬파이브(Maroon5)의 노래를 듣고, CNN 뉴스를 시청하며, 슈퍼히어로가 지구를 지키는 이야기를 담은 할리우드 블록버스터로 스트레스를 해소하려 한다. 이러한 현상들로 인해 이젠 더 이상 지역과 민족(또는 국가)에 기반을 두는 사회와 문화의 특수성과 다양성들은 사라지고 있는 것처럼 보일 수도 있다. 즉 세계화는 정치, 경제, 문화를 포괄하는 현상이며 과정이다(Waters, 1995: 7-8; Dirlik, 2007: 35).

그러나 자세히 살펴본다면 각 지역의 독특한 문화들은 새로운 거대 사회와 문화를 만들어 가는 과정으로서의 세계화라는 현상과 과정에 떠밀려 가고만 있지 않다는 것을 발견할 수 있다. 오히려 세계화로 인해 이전과는 다른 사회적 · 문화적 현상이 지역에서 일어나고 있는 것을 우리는 발견할 수 있다. 일례로 세계화를 대표할 수 있는 WTO(World Trade Organization)와 다보스포럼(World Economic Forum in Davos)만이 아니라 우리는 지난 2001년부터 시작된 반세계화 포럼인 WSF(World Social Forum)과 G8 Summit가 있을 때마다 회의장소 바로 밖에서 거세게 일어나는 반세계화 시위들을 목격하고 있다.

그렇다면 종교와 세계화는 어떤 관계가 있는가? 데이비(Grace Davie)는 세계화와 관련하여 종교를 바라보는 두 가지 접근이 있다고 소개한다. 첫째로 거시경제학적인 측면에서 세계화로 인한 종교의 변화를 보는 것이다. 이 접근에서 세계화과정 속에 있는 종교는 경제적인 변화에 따라 적극적으로 활동하는 것이 아니라 후퇴(retreat)한다. 이러한 예들 중의 하나가 과거의 순수성을 강조하며 배타성을 나타내는 종교적 근본주의(fundamentalism)의 확산이다(Davie, 2007: 206). 둘째로 종교가 경제 · 사회 · 정치 · 문화 전반의 발전에 맞물려 초국가적 네트워크와 관계를 형성하는 의사소통기술을 최대한 사용하는 것이다. 예를 들어 기독교가 유럽에서 미국으로 건너가고 지구의 북반부에서 남반부로 전파되는 것이며, 이제는 오순절 운동을 통해 다시 남반부에서 북반부로 재전파되는 현상이다(Davie, 2007: 207). 필자는 이 두 번째 접근(특히 문화적 측면에서)을 이 글에서 시도한다. 왜냐하면 종교는 단순히 경제에 영향을 받는 것만이 아니라 줄 수도 있으며 나아가서 정치, 사회, 문화와도 영향을 주고받기 때문이다. 그러면 특히 문화적인 측면에서 세계화로 인해 종교는 과연 어떻게 변화하는가? 이 질문은 다음 세 가지로 나누어 볼 수 있다. 세계화과정 속에서 지역과 민족과 국가를 초월하는 초민족이고 초국가적인 글로벌 종교 문화가 나타나고 그것이 종교를 포함한 민족과 국가 그리고 지역사회의 문화들을 일정한 형태로 통합하는가? 아니면 여전히 그 민족과 지역사회의 종교적 · 문화적 정체성과 주체성은 유지되는가? 또는 두 가지 모두 아니라면 각 지역의 종교들은 세계화과정 속에서 새로운 특성과 모습을 갖게 되는가? 이러한 질문을 염두에 두고 이번 장에서는 먼저 세계화의 근원은 무엇이고, 세계화는 지역사회와 문화에 어떤 결과를 가져오는지 논할 것이다. 그리고 종교와 세계화는 어떤 연관관계가 있는지 알아보고, 그 연관관계로 인해 나타나는 종교적 · 문화적 현상들을 이해하려 할 것이다.

2. 세계화의 두 뿌리

'세계화(Globalization)'란 용어는 1970년대 후반 들어 많이 쓰기 시작한 용어이다. 흔히들 세계화를 논의할 때 자본과 인력의 국가 간의 자유로운 흐름, 이를 통한 국가 간의 경계를 넘어선 자유무역과 경영 및 경제 시스템 등으로 대표되는 신자유주의로 인한 변화를 함께 언급한다. 신자유주의는 세계화를 진행시키는 가장 강력한 추동력을 가지고 있다. 신자유주의는 1970년대 세계자본주의를 강타한 '구조적 위기' 때문에 등장하였다. 여기서 구조적 위기란 케인즈(Keynes) 경제학의 주도 아래 국가권력이 산업

정책과 시장에 적극적으로 개입하고 자국의 경제발전에 유리한 국제통화를 유도함으로써 계속적인 노동착취를 가능하게 하였지만, 바로 그것으로 인해 자본주들의 자유로운 활동을 제한하는 자본주의 경제의 구조적 문제를 말한다. 이러한 위기는 결국 실업률, 빈곤, 사회적 배제, 자본가 계급의 수입약화와 권력약화라는 순환적 결과를 가져왔다(뒤메닐 · 레비, 2006: 13). 그래서 국가의 개입을 최소화하고 자유시장(free market)을 만들어서 자본의 확장이 모든 것에 우선한다는 것을 원리로 하는 냉정한 자본주의로 복귀하는 것이 바로 신자유주의이다. 그러므로 신자유주의는 국가와 지역의 경계를 넘나드는 자본주의의 새로운 형태를 의미하며 또한 당연히 세계경제의 신자유주의적 체계화 즉 자본주의 속에서 무한경쟁하는 것을 의미한다. 이러한 신자유주의는 노동시장이 주된 표적이었고 그 다음이 금융자본시장이었다(뒤메닐 · 레비, 2006: 14).

그러므로 경제적인 측면에서 세계화의 원인은 신자유주의로 볼 수 있다. 그러나 이러한 신자유주의는 자본주의의 한 형태일 뿐이다. 세계화는 신자유주의만이 아니라 보다 근원적으로 자본주의에 그 뿌리를 두고 있다(Dirlik, 2007: 37-38). 자본주의 발전의 역사 속에서 본다면 세계화는 생각보다 오래전부터 이미 진행되어 왔다(조관연, 2005: 174-5). 끊임없이 이윤과 자본의 축적을 추구하는 사회경제적 체계로서의 자본주의는 대량생산을 이끌고 그 생산품들을 팔기 위한 시장확장을 통해 이윤을 추구하고, 서구뿐만이 아니라 전 세계를 포괄하는 체계로 발전하려 한다. 마르크스(Marx)와 엥겔스(Engels)는 이러한 자본주의 세계적 확산을 이미 예측하고 있었다. 그들에 의하면 자본주의자들은 자신들의 이익을 최대화시키기 위해 노동자들의 임금을 최소화시켰다. 그리고 이러한 노동력 착취는 과다생산으로 이어지고 이는 생산품 판매의 문제를 가져와서 자본가들에게는 위기가 된다. 그러므로 자본가들은 언제나 새로운 시장을 찾게 된다. 그곳이 바로 비서구이다. 서구 자본주의는 결국 비서구의 경제를 서구경제로 병합시켰던 것이다.

마르크스와 엥겔스는 이러한 자본주의 힘은 중국의 만리장성도 무너뜨릴 것이라고 예언한다. 그래서 그들은 공산당 선언문의 마지막에서 "만국의 노동자여 단결하라!"고 외친다. 그리고 최근에 와서는 이러한 서구 자본주의의 확산은 진보된 과학기술에 의해 그리고 모든 자본이 서구로 흘러 들어가게 하는 국제경영을 통해 더욱 강화되었다. 예를 들면 사람들은 세계 어디에 있든지 인터넷을 통해 대화하고, 물건을 구입 또는 판매하고, 은행 일을 보고, 사업을 할 수 있게 되었다. 그리고 이러한 행위들은 거의 모두 자본을 축적하고 이윤을 남기려는 서구 자본주의로 귀결될 수 있다.

나아가서 이러한 서구 자본주의의 영향력은 단지 물건을 구입하고 판매하는 것에만 있지 않다. 서구 자본주의의 비서구 세계에 대한 침투는 단순히 무역과 경영과 경제 등의 문제만이 아니라 문화와 사회에도 많은 영향력을 미치고 있다. 예를 들어 맥도날드는 단순히 미국의 패스트푸드를 팔고 이익을 챙긴다는 것을 넘어서 비미국 문화권에서 가지고 있는 음식에 대한 사회적 통념과 문화적 가치들을 변화시키려 한다. 그렇지 않고서는 맥도날드 햄버거를 팔 수 없기 때문이다. 좀 더 구체적으로 말해 어떻게 요리를 하고, 누구와 좋은 시간을 함께하며 음식을 나누는가라는 생각을 맥도날드 햄버거는 얼마나 빠르게 주문 후 받아서, 얼마나 빠르게 먹고, 얼마나 빨리 치울 수 있는가로 바꾸어 놓고 그것을 하나의 새로운 문화적 가치와 이데올로기로 만드는 것이다. 이러한 입장에서 서구 자본주의는 단순한 경제적 체계만이 아니라 비서구 세계의 사회와 정치와 문화에 큰 영향을 미칠 수 있다.

즉 서구 자본주의의 자본의 축적, 이윤의 추구를 위한 새로운 시장의 개척은 경제적 종속화만이 아니라 사회문화적인 종속화와 필연적인 연관성을 가지고 있다. 그리고 이는 어떻게 한 지역 사회와 문화가 서구의 식민지가 되는지에 대한 하나의 설명이 된다. 그래서 왈러스타인(Wallerstein)

은 또한 자본주의의 논리는 어떻게 경제적인 세계화가 시작되었는지를 설명할 수 있는 단서라고 말한다. 그는 “역사적으로 서구 자본주의의 세계적 확산은 서구 산업화로 인해 가속화되어졌고 식민주의라는 서구의 정치적 개념에 의해 조장되어졌다”고 주장한다(Wallerstein, 1984: 18).

그리고 이러한 서구 자본주의 확산은 서구 ‘근대성(modernity)’과 필연적인 연관을 가지고 있다. 서구 근대성은 ‘합리성(rationality)’으로 특징지을 수 있다. 합리성이란 모든 자연현상들은 그 원인들을 찾음으로써 이해할 수 있다는 확신을 의미한다. 그러므로 어떤 것이든 이해될 수 없다면 그것은 아무 것도 아니고 그 자체는 합리성 안에서는 부정된다. 코헨과 케네디(Cohen and Kennedy)에 의하면 이러한 서구 근대성의 특성은 계속적으로 이성적인 질문을 하려는 노력과 검증 가능한 지식을 찾으려는 합리성의 힘 그리고 사회진보를 추구하는 방향으로 세계를 전환할 수 있는 가능성에 대한 신념 등과 밀접히 연관되었다고 주장한다(Cohen and Kennedy, 2000: 36). 따라서 서구 근대성은 과학과 기술의 발달을 이끌고, 또한 사회과학을 태동하게 하고 발전시켜 중세 전통과의 균열과 단절을 만들었다. 베버(Weber)는 이러한 합리성의 발달로 근대의 인간은 미신이나 전통적 습관에서 벗어나고 근대 기술과 과학 그리고 관료제가 발전하여 정치에서부터 종교와 경제에 이르기까지 점점 더 많은 영역이 합리화(rationalization)된다고 주장하였다(기든스, 2011: 37).

그러나 이러한 서구 근대성의 확산의 결과는 단순히 긍정적으로 또는 낙관적으로만 고려될 수 없다. 합리싱을 통한 세계이해와 세계자본의 흐름과 투자는 그리고 시장경제를 통해 진보된 삶을 제공할 수 있다는 근대화된 미래에 대한 꿈은 현실로 나타나지 않은 듯하다. 베버는 합리화과정으로 인해 인간은 철창(iron cage)에 갇히게 될 것이라고 경고한다(기든스, 2011: 37). 그리고 포스트모던 사상가들은 근대성이 가져온 예측 못한 결과들을 말하고 있다. 근대성은 과거와 전통에 대한 존중보다는 전근대적인 사회질서의 포기를 의미한다. 그러므로 하비(Harvey)는 서구의 근대성은 이전까지 진행되어 오던 역사적인 여건과 상황들과의 분명한 단절뿐만이 아니라 내부적으로 끊임없이 파열되고 분절될 수밖에 없는 과정을 이끈다고 주장한다(Harvey, 1990: 12). 그는 또한 과학과 법과 보편적 도덕성의 발달을 이끌고 사고의 합리적인 방법과 사회조직의 합리적인 형태를 발전시킨 서구 근대성은 신화와 종교, 미신 등의 불합리성으로부터 인간의 자유와 평등을 보장하는 것처럼 보였지만 결국 그것은 현실로 나타나지는 않았다고 주장한다. 오히려 그는 이러한 근대성은 인간해방이라는 미명 아래 하나의 보편적 억압의 체계를 만들었다고 이해한다. 합리성 뒤에 숨어 있는 논리는 결국 지배와 억압의 논리였던 것이다(Harvey, 1990: 13).

하비는 이러한 서구 근대성을 "창조적 파괴(creative destruction)"라는 용어로 특징지으려 한다(Harvey, 1990: 16). 계란을 깨지 않고는 오믈렛을 만들 수 없다는 생각과 같이 서구 근대성의 특성으로서 이 '창조적 파괴'는 매우 낙관적이며 자유와 평등과 해방을 성취시켜 줄 것처럼 보였다. 그러나 목적이 그렇다 할지라도 이러한 창조적 파괴의 결과는 장미꽃 같은 미래의 현실화가 아닌 홀로코스트에서 보는 바와 같이 비극이었다. 바우만(Bauman)에 의하면 홀로코스트는 근대성의 반대(Antithese)로서가 아니라 바로 서구 근대적 그리고 합리적 사회 안에서 이루어졌다고 밝히고 있다(Bauman, 1989: 15). 나치에게 독일 사회를 좀먹는 민족으로 파악되어진 유대인들을 멸종시키는 것은 지극히 합리적이고 당연한 결론이었던 것이다. 즉 홀로코스트는 근대적 합리성과 기술발전을 얻게 된 바로 그 컨텍스트 안에서 이해될 수 있다. 홀로코스트는 분명히 근대성의 한 단면으로서 일어났던 일이다. 그러므로 홀로코스트는 근대성의 문제를 보여주고 있다.

서구 근대성의 주된 특성으로의 창조적 파괴는 세계화 현상을 이해하는 데 매우 중요한 개념이다. 나아가서 19~20세기 근대성을 기반으로 하는 서구 기독교의 비서구 세계로의 확산 — 이른바 서구 기독교의 세계화 —

을 이해하는 데 중요한 단서이다. 서구 근대성의 황금기였던 19~20세기 서구의 기독교는 서구 근대성과 함께 매우 급속하게 전 세계로 확산되기 시작하였다. 한국의 경우 선교 초창기에 서구 선교사들과 사상가들은 한국인을 지극히 계몽되지 못한 사람들로 이해했다. 특히 선교사들은 한국의 사회적 병폐, 미신, 타락한 전근대적인 사회체계를 근절하고 그들의 문명을 심고 나아가서 새로운 비전을 주려고 노력하였다. 이런 의미에서 그들의 선교는 바로 하비가 말했던 서구 근대성의 창조적 파괴와 같은 맥락에 있다. 그들의 입장에서 새로운 한국을 만들기 위해 기존의 한국은 무너져야만 했다.[1] 병원과 학교 등의 건립 그리고 효과적인 선교를 위한 그들의 경제성과 편의성을 고려한 선교지분할은 그들의 진보된 문명을 소개하고 이식시키기 위한 가장 효과적인 전략이었다. 이러한 창조적 파괴는 서구 중심의 입장에서 비서구사회와 문화를 서구 세계의 선호성에 입각하여 변형하는 힘으로 작용한다. 나아가서 이 창조적 파괴는 서구의 입장에서 모든 비서구 사회와 문화를 일반화시키고 서구문화를 전 세계적으로 보편화시키려 한다. 이러한 근대성의 창조적 파괴를 기반으로 한 서구 기독교의

1) 한국에 대해 많은 정보와 역사를 수록해서 선교사들의 한국이해에 영향력이 있었던 책 그리피스(Griffis)의 *Corea, the Hermit Nation*(1882년 1판 인쇄 후 1905년 7판까지 발행) 450쪽을 보면, 그리고 책 전체에서 줄곧 한국은 언제나 일본이 가진 것을 가지지 못했고 일본은 서구와의 충돌에서 승자였지만 한국은 그렇지 않았다, 한국이 일본의 식민지가 되는 것은 당연한 일이라고 이해한다. 그리고 기독교가 한국 사람들의 거짓말과 도둑질과 도박과 술 취함과 사회적 악을 몰아내는 중이라고 한다. 그런데 이상하게도 그는 한국에 실제로 와보지는 않은 것으로 알려져 있다. 그는 일본 사람들에게 들은 이야기와 한국으로 향해 있는 일본 해변을 걸으며 책을 구상하여 썼다고 한다. 이 책을 읽었을 것으로 짐작되는 한국의 첫 공식 선교사였던 아펜젤러(Appenzeller)는 1886년에 한국에 대한 인상을 "가난", "더러움", "게으름"으로 기록하고 있다. 그리고 나서 단서를 달기를 "한국 사람들은 그러나 이러한 모든 문제들에서 도움의 필연성을 느끼고 있다"고 말한다(Hunt, 1980: 5 재인용). 그와 함께 내한한 장로교 선교사 언더우드(Underwood)도 예외는 아니었다. 잘 알려진 바와 같이 그는 같은 장로교 선교사들과 선교방법과 재정문제로 크게 싸우기도 하며, 돈과 노력이 중첩된다는 이유로 선교사 편의와 효율성 중심으로 1908년 한국을 나누어 선교하는 선교지 분할정책을 합리화시키는 글을 쓴다(Underwood, 1909: 207-215). 이것이 오늘날 한국 개신교단이 지역적으로 매우 다른 분포를 보이고 있는 시발점이라는 것은 주지의 사실이다.

확산은 당연히 비서구인들의 기독교로의 개종을 의미한다. 비어(Veer)는 이러한 개종을 19세기와 20세기의 유럽식 세계체계의 확산과 점차적으로 식민지화되고 있었던 타 종교들과 타 문화들과의 만남의 결과였다고 주장한다(Veer, 1996: 5). 이는 이른바 기독교로의 개종만이 아닌 "근대성으로의 개종(conversion to modernity)"이기도 한 것이다.

그러므로 서구 근대성은 서구 자본주의와 함께 전 지구적 확산을 하였던 것이다. 코헨과 케네디(Cohen and Kennedy)는 서구 근대성은 근대화 시대의 최선봉에 서 있었다고 주장한다. 그들에 의하면 17세기 이후 서구 열강들은 자신들의 경제능력과 전쟁기술을 기반으로 자신들만의 사고 속에서 비서구 세계를 침식하기 시작했다. 또한 이러한 유럽식 또는 유럽만을 위한 놀라운 변환은 서구 근대성에서 비롯된 새로운 제도와 그것의 확산의 도화선에 불을 붙이게 되었다고 주장한다(Cohen and Kennedy, 2000: 41). 기든스(Giddens) 또한 서구 근대성은 본래적으로 전 지구적으로 확산하고 그 영향력이 역동적이며 이러한 근대성에 의한 변환에서 어떤 것도 벗어날 수는 없다고 말하고 있다(Giddens, 1991: 21-22). 그러므로 글로벌 현상으로서 세계화란 이미 언급했던 자본주의와 서구 근대성의 확산의 필연적인 결과이다. 지금까지의 논의를 정리한다면 서구 자본주의는 시장점령을 통한 경제적 · 정치적 이익을 노리는 식민주의와 연결되어 있다. 그리고 서구 근대성은 비서구 세계의 사회와 문화를 서구화시키고 자신들의 문화로 보편화시킴으로써 서구 중심적인 세계를 만들려는 제국주의와 연결되어 있다. 비서구 세계는 착취와 조작 및 교화의 대상이 되기 때문이다.

이렇게 자본주의와 근대성이라는 두 가지 뿌리를 가진 세계화는 17세기 이후부터 계속되는 과학기술의 비약적 발전으로 인해 더욱 빠르고 강하게 가속화되고 있다. 보르자와 카스텔스(Borja and Castells, 1997: 1,12)는 현대세계의 새로운 정보기술은 대륙 간이든 지역 간이든 거리에 제한받지 않는다. 그리고 그들은 모든 사회적이고 정치적이고 문화적인 표현을 하고 의사소통하는 인간의 능력이 전자기술로 인해 디지털 세계 안에서 증가하고 있다고 주장한다(Borja and Castells, 1997:12). 그리하여 카스텔스는 이러한 변화로 인해 사회의 근저뿐만 아니라 권력과 부 그리고 지식과 정보가 흐르는 글로벌 네트워크(global network)에 의해 조직되는 이른바 유동사회(flow society)가 등장한다고 주장한다(Castells, 1996: 470-471). 하비는 또한 통신, 이동 그리고 경제 관련 기술혁신으로 인한 시간과 공간의 차이와 한계를 뛰어넘는 것을 "시간과 공간의 응축(time-space compression)"으로 표현하기도 한다(Harvey, 1990: 240).

3. 종교와 세계화 : 동질화, 이질화 그리고 다양성

이제 문화적인 측면에서 종교와 세계화를 자세히 살펴보자. 기든스(Giddens)는 "세계화는 인간공동체를 전반적으로 통합한다(Giddens, 1991: 225)"고 주장한다. 왜냐하면 결국 누구도 세계화되는 지구를 벗어나 살 수 없다는 생각이 가능하기 때문이다. 기든스에게 있어서 세계화되는 세계 속에서 지역문화의 정체성은 더는 전근대적인 사고방식 안에서 배타적으로 설명될 수 없다. 오히려 그는 지역성은 이제 전통적인 행동들이나 활동들로부터 멀어져 가는 그리고 동일한 지역에서 아주 멀리 떨어진 곳의 행위와 활동 등과 깊이 연결되는 과정 안에 있다고 이해한다. 결과적으로 그에게 세계화는 하나의 거대한 통일로 향하는 지역들의 전환을 이끈다. 필자가 이미 언급하였듯이 이는 서구 자본주의와 근대성의 확산에 의해 가능하게 된 것이다. 그렇다면 세계화는 서구문화의 특수성을 전 세계적으로 보편화(universalization)하는 것과 서구의 입장에서 모든 비서구문화를 서구적 표준에 맞추는 '동질화(homogenization)'라고 생각할 수 있다. 리처

(Ritzer, 1993)는 심지어 효율성, 계측 가능성, 예상 가능성, 통제를 특성으로 하는 서구의 도구적 합리성이 전 세계적으로 확산되어 나타나는 사회변화의 획일성을 "사회의 맥도날드화(McDonaldization of society)"로 표현한다.

종교적인 측면에서도 이러한 동질화 현상이 나타난다고 볼 수 있다. 앞에서 창조적 파괴를 논의하며 언급했던 기독교 선교사의 병원과 학교 건립 등은 서구 기독교가 비서구 선교지에 이식되는 과정의 중요한 단계로 볼 수 있을 것이다. 나아가서 우리는 세계 곳곳에 전파된 거대 종교를 발견할 수 있다. 지난 19세기와 20세기 동안 이루어진 서구 기독교의 확산 그리고 서구 세계에 대항하여 지난 19세기 말부터 등장한 아랍 민족주의도 이슬람권 안에서의 동질화 현상으로 볼 수 있다.

그러나 이러한 동질화는 물론 특정 종교의 단일한 형태의 확산만을 의미하지는 않는다. 바이어(Beyer)는 세계화가 진행되는 동안 기독교나 이슬람교 같은 세계종교는 단순히 확장만 한 것이 아니라고 보았다. 그에 의하면 세계화로 인해 글로벌한 종교적 체계(global religious system)가 만들어졌다. 그리고 다른 사회문화적 체계와 더불어 이러한 종교적 체계는 지난 몇 세기 동안 세계화과정 속에서 일어난 사회와 문화의 변화를 이해하는 데 매우 중요한 요소라고 그는 주장한다(Beyer, 2006: 14). 간단히 말해서 종교적인 측면을 이해하지 못하면 세계화로 인한 사회문화적 변화를 제대로 알 수 없다는 것이 바이어의 입장이다.

또한 레만(Lehmann)에 의하면 세계화 시대에 각 사회나 영역에서 유사성들을 발견하는 것은 점점 분명해지지만 그렇다고 그것이 어떤 단일한 동일성을 의미하지는 않는다. 그에 의하면 서구 자본주의와 근대성에 의해 시작된 세계화로 인해 모든 것이 합리적이고 표준화되지 않는다. 레만은 종교와 세계화의 상호작용을 글로벌 형태(global pattern)와 코스모폴리탄 형태(cosmopolitan pattern)로 구별한다. 글로벌 형태는 종교적 행위에 있어서 유사성을 가진 종교집단들이 초국가적/민족적 연계를 넓히고 강화한다(Lehman, 2009: 413). 예를 들면 번영복음(prosperity gospel)을 강조하는 오순절운동 교단인 하나님의 성회(Assemblies of God)는 세계화과정으로 인해 자신들의 경계를 넓히거나 개종운동을 하는 데 이득을 보았다(Lehman, 2009: 416). 이러한 오순절운동 교단은 특히 국민소득이 작거나 중간 수준인 국가에서 조직을 좀 더 잘 다듬고 확장하고 있다. 그리하여 초국가 · 초민족적 동일성을 의미하는 "맥도날드화된 종교생활(McDonalds of religious life)"이 나타나고 있다(Lehman, 2009: 418). 그러나 글로벌 형태는 때로는 현지인들에게 호전적이고 대립적일지라도 개종을 이끌려고 한다(Lehman, 2009: 415-416). 다음으로 코스모폴리탄 형태는 새로운 집단에게 과거의 행위들을 새로운 방식으로 실행하게 한다(Lehman, 2009: 413). 그러므로 이 형태는 다양한 모습으로 타 지역에 정착한 종교들을 의미한다. 말하자면 동양종교가 아시아 바깥에서 새로운 모습으로 정착된 것이다(Lehman, 2009: 415). 코스모폴리탄 형태는 특정 종교가 현지인들의 제의 등을 받아들이는 것과 개종을 이끄는 것을 함께 진행한다.

여기서 좀 더 나아가 종교적이고 문화적인 측면에서 보면 세계화의 결과는 서구문화의 보편화나 동질화만은 아니다. 때로는 저항 또한 가능하다. 왜냐하면 지역적인 것(The local)과 세계적인 것(The global)은 서로 대립하고 경쟁할 수 있기 때문이다. 심지어 세계적인 것의 힘과 동질화되도록 강요하는 것에 비세계화(de-globalization)로 대응을 하는 일도 있다. 피더스톤(Fcathcrstone)은 세계화의 시대에 지역문화로 돌아가는 회귀(return)가 있다고 말한다(Featherstone, 1995: 93-95). 실제로 동질화에 저항하는 민족주의적, 혈연적, 종교적 근본주의자들은 지역전통과 의례들을 강조하는 지역 종교와 문화를 우리는 확인할 수 있다. 예를 들면 바버(Barber)가 종교적 근본주의의 현상으로 언급했던 이슬람의 지하드(Jihad)는 이러한 동질화에 저항하는 예로 볼 수 있다(Barber, 1995). 이러한 저항을 이질화

(heterogenization)라고 부르며 동질화와는 정반대인 세계화에 대한 지역적 응답으로 이해할 수 있다.

이슬람의 예를 좀 더 구체적으로 살펴보자. 무슬림들은 세계화를 그들의 문화적 결속과 순수성을 훼손 또는 위협하는 것으로 간주한다(Monshipouri and Motameni, 2000: 712-713). 그러나 다른 한편으로는 우리나라에도 유입될 뻔했던 스쿠크 자본을 포함해서 거대한 오일머니를 자랑하는 이슬람 국가들은 글로벌 경제에 관한 관심이 있는 것이 사실이지만 자신들의 국가적 · 문화적 정체성을 유지하는 데에도 매우 큰 관심을 가진다. 사막의 종교로서 강한 공동체 전통 아래 있는 무슬림들은 여전히 사회정의와 공공복지에 대한 국가의 강력한 개입과 통제가 중요하다고 본다. 그래서 이슬람 국가들은 저발전되었거나 시민사회가 부재하는 경우도 있다. 이러한 세계화에 대한 모순된 태도는 많은 무슬림들이 세계화에 대한 생각이 '희망'과 '불확실'로 양분되어 있음을 잘 보여준다(Monshipouri and Motameni, 2000: 710).

이러한 맥락에서 세계화에 대한 주목할 만한 이슬람의 반응은 정보화와 기술발전 등을 이용한 의사소통을 통해 세계 곳곳에 추종세력을 가진 바로 이슬람 근본주의 세력의 등장이다. 이는 문화적 대응을 넘어서 이슬람의 정치화이다. 이러한 "이슬람의 세계화(the globalization of Islam)"는 현 시대의 가장 중요한 측면으로서 지구촌의 모든 사람들에게 큰 영향을 준다(Ahmed and Donnan, 1994: 4-7). 지난 2001년 9월 11일 알카에다(Al-Qaeda)의 미국 테러가 이러한 이슬람의 세계화의 극단적인 예이다.

하지만 세계화로 인한 문화적 현상을 이상에서 논의한 동질화와 이질화라는 이분법적인 형식으로만 보지 않을 수도 있다. 벡포드(Beckford)는 종교와 세계화의 관계는 다중적이며 이는 현대 종교를 연구하는 데 매우 중요한 연구주제라고 말한다. 그가 제시한 구체적인 이유는 네 가지이다. 첫째로 종교는 단순히 몇 가지 실례들만으로 이론화되지 않으며, 둘째로 세계화에 대한 성찰적이고 비판적인 사고를 가능하게 하는 종교의 능력에 주의를 기울일 필요가 있고, 셋째로 종교의 다양한 영역에서의 세계화에 대한 대응들을 봄으로써 세계화를 단일한 형태로 보지 않게 하며, 마지막으로 세계화로 인해 민족이나 국가의 경계를 넘어서서 변화하는 경제나 정치의 경우와는 달리 종교는 그러한 영향을 덜 받기 때문에 글로벌 권력(global force)이 민족국가의 주권을 침해하는 것을 내포할 수 있는 탈민족화(de-nationalization)나 초민족적인 국가들(transnational States)에 대한 문제를 잘 드러낼 수 있기 때문이다(Beckford, 2003: 106). 벡포드의 이러한 이유들은 종교와 세계화의 관계와 상호반응에 대해 이해하는 데 동질화와 이질화라는 관점만이 아니라 다양한 관점이 있을 수 있고 나아가서 이전과는 다른 관점에서 접근할 필요가 있다는 것을 보여준다.

그러면 여러 가지 다른 관점 중에 동질화와 이질화라는 두 가지 현상을 함께 이해하려는 시도를 살펴보자. 로버트슨(Robertson)은 세계화과정에서 동질화과정과 저항 또는 전통을 강조하는 이질화과정을 모두 고려한다. 로버트슨에게 지역적인 것은 세계적인 것에 반드시 반대하지는 않는다. 오히려 지역적인 것은 세계적인 것에 포함된다. 세계적인 것과 지역적인 것을 종합하려는 그의 논의에 그리고 세계 내에서 문화적 동질성(homogeneity)과 이질성(heterogeneity)의 공존이라는 자신의 생각에 좀 더 초점을 맞추기 위해서 그는 세계화(globalization)를 "세방화(glocalization)"라는 용어로 대체한다. 새로운 개념으로서의 세방화는 무엇을 세계적인 것이라고 하고, 무엇을 지역적인 것이라고 부르는지, 어떻게 그것들은 서로 뒤엉켜 있는지, 그리고 이러한 뒤엉킴의 결과는 무엇인지에 대한 그의 분석으로부터 나온 것이다(Robertson, 1995: 27-40). 그러므로 로버트슨의 세방화는 지역문화의 이질화를 포함하고 있는 개념이다. 그는 세계문화를 논의하는 데 있어서 언제나 이질화를 동질화와 함께 묶어서 논의한다. 그는 서구문화와 지역문화가 잘 혼합되어 세방화가 진행된 예로서 일본을 제시한다. 나아가서 로버트슨은 세계화의 결과는 글로벌 동질화와 그에 대항하는 이질화라는 분쟁적인 이해를 넘어서야 한다고 주장한다. 로버트슨에 있어서 세계화의 결과는 동질화나 이질화가 아니다. 그는 이 두 가지 성향 모두 있다는 것을 인식한다. 로버트슨에 의하면 종교적 근본주의도 세계화에 기여한다. 그에 의하면 세계화과정 속의 근본주의, 세계화에 반대하는 근본주의 그리고 찬성과 반대를 함께하는 근본주의적 세계화주의(globalism)를 구별하여야 하며 중요한 것은 이러한 근본주의들은 모두 지금 전 세계에 폭넓게 자리 잡고 있다고 그는 주장한다(Robertson, 1992: 180). 심지어 그는 반세계화운동도 세계화과정에 기여한다고 말하면서, 미국 내에도 반세계화주의(anti-globalism)가 존재하지만 이것 또한 미국화의 한 형태이며 세계화된다고 주장한다(Robertson, 2000: 61-62).

그러나 각각의 지역이나 국가들 안에서 다른 양상으로 나타나는 세계화의 결과들을 세방화로 설명할 수 있을지는 의문이다. 예를 들면, 아시아의 경우, 근대화와 군국주의를 통해 다른 나라를 식민화하여 경제적인 성장을 이룬 일본, 그 일본에 식민화되었다가 해방되고 전쟁의 피해를 심각하게 겪고 나서 산업화를 통해 경제성장을 이룬 한국, 일본의 식민지였고 대륙과 분리되어 있지만 역시 산업화를 통해 경제성장을 이룩한 대만, 1997년 영국이 중국에 반환한 홍콩, 일본과 영국의 식민지를 거쳐 독립국이 되고 경제성장을 이룩한 싱가포르, 공산주의에서 경제개방주의로 전환하며 빠르게 성장하는 중국, 그리고 서구에 식민지화되었다가 독립 후 매우 낮은 GNP를 기록하는 동남아시아의 여러 나라들이 가지고 있는 분명한 차이들을 모두 세방화로 설명할 수 있을까?

각각 다른 사회 · 문화 · 역사 · 정치 · 경제적인 콘텍스트들과 각 지역의 전통들이 세계화에 응답 내지는 대응하면서 각 지역문화의 변화에 영향력을 각각 다르게 미치는 것을 충분히 고려해야 세계화로 인한 지역사회와 문화의 변화를 설명할 수 있다. 그러므로 로버트슨의 세방화이론은 과연 어떻게 실제적으로 동질화와 이질화가 상호 관련되는지 설명하는 데 어려움을 가지고 있다. 그는 세계화를 통한 현대세계문화의 상호 작용적인 관계가 동질화와 이질화를 결합시킨다고 주장하지만, 결국 서로 반대되는 동질화와 이질화를 한데 엮어 '글로벌 문화(global culture)' 라는 개념을 만들고 있다. 그러나 이렇게 만들어진 개념인 글로벌 문화는 결국 서구문화의 지배성과 확장성을 위한 또 하나의 용어일 수 있다. 그러므로 세방화는 지역 주체성의 중요성과 세계화로 인한 지역문화의 전환의 모습을 설명하기에는 어려움이 있다. 오히려 그것은 결국 서구 중심적 문화의 우월성을 여전히 강조하는 맥락에 있는 것처럼 보이기 때문이다.

로버트슨은 어떻게 글로벌 문화가 만들어지는가? 그리고 달라지는 세계 각 지역의 문화들의 연계성을 어떠한 이론적 틀로 설명할 것인가?라는 등의 글로벌 관점(global perspective)을 유지하고 있다. 그러나 세계화로 인한 각 지역문화의 변화는 그 역사적 · 사회적 · 문화적 컨텍스트가 서로 다르기 때문에 각각의 다른 모습으로 진행되고 나름대로의 특성들을 성취하게 된다. 우리는 이것을 다양성(diversity)이라고 부를 수 있다. 다양성은 세계화로 인한 지역문화의 변화를 이해하는 데 중요한 개념이다. 세계화에 의한 문화적 충돌은 문화적 특수성이나, 지역주의, 그리고 차이 등을 재발견하고 이해하려는 반응을 불러일으킬 수 있다. 그러나 글로벌 문화라는 개념만으로는 지역문화와 지역인들의 경험을 설명할 수 없다. 왜냐하면 세계화와 맞닥뜨리는 각각의 지역문화는 단일한 형식에 수렴될 수 없는 매우 다양한 형식과 내용으로 나타나기 때문이다. 그러므로 지역문화에서 세계화로 인한 어떤 변화들이 일어나는지를 알기 위해서는 그러한 변화들의 공통점을 찾아서 하나의 거대한 획일적이고 동질화된 글로벌 문화를 찾는 것이 아니라 각각의 지역문화의 변화의 다양성들 하나하나를 주의 깊게 살펴보아야 한다. 피더스톤(Featherstone)은 세계화는 동일성(homogeneity)을 만드는 과정이 아니라 다양성과 지역문화들의 확장된 영역에 친숙해짐을 의미한다고 주장한다(Featherstone,1995: 86). 터너(Turner) 또한 세계화는 한 공동체 안에서 많은 전통들이 겹쳐지고 증가하는 문화의 "다양성과 복잡성(complexity)"을 일으킨다고 이해한다. 그러므로 그에게 있어서 세계화는 전혀 새로운 수준의 다문화주의와 문화적 다양성을 의미한다(Turner, 1994: 184).

그러므로 세계화로 인한 각각의 지역문화의 변화는 동질화나 이질화보다는 다양성의 측면에서 이해되어야 한다. 이러한 변화는 나름대로의 독특한 과정과 형태로 진행되며, 이는 또한 각 지역문화가 재형성되어 여전히 그 나름의 특성을 가지고 있다. 다시 말해서 지역적인 것(the local)과 세계적인 것(the global)의 충돌은 단순히 세계적인 것의 힘에 지역적인 것이 종속되는 결과를 초래하지 않는다는 것이다. 즉 지역문화(local culture)는 모두 서구문화 중심으로 구획된 글로벌 문화(global culture)에 편입되어 사라지지 않는다. 유리(Urry)는 세계화는 한 가지의 결과만을 가져오지는 않으며 다양하고 분열되고 불확정적인 지역성들이 세계적인 것과의 충돌에 의해 나타난다고 이해한다. 유리(Urry)는 이러한 세계적인 것들과의 충돌로 인한 지역성의 특징을 "글로벌 복합성(global complexity)"이라고 부른다(Urry, 2003: x).

세계화과정으로 인한 이러한 문화적 다양성은 종교적인 측면에서도 강조될 수 있다. 예를 들어 20세기 초반 미국 캘리포니아에서 시작된 개신교 부흥운동인 오순절 성령운동(Pentecostalism)은 이제 아프리카, 아시아, 라틴 아메리카까지 확산되어 있다. 그러나 오순절 성령운동은 대륙별, 국가별, 그리고 민족별 역사와 문화와 서로 연결되어 각각 다른 특성을 나타내고 있다. 예를 들어 한국 오순절 교회와 아프리카의 오순절 교회는 유사성만이 아니라 매우 독특한 특성들을 각각 가지고 있다. 마틴(Martin)에 의하면 오순절 성령운동은 글로벌 유사성만이 아니라 각 국가와 사회 안에서 토착화(indigenization)되고 문화변용(acculturation)이 일어난다. 오순절 성령운동은 중국의 지역 노동자, 싱가폴의 비즈니스 엘리트, 라오스와 암스테르담과 런던의 아프리카 출신 지식인들, 리우데자네이루에 있는 마야중독자였던 사람들의 공동체들처럼 세계 곳곳의 각 계층과 공동체에서 새싹을 티우고 자라나 이제는 많은 중심(multi-centered)을 가지고 있다(Martin, 2002: 169-170). 앞에서 언급한 이슬람권도 동질화를 내포하는 근본주의의 확산은 주목할 만하지만 단일한 형태의 통일성을 의미하지 않는다. 이슬람 근본주의자들은 서구 중심적 세계화를 반대하고 아프카니스탄, 파키스탄, 그리고 수단 등의 국가정권들에서 볼 수 있듯이 일관되게 반미를 표방하는 글로벌 유사성이 이슬람 세계에는 존재한다. 이러한 이슬람 세계의 근본주의화는 1979년 이란혁명 이후 이슬람의 부흥과 그에 따른 알카에다(Al-Qaeda) 등의 극단적인 활동으로 진행되었다. 그러나 이슬람 세계의 근본주의화는 단순히 이란혁명만의 영향이 아니다. 안나임(An-Na' im, 1999)은 아프카니스탄, 이란, 파키스탄 및 수단의 근본주의 정권에서 잘 나타나듯 퇴행적이며 적대적인 근본주의 운동의 전 지구적 출현은 무엇보다도 해당 사회의 심층적인 '정치적 위기' 의 산물로 본다. 여기서 정치적 위기는 이집트의 나세르(Nasser)와 이라크의 후세인(Hussein) 등이 추진하여 국가와 국민에 많은 피해를 가져다주었던 아랍 민족주의 프로젝트에서 비롯되었다(An-Na'im, 1999: 106). 여기에다 이스라엘과의 싸움 그리고 이스라엘을 지지하는 서구와 미국에 대한 저항과정에서 아랍권의 정치적 위기는 심화되었다. 또한 시아파와 수니파와의 여전한 갈등 그리고 2010년을 전후하여 나타나는 소위 이집트, 리비아, 모로코, 튀니지, 예멘, 알제리, 바레인 등 이슬람권역의 민주화 소위 "아랍의 봄"은 이슬람 근본주의라는 신앙적 이데올로기의 틀만으로는 설명하기 어려운 정치 · 경제의 문제들이 이슬람 권역의 각 국가마다 존재한다. 그래서 김성건(2002: 170, 172, 175)은 이슬람권의 종교문화에는 통일성과 다양성이 병존한다고 주장한다.

이제 우리는 이러한 동질화, 이질화와 다양성 등으로 파악되는 세계화로 인한 지역 안에서의 종교의 특성을 좀 더 체계적으로 논의하는 것이 필요하다. 구체적으로 말해서 세계화 과정 속에서 종교가 지역이라는 사회문화적 콘텍스트 안에서 어떻게 정착하고 변화하고 발전하는지를 설명할 수 있는 보다 발전된 이론과 실제적인 논의가 필요하다. 다음 절에서 이와 관련된 이론을 살펴보고 논의를 진행하여 보자.

4. 세계화로 인한 문화적 혼성화와 종교

세계화 시대에 종교는 각 지역에서 동질화와 이질화의 틀만으로는 설명하기 어려운 나름대로의 문화적 독특성들을 각각 가진다. 특히 기독교의 경우 이러한 종교문화의 다양성은 기독교가 성장한 지역에서 매우 두드러지게 나타난다. 예를 들어 젠킨스(Jenkins)는 지구의 남반부에 새로운 기독교(new Christianity)가 출현하고 있다고 주장한다(Jenkins, 2002: 19-20). 나아가서 그에 의하면 남반부의 기독교인들이 북반부 특히 유럽을 복음화하고 있으며, 이 과정에서 지금까지 매우 친숙했던 믿음과 신앙행위를 변형시키고 있으며, 아프리카나 라틴 아메리카에서만 볼 수 있었던 문화적 특성들이 지구의 북반부에 유입되고 있다. 그에게 미래에 이러한 혼합들이 어떻게 될지는 정확히 알 수 없지만 '새로운 기독교 세계(next Christendom)'가 남반부에 단단한 기반을 두고 있다는 것은 의심의 여지가 없다(Jenkins, 2002: 20). 젠킨스는 이전의 기독교 세계(Christendom)가 중세의 교회와 국가 또는 정치와의 밀착관계 그리고 근대에 들어와서는 백인, 부자, 기술적으로 진보된 세계에 제국주의 맥락을 탄 기독교의 확산을 의미한다면 그리고 무슬림 국가와의 불행한 접촉의 역사를 의미한다면, 새로운 기독교 세계는 남반부의 초국가적(supranational)이고 반민족적인(antinational) 새로운 기독교 세계를 의미한다(Jenkins, 2002: 14,16).

이러한 새로운 기독교의 출현 또는 기독교의 변화는 앞에서 언급했던 마틴(Martin, 2002)의 세계 오순절 성령운동에 관한 연구에서 볼 수 있는 것처럼 아프리카와 라틴 아메리카뿐만 아니라 홍콩, 대만, 중국, 한국 등의 아시아 곳곳에서 감지된다. 바이어(Beyer)도 종교와 세계화는 전 지구적인 동질화와 문화적 전환이 일어나서 지역성(특수성)에서 글로벌 체계(global system)로 향하는 지향성이 나타난다고 말한다(Beyer, 2006: 14). 하지만 그는 또한 지역적인 것과 보편적인 것이 역설적인 동시성을 나타내는 혼성적 형태(hybrid form)가 나타날 수 있다는 것도 놓치지 않는다(Beyer, 1993: 9-10). 그는 세계화된 종교의 보편성을 확인하는 글로벌한 관점만이 아니라 종교가 각 지역에서 성취하는 특수성을 파악하려는 관점을 함께 유지하고 있다. 그럼 이러한 종교의 변화를 어떻게 이해해야 할까? 다시 말해 세계화로 인해 나름대로의 문화적 독특성을 만드는 지역 종교문화의 변화가 동질화와 이질화가 아니라면 어떻게 이해해야 할까? 우리는 여기서 새로운 이론적 틀의 필요성을 발견한다. 그런데 여기서 우리는 고려할 것이 하나 더 있다. 세계화의 영향으로 인해 지역에서 일어나는 종교의 변화는 또한 지역문화 정체성의 전환의 과정을 의미하기도 한다. 다시 말해 지역문화 정체성은 세계화 과정을 통해 동질화되지도 이질화되지도 않는 새로운 정체성을 형성한다는 것이다.

이러한 지역문화와 종교의 다양한 독특성들을 고려한 새로운 이론이 '문화적 혼성화이론(cultural hybridization theory)' 이다. 이 이론은 동질화와 이질화의 틀을 벗어나서 지역의 문화적 독특성의 유지와 새로운 문화적 정체성 형성 즉 지역문화 정체성의 전환을 염두에 둔 개념이다. 새로이 전환된 지역성으로서의 이러한 혼성성에 대한 논의는 세계화 시대의 지역문화 정체성 담론으로서 두 가지의 중요한 함의(含意)를 가지고 있다. 첫째로, 혼성성으로서의 지역 정체성은 개념적인 틀로 제시되는 것뿐만 아니라 일상생활에서 쉽게 경험될 수 있는 매우 실제적인 측면을 강조하는 '혼합' 의 담론이다. 마치 퓨전 한정식을 먹는 것에 거부감이나 괴로움을 크게 느끼지 않는 것같이 지역적인 것(the local)과 세계적인 것(the global)이 뒤섞여 이전의 지역과는 다르며 동시에 여전히 세계적인 것과는 동일하지 않은 것들을 우리는 일상생활에서 발견할 수 있다는 것이다. 피터스(Pieterse)는 세계화 시대에 문화적 혼성성에 관한 논의를 한다는 것은 일체의 본질주의에 대한 비판을 의미한다고 주장한다(Pieterse, 2004: 91). 나아가서 그는 혼성성에 대한 논의는 일상에서 혼성화가 실제로 일어난다는 경험적 주장, 혼성성을 혼합의 모습을 분석하는 도구로서 다루는 이론적 주장, 그리고 어떤 상황 또는 권력과의 관계 속에서 혼합의 범위와 가치를 미리 규정하려는 것을 비판하는 규범적 주장을 수반한다고 말한다(Pieterse, 2004: 110-111). 그러므로 피터스에게 있어서 세계화 시대의 문화적 혼성성은 각각의 개인이나 사회가 "글로벌 혼합물(global mélange)"이 되는 것을 의미한다(Pieterse, 2004: 69-71, 91). 그에게 세계화는 곧 혼성화인 것이다(Pieterse, 2004: 67-68).

그러나 혼성화는 세계화로 인한 지역에서의 결과이지 자본주의와 서구 근대성의 확산에 뿌리를 둔 세계화 자체가 곧 혼성화를 의미하지는 않는다. 사실 세계화가 실제적으로 진행되는 곳은 바로 각각의 '지역' 이다. 세계화는 미국이나 유럽에서만 일어나는 것이 아니며 아프리카와 아시아 등 제3세계 각국의 지역 구석구석에서도 진행되고 있다. 그리고 세계화의 결과로서 혼성화의 양상은 당연히 각 지역마다 다르게 나타난다. 물론 이런 경우 박영은(1995: 115)이 지적했듯이 세계화과정으로 인해 문화의 탈역사화와 탈맥락화를 염려할 수도 있다. 그러나 지역문화는 탈역사화되거나 탈맥락화되지 않는다. 문화는 언제나 고정되어 있고 불변하는 것이 아니다. 문화와 그 정체성(cultural identity)은 새로운 형태로 언제나 재구성되고 재창조되어 왔다. 그러므로 세계화과정 속에서 지역문화는 매우 빠르고 폭넓게 이전과는 좀 다른 방법으로 만들어질 뿐이다.

둘째로, 이러한 혼성성은 세계화의 문제로 지적되는 문화적 제국주의를 거스를 수 있는 '대항'의 담론이다. 혼성화과정을 통해 재구성된 정체성은 서구 중심적 세계화에 통합되지도 않지만 또한 전혀 별개의 독립된 문화적 특성을 가지고 있지 않다. 바바(Bhabha)는 탈식민시대의 이러한 지역적인 문화의 특수성에 주목한다. 그에 의하면 "서구 중심적 헤게모니 안에서 제국주의는 언제나 지역적인 것(the local)을 구분하고 지배하려 한다고 주장한다. 그리고 나아가서 식민주의적인 힘을 지역에 확장시키고 제국주의적인 사고를 지역들이 그대로 복사하도록 만들어 지역적인 것이 더는 이국적인 것이 아니라 오히려 제국주의적 시각 안에서 유사해 보이도록 만들어 놓으려 한다(Bhabha, 1994: 212)."

바바는 이러한 독특한 지역 정체성(바바의 용어로는 장소의 정체성, the identity of a place)이 어떻게 성취될 수 있는지를 밝혀내려 한다. 그에 의하면 중심으로서 있는 서구문화의 억압 아래 놓여 있는 지역 정체성은 언제나 다른 곳과 구별될 수 있는 장소이며 또한 상호작용의 장소이기도 하다. 그러므로 바바는 지역 정체성을 '혼성성(hybridity)'이라고 부르는데 이는 제국주의적 체계 안에서 하위 계급화된 장소이며 그리고 그 장소만을 위한 문화적 구성물임을 의미한다. 바바에게 혼성성은 "식민주의적 힘에 의해 가지게 된 모방적이거나 나르시시즘적인 욕구를 뒤흔들며, 식민주의적 힘에 의해 차별됐던 것을 바라보던 시선을 바꾸는 전복의 전략들과 자기 동일화과정을 연결시킨다(Bhabha, 1994: 112)."

이러한 특성은 바로 혼성성이 가진 두 가지 서로 역설적인 성격을 가지고 있기 때문이라고 바바는 이해한다. 하나는 혼성성이 식민주의적 힘의(그리고 그 힘이 가진 다른 것을 변화시키는 완력의 그리고 자신은 변하지 않는 완고함의) 영향력을 보여주는 증거라는 것이고, 다른 하나는 이러한 혼성성이 또한 거부라는 방편을 통해 지배과정을 전략적으로 역진행시키는 것을 의미한다는 것이다. 바바에 의하면 이러한 혼성성의 특성을 양가성(ambivalence)이라고 부른다(Bhabha, 1994: 112-113). 필자는 이러한 양가성 또한 제국주의적 문화의 힘과 지역문화의 힘(특히 지역전통의 힘)이 지역에서 충돌하여 발생하는 지역 문화의 새로운 특성이라고 이해한다.

종교의 세계화 측면에서도 이러한 양가성은 나타난다. 기독교의 경우를 본다면 비서구 세계를 향한 서구(또는 유럽) 기독교의 확산은 일차적으로는 서구 기독교의 글로벌 보편화(global universalization) 즉 서구적 종교체계와 서구적 성향의 확장을 의미한다. 그러나 바이어에 의하면 보편화는 언제나 특수화(particularization)와 연결되어 있다(Beyer, 2006: 140-141). 예를 들어 미션스쿨 설립과 같은 서구 선교사들의 활동은 기독교의 세계화 즉 서구 기독교의 글로벌 확산에 중요했지만 그것은 세계화 전체 과정에서 초기 단계일 뿐이다. 미션 스쿨은 교육을 통해 서구 기독교는 지역인들이 자신들의 종교적 전통을 재고하게 하고 종교적인 양태의 변화를 고무시키며 나아가서 식민적 지배구조에 참여하는 훈련을 받은 토착민 엘리트를 만든다. 그런데 이는 글로벌한 서구종교의 교육체계의 특정 지역에서의 특수화를 의미한다(Beyer, 2006: 142). 왜냐하면 이러한 과정이 진행되면서 서구 기독교는 비서구 세계에 그대로 복사되는 것이 아니라 토착화(indigenization)되면서 새로운 형태로 변형(transforming)되기 때문이다(Beyer, 2006: 141).

이를 좀 더 풀어서 설명해 보자. 서구 기독교의 세계화는 종교체계만의 확장이 아니라 서구 기독교적 사회형식의 발전을 의미한다. 그리고 이러한 기독교적 사회형식의 발전은 선교라는 목적에 의해 통제되는 종교적인 의사소통을 통해 진행된다. 그러나 이러한 의사소통은 오래전부터 전수되고 이미 구조화되어 있는 식민지 지역인들의 문화적 언어를 통해 가능하다(Beyer, 2006: 142). 다시 말해서 토착화는 지역인들의 언어와 행위에 의해서 진행된다. 그렇다면 결국 서구 기독교의 세계화과정에 대한 논의는 두 가지 측면을 가지게 된다. 하나는 서구적 기독교 종교체계의 일관성과 그것이 지역에 확장되어 보편화되는 과정에 대한 측면이고, 다른 하나는 지역 종교문화의 정체성과 지역인들의 주체성에 대한 측면이다.

한국 개신교를 예로 들어 본다면 서구 선교사들이 전한 기독교는 그대로 한국에서 수용 및 정착된 것이 아니라 한국 문화와 역사 그리고 사회적 상황 속에서 한국 개신교인들의 구조화된 언어와 행위를 통해 나름대로의 모습을 성취하였고 그러면서 성장하였다. 그리고 한국의 사회문화의 변화에 영향을 미치기도 하였다. 즉 토착화되었다는 말이다. 필자는 이러한 토착화를 혼성화의 한 유형이라고 이해한다. 한국 개신교는 분명 서구 기독교를 받아들였음에도 서구 기독교는 가지고 있지 않은 나름대로의 특성과 모습을 발전시켰다. 제의적 측면에서는 부모님 기일에 하는 추도식(추도예배)이 그 예이다. 추도식은 부모님 기일에 가족들이 모여 함께 예배드리는 형식이지만 각 가정마다 조금씩 다르게 진행된다. 이러한 추도식은 단순히 유교적 전통에 대한 포기와 새로운 종교를 즉각적으로 수용하는 것보다는 한국인으로서 기독교를 수용하고 기독교인으로서 한국인의 정체성을 재구성하는 혼성화과정에서 만들어진 것이다. 개신교에서 신의 이름으로 사용하는 용어인 신의 이름인 '하나님' 또한 본래 무교전통에서 최고 신(the highest god)의 이름이었다. 물론 존 로스(John Ross)가 서상륜 등 여러 한국인들의 도움을 받아 번역한 최초의 성서번역에서 하나님이 사용되고 있으나(1886), 그의 번역 이후에도 '상제' 등의 용어 등도 함께 사용하며 혼란을 겪다가 '하나님' 으로 귀착되었다. 또한 개신교 안의 산기도, 새벽기도, 통성기도, 안수기도, 금식기도와 같이 서구 기독교에서는 미약해진 전통이거나 아예 없는 제의적 모습들을 한국 개신교의 두드러진 특징으로 볼 수 있을 것이다.

한국의 경우 이외에도 특정 지역의 문화와 사회 안에서 기독교가 토착화 또는 혼성화된 예는 많이 있다. 역사적으로 멀게는 16세기까지 거슬러 올라가는 멕시코인들의 성모숭배(la Morena)로부터 1902년 독립한 쿠바의 아프리카 출신들의 성모숭배(La Virgen de la Caridad del Cobre) 그리고 필리핀의 갈색 피부의 예수(Santo Nino) (Jenkins, 2002: 111) 등이 있다. 그리고 아프리카 남부의 일부 독립교회들은 일부다처제, 점치는 일, 동물을 바치는 제사, 통과의례, 할례, 조상숭배와 같은 전통관습을 폭넓게 이어간다. 아프리카의 모든 독립교회가 옛 관습을 모두 버리지는 않았다. 대다수 아프리카 교회는 서구가 이미 오래전에 버린 예언과 환상을 믿는다. 치유와 예언에 대한 개념은 가톨릭, 성공회, 루터파와 같은 아프리카 주류 교단 안에 이미 뿌리 내렸다(Jenkins, 2002: 120). 또한 뉴질랜드 원주민 마오리(Maori)들이 기독교를 받아들여 드러내는 그들만의 영성(wairua)과 건축양식들이 있다(Davies and Conway, 2008: 155).

이러한 모습에 대해 혼합주의, 이교주의(paganism), 미신적 기독교라는 비판들을 할 수 있다. 그러나 젠킨스는 이러한 예들은 믿음을 배반한 것이나 혼합주의가 아니라 세계 각 지역의 새로운 교회들은 기독교가 시작되었던 시절부터 내려온 문서 즉 성서에 담긴 풍성한 예(축사, 치유 등)들을 따랐을 뿐이라고 주장한다(Jenkins, 2002: 127). 그리고 젠킨스는 기독교는 전달되는 과정에서 그 지역의 토착종교, 즉 전통종교(traditional religion) 안에 있는 기독교와 잘 어울리는 요소에 의존한다고 본다. 그러므로 전통종교는 이른바 복음의 초석(a preparation of the gospel)이다(Jenkins, 2002: 121-122).

이러한 지역 안에서 혼성화된 기독교의 독특한 모습들에는 서구 기독교의 맥락에서는 설명이 되지 않는 부분이 있다. 오히려 서구 기독교의 모습에 거스르는 부분도 있다. 실제로 한국 개신교의 경우 서구 선교사들은 제사를 긍정적인 시각으로 보지 않았으며 심지어 신주를 불살라 버리든지 또는 반드시 없애야 하는 악마숭배로 이해했다.[2] 그들은 한국 사람들이 제사를 통해 부모님에게 존경과 효를 표현하고 나아가서 제사를 드리지 않으

2) 이에 관하여는 한국에 내한한 선교사였던 피셔(Fisher, 1928: 136), 게일(Gale, 1909: 69) 그리고 언더우드(Underwood, 1908: 79), 그리고 선교사가 제사에 대해 언급한 것으로는 아펜젤러의 글(Griffis, 1912: 162)을 참고하라.

면 사람대접조차 못 받을 수 있다는 문화적 이데올로기를 알아차리지 못했다. 또한 초기 서구 선교사들은 하나님이라는 말이 기독교 신의 이름으로 적당한 이유는 무교에서의 최고신이며 원시적 단일신관을 보여준다는 것 때문이었다.[3] 그들은 하나님이라는 말의 뜻이 무교에서 기독교적인 의미로 변화하고 나아가서 하나님이라는 무교적 신 개념이 기독교적 신 개념으로 전환하는 것을 알아차리지 못했던 것이다. 그러므로 한국의 경우 서구 기독교의 세계화의 결과는 모든 종교문화를 통합하는 동질화 현상이나 또는 저항과 반대급부로서의 이질화가 아니라 서구 기독교가 한국적인 새로운 특성과 모습을 갖게 되는 혼성화이다.

서구 기독교를 판단기준으로 보았을 때 이러한 한국 개신교는 단순한 종교적 혼합주의의 한 형태로 파악될 수도 있다. 그러나 이미 설명하였듯이 한국 개신교는 서구의 기독교와는 다르며 그렇다고 한국의 다른 종교전통에 흡수되지도 않았다. 오히려 한국 개신교는 19세기 초에 나타나기 시작하면서 한국의 사회문화와 충돌하고 이를 전환시키는 주요 요인이었다. 한국 개신교는 무교와 불교적 종교문화와 무너져가는 지배 이데올로기로서의 유교를 신봉하는 한국 사회에 많은 자극을 주고 도전을 하였다. 구체적으로, 추도식은 유교가치의 반복이 아니며 동시에 서구 기독교의 완벽한 복사도 아니다. 오히려 추도식은 한국 개신교가 다종교 상황과 사회 · 문화 · 역사적 상황 아래서 자신의 특성을 어떻게 형성하였고 한국 사회와 문화에 어떻게 영향을 주었는지를 증거하고 있다.[4] 추도식은 바로 한국 개신교의 문화적 특성 즉 혼성성(hybridity)을 보여주고 있다. 즉 서구 기독교가

3) 이에 관하여는 헐버트(Hulbert, 1969[1906]: 404)와 클라크(Clark, 1930: 195-197)를 참고하라. 특히 클라크(Clark)는 하나님은 "무속전통 안의 여러 신들 중 우두머리나 또는 그 이상의 존재(the head of the Korean's Shamanistic pantheon or rather up above the head of it)"라고 보았다. 그리고 이러한 하나님에 대한 태도는 한국종교에는 지금은 퇴화했지만 원시적인 형태의 단일신론이 있었다는 것을 보여준다(Clark, 1930: 195).

4) 이에 대한 구체적인 논의는 필자의 졸고(Jang, 2007) 그리고 그레이슨(Grayson, 2009: 413-434)을 참조하라.

혼성화과정을 거쳐 자신만의 특성을 가지는 한국적 개신교가 되는 것이다. 이렇듯 세계화 시대에 문화적 혼성화 논의는 '무작정 마구 섞음' (또는 혼합주의로 명명하고 고유성의 실종을 말하는 것이 아니라)만을 의미하는 것이 아니라 탈근대성과 탈식민주의 맥락을 타고 진행된다.

이제 새로이 만들어진 각 비서구 지역의 종교와 문화가 구체적으로 어떤 양상으로 혼성화될 수 있는지 그리고 그것이 서구 중심의 담론에 대해 어떻게 복종적이고 또한 저항적일 수 있는지 살펴보자. 이와 관련하여 칸클라이니(Canclini)의 라틴 아메리카의 문화와 종교에 관한 논의는 중요한 실마리를 제공한다. 그는 라틴 아메리카의 각 국가에서 일어나는 사회문화 변동은 전통에서 근대성으로 그리고 탈근대성으로 순차적 진행을 하는 것이 아니라 동시간대에 근대적인 정치와 경제 그리고 탈근대적인 예술과 철학으로 파생된 고급문화와 대중문화가 서로 뒤섞이어 "교차(intersection)" 된다고 주장한다(Canclini, 2005: 2, 9, 241). 구체적으로 라틴 아메리카 국가들의 특성은 토속전통, 식민지 히스패닉 가톨릭, 근대적인 정치와 교육 그리고 소통행위들이 침전하고 병렬되면서 한데 얽히어서 만들어진 결과들이라는 것이다(Canclini, 2005: 46). 그에 의하면 라틴 아메리카에서는 근대적인 것 이후에 탈근대적인 것이 나타나기도 하고(Canclini, 2005: 241), 또한 역으로 근대성은 탈근대성의 유용성을 자각한 이후에도 전통과 전근대성을 벗어나는 수단으로 사용되기도 한다(Canclini, 2005: 6). 나아가서 그는 제3세계와 비서구 국가들은 근대정신(modernism)과 경제적 근대화(economic modernization)가 서로 모순되게 있기 때문에 근대적이라는 것이 무엇을 의미하는지 분명히 알지 못하는 불확실성이 계속되는 상황에 처해있다고 본다(Canclini, 2005: 44-5, 48, 268). 그에게 근대화의 특징은 해방, 확장, 혁신, 민주화인데(Canclini 2005: 12), 라틴 아메리카에서 이러한 근대화가 확인되지 않는다는 것이 아니라 이러한 특징들이 설명되는 데 있어서 그 방법들이 균등할 수는 없고 오히려 서로 모순적이라고 주장한다

(Canclini, 2005: 265).

그래서 칸클라이니에게 라틴 아메리카가 서구적 근대성에 빨려 들어가기도 하고 다시 빠져 나오기도 하는데 사용하는 전략은 바로 전통과 근대 그리고 탈근대를 교차하는 문화적 혼성화(hybridization)이다. 그리고 이 문화적 혼성화는 사고의 수준뿐만 아니라 일상적인 인간의 경제적이고 사회적인 삶에서 확인된다고 그는 주장한다. 그 예로 칸클라이니는 멕시코의 전통과 근대성이 뒤섞인 그림이나 근대적인 시장의 상품성에 짜맞추어 대량생산하는 전통 수공예품을 제시한다. 나아가서 그는 스프레이나 페인트로 그린 담이나 외벽의 낙서(graffiti)와 신문이나 잡지의 만화 등과 같이 태생적으로 혼성적인 문화장르도 있다고 본다. 특히 외벽낙서에는 대중문화로서의 종교와 고급문화로서의 정치가 교차하는 혼성성이 잘 나타난다. 예를 들어 1986년 교황의 콜롬비아 보고타 방문 시 "예수가 곧 온단다. 도망가자," 그리고 "신은 자신의 일을 하지 않지 일요일에도" 등의 낙서가 있었다. 이것들은 도시의 무질서, 정치제도에 대한 신뢰상실, 종교적 유토피아를 반대하는 냉소적 낙서(2005: 251-252)들이다. 이 낙서는 교황의 권위에 저항하는 근대적 발상과 그 권위를 여전히 의식하지만, 냉소하거나 조소하며 비트는 탈근대적 발상을 또한 읽을 수 있다. 즉 혼성성을 이러한 낙서에서 읽을 수 있다.

이러한 문화적 혼종으로서의 낙서는 대형 구조물이나 인쇄물과 같은 상품광고가 아니다. 오히려 이러한 낙서 안에서 나오는 상품은 해체된다(Canclini, 2005: 249). 그러므로 혼성성을 가진 실체로서 낙서는 한 지역에서 전통적 가치를 따르지 않고 근대적이지도 않은 모습이 있어서 탈영토화(deterritorialization)되는 것처럼 보인다. 그러나 또한 낙서는 그 나름의 독특한 표현과 내용으로 그 낙서가 있는 영역을 분명히 드러낸다. 낙서는 다시 재영토화(reterritorialization)되는 것이다. 그러므로 낙서는 영토적인 글쓰기이다(Canclini, 2005: 249). 그래서 톰린슨(Tomlinson)은 세계화 시대에 문화는 탈영토화되면서 다시 재영토화된다고 주장한다(Tomlinson, 1999: 149). 새로운 유형의 문화정체성 전환, 즉 혼성화가 탈영토화와 재영토화가 진행되는 복합적인 문화공간 속에서 이루어진다. 1960년대로부터 1980년대까지 한국 개신교의 폭발적 성장도 도덕성과 다소 거리가 있는 자본주의(또는 천민자본주의)의 토대 위에서 타종교 전통(무교, 유교, 불교)과 기독교 신앙(특히 미국의 근본주의와 번영복음)이 강하게 교차하면서 이루어진 것이라고 볼 수도 있다.[5]

5. 나오는 말

사회문화적 현상이자 현재 진행되는 과정으로서의 세계화는 서구 자본주의와 근대성의 확산의 결과이다. 이러한 세계화는 문화적으로 매우 중요한 문화적 함의를 가지고 있다. 지역인들의 문화적 주체성은 글로벌한 것(the global)과 충돌하고 수용하고 저항하면서 새로운 문화를 만든다. 종교를 하나의 문화현상으로 본다면 종교 또한 이러한 세계화의 영향을 받는다. 그러나 그것은 '동질화'를 의미하는 특정 종교의 확산 및 수용만이 아니며 또한 '이질화'를 의미하는 저항과 거부만이 아니다. 사회문화적 실체로서의 종교는 세계화를 통해 한 곳에서 다른 곳으로 일종의 판박이처럼 복사되거나 또는 전면 거부되지 않는다. 종교는 세계화 과정 자체에 기여하기도 하고 또한 세계화로 인해 변화하며 각 지역에서 나름의 문화적 특수성을 새롭게 형성한다. 서구 기독교의 경우 자본주의와 근대성에 의해 발생한 식민주의 그리고 제국주의와 함께 비서구 세계의 각 지역에 전해졌지만, 각 지역의 기독교들은 그 지역의 사회적 · 문화적 · 역사적 상황 안에

5) 이에 대하여는 필자의 졸고(장형철, 2012)를 참조하라.

서 혼성화된 기독교이다. 이슬람 또한 반서구 세계라는 특성을 공유하고 있지만 각 국가, 민족 그리고 교파(시아파와 수니파 등)에 따라 나름의 독특성을 여전히 가지고 있다.

핵심어

자본주의(capitalism), 근대성(modernity), 동질화(homogenization), 이질화(heterogenization), 세방화(glocalization), 다양성(diversity), 혼성화(hybridization), 양가성(ambivalence)

추천도서 및 논문

김성건. 2002. "세계화와 현대종교의 구조적 위기."

장형철. 2006. "세계화와 한국 개신교의 문화적 혼성성."

Barber, Benjamin. 1995. *Jihad vs McWorld*.

Beyer, Peter. 2006. *Religions in Global Society*.

Bhabha, Homi. 1994. *The Location of Culture*.

Bourdieu, Pierre. 1990. *The Logic of Practice*.

Canclini, N. Garcia. 2005. *Hybrid Cultures: Strategies For Entering And Leaving Modernity*.

Giddens, Anthony. 1991. *Modernity and Self Identity Self and Society in the Late Modern Age*.

Lehman, David. 2009. "Religions and Globalization." In *Religions in the Modern World*.

Pieterse, J.N. 2004. *Globalization and Culture, Global Mélange*.

Robertson, Roland. 1995. "Glocalization: Time-space and Homogeneity-Heterogeneity." In *Global Modernities*.

Robertson, Roland. 1992, *Globalization: Social Theory and Global Culture*.
Waters, Malcolm. 1995. *Globalization*.

생각해 볼 문제

1. 레만(Lehman)이 말한 종교와 세계화의 상호작용의 두 가지 형태들 — 글로벌 형태와 코스모폴리탄 형태의 구체적인 사례를 찾아보자.
2. 세계화가 진행되는 가운데 세계종교들이 각 지역에 언제 어떻게 전파되었는지 살펴보자.
3. 세계종교가 지역에서 토착화되어 갖게 된 특성과 모습의 사례를 찾아보고 각 사례들이 서로 어떻게 다르고 또한 유사한지 살펴보자.
4. 각 사례들이 진행되는 과정을 혼성화라고 본다면 각각의 혼성화과정이 어떻게 진행되었는지 사례별로 나누어 이해하여 보자.

제 10 장

한국의 종교지형

| 김철수(중원대) |

1. 한국사회의 다종교 상황

세계 대부분의 국가들은 종교의 자유를 법적으로 보장하고 있다. 한국사회도 종교의 자유를 법으로 규정하였다. 헌법 20조에는 "① 모든 국민은 종교의 자유를 가진다. ② 국교는 인정되지 아니하며, 종교와 정치는 분리된다"고 규정하여 종교의 자유를 보장하고, 국교(國敎)를 인정치 아니하며, 그리고 정교분리(政敎分離)를 원칙으로 내세웠다. 이에 따라 한국사회에는 현재 불교, 기독교 등과 전통적인 자생종교를 포함하여 50여 개 종교, 500여 교파가 활동 중이다. 한국사회는 세계에서 유례를 찾아볼 수 없을 정도로 다수의 종교가 함께 공존하는 다종교 사회인 것이다.

최종철은 이러한 한국사회의 종교상황을 '종교백화점' 이란 말로 표현하였다. "한국사회는 개항 이후 지배적 종교가 사라지고 전통종교의 쇠퇴와 '이방종교' 의 급속한 성장으로 인해 시간적으로 선사시대부터 존재했던 무속으로부터 최근에 나타난 '신흥종교' 에 이르기까지, 공간적으로는 한반도에서 발생한 '민족종교' 로부터 동양에서 전래되어 온 불교, 유교, 그리고 서양에서 전래된 기독교, 이슬람교에 이르기까지 가히 '종교백화점' 이란 표현에 손색이 없다(최종철, 1996: 177)." 윤이흠도 한국의 종교문화는 유 · 불 · 선 3교 및 기독교의 강력한 전통과 우리의 고유문화 전통인 무속과 기복(祈福)사상을 근간으로 하는 민간신앙이 한데 어우러져 서로 영향을 주고받으며 오늘에 이르렀다고 보고, 이런 상황을 다종교 상황이라고 표현하였다(윤이흠, 1983).

우리 주변에서 일상적으로 찾아볼 수 있는 한국인의 종교생활 모습을 살펴보자. 극단적인 예일지는 모르지만, 한국사회에서 '유교적인 가치관에 의해 행동하며, 불교의 인연과 윤회설을 거부하지 않고, 또 일요일이면 교회에 나가는 사람' 을 찾기 어렵지 않다. 또 그는 가끔 이사나 혼사 등 큰 일이 생길 때는 택일(擇日)을 하고 점을 치거나 운세를 보러 가기도 한다.

그러다가 해가 바뀔 때면 가족들과 함께 토정비결을 찾아본다. 더 중요한 것은 그 사람은 자신의 행동에서 모순점을 깨닫지 못한다는 사실이다. 뿐만 아니라 이 모든 행동이 종교와 관련된 것인지조차 모른다. 바로 이러한 다종교적 사회상황이 현재 한국 종교문화의 특징을 이룬다.[1]

이 글은 '한국사회에서 활동하는 종교'를 기본적인 대상으로 하고, 한국종교의 실태를 살펴보기 위해서 각종 조사자료에서 나타나는 교단을 형성한 종교[2]에 주목하기로 한다. 이러한 교단으로서의 종교, 다른 용어로 말하면 종교집단, 종교단체는 교의(教義), 조직, 의례라는 눈에 보이는 것을 중시하며 집단 차원에서 정서적 일치감을 확인하면서 그 기능을 발휘한다. 그러나 종교를 이러한 의례와 조직 · 교의를 중심으로 연구하거나 종교단체 출석률의 고저(高低)를 갖고 논의하는 것은 종교사회학적으로 큰 의미가 없을 수도 있다. 그보다는 해당 종교가 지닌 세계관이나 사회의 장(場)에서 행하는 기능, 그리고 개인의 정체성(identity) 형성에 미치는 영향 등에 주목하는 경우가 많다.

종교단체는 보통 종교법인법에 의해 규정되는 것이 일반적이다. 그러나 한국사회에서는 아직 종교법인법이 제정되지 않았다.[3] 현재 한국사회에서 각 종교단체들은 민법상의 '비영리 법인의 조항'을 근거로 비영리 법

---

1) 이러한 복합적인 종교문화 상황 때문에 한국사회에서 종교조사 연구는 그 결과의 해석에 신중해야 한다. 개신교나 천주교 등 각종 정기집회 참석으로 자신의 종교를 뚜렷하게 확인할 수 있는 경우조차도 생활상의 종교 일치도를 고려할 경우 주의를 요하지만, 더욱이 유교나 불교 및 샤머니즘과 대다수 신종교의 신도들은 자신의 소속 종교와 생활상의 종교 일치도를 확인하기가 매우 어렵다.

2) 종교상황을 면밀히 살피고자 할 때는 '교단으로서 종교' 뿐만 아니라 '조직상으로는 명확치 않지만 생활 속에 스며든 형태의 종교', 그리고 '개인화된 형태의 종교'라는 3가지 차원을 함께 고려해야만 된다.

3) 종교법인법 제정에 대해서는 1945년 이후 몇 차례 논란이 되어 왔으나 정부, 사회단체 및 각 종교단체들 간에 이견을 보여, 현재까지 제정되지 못했다. 한국사회의 '민법' 제3장(법인) 제32조(비영리 법인의 설립과 허가)에 따르면, '종교'와 '자선' 등을 포함한 비영리 사업을 목적으로 하는 사단 또는 재단을 종교단체로 정한다. 따라서 각종 법인 정관에 기재된 '목적'이나 '명칭'을 통해 종교계 법인의 여부를 추측 가능하다.

인으로 등록되어 있다. 이에 따라 종무(宗務)를 담당하는 문화체육관광부는 "종교관계 비영리 법인이라 함은 신앙활동, 종교교리의 전파, 종교단체의 재산관리, 종교 간 연합활동 등을 주된 목적으로 하는 법인을 말한다(문화체육관광부 '종교법인 관련 행정지침' 제3조)"고 규정하였다.

이러한 종교목적을 수행하기 위하여 설립된 법인 현황을 살펴보자.

2011년 행정안전부의 종교별 법인 현황에 따르면, 현재 한국사회의 종교 관련 총법인(재단, 사단)수는 705개 단체이다. 주로 불교, 개신교, 가톨릭 관련 단체들이 많았다. 개신교의 법인수가 344개로 가장 많고 이어 불교(207개)와 가톨릭(98개)의 순으로 많은 편이었다. 또 대부분의 교단들이 서울과 경기 지역에 다수의 법인을 설립하고 있으나, 그 다음으로 많은 지역으로는 불교가 부산과 경북 지역, 개신교는 전북과 인천 지역, 가톨릭은 부산 지역, 기타 종교는 대전 지역에 많은 편이었다. 이는 뒤에서 설명하겠지만 종교의 지역별 분포와도 유사한 맥락을 보여준다.

또 여기서도 확인할 수 있듯이, 한국종교는 다종교 상황 속에서도 불교, 개신교, 가톨릭이라는 3대 종교로 특징지어진다. 통계청의 인구주택총조사자료[4]를 보면 이 점은 더욱 뚜렷해지는데, 소위 3대 종교가 전체 종교인구에서 차지하는 비중이 1985년 95.4%에서 2005년 98.1%로 높아졌다. 해가 지남에 따라 3대 종교와 그 외 종교 특히 전통종교들 간의 소위 '종교 양극화 현상'이 뚜렷해지고 있는 것이다. 3대 종교의 비중은 해마다 높아지고 그 외 종교들은 갈수록 비중이 감소하고 있다. 주지하다시피 이 세 종교들은 세계사적으로 인류역사의 문화권을 형성한 주역인 소위 대표적 세계종교들이다. 그런 면에서 한국사회에는 인도 문화권의 세계관을 지닌 불교, 그리고 유태교 및 이슬람교의 신념체계와 동일한 뿌리와 구조를 가진 유일신관의 세계관을 대표하는 기독교가 공존하고 있는 것이다. 여기

4) 통계청의 인구주택총조사는 5년 단위로 이루어지는데, 그중 종교 항목이 들어가 조사된 해는 1985, 1995, 2005년 10년 주기였다.

에 동아시아 문화권의 천인합일(天人合一)의 윤리적 세계관을 대표하는 유교를 함께 고려한다면, 한국사회에는 현재 공간적으로는 대서양 연안의 기독교 사회로부터 중동의 이슬람 사회에 이르는 유일신적 세계관, 인도의 일원론적 세계관 등 세계 문화권을 형성하는 주요한 전통들이 모두 함께 자리하고 있다. 세계종교들과 그 세계관들이 한국사회에서 살아 있는 문화요소로 현재 한국인들의 가치관 형성에 기능하고 있는 것이다.

이러한 사실은 한국종교 상황에 또 하나의 중요한 특징과 관련된다. 다양한 종교들이 공존하면서도 그 어느 하나도 역사적으로 일관되거나 주도적으로 한국문화를 이끌지 못하는, 이른바 문화복합현상을 이루고 있는 점이다. 어느 종교가 한국사회의 지배적인 종교라고 말할 수 없는 상황이면서 또한 종교 간 이동 및 무종교와 종교 사이의 이동이 빈번한 사회이다(은기수 · 한내창, 2002: 94). 물론 3대 종교 중에서도, 한국사회는 2005년 현재 개신교와 가톨릭을 포함한 기독교인이 전체 종교인구의 55.1%에 이른다. 이는 놀라운 일이기는 하지만, 그렇다고 기독교가 한국사회를 주도하고 있지는 않으며, 따라서 한국이 기독교 국가가 되었다고 말하기는 더욱 어렵다. 이처럼 어느 하나의 종교가 한국사회를 지배적으로 주도하는 위치에 있지 못하다는 점이 더 의미 있는 사실이며, 한국사회는 그 어느 국가에서도 찾아보기 힘든 다종교 사회의 모습을 띠게 된 것이다.

한국사회에는 3대 종교 이외에도 19세기 중엽 이후에 발생한 동학 등 100여 개 단체의 신종교[5]들이 비록 미약하지만 일정한 비율을 차지하여

---

5) 신종교는 19세기 중엽 이후에 발생한 한국 자생종교들을 중심으로 이루어졌다. 동학(천도교)을 필두로 남학(정역), 대종교, 증산교, 원불교 등이 대표적인 신종교들이며 일제강점기에는 각 주요 종단에서 분파한 종단들이 우후죽순으로 생겨나기도 하였다. 보통 민족종교라는 명칭을 사용하기도 한다(문화체육관광부, 2010: 167-169). “신종교라는 개념 속에는 그 종교의 가르침 속에 세계종교로서의 충분한 조건이 갖추어진 종교, 세계혼을 담고 있는 석가, 공자, 예수, 마호멧과 같은 성자혼(聖者魂)이 꿈틀거리는 새 종교, 역사적 창조의식이 충만된 새 종교, 또한 그 종교가 대중의 교화를 위한 교단조직을 가지고 있으며 교리의 보편성을 가진 종교라면 이는 신종교라 할 수 있다(김홍철, 1989: 14).”

활동하고 있다. 대부분 이 세상은 '다시 개벽' 되고 그 때가 되면 하늘과 땅 그리고 인간이 화평(和平)하며, 한반도는 후천 황금시대의 중심지가 되고 한민족이 그 주역이 된다는 교리내용을 내세운다. 때문에 자칭 민족종교라 해도 손색이 없다. 이외에도 한국전쟁 때 터키군에 의하여 들어오게 된 이슬람교[6]와, 해방 이후 유입된 많은 일본종교들,[7] 그리고 요가를 포함한 인도종교, 그리고 수많은 기독교계 및 불교계의 소종파들이 활동하는 상태이다. 뿐만 아니라 무속(shamanism)도 고대부터 오늘에 이르기까지 한국인의 삶에 강력하게 영향을 미치고 있다. 박승길은 해방 이후 이러한 한국인의 종교생활 현실과 변화에 주목하면서 '종잡기 어렵다' 고 피력한다. 곧 한국사회의 종교생활 특징을 "기복적 신앙, 별로 존경받지 못하는 성직자들, 세계에서 가장 많은 교파로 나뉜 장로교, 온갖 신앙형태와 교리가 뒤섞인 혼합주의(syncretism), 성장 제일주의와 물량주의에 빠진 교회, 사회참여를 외치는 투쟁하는 교회, 가부장적이고 권위적인 성직자, 이 교회 저 교회 이 종교 저 종교 기웃거리는 신자, 고백하는 신앙과는 다른 처신들, 건강이 가장 중요한 구제재(救濟財, 구원재-인용자)가 된 현실, 일본 관리들의 일제 식민지에 대한 망발을 규탄하면서도 늘어나기만 하는 일본 신종교의 신자들, 다종교 상황, 온갖 유형의 각종 신종교에 몰리는 현상, 휴거소동 등등(박승길, 1995: 311)"이라 표현했다.

한국사회에서 최근 20년 동안 종교인구의 변동은 〈표 1〉과 같다. 2005

6) 한국 이슬람교 중앙회의 자료에 의하면, 한국 이슬람교인의 수는 약 3만 5천 명으로 추산되며, 여기에 무슬림 이주 노동자 10만여 명을 합하면 13만 5천 명 정도의 규모이다. 한국 이슬람의 종교지형을 변화시키는 주 요인은 무엇보다 무슬림 이주 노동자임을 알 수 있다. 한국 무슬림을 위한 예배공간은 전국에 걸쳐 8개의 성원과 7개의 센터, 그리고 60여 개의 임시 예배소가 있다(송현동, 2007: 146).

7) 2003~05년 조사를 보면, 한국사회에서 활동하는 일본계 종교는 모두 18개 교단, 신자수는 약 192만 명으로 추정하였다. 신도계의 천리교와 금광교, 불교계의 일련정종, 창가학회(SGI), 영우회, 입정교성회, 신불습합계의 세계 메시아교, 세계 구세교, 진여원, 수양도덕계의 한국 광명사상 보급회, 야마기시회 등이 대표적이다(이원범 편저, 2007: 217-222).

년, 우리나라 종교 인구는 전체 인구의 약 53.1%에 달한 상태이다.

〈표 1〉 종교인구의 변동

	1985		1995		2005	
	인구	%	인구	%	인구	%
종교 있음	17,203,296	42.6	22,597,824	50.7	24,970,766	53.1
종교 없음	23,216,356	57.4	21,953,315	49.3	21,865,160	46.5
미상	(조사 없음)	–	2,571	–	205,508	0.4
총인구	40,419,652	100.0	44,553,710	100.0	47,041,434	100.0

자료 : 통계청, 『인구주택총조사』, 1985, 1995, 2005.

한국의 종교인구가 해가 거듭함에 따라 지속적으로 늘어나고 있다는 사실이 확인 가능하다. 1985년에는 종교인구가 전체 인구의 42.6%를 차지하고 있었던 반면, 2005년에는 그 비율이 53.1%로 증가하였다. 최근 20년 동안 종교인구가 10.5%의 성장을 보여줬던 것이다. 한국사회는 1998년을 기점으로 종교인구가 전체 인구의 과반을 넘었다. 곧 한국인 2명 중 1명 이상은 어떤 종교든지 간에 신앙하고 있음을 의미한다. 숫자로만 보면 한국사회는 지금 종교 르네상스를 맞고 있는 셈이다. 이러한 변화만으로도 한국사회에서 종교는 중요한 사회문화적 위치를 차지하는 요인임을 확인할 수 있다. 다양한 종교가 혼재한 나라에서 국민의 절반이 넘는 수가 어떤 종교든 하나를 신앙하고 있다는 사실은 흔치 않다. 곧 종교가 한국인의 개인적 삶에 긍정적이든 부정적이든 주요한 영향을 미치는 하나의 요인으로 추정하기 어렵지 않다. 달리 말하면, 종교의 향방이 한국사회에 큰 영향을 미칠 수 있는 주요한 요인 중 하나로 작용하고 있다는 뜻이다.

많은 사람들은 사회가 근대화되고 일상적인 삶에서 합리화가 확산되어 갈수록 종교는 점차적으로 쇠퇴해 갈 것이라고 예측한다. 현재 한국사회도 급속한 정치 · 경제의 발전을 이루면서 경제 우선주의, 효율 지상주의, 과학주의, 세속법 준수주의 등의 세속적인 가치관이 종교적 가치관보다 우세한 위치에 있다. 경제 및 효율을 중시하는 이러한 태도는 사회의 근대화를 용이하게 한다고 믿었고, 따라서 신앙을 이유로 자신의 업무를 중단하거나 미루는 행동은 비상식적인 행동으로 간주되어 사회적으로 용납되지 않았다.

종교가 예전과 같은 지도적인 위치를 상실했다는 점은 부인할 수 없다. 하지만 복잡한 현대사회에서도 종교는 개인의 내면적인 정신생활과 사회의 도덕적 규범, 문화, 사회운동 등 우리 삶과 관계된 전 영역에 여전히 깊이 관여하고 있는 것이 사실이다. 사람들은 개인적으로 자신이 믿는 종교의 신조에 따라 삶을 영위하기도 하며, 자연과 우주의 질서에 대한 고차원의 궁금증을 해결하는 데 종교로부터 도움을 받는다. 또한 사람들은 사회적으로도 다양한 형태의 종교단체를 만들어 운영 · 유지하면서 정서적 일체감을 형성하고 사회질서를 확보한다. 종교는 심지어 정치 · 경제 분야는 물론 교육 · 복지 · 의료 · 예술 등 다양한 분야에서도 선도적으로 활동하여 왔다. 종교는 종교인 · 비종교인 여부를 떠나 한국인의 사고방식과 한국사회를 이해하고자 할 때 빠뜨릴 수 없는 문화적 통로인 것이다.

2. 한국사회 종교지형의 역사적 변화와 그 특성

모든 종교는 그 사회가 처한 역사적 상황과 그 시대적 사회상황들과 불가분의 관계를 맺는다. 이처럼 종교가 역사적 · 사회적 현실과 밀접한 관련을 맺으면서 종교 내적 역량에 따라 형성, 변화되는 양태를 종교지형(religious topography)이라 한다. 한국사회의 종교지형은 다양한 종교 내·외적 요인들에 의해 변화되어 왔다. 한 사회의 종교지형의 변화는, 첫째 각 종교의 내적인 역량, 둘째 사회구조적 변화, 셋째 종교시장의 변화 등이 추동한다(윤승용, 2010).

역사적으로 보았을 때 한국사회에서 종교지형의 변화는 개항과 더불어 본격적으로 일어난다. 불교는 삼국시대 고구려, 백제, 신라에 전래되어 공인을 받은 이후 고려 말까지 1000여 년 동안 한국사회의 주도적 종교로 기능해 왔다. 이 시기의 불교는 단순히 종교적 기능에 머물지 않고 사상·문화·정치·외교·생활양식 등 모든 영역에 지도적인 이념이 되었다. 이처럼 삼국시대와 고려시대 국교로서의 지위를 누렸던 불교는, 조선조 500년간 숭유배불정책(崇儒排佛政策)으로 큰 시련을 겪게 된다. 그러다가 조선조 말에 개항을 전후하여 조선조의 유교 중심의 전통적 종교지형은 급격한 변동을 일으키게 되었다. 19세기 후반 유교적 질서의 붕괴, 불교의 종교적 기능 약화, 힘겹게 들어온 가톨릭이 여러 차례 박해를 받았으나 1886년 조불(朝佛)조약 이후 조심스런 가운데서도 포교를 진행할 수 있던 시점에서, 동학 등 신종교가 신앙단체로 사람들의 지지를 획득하고, 개항과 함께 개신교가 본격적으로 한국사회에 들어옴으로써 종교지형의 변화조건이 형성된 것이다. 이렇게 본다면 기독교의 유입과 전개는 한국 종교지형에 새로운 변화를 열었던 셈이다. 이때 일본에서 사용되었던 '종교' 개념도 유입되어 이러한 종교지형의 변화에 사용되기 시작하였다. 장석만에 의하면, 종교개념은 일본에서 1867~68년부터 사용되기 시작하여 메이지(明治) 10년대인 1877~87년에 광범위하게 쓰였고, 한국에서는 1883년 11월 10일에 간행된 「한성순보」(제2호)에 '종교' 라는 말이 처음 나타났다(장석만, 1992).

그러나 19세기 후반부터 시작된 일본 제국주의의 한국강점 야욕으로 한국의 종교지형은 왜곡된 형태를 걸을 수밖에 없었다. 일본불교와 기독교 등이 일본 제국주의 세력과 함께 한반도에 침투했고, 한국의 각종 종교들의 부침과 변화가 진행되었다. 더욱이 일제강점기에는 기독교와 불교, 그리고 일본의 교파신도만을 종교로 인정하는 종교정책을 시행하여 천도교를 비롯한 당시의 민족종교는 '유사종교(類似宗教)' 라는 낙인이 찍혀 종교

영역에서 배제되고 있었다. 이러한 일제의 종교정책은 모든 종교를 침략의 방편으로 이용하는 한편 행정적 통제까지 가하는 것이었다. 그 결과 기독교와 불교는 일제의 식민지 정책에 협조할 수밖에 없는 상황에 처했고 많은 신종교들은 탄압을 받아 사라지거나 체제변화를 모색할 수밖에 없었다. 그러다가 1945년 해방을 맞이한다. 해방 이후 한국종교의 지형은 새로운 민족국가 건설과 경제발전, 자유 민주사회와 시민사회의 건설이라는 국가적 · 사회적 목표에 따라 변화하게 된다.

1) 해방 이후 제1공화국까지 종교지형

1945년 9월 7일, 38도 이남의 통치를 담당한 태평양 미군 육군 총사령부(일명 맥아더 사령부)는 '조선인의 인권 및 종교상의 권리를 보호' 할 것임을 포고 제1호로 알렸다. 해방과 더불어 종교, 곧 신앙의 자유를 고지하였던 것이다. 따라서 당시 일제강점기에 교단조직을 유지하여 활동하던 종교들은 물론, 일제의 탄압을 받아 명맥이 끊어졌던 각종 종교교단들이 새로운 상황에 맞춰 조직을 재건하기에 이른다. 미군정은 해방 직후 한반도에서 구체적으로 반일(反日)이나 통일운동보다는 분단을 기정사실화하면서 사회안정과 반공이념을 충실하게 확산시켜 나갔다. 또 종교적으로도 이러한 통치이념을 확대 재생산할 수 있는 인력과 조직 양성을 지원하는 데 중점을 두었다.

불교의 조계종과 개신교와 가톨릭을 포함한 기독교,[8] 그리고 천도교[9]

8) 1915년 일제는 총독부령 제83호로 '포교규칙' 을 공포하여 신도, 불교, 기독교만을 종교로 인정하여 조직을 구성 · 운영케 하였기 때문에, 총독부의 공식 통계자료에 의하면 1937년 조선불교의 경우 조선인 신자들이 19만 3천여 명이었고, 조선기독교의 조선인 신자들은 49만여 명으로 집계되었다.

9) 일제강점기 초기에 박은식은 "(천도교의) 신도가 날마다 증가하여 300만을 헤아린다"고 했고, 『반도시론』에서는 비슷한 시기에 천도교 신도를 107만 3,408명으로 발표했으며, 미국에서 발간된 '신한민보' 도 108만 2,936명으로 보도했다(김정인, 2001: 60). 조선총

와 대종교[10]는 일제강점기에도 조직과 규모 면에서 어느 정도 틀을 유지해 왔기 때문에 이 시기 가장 경쟁력을 지닌 교단들이었다. 이외에도 원불교가 나름대로 종교활동을 전개하고 있었고, 심인불교(진각종)도 창교되었다(1947). 그러나 천도교와 대종교는 미군정의 통치이념과 달리 민족자주 통일노선을 지향하면서 점차 쇠퇴할 수밖에 없었다. 미군정의 통치이념 기준을 어느 정도 갖추었던 개신교와 가톨릭은 미군정의 지원을 받으며 성장하였다. 이 시기에 종교는 국가사회를 위해 공헌해야 한다고 인식하고 있었고 종교활동들은 매우 정치적인 성향을 띠고 있었기 때문에, 이런 종교에 들어오는 것 자체가 새로운 사회건설에 참여하는 것과 동일시되는 상황이었고(박승길, 1995: 315), 종교 다원시장은 거의 형성되지 않았다.

제1공화국은 건국 초기에 국내 질서 확립과 일제강점기 잔재의 청산이 시급한 과제였다. 정부수립을 전후한 시기에는 좌·우익의 대립이 격화되었고, 이승만 정부는 이러한 좌·우익의 갈등을 극복하고 사회질서를 확립한다는 명목으로 반공주의 정책을 내걸었다. 1950년 한국전쟁(1950.6.25.)도 이러한 반공주의 노선 강화를 더욱 가속화시키는 계기가 되었다. 당시의 개신교와 가톨릭은 제1공화국의 정책적 지배이념과 가장 친화력을 지닌 종교들이었다. 때문에 이승만 정부의 종교는 기독교 세계관이 지닌 신관과 교리, 의례체계를 가리키는 것이었고 기독교 중심의 종교관에 따른 정책이 지배적이었다. 개신교와 가톨릭으로 대표되는 기독교는 헌법상에 보장된 신앙의 자유를 누리고 있었다. 더 나아가 국가와 기독교는 동일시되는 상황까지 전개되었다. 1945년 12월 교도소에 공무원 자격의 목사를

독부의 자료(村山智順, 1935: 476)도 천도교인을 93,406명이고 시천교 등 동학계 교단을 포함하면 총 117,585명으로, 적지 않은 숫자였다.

10) 일제강점기 대종교는 포교지역을 5개 교구로 나눠, 한반도 전역을 남도교구로 하여 경성에 본부를 두었으며, 남만주에서 중국 산해관까지를 서도교구로 해서 상해에 본부를 두었다. 또 동만주 일대의 동도교구, 북만주 일대의 북도교구, 이외 일본 및 구미지역을 외도교구로 분류하여 조직을 정비하고 체계적인 포교활동을 전개하여 교세를 확장시켰다. 특히 만주에서의 활동이 활발하였다.

두는 형정(刑政)제도 도입, 1949년 6월 우상시비에 따라 국기에 대한 경례를 목례로 변경하고, 군목제도 실시와 국가의례를 기독교 식으로 바꾸어 나갔다. 6·25 전쟁이 발발하면서 반공주의 노선이 강화되자 기독교가 일선에 나서 구국(救國)활동을 벌이는 것은 곧 반공이라는 생각을 지니게 된다. "반공주의는 교리의 수준으로 격상되어 개신교 신자의 자격요건 중 하나가 되었다(강인철, 1994: 274)"고 할 정도였다. 또 한국전쟁에서 한국을 도운 미국은 심지어 숭배의 대상이 됨으로써 친미와 구국도 동일시되는 경향이 나타났다.

그러나 기독교 내부에서 개신교와 가톨릭 사이에 균열도 나타나기 시작하였다. 한국전쟁과 1952년 정부통령 선거 등을 치르면서 두 종교교단 간에는 갈등이 표출되었고 종교지형에 변화가 생겨났다. 개신교 내부에서도 정권 지지와 비판이 갈리게 되었고, 특히 장로교는 신사참배 결의에 대한 처리과정, 신학적 견해에 대한 보수와 진보의 갈등, 그리고 한국전쟁 이후 에큐메니컬적 협력망 구축을 중시하는 WCC계와 이에 반대하는 집단 간의 충돌로, 1950년대는 분열기를 맞고 있었다.[11]

한국전쟁이 휴전상태로 접어들면서 종교집단들 중에는 정치 · 사회적으로 특혜를 누리지 못하는 소외층이 생겨났고 이들은 새로운 종교운동을 전개하기 시작했다. 기독교에서 나타난 신종교로 세계기독교통일신령협회(1954), 한국예수교 부흥협회(일명 전도관, 1955), 애향숙(愛饗塾, 현재 대한예수교오순절성결회, 1956), 말일성도 예수그리스도회(1956), 여호와의 증인(1952) 등이 창교 혹은 유입되어 활동을 시작하였다. 1950년대 중반부터 다른 신종교들도 새로운 후천개벽된 사회나 메시아의 재림을 기다리며 활

11) 신사참배 결의에 대한 처리과정에서 시작된 분열로 1952년 고신파가 분립되었고, 신학적 견해에 대한 보수와 진보의 갈등에서 시작된 분열로 1953년 한신에서 대한기독교 장로회를 선언함으로써 분리되었고, WCC계와 이에 반대하는 집단 간의 충돌 결과로 1959년 장로교는 통합과 합동으로 분열되었다(이혜정, 2010: 252-254). 그러나 분열 원인과 결과는 교단 입장에 따라 원인 분석과 해석의 차이가 존재한다.

동하게 된다. 일제강점기 증산계통의 무극도가 1948년 교단을 재건한 태극도(현재의 대순진리회와 태극도), 성덕도(聖德道, 1954), 도덕기초회(현재 道德會, 1954), 국제도덕협회 등 비기독교적 신종교들도 등장하였다. 물론 이러한 신종교들은 기독교적 세계관에 의해 '사이비 종교'라 낙인찍히고 통제를 당하였다.[12] 1958년 9월에는 사이비 종교 실태 조사가 이루어져 33개의 사이비 종교가 발표되어 단속의 명분이 만들어졌다.

2) 박정희와 제3, 4공화국의 종교지형

1960년 4·19 혁명으로 수립된 장면 정부의 제2공화국은 이승만 정부의 제1공화국에서 개신교와 자유당 정권의 밀월관계를 목도했기 때문에 "4·19혁명 이후의 사회 분위기는 다분히 반(反)개신교적인 것으로 바뀌었다(강인철, 1994: 190)." 대신에 그동안 억눌려 왔던 불교와 사이비 종교로 낙인찍혀 왔던 신종교들이 사회활동을 준비하고 있었다. 4·19혁명 직후 치러진 희생자 위령제도 불교식으로 진행되었다.

이어서 등장한 박정희 정권의 제3공화국은 혁명공약으로 '구악(舊惡)을 일소'하고 '청신한 기풍을 진작하여' '국가 자주 경제재건에 총력을 경주'함으로써 '공산주의와 대결할 수 있는 실력배양에 전력을 기울일 것'을 내걸었다. 경제개발 5개년 계획이 강력히 추진되었고, 1970년대 들어와서는 노동자 수가 크게 늘어나면서 민주화 운동의 진전과 함께 국민들의 사회의식이 높아지면서 노동운동이 활발해지기 시작하였다. 기독교는 사회정의와 인간화를 내세워 사회적 위상을 되찾기 위해 노력하였고 사회구원이 진정한 구원이라는 이념을 사회적으로 확산시키고 있었다(이영숙, 1992: 144-

12) 통일교 사건(1955), 전도관 사건(1957), 나운몽 장로 사건(1955), 대순진리회의 분규와 교단재산 횡령사건(1958) 등이다.

148). 1960년대의 산업화 진행에 따른 도시이주의 증가, 농촌공동체의 파괴 등 급속한 사회변동은 사람들로 하여금 자아 정체성의 혼란을 경험케 하였다. 이런 변화된 사회에서 1964년 12월 3일, 가톨릭과 성공회를 포함한 기독교 17개 교파는 '전국복음화운동위원회'를 결성하고 '삼천만을 그리스도에게'라는 표어를 내걸고 전도훈련, 부흥집회, 전도집회, 노방전도 등 다양한 방법으로 대대적인 선교활동에 나섰다. 이러한 부흥집회를 통해 개신교의 신자수는 증가하였다. 개신교의 증가율은 1950년대에는 10년간 24.6%였던 것이 1960년대에는 무려 412.4%에 이르렀다(이원규, 1998: 169; 노길명, 2005: 270).

가톨릭은 1962년 3월 교황에 의해 종래 준교구 형태였던 한국교회가 정식 교구로 승격되었고, 교계제도가 수립되었다. 또 서울 · 대구 · 광주에 3대 관구(管區)가 대교구로 승격되면서 명실상부한 독립적 자치교구 체제를 갖추었고, 같은 해 새로운 전례헌장이 만들어지고 1965년에는 새 헌장에 따른 우리말 미사가 진행되었다. 정식 교계제도가 수립된 것과 더불어 한국 가톨릭은 1962년부터 1965년까지 열린 제2차 바티칸 공의회가 가져다준 교회 쇄신과 발전의 새로운 비전으로부터 많은 영향을 받았다. 1968년에는 김수환 대주교가 추기경으로 서임되었고, 세계교회협의회(WCC)를 통해 교회일치운동을 모색하여 1969년 신·구약성서의 공동번역 작업이 추진되었다. 1971년 11월에는 한국 천주교 주교단의 이름으로 부정부패와 빈부격차, 도의의 타락 등을 시정토록 요구한 공동교서를 발표하였다.

불교계의 주력 교단인 조계종과 태고종은 정부의 적극적인 조정을 거쳐 1962년 4월 '불교협의회'가 재산관리를 맡도록 하고 새 종단구성에 합의했다. 그러나 분규는 그치지 않았고, 1962년 대한불교 조계종과 1970년 한국불교 태고종으로 불교재산관리법상의 등록을 마침으로써 양측은 다른 길을 걷게 된다. 뿐만 아니라 이런 분규과정에서 많은 독자적인 불교교단들이 형성되었다. 대한불교 천태종(1967), 대한불립종(1965, 현재는 대한불교 관음종), 대한불교 법화종(1960), 대한불교 원효종(1963), 대한불교 총화종(1969), 대한불교 일승종(1968), 대한불교 화엄종(1966), 대한불교 진언종(1963) 등이 그것이다.

이 시기 신종교의 발전도 꾸준히 이루어졌다. 1965년 한얼교(1967년 正一會, 1978년 한얼교 개명), 성덕도(聖德道, 1967), 대순진리회(1969) 등은 신도수가 수십만에 이를 정도로 성장했고, 일본 신종교인 창가학회(1967년 일련정종 한국신도회)도 들어와 활동하고 있었다. 1961년 대전에서 단군, 동학, 증산계열의 13개 교단이 모여 동도교(東道教)를 만들기도 했고, 세계종교통일본부, 대한종단연합회, 미륵불교 향도회, 범종교 연맹결성준비위원회 등이 1960년대 중반에 만들어진다. 또 천도교나 대종교, 그리고 증산교와 같은 민족종교에서 다양한 형태의 신종교들이 만들어지기 시작한다.

제4공화국(1972~81)은 소위 '10월 유신' (1972.10.17.)으로 수립되어 전국에 비상계엄령을 선포하고 국회해산, 정당활동 중지, 일부 헌법의 효력정지 등의 비상조치를 발표한 사실상 대통령 1인 독재체제 시기이다. 이런 상황에서 개개인들은 종교선택의 자유는 있어도 신앙이라는 명목으로 국가의 신성성을 모독하는 것은 불가능했다. 가톨릭은 1960년대 후반부터 형성된 사회참여의 폭을 확장시키며 국가지배 헤게모니에 저항하면서 사회구원의 역사적 장을 열어나갔다. 유신정권의 폭력성과 억압성에 나름대로 견고한 조직망을 지니고 있었던 가톨릭이 행동으로 대항하기 시작하였던 것이다. 이러한 분위기에 따라 1970년대 말에는 흔히 민중신학으로 불리운 사조도 유행하였다. 1973년 서남동은 『신학사상』에서 "억눌린 자에게 자유를 얻도록 하고, 그들과 함께 살며 성령이 우리의 품성을 변화시키도록 하겠다"고 밝혔다. 이것은 유신체제에 대한 한국교회의 전면적인 저항선언으로 한국 기독교인들의 사회적 실천의 근거를 신학적으로 밝힌 것이다. '억눌린 자' '가난한 자' '약한 자' '멸시받는 자' 들과 운명을 같이 해야 한다는 한국적 민중신학의 출발점이었다. 민중신학은 개발독재로 인한 인권의 유린과 민중의 소외에도 관심을 가지면서 정치적 · 경제적 · 사회적 문제를 파헤쳤고 신학을 한국적 맥락에서 체계적으로 이해했다.

신종교들은 세계 중심민족으로서 한민족의 위치를 부각시키는 민족주의 이데올로기와 강화된 반공이념을 내세운 종교집단들이 활발하게 활동한다. 1970년 합동결혼식을 치른 통일교가 종교시장에 강자로 등장하고, 한얼교와 도덕협회, 성덕도 등이 교세를 확장하고 있었고(문공부, 1977) 1971년에는 무장공비 출현에 대비한 연락망과 반공투쟁을 내건 무속 신앙인들의 대한승공경신연합회도 만들어졌다. 유신체제는 기독교뿐만 아니라 주변적인 민족전통에 뿌리를 둔 신종교들을 민족적 민주주의 대열에 동참시켜 국가지배 이데올로기 장악의 정당성을 지지하도록 만들고 있었다. 이외에도 동방교가 사회적 관심을 끌었고 장막성회, 천국복음 전도회 등 기독교계 신종교들의 부침도 이루어지고 있었다.

3) 제5공화국과 군사정권 시기의 종교지형

박정희 대통령이 서거하자 새로 등장한 신군부 세력은 광주 민주화운동을 비롯한 국민들의 민주화 요구를 무력으로 진압한 뒤 정권을 장악했기 때문에 정통성을 찾기 위해 정의사회 구현, 복지사회 건설 등을 슬로건으로 내세웠다. 개신교는 이러한 1980년대 사회상황을 맞으면서 새로운 교회의 정체성 문제에 고민한다. 이는 신학의 문제가 아니라 '종교와 사회라는 종교사회학적 문제' 였다(박승길, 1995: 348). 1980년대 민주화 열기는 투쟁하는 교회를 조성하고 있었다. 1987년 4·13 호헌조치가 발표되자 '나라를 위한 기도회' 가 열렸고 6·10 민주화운동과 6·29를 거치면서 교회의 위상을 회복시키고 있었다. 그러나 개신교는 낮은 증가율을 보여주었고 1980년대 들어서면서 부흥집회의 열기도 사라졌다. 1983년 『한국인의 종교와 종교의식』(한국갤럽연구소, 1984: 5-54) 조사에서 응답자들은 종교단체가 본래의 뜻을 잃고 있다(66.1%)고 지적했고 그들은 파벌싸움에 치중하거나(81.3%) 품위 없고 무자격의 성직자가 많다(64.8%)고 생각하였다.

1980년대 한국 가톨릭은 교회와 사회의 쇄신을 위하여 정진하였다. 교회는 1980년대의 사회상황에 따라 내세의 복락(福樂) 추구만이 아닌, 인간의 '총체적인 구원' 문제에 더 적극적인 관심을 보였다. 1980년 5월 '광주민주화운동'이 일어났을 때 가톨릭 교회는 과잉진압에 항의하였고, 1987년에는 천주교 정의구현 전국사제단이 '박종철 고문치사 은폐사건'을 폭로하면서 교회의 사회참여는 절정기에 도달하게 된다.

조계종은 1980년대에 들어서 포교원 설치를 종령으로 확정하고 3대 지침으로 인류의 불자화, 불교의 생활화, 사회의 정토화 사업을 추진함으로써 보다 조직적인 포교활동을 전개하였다(정병조, 1993: 52). 불교계는 1980년 소위 10·27 법란을 거치면서 조계종은 1980년 11월 8일 '정화중흥회의'를 발족시켜 법통을 잇고 총무원 중심제의 종헌을 탄생시켰다. 그러나 그 이후 총무원장이 본 · 말사 주지 임명에 개입하는 등 파벌 · 문중의식을 확대, 재생산해 내고 그 과정에서 각종 비리, 부패의 진원지가 되면서 총무원장이 연이어 교체되는 난맥상을 노출하였다. 이러한 가운데 한국 불교사의 큰 흐름에서 빼놓을 수 없는 사건이 1980년대 민중불교운동이다. 개인의 해탈에 주로 관심을 가졌던 과거의 불교에 비해 정치 · 경제 · 사회의 구조적 모순을 극복함으로써 중생의 현실고를 해결하려 했던 민중불교는 불교의 대사회적 역할을 일깨웠다. 이와 더불어 1980년대 불교계는 자기발견과 정립을 계승하고 앞으로 다가올 미래의 지평을 확대하자는 인식이 형성된 시기였다. 그런 실천이 재가불자들의 대중불교 결사이다. 이 결사는 현대사회에서 불교를 신앙하는 불자들이 자신들의 신앙심을 돈독히 하고 올바른 신행의 자세를 견지하자는 움직임이었다.

한편, 1980년대는 신종교들이 종교시장을 활성화시키고 있었다. 1985년 민족종교협의회가 발족되어 원불교를 비롯한 25개 단체가 가맹하였다.

제5공화국은 취약한 정당성을 확보하기 위해 '국풍 81'을 개최하거나 한민족의 역사의식을 자극하여 민족문화의 창달을 강조함으로써 한민족 의식을 강조하는 신종교 교단 탄생을 자극하였다. 1980년대 성립한 민족신앙을 강조하는 신종교 교단은 광명봉천미륵진법회(1891), 단군교종무청(1981), 영생교 하나님의 성회 승리제단(1980), 삼진도(1985), 정도교(1982), 천도영부삼우회(1981), 천우교(1988), 풍류도원용화도장(1986), 개천경조회(1983), 대한선도태백원(1981), 한민도전(1984) 등이었다. 이외에도 1980년대 단군신앙 열기와 함께 한얼교가 성장하였고 1986년에는 국선도 법연구회가 등장하여 전국에 국선도와 진단법(眞丹法)을 보급하였고, 1981년 창립한 대한선도 태백원이 신무도(神武道) 수련을 보급했고, 천존의 집은 1984년 초능력에 의한 치병술을 내세웠다.

4) 문민정부 이후 1990년대의 종교지형[13]

1990년대는 사회적으로 88올림픽을 거치면서 풍요의 사회를 만들었고 과소비 풍조가 문제될 정도로 소비문화가 지배적인 형태로 등장하였다. 전반적인 임금인상과 신도시 개발 붐에 따른 부동산 가격의 폭등현상은 각종 불로소득을 창출하였고, 관광 · 레저 등 서비스 산업이 활성화되기 시작했다. 소비가 생산을 이끄는 대중사회로 본격적으로 진입한 것이다. 이는 각종 사회문제를 낳았고 개인들에게 현실에 대한 불안감, 미래의 불확실성에 대한 불안감을 초래하였다. 이러한 위험사회의 출현과 안전을 바라는 욕구는 종교시장으로 고객을 끌어들였다. 1992년 다미 선교회의 휴거 소동과 같은 시한부 종말론은 그런 불안한 현실에서 휴거와 같은 즉각적인 조치로 영원한 안전을 보장받으려는 셈이었던 것이다.

13) 제6공화국은 1987년 노태우 정부로부터 시작되어 현재까지 진행형이다. 그러나 여기서는 노태우 정부를 신군부세력으로 분류하고 김영삼 정부 이후 1990년대를 다룬다.

문민정부가 들어서면서 한국사회는 "일상성 유지 자체가 가장 중요한 구제재로 등장하면서 종교시장은 그 어느 때보다도 다양한 구제재(구원재-인용자 주)가 진열된 백화점 식 종교시장으로 바뀌고 있었다(박승길, 1995: 354)." 뿐만 아니라 이 시기는 세계화(globalization)의 요구도 강한 시기였다. 세계화는 신자유주의적 질서와 맥락을 같이하였고 이는 '국가의 후퇴와 시장의 우위'를 의미한 세계질서였다. 이러한 시장이 지배하는 가운데 한국사회도 그러한 흐름을 외면할 수 없었고 세계질서에 편입하지 않으면 안 되었다. 종교시장 역시 그러한 환경을 외면할 수 없는 상황이었다. 국내 종교시장도 세계화된 종교시장으로 점차 변하고 있었다. 종교에 따른 특이성, 곧 구제재의 차별성이 점차 사라졌고 대신에 세계적으로 효능이 있다고 보이는 구원재들이 취향에 따라 혼합되어 사용되는 혼합주의가 지배하였다.

한국 개신교는 1990년대 중반을 넘어서면서 그동안 산업화 시기에 급성장해 왔던 성장률이 둔화하고 절대적 인구까지 감소하는 상황을 맞았다. 개신교 인구가 줄어드는 가운데 많은 중소형 교회들이 신자수의 감소로 문을 닫았고 운영의 어려움을 호소하였다. 한편, 1980년대 후반에서 1990년대 후반에 개척된 몇몇 후발 대형교회들은 개신교 내 교인의 수평이동으로 급성장하였고 1990년대 후반부터는 엄청난 신도수와 재정능력, 개별 교회의 명성을 기반으로 기독교계의 새로운 중심세력으로 주목받게 되었다. 또한 1990년대는 한국 개신교 내부에 근본주의 분위기도 흐르고 있었다. 1990년대에 여러 차례 일어난 군부대 내에서의 불상 파괴 사건, 대학 캠퍼스 내에서의 장승 및 불상 파괴 사건, 1998년 제주도 원명선원에서 일어난 수백 개의 불상 훼손 사건 등은 거의 모두 개신교 근본주의의 부산물이었다(대한불교 조계종포교원, 2000).[14] 2000년 6월에는 동국대학교 석가여래

---

14) 이러한 행위는 2000년대에도 가령 사찰이 무너지게 기도하거나 특정 사찰에 대한 땅밟기 행위 등 전투적 선교행위가 계속되었다.

입상 정면에 붉은색 스프레이로 십자가를 그리고 그 밑 부분에 '오직 예수' 라고 쓰는 사건마저 일어났다. 그리고 전국의 초등학교에 세운 수백 기의 단군상을 기독교인들이 부수는 사건도 일어났다. 이를 계기로 '단군상 논쟁' 이 전 사회를 시끄럽게 했으며 자칫하면 국론의 분열까지 초래할 가능성에 이르렀다.

가톨릭은 1990년 평화방송 라디오가 시험방송을 시작하면서 개국하였고 이어 1995년 평화방송 TV까지 개국하면서 전국 방송망을 갖추어 다양한 프로그램 송출을 통해 사회의 복음화와 인간화를 추구해 나갔다. 또 1889년 말 제44차 서울 세계성체대회를 계기로 '한마음 한몸 운동' 이 시작되면서 1993년 '참생명 학교' 와 '우리농촌학교' 가 개설되어 사회복지 업무에 한발 더 나아가기 시작했다. 또 이 해에는 '낙태아를 위한 무덤' 도 조성되어 낙태반대 운동을 통한 생명존중 운동이 전개되기도 했다. 한마음 한몸 운동은 1998년 천주교 녹색학교를 개설하였고 어려운 이웃을 위한 헌미헌금 운동과 원조사업, 생명을 존중하는 생명수호 운동, 생명을 나누는 장기기증 운동 등을 전개해 나갔다. 1998년에는 서울대교구 대표단의 평양방문도 성사되었다(박일영 외, 2004: 76).

불교계는 1990년대에 들어서도 분규(1988년 봉은사 분규, 1991년 종정선출을 둘러싼 분규 등)가 계속되었으며, 이에 따라 종단개혁 투쟁(1994년 상무대 비리사건)이 전개되었다. '실천불교 전국승가회' 와 같이 불교개혁을 꾸준히 모색해 온 종단개혁세력은 '범승가 종단개혁 추진회' 를 결성(1994. 3.)하면서 세력화되고 있었다. 그리고 1990년대 불교계의 또 하나의 주제는 불교편향정책과 훼불사건 등에 대한 적극적인 대응이다. 불교계는 이러한 훼불사건들이 위정자(김영삼 대통령)의 배타적인 유일신 신앙과 연결되어 기독교 근본주의자들이 행동하였다고 보고 정부의 불교편향정책에 적극적으로 대처하는 자세를 취하였다. 이와 함께 1990년대 불교계에는 불교방송, 불교TV 개국이 있었으며, 1992년 2월에는 불교진흥원이 불교문화센터를 개원하여 40여 강좌를 개설함으로써 불교교리뿐만 아니라 생활 강좌 등으로 그 폭을 넓히기에 이르렀다.

1990년대는 신종교계의 활동도 활발하였다. 뉴에이지 운동, 예수운동 등과 같은 외국의 신종교들이 국내로 유입되었고(김종서 · 박승길 · 김홍철, 1994), SGI한국불교회로 명칭을 바꾼 창가학회, 광명회라는 이름을 단 생장의 가(家), 세계 메시아교, 입정교성회, 천리교 등 일본 신종교가 국내에서 활발한 활동을 벌였다. 통일교와 여의도 순복음교회는 세계적 조직망을 확대시키며 종교시장의 세계화를 추구해 나갔다. 뿐만 아니라 각종 신종교들도 해외선교 개척활동에 중점을 두기 시작했다. 이런 변화는 과거의 신종교들이 국내 종교시장에 관심을 두어 주류종교로 인정받으려는 열망을 보였지만 이제는 한국을 벗어나 세계를 향한 종교로 탈바꿈을 시도한 것이다.

3. 21세기 한국종교와 종교지형의 특성

21세기 한국사회의 변화는 신자유주의(neo-liberalism)라는 개념으로 요약될 수 있다. 신자유주의적 사회는 세계자본이 어떠한 제재도 받지 않고 자유롭게 흐를 수 있는 세계시장을 구축하고 그 시장질서에 따르는 것이 가장 이상적인 사회를 만들어 줄 수 있다는 기본적인 믿음에서 출발한다. 이러한 사회에서는 무한경쟁이 긍정되고 그로 인한 양극화도 용인된다. 모든 사회에 시장의 논리가 팽배해져 국가적으로는 사회복지가 축소되고, 민주주의와 공동선의 가치가 갖는 영향력은 줄어든다. 기업뿐만 아니라 모든 사회단체는 성장과 효율을 중시하고 고효율 달성을 위해 구조조정을 실시한다. 또 공기업은 민영화되며 고용과 노동의 안전망은 사라지고 유연화된 노동체제가 지배하게 된다. 개인들은 원자화되어 무한경쟁 상태에 놓임으로써 삶은 불안의 연속이 되고, 이런 변화에 적응하여 자기계발과 실천에 힘쓰는 사람들이 생겨난다.

이러한 신자유주의적 변화가 나타나면서 한국의 종교지형도 변화된다. 예를 들어 그중 하나는 종교교단 운영에 신자유주의적 원리가 적용되는 것이다. 종교교단 설립과 운영에 기업경영적 원리를 접목시키고, 소비자 만족을 극대화시킬 수 있는 전략을 종교교단은 구상하기 시작한다. 관심을 받지 못하는 종교는 사라진다. 공연과 같은 종교의례가 진행되고 신도들의 만족도를 높이는 프로그램들이 제공된다. 노후생활 적응교육, 예비부부 대상 교육, 행복한 부부를 위한 워크샵, 분노조절 프로그램, 성(性)상담 세미나 등 프로그램이 세분화되어 제공된다. 종교교단들이나 유명 종교인들은 치유와 힐링, 상담 프로그램들을 상품화하여 판매하며 그를 기반으로 기업처럼 성장해 나간다. 더 심화되면 사람들은 사회공동체에 관심을 쏟기보다는 개인과 핵가족의 안녕과 행복추구에만 집중하는 소위 가족 이기주의적 태도가 팽배한다.

그러면 이러한 21세기 한국종교의 지형변화를 각종 자료를 통해 살펴보겠다. 21세기 한국종교의 교세는 각 종교교단 자체가 확보한 역량을 통한 고찰도 가능하고, 해당 종교를 믿는 신자수의 증감이나 비교로도 가능하다. 우선 21세기 한국종교의 교세를 각 종교교단이 보유한 교직자 수의 증감을 통해 살펴보자. 교직자는 교단과 관련하여 생계를 해결하는 사람을 말하기 때문에 교직자는 해당 종교의 사회적 힘을 의미한다. 각 종교의 교직자 수의 변동을 살펴보면(〈표 2〉), 2011년 현재 개신교가 약 14만 명으로 가장 많았고 불교(약 4만 6천 명), 가톨릭(약 1만 5천 명), 원불교(약 2천 명)의 순으로 많은 편이다. 개신교는 30년 전(1980년 3만여 명)에 비해 교직자의 수가 약 4.4배 증가하였다. 이는 동일 기간 내에 가톨릭(3.5배), 불교(2.1배)의 교직자보다 높은 성장률을 보여주었다. 기타 종교의 경우도 교직자의 수가 30년 동안 4.6배 정도 증가하였으나 구체적으로 증가한 종교단체를 확인하기는 어렵다.

〈표 2〉 종교별 교직자 수의 변동*

	1962	1970	1980	1993	2002	2011
불교	9,185	14,361	22,260	30,811	41,362	46,905
개신교	20,897	16,982	31,740	84,554	124,310	140,483
가톨릭	2,254	3,044	4,529	8,561	12,536	15,918
유교	207	11,831	11,828	18,240	31,833	235
원불교		1,114	3,921	8,388	2,455	1,979
천도교	278	977	3,565	5,106	5,670	630
대종교	34	190	85	232	358	11
기타	889	2,959	5,748	23,409	280,685	26,650
총계	33,744	51,458	83,676	179,301	499,209	232,811

* 교직자 수는 각 종단 협조자료의 수치임.
자료 : 문화체육관광부, 『한국의 종교현황』, 2002, 2011.

다만 교직자 수는 각 종단 협조자료의 수치이기 때문에 표의 수치를 그대로 신뢰할 수 있을까 하는 의문이 들기도 한다. 그렇지만 대부분의 민족종교들이 1980년대 민주화의 물결을 타고 공격적인 포교에 임했고, 또 1990년대 후반기에 세기말적 흐름에 부응하여 포교에 박차를 가하면서 교직자의 수를 늘린 때문이 아닐까 하는 추정도 가능하다. 그러나 유교, 원불교, 천도교, 대종교의 교직자는 1990년대 혹은 2002년에 증가하다가 2011년에는 대다수가 감소하였다. 특히 유교의 경우는 1980년에 교직자의 수가 11,828명이었으나 30여 년 후인 2011년에는 235명으로 무려 1/50 정도로 가장 많이 감소하였고, 원불교는 약 1/2 정도, 천도교는 약 1/5.6, 대종교는 1/7 정도 감소하였다.

그러나 종교의 교세는 교당이나 교직자 수의 변동을 통해서도 알 수 있지만, 역시 가장 좋은 지표는 종교인구, 곧 신자수의 변동이다.[15] 2005년 현재 종교인구의 상황을 확인해 보면, 불교가 10,726,463명으로 종교를 가진 인구 중 43.0%(한국 총인구의 22.8%)를 차지했으며, 이어서 개신교가 34.5%(총인구의 18.3%)를, 가톨릭이 20.6%(총인구의 10.9%)를 차지했다. 곧 앞에서도 지적했듯이 한국사회에서 종교인구의 절대 다수가 불교와 개신교 그리고 가톨릭의 세 종교(98.1%)로 구성되었다(〈표 3〉).

〈표 3〉 종교별 종교인구의 변동[16]

구 분	1985		1995		2005	
	인 구	비율(%)	인 구	비율(%)	인 구	비율(%)
불교	8,059,624	46.8	10,321,012	45.7	10,726,463	43.0
개신교	6,489,282	37.7	8,760,336	38.8	8,616,438	34.5
가톨릭	1,865,397	10.8	2,950,730	13.1	5,146,147	20.6
유교	483,366	2.8	210,927	0.9	104,575	0.4
원불교	92,302	0.5	86,823	0.4	129,907	0.5
천도교	26,818	0.2	28,184	0.1	45,835	0.2
대종교	11,030	0.1	7,603	0.03	3,766	0.02
대순진리회	–	–	62,056	0.3	–	–
증산교	–	–	–	–	34,550	0.1
기타 종교	175,477	1.0	170,153	0.7	163,085	0.7
계	17,203,296	100.0	22,597,824	100.0	24,970,766	100.0

자료 : 통계청, 『인구주택총조사』, 1985, 1995, 2005.

15) 종교인구의 시대별 변동추이를 살펴보는 작업은 쉬운 일이 아니다. 먼저 종교에 대한 신뢰할 수 있는 객관적인 자료가 있어야 하기 때문이다. 정부 통계자료가 풍부하다면 가장 좋지만 여러 가지 사정상 빈번한 조사는 하기 어려운 실정이다. 또 각 교단에서도 나름대로 자료를 발표하고 있지만 신뢰성에 의문이 가는 경우가 허다한 편이다. 예를 들어, 통계청이 발표한 종교인구와 각 종교교단이 보고한 종교인구 수를 비교하면 큰 차가 존재하는 경우가 대부분이다.

16) 통계청의 종교인구 조사에서 사용되는 각 종교항목에 대해서는 전문가의 자문을 얻고 재검토가 필요한 부분이다. 예를 들어 '개신교' 항목에 성공회나 통일교 등을 포함시키는 것이나 '증산교' 라는 항목을 사용하는 것은 조사결과를 왜곡시킬 우려가 있기 때문에 신중하게 검토해야 한다.

그러나 종교인구가 전체적으로는 증가했음에도 불구하고, 각 종교별 성장추이에 있어서는 다소 차이가 나타난다. 종교인구의 절대 다수를 차지한 3대 종교의 경우도 1985~2005년 20년 동안의 변화를 살펴보면, 한국의 종교지형이 요동치고 있다는 사실이 확인 가능하다. 가톨릭이 1985년부터 20년 동안 꾸준히 증가해 왔음에 비해, 불교는 감소경향을 보여주었다. 개신교는 1985~95년 사이에는 1%가량 증가했으나 1995~2005년 10년 동안에는 4.3% 정도가 감소했다. 곧 가톨릭이 신도 인구는 물론 인구비중도 증가하면서 무섭게 상승하고 있다. 불교는 신도가 약간 늘었으나 인구비중은 감소했다. 개신교는 신도와 인구비중 모두 감소했다. 이 같은 결과는 통계청 『2005년 인구주택 총조사』에서 20년간 한국사회의 종교변화를 종합 분석해 보면 알 수 있는 사실이다.

불교는 아직까지 한국사회에서 신도수 1위의 종교이다. 종교인구 점유율이 1985년에 46.8%였는데 2005년에는 43.0%로 조사되어 3.8% 감소함으로써 퇴조국면에 접어들지 않았는가 하는 추측까지 낳았다. 그런데도 비종교인들의 불교에 대한 호감도는 여전히 높다. 2004년 한국갤럽조사에 따르면 무종교인 중 37.4%가 불교에 호감을 가진 것으로 나타났다(한국갤럽, 2004). 가톨릭(17.0%)이나 개신교(12.3%)를 합한 것보다도 많았다. 최근 불교도이건 타종교 혹은 무종교이건 간에 템플스테이에 대중적인 관심을 보이고 있는 상황도 이런 흐름과 무관하지 않다.

그러나 이러한 불교인구의 특성을 그 분포경향에 주의해서 보면 몇 가지 경향을 찾을 수 있다. 우선 불교인구의 지역편중 현상이다. 2005년 현재 경상도 지역의 불교인구가 전체 불교인구의 44.1%를 차지한다. 이는 20년 전(1985년 42.8%)에 비해 미미하나마 증가한 것이다. 사찰도 마찬가지로 이 지역에 훨씬 많다. 2010년 현재 불교종단의 전통사찰은 전국 935개이며 그중 331개(35.4%)가 영남지역에 소재한다. 그중 경북지역에는 조계종 전통사찰 153개소를 포함하여 태고종, 법화종, 선학원, 대각회, 원효종, 미륵종 등 총 175개소가 이 지역에 있다. 둘째, 불교인구의 계층편중 현상이다. 1985년 조사결과도 마찬가지지만 불교는 고령, 저학력, 저소득층의 신자비율이 높아 개신교, 가톨릭과는 정반대의 양상을 보여주고 있다. 연령을 예로 들더라도, 2005년 현재 50세 이상의 불교인구는 34.3%로 20년 전(1985)에 비해 무려 12.6% 증가했으며, 또 이는 가톨릭(25.5%)이나 개신교(23.2%)보다 노령화가 높은 비율이다. 불교는 전체적으로 대도시와 신흥도시 그리고 지역적으로 수도권과 호남권에서 열세를 보이며, 젊은 층의 불교신자 수가 해가 지날수록 감소하고 있는 상태이다.

개신교의 쇠퇴는 지난 20년간 한국사회 종교지형의 변화를 상징하는 사건이다. 세계 50대 대형교회 가운데 23개가 있는 한국사회에서 이런 변화는 놀랍다. 특히 1995년 이후 이런 개신교 종교인구 감소현상이 뚜렷해졌다. 통계청 자료에 따르면 1985년 6백 48만 명에서 1995년 8백 76만 명까지 가파르게 상승했던 개신교 인구는 2005년 8백 61만 6천 명이 되어 10년 동안 14만 4천 명이 줄었다. 불교, 가톨릭과 달리 유독 개신교 인구만 줄었다. 지역별로 보아도 전남지역에서 1.4% 늘어난 것을 제외하고 전 지역에서 신자가 감소하였다. 개신교의 쇠퇴는 지난 20년간 종교를 믿는 사람들이 꾸준히 늘어난 것과 비교하면 대비가 더욱 뚜렷하다.

개신교와 달리 가톨릭의 급성장은 뚜렷이 나타난다. 2005년에는 10년 전인 1995년에 비해 전체 종교인구가 약 2백 37만 3천 명 늘었는데, 이 기간에 가톨릭 인구가 2백 19만 5천 명 증가했기 때문이다. 이렇게 본다면 내용상으로 새로 늘어난 종교인구 대부분이 가톨릭 신자가 된 셈이다. 가톨릭은 특히 강원과 광주 지역에서 9% 이상 성장한 것을 비롯하여 서울, 경기 등에서 인구가 많이 늘었다. 이러한 가톨릭의 성장이유에 대해서는 가톨릭이 신뢰할 만한 종교로 자리매김한 것을 알려주고 있으며, 다른 종교에 개방적이며 사회봉사활동이나 민주화운동에 헌신하면서 긍정적 이미지를 형성한 것이 큰 역할을 했다고 볼 수 있다. 교단 자체의 구성적 특징도 한몫을 했을 것이다. 중앙집권적 단일조직이고 인사이동을 통해 부패가 형성될 수 있는 조건을 제거할 수 있으며 사회적으로 좋은 이미지를 갖고 있는 것이다. 비리사건이나 추문이 상대적으로 다른 종교에 비해 적은 편이다. 또 제사를 수용하는 등 적극적인 토착화 노력도 사람들과 거리감을 좁혀 주었다. 이러한 토대와 더불어 적극적인 선교활동, 홍보전단, 공연이나 작품 활동을 통한 문화선교에도 주의를 기울였다(오경환, 2007: 47).[17]

그러나 3대 종교 외에 종교 양극화 현상 속에서 전통종교는 일부 종단을 제외하면 전반적으로 몰락하고 있다. 원불교와 천도교 인구는 1985~2005년 20년 동안 절대수에서 증가하였으며, 유교와 대종교 인구는 감소하였다. 원불교는 1985~95년 10년 동안 증가율이 감소되었으나 1995~2005년 10년 사이에는 다시 교세를 회복하였고, 천도교 역시 동일한 경향을 보여주었다. 1985년 4만 1천 명에서 1995년 3만 9천 5백 명으로 줄었던 원불교 신도수는 2005년에 6만 1천 명으로 늘었다. 천도교 신자수도 과거에 비해 1만 명쯤 늘었다. 원불교와 천도교가 전열을 정비해 교세를 확장하고 있음을 보여준다. 두 종교가 부흥하는 이유는 시대흐름을 타고 있기 때문이다. 적절한 사회 포교활동을 펼친 것도 보탬이 되었다. 외래사상보다 점차 사람들이 우리 사상, 우리 정신을 찾겠다는 자각이 일어나기 시작했다. 민족의 정신개벽 운동이 일어난 것이고, 해당 종교인들의 모임에 일반인들이 참여하는 비율이 높아진 것도 특이한 현상이다. 최근 생명, 평화 운동가들이 부쩍 전통종교에 관심을 보이는 경우가 많아졌고 수련회에 참석하는 비율도 증가하고 있다. 이에 비해 1985년 26만 명의 신도를 갖고 있던 유교는 2005년 5만 7천 명으로 줄었다. 대종교 같은 다

---

17) 그러나 다른 견해들도 있다. 이는 가톨릭이 지닌 긍정적인 종교 이미지 덕분이기도 하지만 상대적으로 다른 종교의 종교답지 않은 모습으로 인한 반사이익의 측면도 크다는 조심스러운 견해도 있다(김진호, 2008). 또 신자수의 급격한 증가에도 불구하고 주일미사 참석자 수의 감소, 고해성사 연인원의 감소 등의 추세를 볼 때 내부적으로 위기의 징후들이 나타나고 있다는 지적도 있다(조현범, 2010: 146-147; 박영대, 2010: 75-107).

른 전통종교의 사정도 비슷하다.

4. 과제와 전망

한국역사를 되짚어보면 불교 · 유교 등 종교를 제외하고 한국문화와 사상사 등을 논하는 것은 생각조차 할 수 없다. 종교는 우리의 삶 그 자체였다. 본래 동양에서 종교는 말 그대로 인간에게 가장 소중한 '으뜸(宗)의 가르침(教)'이다. 근대어로서 종교개념이 나타나기 이전에도 종(宗)은 궁극적 지고의 경지이고 이것을 말로 표현하는 것이 교(教)였다(小口衛一 · 屈一郎, 1974: 255-256). 종교사회학자 뒤르켐은 "그릇된 종교란 없다. 모든 종교들은 나름대로 진실하다. 그 방법들은 서로 다르다 할지라도 모든 종교는 인간존재의 주어진 여건들과 부합된다(뒤르켐, 1992: 23)"라고 하였다.

한국사회는 종교인구가 전체 인구의 반을 넘어서고, 다양한 종교가 혼재하는 다종교 사회이다. 비록 종교인구의 양극화[18]와 편중화 현상이 보이기는 하지만, 한국사회는 여러 종교가 조화로운 관계를 유지하며 평화롭게 살아가는 사회를 유지하면서 한편으로는 연구대상이 되기도 한다.[19] "20세기에 걸쳐 한국사회의 종교지형도가 질적으로 변하고, 다양한 종교가 공존하고 있으며, 개인들은 생애과정에 걸쳐 여러 종교를 경험할 수 있는 상황은 한국의 종교연구에 새로운 자극을 던져주고 있다(은기수 · 한내창,

---

18) 종교의 양극화는 3대종교와 그 외 종교 간의 양극화도 있지만, 도시와 농촌지역 간의 양극화 현상도 있다. 1985년 시부(市部)의 종교인구 비율은 70.8%였지만 20년 후인 2005년에는 81.9%로 10% 이상 증가하여 해가 갈수록 도 · 농 간 종교인구 비율 격차가 커지고 있다.

19) 2007년에 미국에서 한국종교의 실천적인 측면들을 소개한 책(Robert E. Buswell Jr. ed., 2007)도 있고, 미국 종교학회(AAR)에는 한국종교 관련 분과모임도 존재하며 종교를 통해 한국에 주목한다. 외국 연구자들이 한국의 종교상황에 주목하는 주된 이유는 한국이 단일민족이면서 다양한 종교를 갖고 있는 상황에 있다.

2002: 94)"고 할 정도이다.

그동안 한국사회는 급격한 산업화의 추진에 의해 공동체가 해체되고 개인주의 물결이 지배하면서 급격하게 자아를 숭배하는 분위기가 고조되었다. 이 물결은 거대한 종교적 수요를 창출하면서 종교계로 밀어닥쳤다. 종교를 찾는 사람들은 사회관계망을 형성하며 자신의 생활이 윤택하고 더 잘 살 수 있도록 해줄 수 있는 종교를 찾아다닌다. 이에 발맞추어 발 빠른 종교계는 종교 본연의 소명을 망각하고 최대한 소비자들의 입맛에 맞는 종교상품을 개발해서 사람들을 끌어모은다. 박승길은 이에 대해 "지금 한국사회에서 나타나는 종교생활의 실재적 현실은 '일상생활에서 나타나는 문제를 해결하는데, 또는 막연한 불안이나 어떤 기대에 대한 자기예언적 확신을 강화시키고 싶은 욕망에서 [효험 있다]는 구제재(救濟財)를 찾거나 제공받기를 원하는 철저히 개인 중심적인 종교적 행위지향'이 지배하고 있다"고 지적한다. 뿐만 아니라 "이런 교리 저런 교리를 잘 섞어 더 효험 있는 구제재를 만들면 사람들은 몰려든다. 이것이 혼합주의다. 혼합주의는 종교시장이 만들어 낸 독특한 종교성이다. 다종교의 혼재상황도, 각종 신종교의 번성도, 정례 예배보다 유능한 부흥사를 찾아 기도원을 찾는 발길도, 바로 종교시장적 종교행위의 한 양태이다(박승길, 1995: 312)"라고 하였다.

그러나 종교교단의 성장 지상주의와 종교신자들의 개인 중심적 종교행위에 대한 신자와 비신자들의 반감도 매우 크다는 사실을 유념할 필요가 있다. 종교는 본연의 모습을 잃지 말아야 하며, 사회공헌이나 교육, 사회의제들에 대해 이끌어가는 힘을 길러야 한다. 사회의제에 공식 발언하거나 참여해야 한다. 종교로서의 제 역할을 하려면 종교 내부의 내실화와 더불어 대 사회적 역할에도 충실할 필요가 있다.[20] 한국 종교교단들이 중산층

---

20) '종교의 사회참여'는 논쟁적인 사안으로 '종교로서 제 역할을 하기 위해 사회적 역할에도 충실해야 할 필요가 없다'는 견해도 있을 수 있다. 이는 확대하면 정교(政教)분리 문제로까지 이어지는데, 정교의 분리는 서구사회에서 민주주의의 확고한 기반이며 18세기 계몽

화, 도시화되면서 소위 가난한 이들에게서 멀어진다는 비판도 받을 수 있다. 예를 들어 가톨릭에 대한 연구조사 결과가 이를 반영한다. 가톨릭신자는 주로 도시, 그것도 중·상류층이 사는 지역을 중심으로 크게 늘었다. 질적 성숙보다 양적 성장을 추구할 가능성이 높아졌고, 사회적 책임을 소홀히 하는 현상으로 나타날 수 있는 환경이 조성되었다. 2008년도 주일미사 참석자의 수가 신자 총수의 24.0%로 계속 감소하는 추세를 보이고 있다. 게다가 고해성사를 보는 신자들의 연인원이 1988년에 439만여 명에서 2008년에 434만여 명으로 줄어들었다. 신자 총수는 2배로 늘어났는데, 전통적으로 가톨릭에서 신앙생활의 중요한 지표로 간주하는 고해성사자의 연인원이 오히려 줄었다는 것은 그동안 교세의 외적인 성장에 치중한 나머지 신자들의 신앙생활을 돌보고 그들의 종교적 열성을 제고하는 일은 소홀히 하였다는 점을 보여준다고 하겠다(조현범, 2010: 146-147).

종교인구가 늘고 사회적 영향력이나 재력이 있는 신자들이 늘어나면서 가난하고 소외된 이들에 대한 관심이 줄어들고 점점 보수화 · 권력화하고 있는 점은 비판받을 수밖에 없다. 특히 한국사회의 지배적인 3대 주요 종교는 특권적 · 관료적 행태에 함몰되지 않도록 사회적인 감시와 견제가 필요하다. 2004년 갤럽조사에서 '종교가 나의 정신적 문제에 해답을 주는가', '소속단체 성직자들에 만족하는가' 등을 조사했는데 개신교, 가톨릭, 불교 신도들의 만족도는 낮았다. 특히 불교신도들의 만족도는 극히 낮았다. 불교계 내부에서 때때로 벌어지는 폭력문화도 근본적으로 해결이 필요하다. 종단이라는 조직 속에서 공동체 정신보다는 사리사욕과 파당으로 인한 내분은 종교 본연의 책임을 망각해 버림으로써 대중의 관심을 멀게 해 버린다. 또한 21세기 들어 신자유주의 물결에 편승한 종교상품화도 경계

주의 유산임은 주지의 사실이다. 그러나 그것이 국가와 교회가 아무런 상관이 없다는 의미는 아니다. 그보다 종교는 사회로부터의 이탈보다는 참여해야만 하는 사안에 대해서는 오히려 적극적 참여와 개입으로 중요한 사회문제에 해답을 제공하면서 다양한 방법으로 사회참여를 할 필요가 있다.

해야 한다. 한국사회 종교지형의 변화를 논하면서 아직 질적인 부분과 관련해서는 많은 논의가 이루어진 편은 아니다. 양적 성장에만 주목하는 것은 종교 본연의 자세와 거리가 있기 때문에 종교 공통의 질적 성장을 할 수 있는 방법이 무엇인지에 대한 논의가 이루어져야 한다.

3대 종교 외의 교단들은 한국 종교지형에서 큰 위세를 지니지 못한 상태이다. 대내외적으로 종교발전을 위해 교리적으로는 긍정적인 요소들을 다수 갖고 있으나 내부적 역량(조직구성, 교리체계, 선교전략 등)의 부족으로 현재도 대중적인 교세를 갖지 못하고 있다. 동일한 경우의 교리내용이라 하더라도 사람들에게는 3대 종교에 비해 부정적으로 비춰지게 마련이다. 이러한 상황에서 원불교의 발전은 대조를 이룬다. 원불교는 민족종교라는 틀에서 벗어나 활발한 사회활동을 벌이고 있다. 불교, 개신교, 가톨릭과 함께 소위 '4대 종교'를 향해 약진하는 중이다. 이러한 배경에는 대안학교를 설립하는 등 시대흐름을 빠르게 읽으면서 생활불교, 대중불교를 표방하는 가운데 갈끔하고 정결한 이미지를 유지한 것이 장점으로 작용하였다. 활동이 교단 내에 국한되지 않고 교육, 복지, 의료 같은 분야에서 국내외에서 착실한 활동을 펼쳐온 결과이다. 이는 종교교단의 대 사회적 역할과 관련된 것으로 사회활동 분야에도 소홀히 하지 말고 적극적으로 대처해야 한다는 사실을 알려준다. 그런 점에서 〈표 4〉를 보면 현재 개신교, 가톨릭, 불교는 요양 · 의료, 사회복지 및 교육 분야에서 활발히 활동하고 있으며, 원불교의 활동도 꾸준히 이루어지고 있음을 알 수 있다.

〈표 4〉 주요 종교단체의 사회활동(요양 · 의료, 사회복지, 교육)

	불교	개신교	가톨릭	원불교	대순진리회	기타	계
요양·의료기관	42	84	146	20	2		294
사회복지법인	125	251	105	16	4	10	507
일반대학	4	52	14	2	2		74

* 일반대학 외의 각종 학교 및 초 · 중 · 고교는 제외하였다.
자료 : 통계청, 『한국의 종교현황』, 2011 ; 각 종단 협조자료.

사실 다종교 사회는 잠재적 갈등요인을 항상 지니고 있다. 다종교 사회에서 종교로 인한 사회갈등의 위험성을 줄이고 오히려 종교를 통한 사회안정과 국민통합을 이룰 수 있도록 해야 한다. 종교 간에 조화로운 관계가 지속되도록, 종교 간의 이해와 협력 증진을 통해 종교 갈등의 가능성을 차단하고 종교 간 화합을 이루는 여건을 조성하여, 사회통합에 이바지하도록 관심을 쏟아야 한다. 종교가 서로를 비난하지 않고, 다른 종교의 신념을 존중하며, 그러면서 각개 종교도 사회와 개인에게 지나친 해악을 끼치지 말고 사회에 불안감을 조성하지 말고 '상생(相生)의 다종교 사회' 를 만들어야 한다. 상생은 그저 함께 살아가는 공생(共生, symbiosis)의 차원이 아니라 서로 적극적으로 이익을 주고받는 '서로 살림(mutual life-bettering)의 종교' 를 지향한다. 다양한 종교들이 상생의 다종교 상황을 만들어간다면 한국의 종교계는 시너지 효과를 발휘함으로써 그 역할이 극대화될 것이다.

핵심어

다종교, 종교지형, 종교시장, 종교 양극화, 종교인구 변동, 상생의 다종교 사회

추천도서

그레이슨, 제임스 헌틀리 · 강돈구 역. 1995. 『한국종교사』. 민족사.

김성건. 2012. 『한국 교회의 현실과 쟁점』. 프리칭아카데미.

박광수. 2012. 『한국 신종교의 사상과 종교문화』. 집문당.

윤승용. 1997. 『현대 한국 종교문화의 이해』. 한울.

최준식. 2005. 『한국의 종교, 문화로 읽는다』, 1-3. 사계절.

최현종. 2011. 『한국 종교인구변동에 관한 연구』. 서울신학대출판부.

생각해 볼 문제

1. '상생의 다종교 사회'를 만들자는 제안에 대해서 각 종교(불교, 개신교, 가톨릭, 신종교)들은 어떻게 인식하고 있는가를 생각해 보자.
2. 한국사회에서 지난 20년간 종교인구 변동이 주는 의미를 생각해 보자. 특히 가톨릭 인구의 양적 성장과 개신교 인구의 양적 감소에 대해 그 이유와 어떻게 받아들여야 할지를 생각해 보자.
3. '종교의 사회참여'에 대해 해방 이후 한국종교가 어떤 사회적 역할을 해 왔는지를 생각해 보자.
4. 종교 간 대화가 왜 필요하며 어떤 방법이 있는가를 생각해 보자.

참고문헌

제 1 장

김성건. 2002. "세계화와 현대종교의 구조적 위기." 『한국사회학』 제36권 4호. pp.157-192.

———. 2010. "종교, 영성 그리고 건강." 『종교문화연구』 제15호. pp.45-79.

———. 2013. "종교와 발전에 관한 이론적 검토: 종교사회학을 중심으로." 『담론 201』 제16권 3호. pp.95-117.

김종서. 2005. 『종교사회학』. 서울: 서울대출판부.

니버, 라인홀트. 1991. 『맑스, 엥겔스의 종교론』. 김승국 역. 서울: 아침.

밀러, 도널드 · 테쓰나오 야마모리. 2008. 『왜 섬기는 교회에 세계가 주목하는가: 기독교적 사회참여의 새로운 모델 성령운동』. 김성건 · 정종현 옮김. 서울: 교회성장연구소.

알렉산더, 이븐. 2013. 『나는 천국을 보았다』. 고미라 옮김. 서울: 김영사.

유광석. 2013. "합리적 선택이론에서 종교적 수요의 안정성 논쟁." 『담론201』 제16권 2호. pp.49-73.

이원규. 2006. 『인간과 종교』. 서울: 나남출판.

정종현 · 김성건. 2009. "종교체험의 사회적 영향력." 『담론201』 제12권 제3호. pp.117-136.

정태식 · 이철우. 2008. "탈레반을 통해본 예언자적 이슬람 개혁운동에 대한 일 고찰." 『담론201』 제11권 1호. pp.69-98.

Abercrombie, N. *et al*. 2006. *Dictionary of Sociology*. Fifth edition. London: Penguin Books.

Ammerman, T. A.(ed). 2007. *Everyday Religion: Observing Modern Religious Lives*. Oxford: Oxford University Press.

Barker, D. *et al*. 1993. *The European Values Study 1981-1990*. London: European Values Study.

Beckford, James A. 1989. *Religion and Advanced Industrial Society*. London: Unwin-Hyman.

__________. 1996. "Post-Modernity, High-Modernity and New-Modernity." In K. Flanagan and P. Jupp(eds.). *Postmodernity, Sociology and Religion*. London: Macmillan. pp.30-47.

__________. 2003. *Social Theory and Religion*. Cambridge University Press.

Bellah, Robert N. 1967. "Civil Religion in America." *Daedalus* 96: 1-21.

__________. 2003a. "The Ritual Roots of Society and Culture." In Michele Dillon(ed.). *Handbook of the Sociology of Religion*. Cambridge, UK: Cambridge University Press. pp.31-44.

__________. 2003b. *Imagining Japan: The Japanese Tradition and its Modern Interpretation*. Berkeley, CA: University of California Press.

Berger, Peter L. 1967. *The Sacred Canopy: Elements of a Sociological Theory of Religions*. Garden City, NY: Anchor Press.

__________. 1979. *The Heretical Imperative: Contemporary Possibilities of Religious Affirmation*. New York, NY: Anchor Press.

__________. 2011. *Adventures of an Accidental Sociologist: How to Explain the World without Becoming a Bore*. New York: Prometheus Books.

Berger, Peter L. and Thomas Luckmann. 1966. *The Social Construction of Reality:A Treatise in the Sociology of Knowledge*. New York: Doubleday.

Beyer, Peter. 1994. *Religion and Globalization*. London: Sage.

Bruce, Steve. 1995a. *From Cathedrals to Cults*. Oxford: Oxford University Press.

__________. 1995b. "The Truth About Religion in Britain." *Journal for the Scientific Study of Religion* 34: 417-430.

Budd, Susan. 1973. *Sociologists and Religion*. London: Collier-Macmillan

Publishers.

Casanova, J. 1994. *Public Religions in the Modern World*. Chicago: University of Chicago Press.

Chaves, Mark and Philip S. Gorski. 2001. "Religious Pluralism and Religious Participation." *Annual Review of Sociology* 27: 261-281.

Davie, Grace. 1990. "Believing without Belonging: Is This the Future of Religion in Britain?" *Social Compass* 37, 4: 455-469.

————. 1994. *Religion in Britain since 1945. Believing Without Belonging*. Oxford: Blackwell.

————. 1998. "Sociology of Religion." William H. Swatos, Jr.(ed.). *Encyclopedia of Religion and Society*. http://hirr.hartsem.edu/ency/Sociology1.htm

————. 2003. "The Evolution of the Sociology of Religion: Theme and Variations," In *Handbook of the Sociology of Religion*. Michele Dillon(ed.). Cambridge, UK: Cambridge University Press.

————. 2007. *The Sociology of Religion*. London: Sage Publications.

Davis, Kingsley. 1948-49. *Human Society*. New York: Macmillan.

Dobblelaere, K. 1981. *Secularization*. London: Sage.

Douglas, Mary. 1973. *Natural Symbols*. London: Barrie and Jenkins.

————. 1978. *Purity and Danger*. London: Routledge.

Durkheim, Emile. [1912] 1976. *The Elementary Forms of the Religious Life*. London: Allen & Unwin.

Edelman, B. and J. T. Richardson. 2003. "Falun Gong and the Law: Development of Legal Social Control in China." *Nova Religio* 6(2): 312-331.

Eisenstadt, S. N. 2000. "Multiple Modernities." *Daedalus* 129(1): 1-29.

Engles, F. 1969. *Anti-Dühring*. London: Lawrence and Wishart.

Flax, Bill. 2011. "Do Marxism and Christianity Have Anything In Common?" *Forbes* (5/12/2011) http://www.forbes.com/sites/billflax/2011/05/12/do-mar (assessed on 08/31/2013)

Freud, Sigmund. [1927] 1989. *The Future of an Illusion*. New York: W.W.

Norton & Company.

Gaede, Stan D. 1981. "Review Symposium: Peter L. Berger's "The Heretical Imperative." *Journal for the Scientific Study of Religion* 20: 181-185.

Giddens, Anthony. 1971. *Capitalism and Modern Social Theory*. Cambridge, UK: Cambridge University Press.

Glock, Charles Y. and Rodney Stark. 1965. *Religion and Society in Tension*. Chicago, IL.: Rand McNally.

Halévy, Elie. 1949. *A History of the English People in the Nineteenth Century*. Vol. 1. London: Ernest Benn Limited.

Heelas, Paul. 1996. *The New Age*. Oxford: Blackwell.

Hervieu-Léger, Danièle. 1993. *La Religion Pour Mémoire*. Paris: Cerf.

Hunt, Stephen J. 2002. *Religion in Western Society*. London: Palgrave.

James, William. [1902] 1961. *The Varieties of the Religious Experience*. New York: Macmillan.

Juschka, Darlene M. 2005. "Gender." In John R. Hinnells(ed.). *The Routledge Companion to the Study of Religion*, London: Routledge. pp.229-242.

Kunin, Seth D. 2003. *Religion: The Modern Theories*. Baltimore, Maryland: The Johns Hopkins University Press.

Lanternari, Vittorio. 1963. *The Religions of the Repressed*. New York: Knopf.

Lee, Matthew T. and Margaret M. Poloma. 2009. *A Sociological Study of the Great Commandment in Pentecostalism: The Practice of Godly Love as Benevolent Service*. Lewiston, NY: Edwin Mellen Press.

Levin, J. S. 1996. "How Religion Influences Morbidity and Health: Reflections on Natural History, Salutogenesis and Host Resistance." *Social Science and Medicine* 43.

Luckmann, Thomas. 1967. *The Invisible Religion: The Problem of Religion in Modern Society*. New York: Macmillan.

Lukes, Steve. 1973. *Emile Durkheim: His Life and his Work*. London: Allen Lane.

Marty, M. and R. S. Appleby. 1993. *Fundamentalisms and Society*. Chicago:

University of Chicago Press.

Marx, Karl. 1977. "Towards a Critique of Hegel's Philosophy of Right: Introduction." In D. McLellan(ed.). *Karl Marx: Selected Writings*. Oxford: Oxford University Press. pp.63-74.

————. 2002. "Critique of Hegel's Dialectic and General Philosophy." In J. Raines(ed.). *Marx on Religion*. Philadelphia: Temple University Press. pp.75-93.

Marx, K. and F. Engels. 1957. *On Religion*. Moscow: Foreign Languages Publishing House.

McKinnon, Andrew. 2010a. "The Sociology of Religion: The Foundation." In Bryan Turner(ed.). *The New Blackwell Companion to the Sociology of Religion*. West Sussex, UK: Wiley-Blackwell. pp.33-51.

————. 2010b. "Elective Affinities of the Protestant Ethic: Weber and the Chemistry of Capitalism." *Sociological Theory*, 28(1): 108-126.

Mizman, Arthur. 1971. *The Iron Cage: An Historical Interpretation of Max Weber*. New York: Grosset's Universal Library.

Neitz, J. and J. V. Spickard. 1990. "Steps Toward a Sociology of Religious Experiences." *Sociological Analysis* 51: 15-33.

O'Toole, Roger. 1984. *Religion*. Toronto: McGraw-Hill, Ryerson.

————. 2000. "Classics in the Sociology of Religion: An Ambiguous Legacy." In Richard Fenn(ed.). *The Blackwell Companion to the Sociology of Religion*. Oxford: Blackwell. pp.133-160.

Parsons, Talcott. 1951. *The Social System*. New York: Free Press.

Pickering, W.(ed.). 1975. *Durkheim on Religion*. London: Routledge.

Poloma, Margaret M. 1995. "The Sociological Context of Religious Experience." In Ralph W. Hood Jr.(ed.). *Handbook of Religious Experience*. Birmingham: Religious Education Press. pp.161-182.

Porpora, Douglas V. 2006. "Methodological Atheism, Methodological Agnosticism and Religious Experience." *Journal for the Theory of Social Behavior* 36(1): 57-75.

Riesebrodt, Martin. 2003. "Religion in Global Perspective." Mark Jurgensmeyer(ed.). *Global Religions: An introduction*. Oxford University Press.

Riesebrodt, Martin and Marry Ellen Konieczny. 2005. "Sociology of Religion." In John R. Hinnells(ed.). *The Routledge Companion to the Study of Religion*. London: Routledge. pp.125-143.

Riis, Ole and Linda Woodhead. 2010. *A Sociology of Religious Emotion*. Oxford: Oxford University Press.

Robertson, Roland. 1992. *Globalization*. London: Sage.

Roof, Wade C. 1993. *A Generation of Seekers*. San Francisco: Harper.

Roof, Wade C. and W. McKinney. 1987. *American Mainline Religion*. New Brunswick, N.J.: Rutgers University Press.

Rostow, W. W. 1960. *The Stages of Economic Growth: A Non-Communist Manifesto*. London: Cambridge University Press.

Shimazono, Susumu. 2004. *From Salvation to Spirituality: Popular Religious Movements in Modern Japan*. Trans Pacific Press.

Smilde, David. 2007. *Reason to Believe: Cultural Agency in Latin American Evangelicalism*. Berkeley: University of California Press.

Smilde, David and Matthew May. 2010. "The Emerging Strong Program in the Sociology of Religion." *SSRC Working Papers*.

Smith, Christian, Michael Emerson, Sally Gallagher, Paul Kennedy, and David Sikkink. 1998. *American Evangelicalism: Embattled and Thriving*. Chicago: University of Chicago Press.

Smith, Christian. 2003. *Moral Believing Animals: Human Personhood and Culture*. Oxford: Oxford University Press.

______________. 2008. "Future Directions in the Sociology of Religion." *Social Forces* 86(4): 1561-1589.

Stark, Rodney and Roger Finke. 2000. *Acts of Faith: Explaining the Human Side of Religion*. Berkeley: University of California Press.

Stark, Rodney and William Sims Bainbridge. 1987. *A Theory of Religion*. New York: Peter Lang.

Taylor, Charles. 2000. "Modernity and Difference." In Lawrence Grossberg and Angela McRobbie(eds.). *Without Guarantees: In Honour of Stuart Hall*. Paul Gilroy, London: Verso. pp.364-374.

Thompson, E. P. 1965. *The Making of the English Working Class*. London: Victor Gollancz.

Trzebiatowska, Marta and Steve Bruce. 2012. *Why Are Woman More Religious Than Man?* Oxford, UK: Oxford University Press.

Turner, Bryan. 1974. *The Ritual Process*. Harmondsworth, UK: Penguin.

——————. 2010. "Introduction: Mapping the Sociology of Religion." In Bryan S. Turner(ed.). *The New Blackwell Companion to the Sociology of Religion*. West Sussex, UK: Wiley-Blackwell. pp.1-30.

Warner, Stephen. 1993. "Work in Progress Toward a New Paradigm for the Sociological Study of Religion in the United States." *American Journal of Sociology* 98(5): 1044-1093.

Weber, Max. [1904-05]. 1958. *The Protestant Ethic and the Spirit of Capitalism*. Translated by Talcott Parsons. New York: Scribner.

——————. [1922]. 1964. *The Sociology of Religion*. Boston, MA: Beacon Press.

Wilson, Bryan. 1967. *Religion in Secular Society: A Sociological Comment*. Harmondsworth, UK: Penguin.

——————. 1970. *Magic and the Millennium: A Sociological Study of Religious Movements of Protest Among Tribal and Third-World Peoples*. New York: Harper & Row.

Woodhead, Linda. 2009. "Old, New, and Emerging Paradigms in the Sociology of Religion." *Nordic Journal of Religion and Society* 22(2): 103-121.

Worsley, Peter. 1957. *The Trumpet Shall Sound*. London: Paladin.

Wuthnow, Robert. 2003. "Studying Religion, Making it Sociological." In Michele Dillon(ed.). *Handbook of the Sociology of Religion*. Cambridge, UK: Cambridge University Press. pp.16-30.

제 2 장

뒤르켐, 에밀. 1990.『종교생활의 원초적 형태』. 노치준 · 민혜숙 옮김. 서울: 민영사.

________. 2001.『사회학적 방법의 규칙들』. 윤병철 · 박창호 옮김. 서울: 새물결 출판사.

Durkeim, Émile. 1951. *Sucide*. Trans. by John A. Spauding and George Simpson. New York: The Free Press.

________. 1997. *The Division of Labor in Society*. Simon and Schuster.

Marx, Karl and F. Engels. 1976. *Werke.* Dietz Vrelag Berlin Bd.I.(MEW I로 표기)

Pickering, W.S.F. 1984. *Durkeim's Sociology of Religion : Themes and Theoris*. London: Routledge & Kegan Paul.

Weber, Max. 1958. *Wirtschaftgeschichte.* Berlin : Durcker & Humbolt.(WG로 표기)

________. 1978. *Gesammelte Aufsätze zur Religionssoziologie I, II, III.* Tübingen: J.C.B. Mohr.(GAzR I, II, III로 표기)

________. 1980a. *Gesammete Politishe Schriften.* J.C.B. Mohr: Tübingen.(GPS로 표기)

________. 1980b. *Wirtschaft und gesellschaft*. Mohr Siebeck.(WuG로 표기)

제 3 장

김성건. 2005. "유럽중심주의와 한국의 종교사회학: 세속화 이론을 중심으로."『담론201』8.

김재명. 2009. "세속화론에 대한 지구화론적 관점의 이해."『종교문화연구』12.

김종서. 1987. "세속화론의 두 고전적 조명."『정신문화연구』32.

류대영. 2002. "세속화 이론과 미국 종교사."『종교와 문화』8.

박단. 2011. "현대 프랑스 사회의 무슬림 이민자와 세속화 문제."『서양사론』111.

송재룡. 2005. "종교 세속화론의 한계: 탈세속화 테제의 등장과 관련하여."『사회와 이론』 7.

이원규. 1997. "박탈-보상 이론의 관점에서 본 종교의 세속화 문제." 『신학과 세계』 49.

———. 1998. "한국종교의 세속화에 대한 경험적 연구." 『신학과 세계』 37.

———. 2006. 『종교사회학의 이해』 개정판. 파주: 나남출판.

이현송. 2009. "불분명한 믿음과 미국 사회의 세속화." 『한국사회학』 43.

전명수. 2010. "개인주의적 영성운동과 세속화 논쟁." 『담론201』 13.

정재영. 1995. "세속화와 한국 교회의 성장." 『현상과 인식』 63.

———. 2008a. "근대화와 한국 개신교: 세속화론을 중심으로." 『동양사회사상』 17.

———. 2008b. "통합 이론으로서 세속화론." 『사회과학연구』 34.

———. 2012. "세속화와 교회의 공공성." 『한국교회의 종교사회학적 이해』. 서울: 열린출판사.

정태식. 2009. "세속화 이론의 관점에서 본 종교의 정치참여 문제." 『신학사상』 146.

차성환. 2000. 『글로벌시대 한국의 시민종교』. 서울: 삼영사.

최현종. 2011. 『한국 종교인구변동에 관한 연구』. 부천: 서울신학대학교출판부.

한국갤럽. 2004. 『한국인의 종교와 종교의식 제 4차 비교조사』. 서울: 한국갤럽.

Alexander, Jeffrey C. 1993. 『현대 사회이론의 흐름: 사회학도를 위한 스무개의 강의록』. 이윤희 역. 서울: 민영사.

Bellah, Robert N. 1970. *Beyond Belief: Essays on Religion in a Post-Traditionalist World*. New York: University of California Press.

Berger, Peter L. 1973. *The Social Reality of Religion*. Harmondsworth: Penguin. (원저 *The Sacred Canopy*. New York: Bantam Doubleday Dell Publishing Group. 1967. 번역서 『종교와 사회』. 이양구 역. 서울: 종로서적. 1981).

———(**ed.**). 2002. 『세속화냐 탈세속화냐』. 김덕영 · 송재룡 역. 서울: 대한기독교서회.

Berger, P. L. and T. Luckmann. 1966. "Secularization and Pluralism." *Internationales Jahrbuch für Religionssoziologie* 2.

———. 1995. *Modernität, Pluralismus und Sinnkrise*. Gütersloh: Verlag Bertelsmann-Stiftung.

Bruce, Steve(ed.). 1992. *Religion and Modernization. Sociologists, and Historians Debate the Secularization Thesis*. Oxford: Oxford University Press.

Casanova, Jose. 1994. *Public Religions in the Modern World*. Chicago: University of Chicago Press.

________________. 1996. "Chancen und Gefahren Öffentlicher Religion." In Otto Kallscheuer(Hg.). *Das Europa der Religionen: Ein Kontinent Zwischen Säkularisierung und Fundamentalismus*. F.a.M.: Fischer.

Christensen, James A. and Ronald C. Wimberly. 1978. "Who is Civil Religious?" *Sociology of Religion* 39.

Dobbelaere, Karel. 1981. "Secularization: A Multi-Dimensional Concept." *Current Sociology* 29.

Fenn, Richard K. 1969. "The Secularization of Values: An Analytical Framework for the Study of Secularization." *Journal for the Scientific Study of Religion* 8.

________________. 1972. "Toward a New Sociology of Religion." *Journal for the Scientific Study of Religion* 11.

Finke, Roger and Rodney Stark. 2009. 『미국 종교시장의 승자와 패자』. 김태식 역. 서울: 서로사랑.

Giddens, Anthony. 2011. 『현대사회학』 6판. 김미숙 외 역. 서울: 을유문화사.

Gorski, Phillip S. 2003. "Historicizing the Secularization Debate." In Michele Dillon(ed.). *Handbook of the Sociology of Religion*. Cambridge: Cambridge University Press.

Iannaccone, Laurence R. 1992. "Sacrifice and Stigma: Reducing Free-Riding in Cults, Communes, and Other Collectives." *Journal of Political Economy* 100.

Inglehart, Ronald. 1997. *Modernization and Postmodernization. Cultural, Economic, and Political Change in 43 Societies*. Princeton: Princeton University Press.

Luckmann, Thomas. 1963. "On Religion in Modern Society." *Journal for the Scientific Study of Religion* 2.

———————. 1967. *The Invisible Religion*. New York: Macmillan(번역서 『보이지 않는 종교』. 이원규 역. 서울: 기독교문사. 1982).

Luhmann, Niklas. 1972. "Religion als System. Thesen, Religiöse Dogmatik und Gesellschaftliche Evolution." In K.W. Dahm, N. Luhmann und D. Stoodt(Hg.). *Religion: System und Sozialisation*. Darmstadt: Luchterhand.

———————. 1982. *Funktion der Religion*. F.a.M: Suhrkamp.

———————. 1989. *Gesellschaftstruktur und Semantik.* Bd.1/3. F.a.M: Suhrkamp.

———————. 2000. *Die Religion der Gesellschft*. F.a.M.: Suhrkamp.

Martin, David. 1978. *A General Theory of Secularization*. London: Harper & Row.

———————. 2008. 『현대 세속화 이론』. 김승호 외 역. 파주: 한울 아카데미.

Mongardini, Carlo. 1998. "Die Soziologie und das Problem der Moral." In Günther Lüschen(Hg.). *Das Moralische in der Soziologie*. Opladen: VS Verlag für Sozialwissenschaften.

Pollack, Detlef. 2003. "Entzauberung Oder Wiederverzauberung der Welt? Die Säkularisierungsthese auf dem Prüfstand." In ders., *Säkularisierung-ein Moderner Mythos*? Tübingen: Mohr Siebeck Verlag.

Pollack, Detlef und Gert Pickel. 1999. "Individualisierung und Religiöser Wandel in der Bundesrepublik Deutschland." *Zeitschrift für Soziologie* 28.

Raulet, Gerard. 1987. "Singuläre Geschichten und Pluralische Ratio." In J. L. Rider und G. Raulet(Hg.). *Verabschiedung der (Post-)Moderne*? F.a.M: Gunter Narr Verlag.

Reicke, S. 1986. "Säkularisation." In *Religion in Geschichte und Gegenwart* 3. Aufl. Bd.5. Tübingen: Mohr Siebeck Verlag.

Roof, W. C. and D. R. Hoge. 1980. "Church Involvement in America: Social Factors Affecting Membership and Participation." *Review of Religious Research* 21.

Rousseau, Jean-Jacques. 1999. 『사회계약론』. 이환 역. 서울: 서울대학교출판부.

Shiner, Larry. 1967. "The Concept of Secularization in Empirical Research." *Journal for the Scientific Study of Religion* 6.

Stark, Rodney and Laurence R. Iannaccone. 1994. "A Supply-Side Reinterpretation of the Secularization of Europe." *Journal for the Scientific Study of Religion* 33.

Tschannen, Olivier. 1991. "The Secularization Paradigm: A Systematization." *Journal for the Scientific Study of Religion* 30.

Warner, R. Stephan. 1993. "Work in Progress Toward a New Paradigm for the Sociological Study of Religion in the United States." *American Journal of Sociology* 98.

Weber, Max. 1976. *Wirtschaft und Gesellschaft. Grundriß der Verstehenden Soziologie* 5. Aufl. Tübingen: Mohr Siebeck Verlag.

Wohlrab-Sahr, Monika. 2001. "Säkularisierte Gesellschaft." In G. Kneer, A. Nassehi und M. Schroer(Hg.). *Klassische Gesellschaftsbegriffe der Soziologie*. München: Fink.

제 4 장

김성건. 2010. "종교와 행복: 한국사회의 관리/전문직의 사례를 중심으로." 한국사회역사학회. 『담론201』 13(4)호. pp.127-157.

김종서. 1998. "종교와 경제간 상관관계론의 현대적 의미." 서울대 종교학연구회. 『종교학연구』 17권. pp.41-62.

김태식. 2012. "로드니 스타크의 종교의 합리적 선택이론: 개인과 사회적인 신앙(교회) 상호관계의 기초원리에 대한 종교사회학적 접근." 한국교회사학회 『한국교회사학회지』 31권. pp.207-240.

금장태. 1994. 『유교사상과 종교문화』. 서울대학교 출판부.

송재룡. 2005. "종교 세속화이론의 한계: 탈세속화 테제의 등장과 관련하여." 『사회와 이론』. 제7집. pp.121-150.

스타크, 로드니 · 로저 핑키. 2009. 『미국 종교 시장에서의 승자와 패자 : 미국 교회사 · 교단사에 대한 종교사회학적 접근』. 김태식 옮김. 서로사랑.

유광석. 2012. "Limitations of Religious Economy Model in Korean Religious Market." 서울대 종교문제연구소. 『종교와 문화』 제23호. pp.177-197.

———. 2013. "합리적 선택이론에서 종교적 수요의 안정성 논쟁." 한국사회역사학회. 『담론 201』 제16권 2호. pp.49-73.

조세희 · 이재혁. 2013. "왜 '느슨한' 교회가 성장하는가?: 합리적 선택론에서 본 한국 그리스도교의 교세변화." 한국사회학회 『한국사회학』 제47권 2호. pp.61-100.

한국갤럽. 2004. 『한국인의 종교와 종교의식』. 한국갤럽조사연구소.

Adorno, Theodore W. *et al.* 1950. *The Authoritarian Personality*. New York: Harper & Sons.

Bainbridge, William S. 2009. "Atheism" In *The Oxford Handbook of The Sociology of Religion*. Ed. by Peter B. Clark. New York: Oxford University Press. pp.319-335.

Barker, Eileen. 1984. *The Making of a Moonie: Brainwashing or Choice*. Oxford: Basil Blackwell.

Becker, Gary S. 1957. *The Economics of Discrimination*. Chicago: University of Chicago Press.

———. 1964. *Human Capital*. New York: National Bureau of Economic Research. Columbia University Press.

———. 1968. "Crime and Punishment: An Economic Approach." *Journal of Political Economy* 76(2): 169-217.

———. 1976. *The Economic Approach to Human Behavior*. Chicago: University of Chicago Press.

———. 1981. *A Treatise on the Family*. Cambridge, MA: Harvard University Press.

———. 1996. *Accounting for Taste*. Cambridge, MA: Harvard University Press.

Berger, Peter L. 1967. *The Sacred Canopy: Elements of a Sociological Theory of Religion*. New York: Anchor Books.

Brubaker, Rogers. 1984. *The Limits of Rationality: An Essay on the Social and Moral Thought of Max Weber*. London: George Allen & Unwin.

Bruce, Steve. 1992. *Religion and Modernization*. Oxford: Clarendon Press.

———. 1993. "Religion and Rational Choice: A Critique of Economic Explanations of Religious Behavior." *Sociology of Religion* 54(2): 193-205.

Buchanan, James and Gordon Tullock. 1962. *The Calculus of Consent*. Ann Arbor: University of Michigan Press.

Carroll, Michael P. 1987. "Praying the Rosary: The Anal-Erotic Bias in the Sociology of Religion." *Sociology of Religion* 57(3): 225-239.

Coleman, James S. 1964. "Collective Decisions." *Sociological Inquiry* 34(2): 166-181.

———. 1966. "Individual Interests and Collective Action." *Public Choice* 1: 49-62.

———. 1988. "Social Capital in the Creation of Human Capital." *American Journal of Sociology* 94(supplement): S95-S120.

———. 1990. *Foundations of Social Theory*. Cambridge: Harvard University Press.

———. 1993. "The Rational Reconstruction of Society: 1992 Presidential Address." *American Sociological Review* 58(1): 1-15.

Cook, Karen. 1982. "Network Structure from an Exchange Perspective." In *Social Structure and Network Analysis*. Edited by Peter V. Marsden and Nah Lin. Beverly Hills, LA: Sage Publications. pp.177-199.

Davie, Grace. 1994. *Religion in Britain Since 1945: Believing Without Belonging*. Cambridge, Mass.:Basil Blackwell.

Diotallevi, Luca. 2002. "Internal Competition in a National Religious Monopoly: The Catholic Effect and the Italian Case." *Sociology of Religion* 63(2): 137-155.

Dobbelaere, Karel. 1987. "Some Trends in European Sociology of Religion: The Secularization Debate." *Sociological Analysis* 48(2): 107-137.

Durkheim, Émile. [1915]1965. *The Elementary Forms of the Religious Life*. Trans. by Joseph Ward Swain. New York: Free Press.

Ellison, Christopher G. 1991. "Religious Involvement and Subjective Well-

Being." *Journal of Health and Social Behavior* 32(1): 80-99.

Emerson, Richard. 1972. "Exchange Theory." In *Sociological Theories in Progress*. Vol. 2. Edited by Joseph Berger, Morris Zelditch, Jr., and Bo Anderson. Boston: Houghton Mifflin. pp.38-87.

Finke, Roger and Laurence R. Iannaccone. 1993. "Supply-Side Explanations for Religious Change in America." *The Annals* 527: 27-39.

Finke, Roger and Rodney Stark. 1992. *The Churching of America, 1776-1990: Winners and Losers in Our Religious Economy*. New Brunswick, N.J.: Rutgers University Press.

Fisher, Mary Pat. 2008. *Living Religions*. Upper Saddle River, N.J.: Pearson Education Inc.

Frank, Robert H. 1985. *Choosing the Right Pond: Human Behavior and the Quest for Status*. New York: Oxford University Press.

Freud, Sigmund. [1927]1961. *The Future of an Illusion*. Garden City, N.Y.: Doubleday.

Glock, C. Y. 1964. "The Role of Deprivation in the Origin and Evolution of Religious Groups." In *Religion and Social Conflict*. Edited by Robert Lee and Martin E. Marty. New York: Oxford University Press. pp.24-36.

Glock, C. Y. and R. Stark. 1965. *Religion and Society in Tension*. Chicago: RandMcNally.

Goldstein, Warren S. 2009. "Secularization Patterns in the Old Paradigm." *Sociology of Religion* 70(2): 157-178.

Hamilton, Malcolm. 2009. "Rational Choice Theory: A Critique." In *The Oxford Handbook of The Sociology of Religion*. Edited by Peter B. Clarke. New York: Oxford University Press. pp.116-133.

Hechter, Michael. 1994. "The Role of Values in Rational Choice Theory." *Rationality and Society* 6(3): 318-333.

Hechter, Michael and Satosh Kanazawa. 1997. "Sociological Rational Choice Theory." *Annual Review of Sociology* 23: 191-214.

Iannaccone, Laurence R. 1990. "Religious Practice: A Human Capital

Approach." *Journal for the Scientific study of Religion* 29(3): 297-314.

____________. 1992. "Sacrifice and Stigma: Reducing Free-Riding in Cults, Communes, and Other Collectives." *Journal of Political Economy* 100(2): 271-292.

____________. 1994. "Why Strict Churches Are Strong." *American Journal of Sociology* 99(5): 1180-1211.

____________. 1995. "Risk, Rationality, and Religious Portfolios." *Economic Inquiry* 33(2): 285-295.

____________. 1998. "Introduction to the Economics of Religion." *Journal of Economic Literature* 36(September): 1465-1496.

Kohn, Livia.(ed). 2000. *Daoism Handbook*. Leiden, Boston: Brill.

Lechner, Frank J. 1991. "The Case Against Secularization: A Rebuttal." *Social Forces* 69(4): 1103-1119.

____________. 1997. "The New Paradigm in the Sociology of Religion: Comment on Warner." *American Journal of Sociology* 103(1): 182-192.

Malinowski, Bronislaw. 1926. "Magic, Science, and Religion." In *Science, Religion, and Reality*. Edited by Joseph Needham. New York, Toronto, The Macmillan Co. pp.18-84.

Olson, Mancur Jr. 1965. *The Logic of Collective Action*. Cambridge, MA: Harvard University Press.

Ostow, Mortimer. 1990. "The Fundamentalist Phenomenon: A Psychological Perspective." In *The Fundamentalist Phenomenon: A View from Within, a Response from Without*. Edited by Norman J. Cohen. Grand Rapids, Mich.: Eerdmans. pp.99-125.

Richardson, James T. 1965. "The Active vs. Passive Convert: Paradigm Conflict in Conversion/Recruitment Research." *Journal for the Scientific Study of Religion* 24(2): 163-179.

Robbins, Thomas. 1988. *Cults, Converts & Charisma*. Beverly Hills, Calif.: Sage.

Robertson, Roland. 1992. "The Economization of Religion? Reflections on the Promise and Limitations of the Economic Approach." *Social Compass* 39(1): 147-157.

Roof, Wade Clarke, and William Mckinney. 1987. *The American Mainline Religion: Its Changing Shape and Future*. New Brunswick, N.J.: Rutgers University Press.

Sharot, Stephen. 2002. "Beyond Christianity: A Critique of the Rational Choice Theory of Religion from a Weberian and Comparative Religions Perspective." *Sociology of Religion* 63(4): 427-54.

Sherkat, Darren E. and John Wilson. 1995. "Preferences, Constraints, and Choices in Religious Markets: An Examination of Religious Switching and Apostasy." *Social Forces* 73(3): 993-1026.

Simpson, John H. 1990. "The Stark-Bainbridge Theory of Religion." *Journal for the Scientific Study of Religion* 29(3): 367-371.

Smith, Adam. [1776]2007. *An Inquiry into the Nature and Causes of the Wealth of Nations*. Hampshire, UK: Harriman House.

Spiro, Melford E. 1966. "Buddhism and Economic Action in Burma." *American Anthropologist* 68(5): 1163-1173.

Stark, Rodney. 1996. "Why Religious Movements Succeed or Fail: A Revised General Model." *Journal of Contemporary Religion* 11(2): 133-146.

―――――. 2001. "Reconceptualizing Religion, Magic, and Science." *Review of Religious Research* 43(2): 101-120.

―――――. 2007. *Discovering God: the Origins of the Great Religions and the Evolution of Belief*. New York: Harper Collins Publishers.

Stark, Rodney, Eva Hamberg, and Alan S. Miller. 2005. "Exploring Spirituality and Unchurched Religions in America, Sweden, and Japan." *Journal of Contemporary Religion* 20(1): 3-23.

Stark, Rodney and Roger Finke. 2000. *Acts of Faith: Explaining the Human Side of Religion*. Berkeley, Los Angeles, and London: University of California Press.

Stark, Rodney and William Sims Bainbridge. 1987. *A Theory of Religion*. New York: Lang.

Swatos, William H. Jr. and Kevin J. Christiano. 1999. "Secularization Theory: The Course of a Concept." *Sociology of Religion* 60(3): 209-228.

Vernon, Glenn M. 1968. "The Religious "Nones": A Neglected Category." *Journal for the Scientific Study of Religion* 7(2): 219-229.

Wallace, Anthony F. C. 1966. *Religion: An Anthropological View*. New York: Random House.

Warner, R. Stephen. 1993. "Work in Progress Towards a New Paradigm for the Sociological Study of Religion in the United States." *American Journal of Sociology* 98(5): 1044-1093.

Wilson, Bryan R. 1969. *Religion in Secular Society: A Sociological Comment*. Harmondsworth: Penguin.

제5장

강돈구. 2008. "현대 한국의 종교 · 정치 그리고 국가." 『종교연구』 51권. 한국종교학회.

강원돈. 2008. "한국종교의 정치세력화. 그 현황과 전망: 한국 개신교 정치세력화의 현실과 과제." 『종교문화연구』 10권. 한신대학교 종교와문화연구소.

강인철. 1993. "한국 개신교교회의 정치사회적 기능에 관한 연구 : 1945~1960." 『93년 후기사회학대회』. 한국사회학회.

———. 2002. "민주화 과정과 종교: 1980년대 이후의 한국 종교와 정치." 『종교연구』 27권. 한국종교학회.

———. 2009. "최근 한국사회의 종교 · 정치 · 권력: 종교의 권력화와 그에 대한 도전들." 『종교문화비평』 15권. 한국종교문화연구소(종교문화비평학회).

———. 2010. "해방 후 한국 종교-정치 상황의 특성과 변동: 분석틀 구성을 위한 시론." 『종교문화비평』 18권. 한국종교문화연구소(종교문화비평학회).

김녕. 1995. "종교의 정치적 개입, 제약요인들과 한계: 한국천주교회의 사례를 중심으로." 『사회과학연구』 4권. 서강대학교 사회과학연구소.

김성건. 2012. "정치와 종교: 한국과 미국 ; 미국 복음주의의 정치 참여: 사회학적 이해." 『성결교회와 신학』 27권. 현대기독교역사연구소.

김종서. 2003. “미국 종교와 정체성의 추구.” 『미국학』 26집. 서울대학교 미국학연구소.

노길명. 2002. “광복 이후 한국 종교와 정치 간의 관계: 해방공간부터 유신시기까지를 중심으로.” 『종교연구』 27권. 한국종교학회.

류대영. 2009. “최근 한국사회의 종교 · 정치 · 권력: 한국 기독교 뉴라이트의 이념과 세계관.” 『종교문화비평』. 15권. 한국종교문화연구소.

박명수. 2012. “정치와 종교: 한국과 미국 ; 이명박 정부시대의 정치와 종교: 불교와 기독교를 중심으로.” 『성결교회와 신학』 27권. 현대기독교역사연구소.

박준영. 2008. “한국종교의 정치세력화. 그 현황과 전망; 가톨릭교회 정치세력화의 문제점: 정교분리 담론을 중심으로.” 『종교문화연구』 10권. 한신대학교 종교와문화연구소.

박희택. 2008. “한국종교의 정치세력화. 그 현황과 전망; 불교의 정치세력화와 정치의 불교세력화에 관한 성찰.” 『종교문화연구』 10권. 한신대학교 종교와문화연구소.

양영진. 1995. “Max Weber의 종교사회학에 대한 일고찰: 종교 신앙과 사회행위를 중심으로.” 『막스 베버 사회학의 쟁점들』. 민음사 대우학술총서.

유승무. 2011. “해방 이후 국가와 불교의 갈등: 대통령의 종교와 연관하여” 한국종교사회학회 · 한국사회역사학회 주최 “한국사회의 갈등과 대통령의 종교” 세미나. 2011년 11월 25일. 이화여자대학교.

윤승용. 2009. “최근 한국사회의 종교 · 정치 · 권력 : 한국종교의 사회세력화 형태와 전망 — 민주화 이후를 중심으로 — ” 『종교문화비평』. 15권. 한국종교문화연구소.

윤용복. 2011. “한국 천주교와 대통령의 종교” 한국종교사회학회 · 한국사회역사학회 주최 “한국사회의 갈등과 대통령의 종교” 세미나. 2011년 11월 25일. 이화여자대학교.

이원규. 1987. “한국 개신교회의 정치참여 현실에 대한 연구: 1970년대 기독교 진보주의 종교이념 발전과 그 수용문제를 중심으로.” 감리교신학대학교. 『신학과 세계』 15권.

———. 2012. “종교와 정치 그리고 사회통합” 한국종교사회학회 · 한국사회역사학회 주최 “리더십 전환기의 대통령 선거와 종교” 세미나. 2012년 11월 16일 이화여자대학교.

이진구. 2008. “한국종교의 정치세력화. 그 현황과 전망 ; 현대 한국 종교의 정치참여 형태와 그 특성.” 『종교문화연구』 10권. 한신대학교 종교와문화연구소.

———. 2009. “최근 한국사회의 종교 · 정치 · 권력 : 최근 한국사회의 종교정당 출현과 그 의미.” 『종교문화비평』 15권. 한국종교문화연구소.

이혜정. 2009. “한국 그리스도교의 정치 종교 관계 인식: 천주교와 개신교의 사례를 중심으로.” 『종교연구』 54권. 한국종교학회.

전명수. 2012. “한국 종교와 정치의 관계: 대통령 선거를 중심으로.” 『담론201』 제16권 2호. 한국사회역사학회.

정재영 · 장형철. 2012. “미디어 속의 18대 대통령선거와 종교.” 한국종교사회학회 · 한국사회역사학회 주최 “리더십 전환기의 대통령 선거와 종교” 세미나. 2012년 11월 16일 이화여자대학교.

정태식. 2001. “정조대의 천주교 박해과정에서 나타난 성리학의 역사성.” 『사회와 역사』 60집. 한국사회사학회.

———. 2005. “마테오 리치의 예수회적 유교해석에 대한 일고찰: 『천주실의』를 중심으로.” 『철학연구』 95집. 대한철학회.

———. 2007a. “중국에서의 전례논쟁과 가톨릭 박해에 대한 일고찰: 종교의 사회적 위치를 중심으로.” 『현상과 인식』 제31권 3호. 한국인문사회과학회.

———. 2007b. 『카이로스와 텔로스: 정치 · 종교 · 사회의 사상사적 의미체계』. 대구: 도서출판 영한.

———. 2009. “공적 종교로서의 미국 개신교 근본주의의 정치적 역할과 한계.” 『현상과 인식』 제33권 1/2호. 한국인문사회과학회.

———. 2012. “종교와 정치의 긴장과 타협: 한국 개신교 대통령의 구원귀족 역할.” 『신학사상』 제156집. 한국신학연구소.

최현종. 2012. “선거의 독립변수로서의 종교적 요인.” 한국종교사회학회 · 한국사회역사학회 주최 “리더십 전환기의 대통령 선거와 종교” 세미나. 2012년 11월 16일 이화여자대학교.

Bellah, Robert N. 1975. *The Broken Covenant: American Civil Religion in Time of Trial*. New York: The Seabury Press.

Bendix, Reinhard. 1977. *Nation-Building and Citizehship: Studies of Our Changing Social Order*. Cal.

Berger, Peter. 1967. *The Sacred Canopy: Elements of a Sociological Theory of*

Religion. Garden City. NJ: Doubleday.

Casanova, Jose. 1994. *Public Religion in the Modern World*. Chicago: The Univ. of Chicago Press.

Coulanges, Fustel de. 1980. *The Ancient City: A Study on the Religion, Laws, and Institutions of Greece and Rome*. Baltimore: The Johns Hopkins Univ. Press.

Lichtman, Allan J. 2008. *White Protestant Nation: The Rise of the American Conservative Movement*. New York: Atlantic Monthly Press.

Luckmann, Thomas. 1967. *The Invisible Religion: The Problem of Religion in Modern Society*. New York: Macmillan.

Marsden, George M. 1980. *Fundamentalism and American Culture: The Shaping of Twentieth-Century Evangelicalism 1870-1925*. Oxford: Oxford Univ. Press.

Mckenna, George. 2007 *The Puritan Origins of American Patriotism.* Yale University press.

Reichley, A. James. 1985. *Religion in American Public Life*. Washington. D.C.: The Brooking Institution.

Tocqueville, Alexis de. 1969. *Democracy in America*. New York: Harper & Row. Publishers.

Weber, Max. 1951. *The Religion of China*. New York: Free Press.

__________. 1958a. *The Protestant Ethic and the Spirit of Capitalism*. New York: Charles Scribner' s Sons.

__________. 1958b. "The Social Psychology of the World Religions." *From Max Weber: Essays in Sociology*. Edited and Trans. by H. H. Gerth & C. Wright Mills. New York: Oxford Univ. Press.

__________. 1958c. "Protestant Sects and the Spirit of Capitalism." *From Max Weber: Essays in Sociology*. Edited and Trans. by H. H. Gerth & C. Wright Mills. New York: Oxford Univ. Press.

__________. 1958d. "Religious Rejection of the World and Their Directions." *From Max Weber: Essays in Sociology*. Edited and Trans. by H. H. Gerth & C. Wright Mills. New York: Oxford Univ. Press.

———. 1958e. "Science as a Vocation." *From Max Weber: Essays in Sociology*. Edited and Trans. by H. H. Gerth & C. Wright Mills. New York: Oxford Univ. Press.

———. 1963. *The Sociology of Religion*. Boston: Beacon Press.

제6장

강성영. 2006. "기독교대중문화론의 토대 놓기." 『신학사상』 133.

김경완. 2005. "기독교 대중문화 연구: 기독교문화교육의 관점에서." 『기독교교육정보』 12.

기독신문. 2004. "귀신이 판을 치고 있다." 9월 6일자 http://www.kidok.com/(검색일: 2013년 2월 15일).

노길명. 2005. 『한국의 종교운동』. 서울: 고려대학교출판부.

랭카스터, 루이스. 1990. "불교와 대중문화." 『불교연구』 6 · 7.

박문수 · 주원준. 1998. 『한국의 종교문화와 뉴에이지 운동』. 서울: 바오로딸.

박종균. 1999. 『기독교와 대중문화 이해』. 서울: 대한기독교서회.

박종천. 2006. "영화가 종교를 만났을 때: 김기덕의 〈봄 여름 가을 겨울 그리고 봄(2003)〉을 중심으로." 『종교연구』 44.

성갑식. 1997. 『기독교와 문화』. 서울: 대한기독교서회.

신광철. 2002. "영화의 종교적 구조에 대한 성찰: 영화, 종교(학)적으로 읽기를 위한 예비적 작업." 『종교문화연구』 4.

신상언. 1992. 『사탄은 마침내 대중문화를 선택했습니다』. 서울: 낮은 울타리.

양한수. 2002. 『뉴에이지, 영혼의 음악』. 서울: 아침이슬.

오쇼 라즈니쉬. 1990. 『배꼽』(박상준 엮음). 서울: 장원.

이원석. 2008. "기윤실의 대중문화 논쟁: '표현의 자유' 논쟁을 중심으로." 『문화과학』 56.

이의용. 1999. 『교회문화혁명』. 서울: 기독신문사.

전명수. 2007a. "뉴에이지 운동의 한국 수용 배경과 그 특성." 『원불교사상과 종교문화』 35.

———. 2007b. "종교와 대중문화의 관계 시론." 『종교연구』 48.

———. 2009a. “종교와 대중문화의 관계 연구: ‘종교로서의 스포츠’ 이론과 실제.” 『담론 201』 11(4).

———. 2009b. 『뉴에이지 운동과 한국의 대중문화』. 서울: 집문당.

———. 2010. “종교와 스포츠의 접점: 스포츠팬의 반응을 중심으로.” 『종교문화연구』 15.

———. 2011. “‘마음 · 몸 · 영혼’ 과 사회에 대한 뉴에이지적 접근.” 『원불교사상과 종교문화』 50.

———. 2012. “아동 유괴 영화의 종교사회학적 접근: 영화 〈그놈 목소리〉와 〈밀양〉을 중심으로.” 『신학과 사회』 제26권 2호.

정용대 외. 2004. “운동선수들의 종교이용 실제와 이해.” 『한국스포츠사회학회지』 제17권 2호.

정재형. 1993. “불교영화의 흐름과 전망.” 『승가』 10.

조선일보 2009년 11월 26일자 http://www.chosun.com/(검색일: 2013년 2월 15일).

차동엽. 2012. 『만화 사도신경 세트』. 김포: 위즈앤비즈.

차동엽 · 구경분. 2012. 『어린이를 위한 무지개 원리』. 파주: 국일아이.

최종석. 2003. “반생명적 대중문화에 대응하는 불교의 친생명적 연기론: 청소년을 친생명적 연기론으로 일깨우는 길.” 『생명문화총서』 5.

허영엽. 2009. 『성경 속 동물과 식물』. 서울: 평화방송 · 평화신문.

혜민. 2012. 『멈추면, 비로소 보이는 것들』. 파주: 쌤앤파커스.

Albanese, Catherine L. 1999. *America: Religions and Religion*. 3rd ed. Belmont: Wadsworth Publishing Company.

Chandler, Russell. 1991. *Understanding the New Age*. Dallas: Word Publishing.

Chidester, David. 2005. *Authentic Fakes: Religion and American Popular Culture*. Berkeley & Los Angeles: University of California Press.

Clark, Terry Ray and Dan W. Jr. Clanton(eds.). 2012. *Understanding Religion and Popular Culture: Theories, Themes, Products and Practices*. Abingdon, Oxon: Routledge.

Coakley, Jay. 2009. *Sports in Society: Issues and Controversies*. New York: McGraw-Hill Higher Education.

Edwards, Harry. 1973. *Sociology of Sport*. Homewood, Ill.: Dorsey Press.

Fiske, John. 1989. *Understanding Popular Culture*. Boston: Unwin Hyman.

Forbes, Bruce D. 2000. "Introduction: Finding Religion in Unexpected Places." Bruce D. Forbes and Jeffrey H. Mahan(eds.). *Religion and Popular Culture in America*. Berkeley: University of California Press.

Higgs, Robert J. 1995. *God in the Stadium: Sports and Religion in America.* Lexington: University Press of Kentucky.

Ivakhiv, Adrian. 2003. "Nature and Self in New Age Pilgrimage." *Culture and Religion* 4(1).

Lynch, Gordon. 2005. *Understanding Theology and Popular Culture*. Oxford: Blackwell Publishing.

——————— **(ed.).** 2007. *Between Sacred and Profane: Researching Religion and Popular Culture*. London: I.B. Tauris.

Melton, J. Gordon. 1990. "Introductory Essay: An Overview of the New Age Movement." J. Gordon Melton *et al*. *New Age Encyclopedia*. Detroit: Gale Research Inc.

Pike, Sarah M. 2004. *New Age and Neopagan Religions in America*. New York: Columbia University Press.

Possamai, Adam. 2005. *Religion and Popular Culture: a Hyper-Real Testament*. New York: P.I.E.-Peter Lang.

Prebish, Charles S. 1992. "Heavenly Father, Divine Goalie." Hoffman, Shirl J.(ed.). *Sport and Religion*. Champaign, Ill: Human Kinetics Books.

Price, Joseph L. 2000. "An American Apotheosis: Sports as Popular Religion." Bruce D. Forbes and Jeffrey H. Mahan(eds.). *Religion and Popular Culture in America*. Berkeley: University of California Press.

Rhodes, Ron. 1996. 『뉴 에이지 운동』. 이재하 역. 서울: 도서출판 은성.

Shimazono, Susumu. 1999. "New Age Movement" or "New Spirituality Movements and Culture." *Social Compass* 46(2).

Toffler, Alvin and Heidi Toffler. 2006. *Revolutionary Wealth*. New York: Alfred A. Knopf.

Time August 4, 2003.

伊藤雅之. 2005. "ニューエイジ運動." 井上順孝 編. 『現代宗教事典』. 東京: 弘文堂.
島薗進. 1996a. 『精神世界のゆくえ: 現代世界と新靈性運動』. 東京堂出版.
——. 1996b. "新靈性運動. ニューエイジ. 精神世界." 米山義男 外 3人 共著. 『新宗教時代 ⑤』. 東京: 大藏出版.

제7장

김성건. 2002. "세계화와 현대 종교의 구조적 위기." 『한국사회학』 36(4): 157-192.
김응철. 2000. "인터넷상의 종교활동 실태와 포교방법 연구." 불교학연구회 제2차 학술발표회 자료집.
김흡영. 2000. "사이버 공간에서의 종교의 역할: 그 본질과 영성." 《사이버시대와 종교문화》(2000년 종교지도자 세미나 자료집). 한국종교인평화회의.
마사키, 도사(土佐昌樹). 2000. 『인터넷 시대 종교는 사라지는가?』. 송해숙 역. 한국학술정보.
바뱅. 2000. 『디지털 시대의 종교』. 이영숙 편역. 한경PC라인.
박문수. 1998. "정보사회의 윤리적 쟁점에 관한 신학적 고찰." 서강대 종교학과 박사학위논문.
——. 2000a. "종교계의 인터넷 운영현황과 발전방향." 《사이버시대와 종교문화》(2000종교지도자 세미나 자료집). 한국종교인평화회의.
——. 2000b. "사이버스페이스와 가톨릭 선교: 현황과 전망." 『가톨릭사회과학연구』 12: 7-28.
박수호. 2005. "인터넷 이용과 종교의식: 한국 인터넷 종교사이트 이용자를 대상으로." 고려대 박사학위논문.
——. 2013. "사이버커뮤니케이션과 종교적 정체성, 그리고 사회갈등." 『동양사회사상』 27: 437-468.
버거(P. Berger). 2002. 『세속화냐 탈세속화냐: 종교의 부흥과 세계정치』. 김덕영 · 송재룡 역. 대한기독교서회.
버트하임(M. Wertheim). 2002. 『공간의 역사』. 박인찬 역. 생각의 나무.
벨(D. Bell). 1992. 『정보사회와 문화의 미래』. 서규환 역. 디자인하우스.
스마트(N. Smart). 2000. 『종교와 세계관』. 김윤성 역. 이학사.

신재식. 2004. "새로운 신앙공간으로서의 가상세계." 《사이버 공간과 종교》(2004년 상반기 정기 심포지엄 자료집). 한국종교문화연구소.

유기쁨. 2004. "사이버공간: 새로운 기술 환경과 종교적 욕망의 발현." 《사이버 공간과 종교》(2004년 상반기 정기 심포지엄 자료집). 한국종교문화연구소.

윤원철. 2000. "사이버시대 종교환경의 변화와 종교인의 삶." 《사이버시대와 종교문화》 (2000년 종교지도자 세미나 자료집). 한국종교인평화회의.

정진홍. 2000. "물음과 해답: <왜>와 <어떻게>의 존재론." 정진홍 외 7인. 『종교와 과학』. 아카넷.

Armfield, G. and R. Holbert. 2003. "The Relationship Between Religiosity and Internet Use." *Journal of Media and Religion* 2(3): 129-144.

Bainbridge, W. 2000. "Religious Ethnography on the World Wide Web." J. Hadden and D. Cowan(ed.). *Religion on the Internet: Research Prospects and Promises*. Elsevier Science Inc.: 55-80.

Benedikt, M. 1991. "Introduction." M. Benedikt(eds.). *Cyberspace: First Steps*. MIT Press.

Berger, peter. 1999. *The Desecularization of the World: Resurgent Religion and World Politics*. Wm. B. Eerdmans Publishing.

Brasher, B. 2001. *Give Me That Online Religion*. San Francisco: Jossey-Bass.

Careaga, A. 2001. *eMinistry: Connecting with the Net Generation*. Kregel Publications.

Carrigan, Jr. H.L. 2001. "Seeking God in Cyberspace: Religion and the Internet." *Journal of Religion and Theological Information* 4.4: 55-82.

Cobb, J. 1998. *Cybergrace: The Search for God in the Digital World*. New York: Crown Publishers.

Dawson, L. 2000. "Researching Religion in Cyberspace: Issues and Strategies." J. Hadden and D. Cowan(ed.). *Religion on the Internet: Research Prospects and Promises*. Elsevier Science Inc.: 25-54.

Helland, C. 2002. "Surfing for Salvation." *Religion* 32: 293-302.

Hoover, S., L. Clark, and L. Rainie. 2004. "Faith Online." *Pew Internet & American Life Project Report*. [http://www.pewinternet.org]

Horsfall, S. 2000. "How Religious Organizations Use the Internet: A

Preliminary Inquiry." J. Hadden & D. Cowan(ed.). *Religion on the Internet: Research Prospects and Promises*. Elsevier Science Inc.: 153-182.

Larsen, E. 2004. "Deeper Understanding, Deeper Ties: Taking Faith Online." P. Howard and S. Jones(ed.). *Society Online: The Internet in Context*. Sage.

Larsen, E. and L. Rainie. 2001. "CyberFaith: How Americans Pursue Religion Online." Pew Internet & American Life Project Report. [http://www.pewinternet.org]

Miller, D. and D. Slater. 2000. *The Internet: An Ethnographic Approach*. Berg. Pontifical Council for Social Communications. 2002. The Church and Internet. Pauline Books & Media.

Ramo, J. 1997. "Finding God on the Web." Holeton R.(ed.). *Composing Cyberspace: Identity, Community, and Knowledge in the Electronic Age*. McGraw-Hill Humanities.

Zaleski, J. 1997. *The Soul of Cyberspace: How New Technology is Changing Our Spiritual Lives*. Harper Collins.

Wertheim, Margaret. 1999. *The Pearly Gates of Cyberspace: A History of Space from Dante to the Internet*. New York: Norton.

제8장

김성건. 2006.『세계화와 영성』. 서울: 프리칭아카데미.

——. 2010. "종교 · 영성 그리고 건강."『종교문화연구』15권. pp.45-79.

김현준. 2010. "한국 개신교에 대한 사회학적 이해: 피에르 부르디외 사회이론의 종교사회학적 함의." 서강대학교 사회학과 석사학위논문.

밀러, 도날드. 2008.『왜 그들의 교회는 성장하는가?』. 이원규 옮김. 서울: KMC. [원제 Donald E. Miller. 1997. *Reinventing American Protestantism: Christianity in the New Millennium*. California: University of California].

밀러, 도날드 · 테쓰나오 야마모리. 2008. 『왜 섬기는 교회에 세계가 열광하는가?』. 김성건 · 정종현 옮김. 서울: 교회성장연구소. [원제 Donald E. Miller and Tetsunao Yamamori. 2007. *Global Pentecostalism: The New Face of Christian Social Engagement*. California: University of California]

송재룡. 2005a. "포스트모던 성찰성과 문화적 전환: 종교 이해의 새로운 전망을 위한 시론." 『사회이론』 통권 제27호. pp.91-114.

——. 2005b. "종교 세속화이론의 한계: 탈세속화 테제의 등장과 관련하여." 『사회와 이론』 통권 제7집. pp.121-150.

——. 2006. "포스트모던 조건과 윤리적 전환 테제의 가능성: 테일러의 공동체주의 윤리론의 관점에서." 『사회이론』 통권 제30호. pp.123-150.

——. 2010. "탈근대 사회의 성찰적 전환과 '영성 사회학' 테제." 『신학과 사회』 제24집 1호. pp.135-162.

——. 2013. "영성사회학 테제: 쟁점과 전망." 『사회이론』 통권 제44호. 257-289.

스스무, 시마조노. 1997. 『현대일본 종교문화의 이해』. 박규태 옮김. 서울: 청년사.

이원규. 2012. 『머리의 종교에서 가슴의 종교로』. 서울: KMC.

전명수. 2010. "개인주의적 영성운동과 세속화 논쟁." 『담론201』 13권(3). pp.55-79.

정재영. 2012. 『한국 교회 10년의 미래』. 서울: SFC.

콕스, 하비. 2009. 『종교의 미래』. 김창락 옮김. 서울: 문예. [원제 Harvey Cox. *The Future of Faith*. N.Y.: Harper Collins]

Aburdene, Patricia. 2005. *Magatrends 2010: The Rise of Conscious Capitalism*. Charlottesville, VA: Hampton Roads Publishing.

Aupers, S. and D. Houtman. 2006. "Beyond the Spiritual Supermarket: The Social and Public Significance of New Age Spirituality." *Journal of Contemporary Religion*. 21(2): 201-222.

Baumn, Zygmunt. 1991. *Modernity and Ambivalence*. Cambridge: Polity.

————. 1997. *Postmodernity and its Discontents*. New York: New York University Press.

————. 1999. *In Search of Politics*. Stanford: Stanford Univ. Press.

————. 2000. *Liquid Modernity*. Cambridge: Polity.

————. 2001. *Community*. Cambridge: Polity.

――――――――. 2005. *Liquid Life*. Cambridge: Polity.

――――――――. 2007. *Liquid Times: Living in an Age of Uncertainty*. Cambridge: Polity.

Bauman, Zygmunt and Keith Tester. 2001. *Conversation with Zygmunt Bauman*. Cambridge: Polity.

Beck, Ulrich. 1992. *Risk Society: Toward a New Modernity*. London: Sage.

Berger, Peter L. 1999. "The Desecularization of the World: Overview." Peter L. Berger(ed.). *The Desecularization of the World: Resurgent Religion and World Politics*. Michigan: William B. Eerdmans. [한국어판: 김덕영 · 송재룡 옮김. 『세속화냐? 탈세속화냐?』. 서울: 대한기독교서회. 2002].

Bourdieu, Pierre. 1991. "Genesis and Structure of the Religious Field." *Comparative Social Research* 13: 1-44.

Bruce, Steve. 2002. *God is dead: Secularization in the West*. Oxford: Blackwell.

Carrette, Jeremy and Richard King. 2005. *Selling Spirituality: The Silent Takeover of Religion*. London: Routledge.

Chesnut, R. Andrew. 2007. *Competitive Spirits: Latin America' s New Religious Economy*. Oxford: Oxford University Press.

Davie, Grace, 1994. *The Religion in Britain since 1945 : Believing without Belonging.* Oxford: Blackwell.

――――――. 2000. *Religion in Europe: A Memory Mutates*. Oxford: Oxford University.

Davie, Grace, Paul Heelas, and Linda Woodhead(eds.). 2003. *Predicting Religion*. Hampshire: Ashgate.

Delanty, Gerard. 2003. *Community*. London: Routledge.

Dobbelaere, Karel. 1984. "Secularization Theories and Sociological Paradigm: Convergencies and Divergencies." *Social Compass*. 31. No.2-3. pp.199-219.

――――――――. 1993. "Church Involvement and Secularization: Making Sense of the European Case." Eileen Barker, James A. Beckford, and Karel Dobbelaere(eds.). *Secularization. Rationalism and Sectarianism*.

Oxford: Oxford Univ. Press. pp.19-36.

Durkheim, Émile. 1995. *The Elementary Forms of the Religious Life*. Trans with Intro. Karen E. Field. London: Free Press.

Einstein, Mara. 2008. *Brands of Faith: Marketing Religion in a Commercial Age*. London: Routledge.

Fenn, Richard. 1972. "Towards a New Sociology of Religion." *Journal for the Scientific Study of Religion*. 11(1): 16-32.

————. 2001. *Beyond Idols: The Shape of a Secular Society*. Oxford: Oxford University Press.

Flanagan, Kieran. 2007. "Introduction." Kieran Flanagan and Peter C. Jupp(eds.). *A Sociology of Spirituality*. Hampshire: Ashgate. pp.1-21.

Flanagan, Kieran and Peter C. Jupp(eds.). 2007. *A Sociology of Spirituality*. Hampshire: Ashgate.

Geertz, Clifford. 1993[1973]. *Interpretation of Cultures*. London: Fontana Press.

Gill, Robin. 1993. *The Myth of the Empty Church*. London: SPCK.

————. 1999. *Church Going and Christian Ethics*. Cambridge: Cambridge University.

Giordan, Giuseppe. 2007. "Spirituality: From a Religious Concept to a Sociological Theory." Kieran Flanagan and Peter C. Jupp(eds.). *A Sociology of Spirituality*. Hampshire: Ashgate. pp.161-180.

————. 2009. "The Body Between Religion and Spirituality." *Social Compass*. 56(2). pp.226-236.

Giordan, Giuseppe and William H. Swatos Jr.(eds.). 2011. *Religion. Spirituality and Everyday Practice*. London: Springer.

Guest, Mathew. 2007. "In Search of Spiritual Capital: The Spiritual as a Cultural Resource." Kieran Flanagan and Peter C. Jupp(eds.). *A Sociology of Spirituality*. Hampshire: Ashgate. pp.181-200.

Heelas, Paul and Linda Woodhead. 2005. *The Spiritual Revolution: Why Religion in Giving Way to Spirituality*. Oxford: Blackwell.

Hervieu-Léger, Danièle. 2000. *Religion As a Chain of Memory*. Trans. by

Simon Lee. Rutgers: Rutgers University Press.

——————————. 2001. "The Twofold limit of the notion of Secularization." Linda Woodhead(ed.) with Paul Heelas and David Martin. *Peter Berger and the Study of Religion*. London: Routledge. pp.112-125.

Holmes, Peter R. 2007. "Spirituality: Some Disciplinary Perspectives." Kieran Flanagan and Peter C. Jupp(eds.). *A Sociology of Spirituality*. Hampshire: Ashgate. pp.23-42.

Houtman, Dick, Paul Heelas, and Peter Achterberg. 2012. "Counting Spirituality? Survey Methodology after the Spiritual Turn." *Annual Review of the Sociology of Religion*. (3): 1-21.

Houtman, Dick and Stef Aupers. 2007. "The Spiritual Turn and the Decline of Tradition: The Spread of Post-Christian Spirituality in 14 Western Countries. 1981-2000." *Journal for the Scientific Study of Religion*. 46(3): 305-320.

Inglehart, Ronald. 1997. *Modernization and Postmodernization: Cultural. Economic. and Olitical Change in 43 Societies*. Princeton: Princeton University Press.

Inglehart, Ronald and Pippa Norris. 2007. "Why Didn't Religion Disappear? Reexamining the Secularization Thesis." Helmut K. Anheier and Yudhishthir Isar(eds.). *Cultures and Globalizations: Conflicts and Tensions*. London: Sage. pp.253-257.

Kim, Sung-gun. 2007. "Privitization of Religion and Selling Spiritualuty in the Midst of Neo-Liberal Globalization." 『사회와 이론』 통권 제11집. pp.281-302.

Luckmann, Thomas. 1990. "Shrinking Transcendence. Expanding Religion?" *Sociological Analysis*. 50(2): 127-138.

Lynch, Gordon. 2007. *The New Spirituality: An Introduction to Progressive Belief in the Twenty-First Century*. London: I.B.Tauris.

Lyotard, Jean-François. 1985. *The Postmodern Condition: A Report on Knowledge*. Trans by Geoff Bennington and Brian Massumi.

Manchester: Manchester University.

Martin, David. 2002. *Pentecostalism: The World Their Parish*. Oxford: Blackwell.

McGrath, Alister E. 1999. *Christian Spirituality: An Introduction*. Oxford: Blackwell.

McGuire, Meredith B. 2008. "Toward a Sociology of Spirituality: Individual Religion in Social/Historical Context." In Eileen Barker(ed.). *The Centrality of Religion in Social Life. London: Ashgate*. pp.215-233.

Miller, Donald. 2007. "2006 SSSR Presidential Address-Progressive Pentecostals: The New Face of Christian Social Engagement." *Journal for the Scientific Study of Religion*. 47(4):435-445.

Nangle, Joseph. 2008. *Engaged Spirituality: Faith Life in the Heart of the Empire*. New York: Orbis Books.

Oh, Seil and Sarkisian Natalia. 2012. "Spiritual Individualism or Engaged Spirituality? Social Implications of Holistic Spirituality Among Mind-Body-Spirit Practitioners." *Sociology of Religion*. 73(3): 299-322.

Parkin, Frank. 1992. *Durkheim*. Oxford: Oxford University.

Pew Research Center. 2011. *Global Christianity*(Pew Forum on Religion & Public Life. December 2011).

Rey, T. 2008. "Worthiness as Spiritual Capital: Theorizing Little Haiti's Religious Market." J. Stolz(ed.). *Salvation Goods and Religious Markets*. Oxford: Peter Lang. pp.193-210.

Rothberg, Donald. 2006. *The Engaged Spiritual Life: A Buddhist Approach to Transforming Ourselves and the World*. Boston: Beacon Press.

Sheldrake, Philip. 2013. *Spirituality: A Brief History*. Oxford: Wiley-Blackwell.

Stanczak, Gregory C. 2006. *Engaged Spirituality: Social Change and American Religion*. Rutgers University Press.

Stark, R. and W. S. Bainbridge. 1985. *The Future of Religion.* Berkeley: University of Berkeley.

Swanson, Paul L.(ed.). 2013. *Pentecostalism and Shamanism in Aisa*.

Nagoya: Nanzan Institute for Religion and Culture.

Taylor, Charles. 1979. *Hegel and Modezrn Society*. Cambridge:Cambridge University Press.

———————. 1985. *Human Agency and Language: Philosophical Paper 1*. Cambridge: Cambridge University Press.

———————. 1989. *Sources of the Self: the Making of the Modern Identity*. Cambridge: Cambridge University Press.

———————. 2004. *Modern Social Imaginaries*. Durham: Duke University Press.

Tschannen, Olivier. 1991. "The Secularization Paradigm: A Systematization." JSSR. 30(4): 395-415.

Wilson, Bryan. 1976. *Contemporary Transformations of Religion*. Oxford: Oxford Univ. Press.

———————. 1985. "Secularization: The Inherited Model." Philip E. Hammon(ed.). *The Sacred in a Secular Age*. Berkeley: University of California. pp.9-20.

———————. 1987. 'Secularization' in Mircea Eliade(ed.). *The Encyclopedia of Religion*. Vol. 12. London Macmillan.

———————. 1991. "Secularization: Religion in the Modern World." Stewart Sutherland and Peter Clarke(eds.). *The World's Religions: The Study of Religion. Traditional and New Religion*. London: Routledge. pp.195-208.

Wood, Matthew. 2009. "The Nonformative Elements of Religious Life: Questioning the 'Sociology of Spirituality' Paradigm." *Social Compass*. 56(2): pp.237-248.

———————. 2010. "The Sociology of Spirituality Reflections on a Problematic Endeavor." Bryan S. Turner(ed.). *The New Blackwell Companion to the Sociology of Religion*. Oxford: Blackwell. pp.267-284

Wood, Matthew and Christopher Bunn. 2009. "Strategy in a Religious Network: A Bourdieuian Critique of the Sociology of Spirituality."

Sociology. 43(2): 286-303.

Woodhead, Linda. 2011. "Spirituality and Christianity: The Unfolding of a Tangled Relationship." Giuseppe Giordan and William H. Swatos. Jr.(eds.). *Religion. Spirituality and Everyday Practice*. London: Springer. pp.1-21.

Wuthnow, Robert. 1998. *After Haven: Spirituality in America Since the 1950s*. Berkeley: Univ. of California Press.

Yip, Andrew K. T. 2003. "The Self as Basis of Religious Faith: Spirituality of Gay, Lesbian and bisexual Christians." Grace Davie, Paul Heelas, and Linda Woodhead(eds.). *Predicting Religion*. Hampshire: Ashgate, pp.135-146.

제9장

기든스, 안토니(Giddens, Anthony). 2011.『현대 사회학』. 김미숙 외 역. 서울: 을유문화사.

김성건. 2002. "세계화와 현대종교의 구조적 위기."『한국 사회학』36(4): 157-182.

———. 2006.『세계화와 영성』. 프리칭아카데미.

뒤메닐, 제라르 · 도미니크 레비. 2006.『자본의 반격: 신자유주의 혁명의 기원』. 서울: 필맥.

박영은. 1995. "세계화의 지형변화와 문화적 갈등."『정신문화연구』18(3): 97-118.

박지훈. 2011. "문화적 세계화에 대한 비판적 성찰."『글로벌문화콘텐츠』6: 66-100.

장형철. 2006. "세계화와 한국 개신교의 문화적 혼성성."『종교연구』44: 225-249.

———. 2012. "혼성화 이론으로 바라본 한국 개신교의 성장과 감소: 새로운 개신교 문화담론을 향한 한 시도."『담론201』15(2): 135-158.

조관연. 2005. "문화적 세계화 현상에 대한 이론과 시각들."『인문콘텐츠 4호』pp.172-195.

Ahmed, A.S. and H. Donnan(eds.). 1994. "Islam in the Age of Postmodernity, Islam." Akbar S. Ahmed and Hastings Donnan(eds.).

Globalization and Postmodernity. London: Routledge.

An-Na'im, Abdullahi A. 1999. "Political Islam in National Politics and International Relations." In Peter Berger(ed.). *The Desecularaization of the World Politics*. Grans Rapids, Michigan: William B. Eerdman Publishing Company.

Barber, Benjamin. 1995. *Jihad vs McWorld*. New York: Ballentine Books.

Bauman, Zygmunt. 1989. *Modernity and the Holocaust*. Cambridge: Polity Press.

Beckford, James. 2003. *Social Theory and Religion*. Cambridge:Cambridge University Press.

Beyer, Peter. 1993. *Religion and Globalization*. London: Sage.

―――――. 2006. *Religions in Global Society*. Routledge.

Bhabha, Homi. 1994. *The Location of Culture*. London: Routledge.

Borja, B. and M. Castells. 1997. *Local and Global the Management of Cities in the Information Age*, London: United Nations Centre for Human Settlement.

Canclini, N. Garcia. 2005. *Hybrid Cultures: Strategies For Entering And Leaving Modernity*. Trans. by Christopher L. Chiappari and Silvia L. López. Minneapolis: Univ. of Minnesota.

Castells, M. 1996. *The Information Age: Economy, Society, and Culture Vol. 1 —the Rise of the Network Society*. Oxford: Blackwell.

Clark, A. D. 1930. *Religions of Old Korea*. New York: Fleming H. Revell.

Cohen, R. and Paul Kennedy. 2000. *Global Sociology*. London: Macmillan Press.

Davie, Grace. 2007. *The Sociology of Religion*. London: Sage.

Davies, Noel and Martin Conway. 2008. *World Christianity in the 20th Century*. London: SCM Press.

Dirlik, Arif. 2007. *Global Modernity: Modernity In the Age of Global Capitalism*. London: Paradigm Publishers.

Featherstone, Mike. 1995. *Undoing Culture: Globalization, Postmodernism and Identing.* Vol. 39. Sage.

Fisher, J. E. 1928. *Democracy and Mission Education in Korea*. New York: Columbia Univ. Press.

Gale, J. S. 1909. *Korea in Transition*. New York: Eaton and Mains.

Giddens, Anthony. 1991. Modernity and Self Identity: Self and Society in the Late Modern Age. Stanford University press.

Grayson, J. H. 2009. "Chu' doyebae: A Case Study in the Early Emplantation of Protestant Christianity in Korea." *The Journal of Asian Studies*. 68(2): 413-434.

Griffis, W. 1905[1882]. *Corea: The Hermit Nation*. 7th Edition. London: Harper and Brothers.

———. 1912. *A Modern Pioneer in Korea: The Life Story of Henry G. Appenzeller*. New York: Fleming H. Revell Company.

Harvey, David. 1990. *The Condition of Postmodernity*. Oxford: Blackwell.

Hulbert, H.B. 1969[1906]. *The Passing of Korea*. Seoul: Yonsei Univ. Press.

Hunt, E.N. 1980. *Protetant Pioneers in Korea*. New York: Orbis book.

Jang, H.C. 2007. "Religious Cultural Hybridity in Chudosik(Ancestor Menorial Service/Ceremony) in Korean Protestantism." *Journal of Religious History* 32(1).

Jenkins, Philip. 2002. *The Next Christendom: The Coming of Global Christianity*. Oxford: Oxford University Press.

Lehman, David. 2009. "Religions and Globalization." pp.407-428 In *Religions in the Modern World*. Edited by Linda Woodhead, Paul Fletcher, Hiroko Kawanami, and David Smith. London: Routledge.

Martin, David. 2002. *Pentecostalism: the World their Parish*. Oxford: Blackwell.

Monshipouri, M. and R. Motameni(2000) "Globalization, Sacred Beliefs, and Defiance : Is Human Rights Discourse Relevant in the Muslim World." *Journal of Church and State*, 72(4): 709-736.

Pieterse, J. N. 2004. *Globalization and Culture, Global Mélange*. Oxford: Rowan & Littlefield Publishers INC.

Ritzer, George. 1993. *The McDonaldization of Society*, Thousand Oaks,

California: Pine Forge Press.

Robertson, Roland. 1992, *Globalization: Social Theory and Global Culture.* London: Sage.

————————. 1995. "Glocalization: Time-Space and Homogeneit-Heterogeneity." In *Global Modernities*. Edited by Mike Featherstone, Scott Lash and Roland Robertson. London: Sage. pp.27-40.

————————. 2000. "Globalization and the Future of "Traditional Religion." in *God and Globalization Vol. 1 Religion and the Powers of the Common Life*. Edited by Max L. Stackhouse with Peter J. Paris. Pennsylvania: Trinity Press International. pp.61-62.

Tomlinson, J. 1999, *Globalization and Culture*. Cambridge: Polity Press.

Tönnies, Ferdinand. 1963. *Community & Society*, Trans. by Charles P. Loomis. New York: Harper & Row.

Turner, Bryan. 1994. *Orientalism, Postmodernism and Globalization*. London Routledge.

Urry, John. 2003. *Global Complexity*. Cambridge: Polity Press.

Underwood, Horace. 1908. *The Call of Korea*. New York: Fleming H. Revell Company.

————————. 1909. "Division of the Mission Field." In *Korean Mission Field* 5(12): 207-215.

Wallerstein, Immanuel. 1984. *The Politics of the World-Economy*. Cambridge: Cambridge University Press.

Waters, Malcolm. 1995. *Globalization*. London: Rautledge.

Veer Peter van der. 1996. "Introduction" In *Conversion to Modernity The Globalization of Christianity*. Edited by Peter van der Veer. London: Routledge.

제 10 장

강돈구 등. 2007-2013.『한국종교교단연구』1-8. 한국학중앙연구원.

강인철. 1994. "한국 개신교 교회의 정치사회적 성격에 관한 연구." 서울대 박사논문.

김성건. 1992. "한국 종교문화의 특성에 대한 일 고찰."『현대 한국의 종교와 사회』. 문학과 지성사.

———. 2002. "세계화와 현대 종교의 구조적 위기."『한국사회학』36-4.

———. 2013. "고도성장 이후의 한국교회."『한국기독교와 역사』38.

김정인. 2001. "일제 강점기 천도교단의 민족운동 연구." 서울대 박사논문.

김종서. 2005. "한국종교의 개념과 동아시아의 종교경험."『宗教學研究』24.

김종서 · 박승길 · 김홍철. 1994.『현대 신종교의 이해』. 장신문화연구원.

김진호. 2008. "천주교의 양적 성공이 우려스러운 이유." <가톨릭뉴스 지금 여기> 2008.3.21.

김철수. 1998. "朝鮮總督府の宗教政策-<朝鮮神宮>の設立をめぐって-."『社會學部論集』.

———. 2010. "'조선신궁' 설립을 둘러싼 논쟁의 검토."『순천향 인문과학논총』제27집.

김홍철. 1989.『한국 신종교 사상의 연구』. 집문당.

노길명. 2005.『한국의 종교운동』. 고려대 출판부.

대한불교 조계종포교원 종교편향대책위원회. 2000.『종교편향백서』.

뒤르켐, 에밀. 1992.『종교생활의 원초적 형태』노치준 · 민혜숙 역. 민영사.

류성민. 2001. "한국 종교문화의 현황과 특징."『종교문화 연구』3. 한신대 인문학연구소.

———. 2009. "한국 종교인구의 변동과 그 의미: 1985, 1995, 2005년의 인구센서스 결과를 중심으로."「한국종교문화의 변동」(포럼 발제). 한국종교사회학회.

문공부. 1977.『종교법인 및 단체현황』.

문화체육관광부. 2010.『2009종무행정백서』.

박문수. 2006. "한국종교문화 현실에 비춰본 한국종교의 미래."『불교평론』27.

박승길. 1995. "해방이후 한국인의 종교생활과 종교사회학."『한국사회학회 심포지움 논문집』.
———. 1998. "미군정의 종교정책과 기독교의 헤게머니 형성." 대구가톨릭대학교. 『사회과학연구』 5.
박영대. 2010. "한국 천주교회 성장의 빛과 그늘." 최준식 외. 『한국종교를 컨설팅하다』. 모시는 사람들.
박일영 외. 2004. 『천주교와 한국 근현대의 사회문화적 변동 1』. 한울출판사.
백락준. 1973. 『한국 개신교사』. 연세대학교 출판부.
송현동. 2007. "한국 이슬람의 역사적 전개와 특징." 강돈구 외. 『한국 종교교단 연구』 2. 한국학중앙연구원.
여성가족부. 2010.『청소년 가치관 조사』.
오경환. 2007. "가톨릭 신자의 괄목할 만한 증가와 그 요인." 조성돈 · 정재영 엮음. 『그들은 왜 가톨릭교회로 갔을까?』. 예영 커뮤니케이션.
오익제. 1994. "민족의 광복과 천도교." 『동학혁명 백주년기념논총』 하. 동학혁명 100주년기념사업회.
윤승용. 2010. "한국전쟁과 종교지형의 변화." 『불교평론』 43.
윤이흠. 1983. "한국적 상황과 종교: 한국적 다종교상황." 『상황과 종교』. 범우사.
———. 2000-2004. 『한국종교연구』 1-6. 집문당.
은기수 · 한내창. 2002. "한국의 세대간 종교구성과 그 변화." 『한국사회학회 심포지움 논문집』.
이영숙. 1992. "진보적 개신교 지도자들의 사회변동 방안 연구." 『현대 한국의 종교와 사회』. 문학과 지성사.
이원규. 1993. "해방후 한국인의 종교의식 구조 변천연구." 『현대 한국종교변동 연구』. 정신문화연구원.
———. 1998. 『한국교회 무엇이 문제인가』. 감리교 신학대 출판부.
이원범 편저. 2007. 『한국내 일본계 종교운동의 이해』. 제이앤씨.
이혜정. 2010. "대한 예수교 장로회(합동)의 교단 정체성 연구." 『한국 종교교단 연구』 6. 한국학중앙연구원.
장석만. 1992. "개항기 한국사회의 종교개념 형성에 관한 연구." 서울대학교 박사논문.
정병조. 1993 "해방 후의 불교." 『한국종교연감』.
조현범. 2010. "한국 천주교의 역사와 종교적 특성." 『한국 종교교단 연구』 6. 한국학중앙연구원.

최종철. 1996. “종교의 일상사회학.” 일상문화연구회 엮음. 『한국인의 일상문화』. 한울.

최현종. 2011. 『한국 종교인구변동에 관한 연구』. 서울신학대출판부.

한국갤럽. 1984. 『한국인의 종교와 종교의식』. 한국갤럽.

———. 2004. 『한국인의 종교와 종교의식 제 4차 비교조사』. 한국갤럽.

村山智順. 1935. 『朝鮮の類似宗教』. 國書刊行會.

小口衛一 · 屈一郎 監修. 1974. 『宗教學事典』. 東京大學出版會.

岸本英夫. 2004. 『宗教學』. 原書房.

Buswell, Robert E. Jr.(ed.). 2007. *Religions of Korea in Practice*. Princeton Univ Press.

Britannica. 2006. *Encyclopedia of World Religions*.

찾아보기

ㄱ

가슴의 종교(religion of heart) 252
가치 합리성 14
거대한 초월성(great transcendence) 251
거룩한 덮개(sacred canopy) 95
건강(웰빙)영성(healthcare or well-being spirituality) 269
건강사회학(the sociology of health) 29
경제적 합리성 116
공동사회 93
공동체종교(community cult) 146~147
공적 종교(public religion) 106~107, 168
과정의 합리성(rationality of the process) 123
구원재(구제재, salvation goods) 69, 269
구조기능주의 80
근대성(modernity) 37, 78, 100, 110, 120, 279
근대화(modernization) 37, 92, 228
근본주의(fundamentalism) 25~26, 161~164, 234
글로벌 문화(global culture) 289
글로벌 복합성(global complexity) 290
글로벌 혼합물(global mélange) 294
글로벌한 관점 40
긍정심리학(positive psychology) 40
기능주의(functionalism) 31, 212
기둥화(pillarization) 99
기억 없는 종교(religion without memory) 267
기억의 사슬(the chain of memory) 22

ㄴ

내적 세속화(internal secularization) 98
내적 종교 88
네트워크화 229, 231
뉴에이지(the New Age) 25, 197, 200, 220, 263

ㄷ

다(多)인과성(multicausality) 12
다원주의 96
다원화 87, 96, 102, 230~231
다종교현상 234
다중적(중층) 근대성(multiple modernities) 37~38
대안종교(alternative religion) 101
도구적 합리성(instrumental rationality) 123~124
도덕적 개인주의 79
도덕적 다수(Moral Majority) 108

도시화 94

ㅁ

머리의 종교(religion of head) 252
목적적 합리성(value-rationality) 14, 124
무형태 종교(non-formative religion) 266
문화변용(acculturation) 290
문화자본(cultural capital) 269
문화적 방어(cultural defense) 97, 99
문화적 이행(cultural transition) 97
문화적 혼성화(hybridization) 294, 301
문화적 혼성화이론(cultural hybridization theory) 293
문화종교(cultural religion) 205
민속종교(folk religion) 205, 306

ㅂ

박탈(deprivation)이론 10
반공주의 163
반세계화주의(anti-globalism) 288
반세속화(counter-secularization) 227~228
방법론적 개체주의(methodological individualism) 13
방법론적 무신론(methodological atheism) 35~36, 40
방법론적 민족주의(methodological nationalism) 40
방법론적 불가지론(methodological agnosticism) 35~36, 40
번영복음(prosperity gospel) 285
번영영성(prosperity spirituality) 269
법사회학(the sociology of law) 29
보이지 않는 종교(invisible religion) 100
복음주의 161~162, 164
분권화 231
비즈니스 영성(business spirituality) 269

ㅅ

사사화(privatization, 개인화, 개인화론) 91, 100~101, 105, 228, 231, 261
사적 종교(private religion) 168
사회적 교환 116
사회적 분화 92
사회적 사실(social fact) 18, 79
사회통합 80, 109
사회학주의(sociologism) 56, 80
상대적 박탈이론(relative deprivation theory) 119
상대주의 94
선진적 성령운동(progressive pentecostalism) 263
선택된 종교 87~88
선택적 친화성(*Wahlverwandschaft*, elective affinities) 12, 15~16
설득력 구조(structure of plausibility) 96
성과 속 58~60
성령(聖靈) 요인(S factor or Holy Spirit) 37, 264
성스러움(the sacred) 17, 58, 251, 255~256, 264

세계화(Globalization) 274, 276, 287
세계화주의(globalism) 288
세뇌이론(brainwashing theory) 119
세방화(glocalization) 287
세속성(secularity) 100
세속화(독, Säkularisation/Säkularisierung; 영, secularization) 20, 23, 86~90, 92~98, 100~103, 105~106, 116, 160, 163, 228, 253, 264
세속화이론(secularization theory) 31, 39, 51, 120, 131
소속 없는 신앙(believing without belonging) 101, 266
소외(疎外, alienation) 8
속됨(the profane) 17, 58
쇠우리 78
수축된 초월성(shrinking transcendence) 251
스트롱 프로그램(the strong program, 영향력이 강한 프로그램) 33~34
스포츠종교(sport religion) 205
시민종교(civil religion) 24, 80, 108~110, 158~160, 205
시장이론(market theory) 28, 102~105
신성한 것(the holy) 256
신앙 요인(faith factor) 264
신정론(神正論, theodicy) 14
신정정치 176
신종교운동(New Religious Movement) 25, 102, 309
신흥종교 306
심정윤리 69~70, 78, 81

ㅇ

영성(sprituality) 242~243
영성개발(spiritual development) 257
영성경제(spiritual economy) 268
영성사회학(sociology of spirituality) 241, 267
영성의 상품화(commodification of spirituality) 268~269
영성의 자본화(capitalization of spirituality) 269
영성적 자본(spiritual capital) 269
영성지수(spiritual intelligence) 269
예정론 73
온라인 종교(online religion) 221, 225
우연성(Kontingenz; 영, contingency) 94
운명의 종교 87
유연종교(flexible religion) 237
의례(ritual) 80
이익사회 93
이익사회화(societalization) 92, 94

ㅈ

자기 중심적 종교(ego-centric religion) 237
자아 종교 265
자유주의 신학 162
재성화 228, 231
재성화론 227
정교분리원칙 158
정주의 영성(spirituality of dwelling) 251
제의(ritual)이론 30

종교 소멸론 50~51
종교 장(religious field) 269
종교개혁 92, 148
종교경제 모델(religious economy model) 122
종교공동체(religious community) 146~147
종교성(religiosity) 23, 120
종교시장 234
종교시장이론(religious market theory) 122
종교의 주관화 88
종교의 탈제도화 177
종교적 근본주의(fundamentalism) 275
종교적 기억(religious memory) 22
종교적 실재 88
종교적 인적 자본(religious human capital) 135
종교적 체험 66
종교적 합리화 67~68, 70~75, 77
종교체험 35
종파주의(sectarianism) 233
주관적 믿음 88
주관적 합리성(subjective rationality) 123, 136
주술(magic) 14, 69, 73, 75, 266
주지주의화 72
주체의 성화(sacralization of subjectivity) 251
지방주의(parochialism) 40
직업영성(professional spirituality) 269
직장영성(workplace spirituality) 269
집합적 양심(collective consciousness, 집합의식) 18, 79~80
집합적 황홀감(collective effervescence, 집합흥분) 17~18, 79
집합표상(collective representative) 17~18, 79

ㅊ

참여적 영성(engaged spirituality) 258, 262, 264~265
추구의 영성(spirituality of seeking) 251
츄링가(churinga) 60

ㅋ

카리스마(charisma) 15, 78
칼뱅주의 69, 71~73, 77, 81, 94

ㅌ

탈근대 247
탈기독교(de-Christianization) 267
탈세속화 95, 228, 264, 266
탈세속화론 227
탈신비화 70
탈신성화 101
탈전통화 230~231
탈제도화 163
탈주술화(disenchantment) 70, 72, 77, 94, 153
토착화(indigenization) 290
토테미즘 59
토템 79

ㅍ

펜테코스탈리즘(Pentecostalism, 성령운동) 25, 38, 290
프로테스탄티즘 63, 65, 73

ㅎ

합리성(rationality) 14, 96, 279
합리적 선택이론(rational-choice theory) 28, 30~31, 103, 116, 122
합리주의 67, 78
합리화(rationalization) 67, 69~70, 72, 92, 94, 101, 279
허위의식(false consciousness) 9
혼성성(hybridity) 295, 299

〔저 자 약 력〕

김성건
영국 헐(Hull)대학교 사회학 박사
현 서원대학교 사회교육과 교수, 한국종교사회학회 회장(2011~13)
주요 저서: 『종교와 이데올로기』(민영사, 1991), 『종교와 사회』(문경출판사, 1997), 『한국사회와 개신교』(서원대 출판부, 2005), 『세계화와 문화변동』(서원대 출판부, 2005), 『세계화와 영성』(프리칭 아카데미, 2006), 『기독교와 사회학의 접점』(프리칭 아카데미, 2009), 『한국교회의 현실과 쟁점』(프리칭 아카데미, 2011)

박승길
경북대학교 사회학 박사
현 대구가톨릭대학교 사회학과 교수
주요 저서: 『현대한국사회와 SGI: 한국SGI와 대승불교운동의 사회학』(2009) 외

최현종
서울대학교 심리학과, 서울신학대학교 신학대학원 M-Div, 라이프치히 대학 Dr. Theol.(종교사회학 전공)
현 서울신학대학교 기독교신학연구소 선임연구원
주요 저서: 『한국종교인구변동에 관한 연구』(2011) 외

유광석
서울대학교 종교학과 졸업, University of Ottawa 석사 및 박사
현 서울대학교 종교문제연구소 객원연구원
주요 논문: "합리적 선택이론에서 종교적 수요의 안정성 논쟁", "Limitation of Religious Economy Model in Korean Religious Market"

정태식
뉴욕 New School for Social Research 사회학 박사
현 경북대학교 강의교수
주요 저서: 『카이로스와 텔로스: 정치 · 종교 · 사회의 사상사적 의미체계』(도서출판 영한, 2007) 외.

전명수
고려대학교 사회학 박사, 미국 남가주대학교(USC) 박사후 연구원
현 고려대학교 한국사회연구소 선임연구원
주요 저서: 『뉴에이지 운동과 한국의 대중문화』, 『한국의 종교와 사회운동』(공저)

박수호

고려대학교 사회학 박사

현 덕성여자대학교 지식문화연구소 연구교수

주요 저서: 『한국의 종교와 사회운동』(공저, 2010)

송재룡

영국 브리스톨대 사회학 석사 및 박사

현 경희대학교 사회학과 교수

주요 저서: 『포스트모던 시대와 공동체주의』(2001)

장형철

감리교신학대학교 종교철학과 B.A., 동대학교 신학대학원 M. Div., 영국 The University of Leeds 종교사회학 M.A., The University of Manchester 종교사회학 Ph. D.

현 인덕대학교 교수

주요 논문: "종교와 사회적 자본-한국 개신교회를 중심으로"(2013), "혼성화 이론으로 바라본 한국 개신교의 성장과 감소-새로운 개신교 문화담론을 향한 한 시도"(2012), "Religious cultural hybridity in Chudosik(ancestor memorial service/ceremony) in Korean Protestantism"(2007).

김철수

경북대학교 박사, 일본 京都佛教大學에서 연구

현 중원대학교 종교문화콘텐츠학과 교수

주요 저서: 『일본 고신도와 한민족』, 『격동의 시대 19세기 조선의 생활모습』, 『東亞社會價値的趨同與衝突-中日韓青年的社會意識比較-』(공저)

사회학총서 2

21세기 종교사회학

2013년 12월 5일 제1판 1쇄 발행
2017년 8월 10일 제1판 2쇄 발행

저 자 김 성 건 외
발행인 강 희 일 · 박 은 자

발행처 다 산 출 판 사
서울특별시 마포구 용강동 494 - 85
등 록 1979. 6. 5. 제 3-86 호(윤)
전 화 717-3661~2, 718-1751~2
FAX 716-9945
조 판 민 하 디 지 탈 아 트

정가 20,000원 파본은 바꾸어 드립니다.

http://www.dasanbooks.co.kr
ISBN 978-89-7110-414-9 94330
ISBN 978-89-7110-412-5(세트)